L'AVENTURE DES NORMANDS

collection tempus

François NEVEUX

L'AVENTURE DES NORMANDS

(VIIIe-XIIIe siècle)

Avec la collaboration de
Claire RUELLE

PERRIN
www.editions-perrin.fr

ISBN : 978-2-262-02981-4

tempus est une collection des éditions Perrin.

A la mémoire de mon maître,
Lucien Musset (1922-2004).

Prélude

12 mai 841

Une flotte de Vikings se présente ce jour-là à l'embouchure de la Seine. Elle est commandée par un certain Oscherus. La troupe parvient à Rouen le 14 mai, pille la ville et l'incendie. Les Scandinaves redescendent ensuite la Seine et s'attaquent le 24 mai à l'abbaye de Jumièges, qu'ils pillent et brûlent aussi. Le lendemain, ils approchent de l'abbaye de Fontenelle, mais les religieux ont pris les devants et l'on parvient à un accord : le monastère est exempté de pillage moyennant la somme de 6 livres. Le 28 mai, des moines de l'abbaye de Saint-Denis, près de Paris, arrivent à leur tour pour négocier. Ils obtiennent la libération de 68 prisonniers contre la somme de 26 livres. Le 31 mai, Oscherus et ses hommes reprennent la mer. Ils emmènent des captifs, qu'ils vont réduire en esclavage. Leurs navires sont chargés d'objets précieux, en or et en argent. L'expédition s'est révélée très fructueuse. Ils reviendront dans la région[1*].

---

* Les notes sont placées en fin de volume, par chapitre.

14 octobre 1066, 8 heures du matin

Pendant la nuit, Harold, roi d'Angleterre, et son armée se sont installés au sommet de la colline de Senlac, que leur avait laissée Guillaume, duc de Normandie. Ce dernier était arrivé là bien avant et avait décidé du lieu de la bataille.

Les Anglais se sont fortement retranchés sur la colline. Face à eux, Guillaume dispose son armée en trois corps. A gauche, les Bretons, à droite, les Flamands et les Français. Au centre, les Normands, qui forment le gros de la troupe. Les chevaliers sont nombreux, au moins 2000 : ayant appris à manœuvrer tous ensemble, ils constituent une force redoutable. Sur les pentes de la colline se trouve un vaste espace dégagé qui permettra à cette cavalerie de se déployer. C'est grâce à elle que Guillaume espère l'emporter sur l'armée anglaise, uniquement composée de fantassins.

Guillaume se présente à cheval devant le front de ses troupes. D'une voix forte, il fait une brève harangue, pour les encourager dans ce moment décisif, leur demandant de combattre « virilement, mais avec sagesse[2] ». Le duc leur dit que, s'ils sont vainqueurs, ils jouiront de la gloire et de la richesse. S'ils sont vaincus, ils seront massacrés ou prisonniers de cruels ennemis[3]. Ils n'ont d'autre choix que de remporter la victoire. L'écho de ces paroles est répercuté par des hérauts qui font entendre son message à l'ensemble des quelque 8 000 hommes de son armée.

Puis Guillaume lève le bras et donne le signal convenu pour le premier assaut. Il est 9 heures du matin. La bataille d'Hastings a commencé…

25 décembre 1130, jour de Noël

Roger II de Hauteville, duc de Pouille, de Calabre et de Sicile, fait son entrée dans la cathédrale de Palerme, ancienne mosquée transformée en église. Il a les cheveux longs, la barbe et la moustache. Il est vêtu comme un empereur byzantin, d'une somptueuse robe et d'un manteau dont il a ramené les pans sur son bras gauche. Il porte une ceinture et un pallium décorés d'or et de pierres précieuses. Ce magnifique vêtement a été confectionné dans les ateliers du palais par les femmes musulmanes de son harem.

Le pape Anaclet II lui a accordé le titre royal, mais n'a pas fait le voyage, car son pouvoir est contesté dans Rome même. C'est l'archevêque de Palerme qui va poser sur sa tête la précieuse couronne fabriquée par les orfèvres de la ville. Ce couronnement est son jour de gloire. C'est la récompense des longs efforts qu'il a fournis afin de rassembler sous son autorité tous les territoires conquis par les Normands en Italie du Sud. Pour lutter contre ses barons, souvent rebelles, son armée composée largement de soldats musulmans lui a été de la plus grande utilité.

L'un des fidèles de Roger II, Georges d'Antioche, « émir des émirs » du nouveau royaume de Sicile, veut immortaliser l'événement. Il commande une mosaïque pour l'église de la Martorana, qu'il a fait construire. Sur cette mosaïque, l'archevêque est remplacé par le Christ lui-même, qui, de sa main droite, pose la couronne sur la tête du roi Roger…

*

Ces trois épisodes, choisis parmi beaucoup d'autres, illustrent l'extraordinaire aventure des Normands, du VIIIe au XIIIe siècle. Celle-ci a d'abord conduit les Vikings de la Scandinavie à l'Orient russe et à l'Occident, où ils ont créé la Normandie. Plus tard, une nouvelle aventure a mené les Normands de la Normandie à l'Angleterre et à la Sicile. Tel est le sujet de cet ouvrage.

I

Il était une fois les Scandinaves

Les « Normands » sont d'abord les « hommes du Nord ». C'est ainsi qu'ils ont été désignés dans les sources occidentales. Les auteurs chrétiens ont utilisé d'autres appellations telles que « païens » ou « Danois ». Ces derniers sont en effet le peuple nordique le plus anciennement organisé, qui, dès le VIIIe siècle, a été le voisin facilement identifiable du royaume franc. Les Danois apparaissaient d'abord comme des païens, à une époque où la conversion au christianisme était la voie obligatoire de l'intégration au monde franc. Nous réserverons le terme de « Normands » aux Scandinaves établis dans l'ancienne Neustrie au Xe siècle, où ils furent les fondateurs du duché de « Normandie[1] ». Bientôt, le terme de Normand servit d'ailleurs à désigner non seulement les Scandinaves, mais aussi tous les habitants de cette principauté, quelle que fût leur origine. Autrement dit, à partir du Xe siècle, la majorité des Normands (de Normandie) était composée en réalité de Francs. De même, pour évoquer les « hommes du Nord », nous userons du terme de « Scandinaves », qui désigne les habitants de la Scandinavie, et plus précisément ceux qui sont de langue germanique, c'est-à-dire ceux qui nous intéressent ici. Nous excluons donc les Finlandais, les Lapons et les autres populations autochtones. Les Scandinaves sont entrés en contact avec l'Occident au cours du VIIIe siècle lorsqu'ils menèrent des expéditions navales, qui étaient autant commerciales que guerrières. On parle traditionnellement des « invasions scandinaves », ce qui donne à ces expéditions une forte connotation péjorative. C'est le reflet de la vision pessimiste des clercs francs, anglo-saxons et irlandais, qui traduit le point de vue des victimes. Les historiens contemporains tentent de réévaluer ces événements à la lumière du contexte général de cette époque. On parle désormais de « migration », un terme préféré à celui d'invasion.

Pour dénommer les Scandinaves apparus en Occident, deux termes ont été consacrés par l'usage, ceux de « Vikings » et de « Varègues ». Ce dernier est réservé aux Scandinaves partis en direction de l'Orient, surtout depuis la Suède. Ils sont passés à travers les espaces de l'actuelle Russie et de l'actuelle Ukraine, pour atteindre Constantinople et l'Empire byzantin. Ils sont d'abord connus sous le nom de *Rhos* (en grec) ou de *Rus* (dans les langues slaves). Plus tard, ce nom fut étendu à tous les habitants de l'actuelle Russie. Les historiens préfèrent eux le terme de « Varègues » (*vaeringjar* en norrois), qui désigne à l'origine les Scandinaves employés comme mercenaires par les princes russes et les empereurs byzantins. Ces Varègues ont une part importante dans le destin singulier des Scandinaves, mais nous nous intéresserons surtout à ceux qu'on appelle généralement les « Vikings ».

Le terme de « viking » n'est utilisé couramment que depuis le XIXe siècle. L'origine du mot est discutée. Il pourrait venir du norrois *vik* (« la baie ») ou du latin *vicus* (« agglomération »), dont l'équivalent germanique est *wik*. On trouve le terme dès le VIIe siècle dans un contexte anglo-saxon, en liaison avec des activités maritimes et notamment avec la piraterie[2]. C'est le sens qui se généralisera beaucoup plus tard en langue française. Le Viking apparaît d'abord comme un pirate. Le même terme sert également à désigner de façon beaucoup plus large l'ensemble des Scandinaves qui ont dirigé leurs expéditions vers l'Europe occidentale, du VIIIe au XIe siècle.

Les Vikings ne sont bien connus qu'à partir du moment où ils entrent en contact avec les Occidentaux, qui se servent de l'écrit. Pour la période antérieure, il faut recourir à d'autres types de sources. Les unes et les autres ne sont pas sans poser de problèmes.

Les sources

Les sources écrites concernant les Scandinaves pendant la période des « invasions » proviennent presque toujours de l'étranger. Pour l'Occident chrétien, ce sont des textes rédigés en latin par les clercs. Il existe également d'autres sources en arabe (provenant du monde musulman) ou en grec (provenant de l'Empire byzantin), qui concernent surtout l'Orient. Ces sources ont l'avantage d'être contemporaines du mouvement viking, mais elles présentent un inconvénient majeur : elles expriment un point de vue nettement hostile aux « envahisseurs ».

Les plus anciennes sources écrites provenant du monde viking sont d'abord les inscriptions runiques[3]. Les runes sont un système d'écriture apparu dans le monde germanique aux environs du premier siècle de notre ère, sans doute à l'imitation de l'écriture latine. Répandues dans le monde scandinave, elles y ont été utilisées jusqu'au XIVe siècle. Les inscriptions runiques sont gravées sur la pierre, le bois ou l'os. Elles nous donnent de nombreux renseignements sur la vie quotidienne et sur certaines expéditions vikings.

La littérature scandinave peut être également utilisée comme source historique. Il s'agit d'abord des poèmes scaldiques, écrits par des poètes attachés à des princes. On peut les comparer aux bardes de l'ancien monde celtique ou aux griots de l'Afrique noire. Comme eux, les scaldes sont chargés d'exalter les hauts faits de ceux qui les protègent et de leurs ancêtres. Ces poèmes relèvent à l'origine de la littérature orale et sont difficiles à interpréter pour les historiens[4]. On peut faire le même genre de réflexion à propos d'un autre type de sources, les sagas.

Les sagas, elles aussi, ont d'abord été transmises par oral avant d'être mises par écrit à partir du XIIe siècle, et principalement au XIIIe et au XIVe siècle (en gros de 1150 à 1350). Les sagas furent produites en Norvège et surtout en Islande. L'Islande apparaît en effet comme un extraordinaire conservatoire d'institutions, de littérature et d'histoire scandinaves. Nous lui devons une bonne part de ce que nous connaissons du monde viking ancien. C'est ce que Régis Boyer appelle, à juste titre, « le miracle islandais[5] ». Parmi les sagas, il convient de privilégier les sagas royales, et notamment celles qui sont réunies sous le titre de *Heimskringla*, dont l'auteur est Snorri Sturluson (1179-1241)[6]. Les sagas sont des récits épiques à consonance historique. Certaines mettent en scène des personnages tels que les rois de Norvège Olaf Tryggvason (995-1000) ou Olaf Haraldsson, autrement dit saint Olaf (1015-1030)[7]. Ce sont sans aucun doute des œuvres de grande qualité, qu'on peut souvent qualifier de « chefs-d'œuvre[8] ». Leur rédaction tardive a suscité chez les historiens une grande méfiance. On s'est demandé si les sagas pouvaient vraiment être considérées comme des documents historiques. Dans bien des cas, la légende semble l'emporter sur l'Histoire. Par ailleurs, les auteurs de sagas sont d'abord des hommes de leur temps : leurs récits visent à exalter telle famille ou tel clan de l'époque où ils écrivent. C'est incontestablement le cas pour Snorri Sturluson, qui joua de son vivant un rôle politique de première importance. Les sagas nous éclairent souvent mieux sur la période de leur rédaction que sur celle dont elles sont censées rapporter l'histoire, quelques siècles auparavant. Elles n'en demeurent pas moins « de prodigieuses mines de renseignements dans tous les domaines », comme l'affirme Régis Boyer, « mais il faut apprendre à les lire entre les lignes[9] ».

Concernant les sagas, peut-être est-on allé trop loin dans la critique, au point de tomber dans l'«hypercriticisme ». On pourrait faire le même genre de réflexion à propos des lois scandinaves, elles aussi de rédaction tardive (à peu près deux siècles après l'époque des Vikings). On a souvent affirmé que leur apport n'était guère intéressant pour la période des « invasions ». Depuis quelques années, pourtant, ce point de vue pessimiste a été un peu révisé par les historiens du droit. Ceux-ci reconnaissent qu'on y retrouve une influence du droit romain et des écrits bibliques. Il n'en reste pas moins que ces lois tirent leur origine d'une époque ancienne : la législation scandinave présente un incontestable caractère conservateur[10].

L'archéologie reste la source la plus prometteuse. Elle est la seule qui puisse encore fournir des informations inédites. Les tombes de l'époque viking ont permis la découverte d'un riche matériel, en particulier les bateaux de Gokstad et d'Oseberg (en Norvège). D'autres navires de la fin de l'âge viking (XIe siècle) ont été retrouvés au Danemark, à Roskilde et Skuldelev. Ils ont donné lieu à des études approfondies et, depuis quelques années, à des reconstitutions de navires vikings très riches d'enseignements[11]. Par ailleurs, de nombreux établissements commerciaux ont également été fouillés[12]. On a encore étudié une remarquable série de camps fortifiés, tous situés au Danemark (Trelleborg, Odense, Aggesborg et Fyrcat)[13]. Plus récemment, les archéologues se sont également intéressés à des sites purement ruraux. Dans sa thèse, Anne Nissen-Jaubert a ainsi privilégié cinq régions d'études, dispersées à travers le Danemark : le Thy, au nord du Limfjorden (I), la région d'Arhus (II), le centre de la péninsule jutlandaise (III) et deux régions de l'île de Slaelland (IV et V). Elle a croisé les informations issues des fouilles avec les sources écrites, ce qui lui a permis d'étudier le peuplement et les structures d'habitat sur une longue période (IIIe-XIIe siècle)[14].

Un dernier type de sources est à prendre en considération, la toponymie et l'onomastique, relevant de la linguistique. En l'absence d'autres sources fiables, on s'est beaucoup appuyé sur la toponymie pour estimer la densité de l'implantation scandinave dans telle ou telle région de conquête, notamment en Angleterre (et surtout dans la partie nord-est, le Danelaw) et en Normandie. Dans ce dernier cas, on a ainsi constaté que les toponymes scandinaves étaient particulièrement nombreux dans le pays de Caux comme dans le Cotentin et, de façon moins dense, dans le Bessin et la plaine de Caen. Il convient cependant de rester très prudent dans ce domaine. Les toponymes basés sur des noms d'hommes attestent une domination scandinave, mais pas obligatoirement une très forte densité de peuplement. A cet égard, il est intéressant de se pencher sur la microtoponymie, qui témoigne mieux d'une colonisation rurale. Cependant, il n'est pas facile de distinguer les toponymes purement scandinaves des toponymes saxons, qui rappellent une autre vague d'occupation. De plus, dans le cas de la Normandie, on a parfois eu affaire à des implantations mixtes, qu'on peut qualifier d'anglo-scandinaves[15].

La toponymie et l'anthroponymie, comme les sources littéraires, manifestent l'émergence d'une langue commune, qui apparaît comme un lien essentiel entre tous les Scandinaves.

La langue

La langue ancienne des Scandinaves est généralement appelée le « proto-norrois » (*urnordisk*). La différenciation entre les dialectes se fait progressivement à partir du VIIIe siècle et l'évolution se poursuit jusqu'au

XIIIe siècle. On peut alors distinguer deux groupes de langues, le nordique occidental (à l'origine du norvégien et de l'islandais) et le nordique oriental (à l'origine du danois et du suédois). Il faut noter que la séparation entre les langues n'a pas été radicale puisque, de nos jours encore, il y a intercompréhension entre les habitants des trois pays. Le cas de l'islandais doit cependant être mis à part. Comme en matière d'institutions, l'Islande a été extraordinairement conservatrice en matière de langue. Autrement dit, la langue islandaise d'aujourd'hui reste très proche du norrois parlé il y a mille ans dans toute l'aire scandinave. On a pu écrire qu'elle était l'équivalent du latin pour les langues romanes, à cette différence près qu'elle continue d'être parlée par nos contemporains islandais[16].

Cette langue commune est appelée dans les sagas *donsk tunga*, ce qui signifie « langue danoise », mais elle n'était pas particulièrement liée au « royaume de Danemark ». Tous les Scandinaves anciens se comprenaient donc parfaitement entre eux. Ils pouvaient aussi communiquer aisément avec les locuteurs d'autres langues germaniques, très nombreux autour des mers nordiques, de l'Empire franc à l'Angleterre anglo-saxonne. Telle est assurément l'une des clefs de leur réussite en matière commerciale. Or ce sont les voies du commerce qui les ont menés à d'autres formes d'appropriation des biens[17].

La société scandinave

Les Scandinaves étaient d'abord des agriculteurs et des pasteurs. Ils complétaient ces activités fondamentales par la chasse et la pêche. Compte tenu des conditions climatiques, la Norvège était surtout tournée vers l'élevage, alors que la culture existait depuis longtemps au Danemark et dans le sud de la Suède. Les fouilles archéologiques ont permis de constater des signes d'expansion agricole à partir du début du VIIIe siècle. La culture du seigle se développe et l'on peut noter l'amorce d'une rotation des cultures. On observe également des progrès dans l'outillage, comme le remplacement de l'araire par la charrue. En Suède et en Norvège, l'habitat est généralement dispersé, ce qui sera aussi le cas en Islande après sa colonisation au XIe siècle. Les fouilles archéologiques ont cependant révélé des habitats groupés au Danemark et en Suède, dans les régions fertiles du Sud et de l'Est (Västergötland et Uppland). L'un des villages les mieux connus est celui de Vorbasse, dans le Jutland. On a pu y observer plusieurs phases de déplacement de l'habitat depuis le VIe siècle. Le village du VIIIe siècle est stabilisé jusqu'au XIIe siècle. Il comprend une série d'exploitations agricoles étalées le long d'une rue centrale. Toutes les constructions y sont disposées de la même façon, à l'intérieur d'un vaste enclos, ce qui laisse supposer une organisation commune. Le bâtiment principal est partout une « maison longue » de 10 à 30 mètres de long sur quelques mètres de large. Les murs sont faits de pierres sans mortier et généralement inclinés. Le toit est curviligne : il est nettement plus haut au centre de l'édifice que sur ses extrémités. Ce grand bâtiment est le plus souvent entouré d'annexes de dimensions beaucoup moins spectaculaires. Les mêmes observations ont pu être faites sur d'autres sites. Il s'agit donc bien d'une évolution générale, du moins dans les régions où prédomine la culture[18].

Les échanges existaient au sein de l'ancienne société nordique. Ils se sont intensifiés au VIIIe siècle. Les Scandinaves pouvaient offrir aux commerçants étrangers les produits de leur chasse (peaux et fourrures), de leur pêche (ambre et ivoire de morse) ou de leur cueillette (cire et miel), et aussi ceux de leur artisanat (notamment des bijoux). Ils acquéraient en revanche des produits plus élaborés venus des mondes franc, byzantin ou arabe : des étoffes, des armes, des objets de verre ou de céramique et du vin. Ces échanges se faisaient d'abord par voie de troc, mais on utilisait également les métaux précieux, et surtout l'argent (mesuré au poids). Les premières monnaies dites *sceattas* semblent avoir été frappées en Scandinavie au VIIIe siècle, et non en Frise[19]. Il n'empêche que ce commerce nordique était en étroite relation avec la Frise, avec les pays du Rhin et avec l'Angleterre anglo-saxonne, comme le montre la présence de telles monnaies sur des sites de ces différentes régions.

Cette activité commerciale a entraîné la naissance des premières agglomérations urbaines, qui sont des comptoirs marchands. La plus ancienne est sans doute celle de Ribe, au sud du Jutland, fondée dès le début du VIIIe siècle. C'est là que, selon toute vraisemblance, ont été frappés les *sceattas* représentant Odin ou un roi chevelu à l'avers et un monstre au revers[20]. D'autres agglomérations suivirent bientôt : Hedeby (Haithabu), au sud du Danemark, au milieu du même siècle, puis Birka, en Suède, et Skiringssal (Kaupang), en Norvège. Ces localités sont attestées par les textes de l'époque. D'autres ne sont connues que par les fouilles archéologiques[21]. Toutes ces agglomérations étaient construites en bois et comprenaient des installations portuaires, tout au moins un quai. Elles furent souvent entourées d'un rempart de terre. Leur création se rattache à un vaste mouvement d'essor urbain qu'on observe dans toute l'Europe occidentale aux VIIIe et IXe siècles. Ces « villes nouvelles » furent traditionnellement qualifiées de *portus* (« port » en latin), car elles se trouvaient toujours au bord de la mer ou d'un cours d'eau navigable. Qu'il suffise de citer, à titre d'exemple, les sites bien connus dans le monde franc de Quentovic (à l'estuaire de la Canche) et de Dorestad (à l'estuaire du Rhin)[22].

Le monde scandinave est donc en pleine évolution au cours du VIIIe siècle et les sources permettent alors, pour la première fois, de se faire une idée de son organisation sociale.

Les récits tardifs, tels que certains poèmes de l'Edda, et notamment la *Ringthula*[23], nous présentent une société scandinave formée de trois groupes sociaux : les esclaves, les paysans libres et les jarls (*jarlar*). Naguère, Georges Dumézil a cru voir là une application de son système de tripartition[24]. En réalité, il faut rester très prudent sur ce point. Cette division en trois de la société relève plutôt du mythe : elle a pu être inspirée à des auteurs tardifs par le modèle occidental (paysans, guerriers et clercs), lui-même tout aussi mythique. Il existe certes des esclaves dans la société scandinave, sans doute particulièrement nombreux à l'époque viking. Régis Boyer distingue deux sortes d'esclaves. Les premiers sont considérés comme des marchandises parmi d'autres et vendus au même titre que les peaux ou les fourrures : on n'en trouve pas trace à l'intérieur de la société scandinave. Les seconds sont des prisonniers de guerre. Ils peuvent se racheter et gagner un statut d'affranchi, puis d'homme libre. Leur condition est très avantageuse par rapport à celle des esclaves de la société romaine, ou même du monde franc[25].

La grande majorité des habitants de la Scandinavie se rattache donc à la catégorie des *boendr* (pluriel de *bondi*). Ce sont des hommes libres qui jouissent de tous les droits politiques et sociaux. Le *bondi* possède une résidence fixe et les terres qu'il exploite (au moins en partie). Il prend part aux affaires publiques et siège à l'assemblée du *thing*. Il peut donc juger et témoigner en justice. Plus généralement, il a le droit de donner son avis sur toutes les questions traitées au cours des assemblées. Il participe également à l'élaboration de la loi. En cas d'offense, il reçoit la compensation maximale, pour lui comme pour tous les membres de sa famille. Enfin, le *bondi* porte les armes : c'est un guerrier dans le plein sens du terme. Quand vint le temps des expéditions vikings, les armées scandinaves furent composées en grande majorité de *boendr*, car il n'existait pas d'armée professionnelle dans la Scandinavie ancienne[26].

La société scandinave n'est pas pour autant parfaitement égalitaire, comme on l'a affirmé trop souvent. Il existe entre les hommes d'importantes différences de condition, basées essentiellement sur la richesse en terre. En Islande, on distingue ainsi trois catégories : les *smaboendr*, les *boendr* et les *storboendr*, autrement dit les *boendr* petits, moyens et grands[27]. La société est donc fortement hiérarchisée, même si tous les *boendr* jouissent des mêmes droits fondamentaux. La plupart des hommes libres sont des agriculteurs (éleveurs ou cultivateurs), qui pratiquent aussi d'autres activités annexes, comme la pêche et le commerce. Quelques-uns exercent cependant une profession spécialisée : les « légistes », les prêtres et les guérisseurs.

Les légistes sont ceux qui connaissent la loi orale (par cœur) et sont capables de la réciter au *thing* ou lors des procès. Cette profession trouve son équivalent dans la société franque avec les « rachimbourgs » de l'époque mérovingienne ou les « échevins » de l'époque carolingienne (*scabini* en latin). Deux autres catégories n'ont pas de répondant dans le monde franc, car elles étaient liées plus ou moins directement à l'ancienne religion. Ce sont les prêtres et les médecins guérisseurs. Ces derniers sont appelés *laeknir*, mot qui signifie aussi bien médecin ou chirurgien que magicien. Quant aux prêtres, il n'est pas certain qu'ils aient existé en tant que tels dans la Scandinavie ancienne, car les sacrifices et autres actes cultuels étaient pratiqués par les rois ou les chefs de famille. Même s'il est question de prêtres dans les sagas, il est possible que celles-ci aient appliqué à l'ancienne société les modèles bibliques et chrétiens en usage à l'époque de leur rédaction[28].

Autre mythe à relativiser, celui de la place des femmes dans l'ancienne société scandinave. La femme est censée y avoir joui d'une grande liberté. Or ce n'est pas vraiment le cas, du moins officiellement. La femme du *bondi* est juridiquement l'inférieure de son mari. Elle ne peut ester en justice et n'a aucune part à l'héritage.

Le mariage est un accord entre deux familles et le terme utilisé pour le désigner est évocateur : c'est l'«achat de la mariée » (*brudhkaup*). La famille de la femme verse à celle du mari une dot (*heimanfylgja*) ; celle du mari accorde en échange un douaire (*mundr*)[29]. Nous avons affaire là à des institutions fondamentales, qu'on retrouve dans beaucoup de sociétés dites « traditionnelles », en particulier en Afrique noire. Le « mariage arrangé » n'est cependant pas si « exotique ». N'était-il pas couramment pratiqué dans les familles bourgeoises, françaises et européennes jusqu'au début du XXe siècle ? En tout cas, le droit du mariage était profondément enraciné dans la mentalité des Scandinaves qui ont conquis la Normandie. Il fut plus tard intégré dans le droit normand, qui eut cours jusqu'à la Révolution française. Ce droit subit cependant des changements importants sous l'influence du christianisme, et en particulier l'introduction de la monogamie officielle[30].

La polygamie est en effet acceptée dans l'ancien monde scandinave, mais seulement au bénéfice des hommes ! L'adultère féminin est sévèrement sanctionné. En revanche, l'homme a le droit d'amener au foyer une ou plusieurs concubines (*frilla* au singulier). Certes, l'épouse officielle conserve une autorité sur les autres femmes, dont le symbole est le trousseau de clefs qu'elle arbore en permanence. Si elle respecte les interdits, la femme scandinave est respectée. On peut la considérer comme la gardienne du foyer. Elle accomplit de nombreuses tâches : cuisine, lessive, travaux des champs. Elle est chargée de l'éducation des enfants et doit diriger les domestiques. Elle dispose aussi de savoirs secrets, relevant de la magie ou de la sorcellerie. Sur ce terrain, elle se trouve en concurrence avec les médecins guérisseurs (qui sont des hommes). Au fond, on peut considérer que la femme détient une véritable autorité au sein de la maison, le mari se réservant les activités extérieures. Cette autorité se renforça à l'époque viking, quand beaucoup de maris furent partis pour de lointaines expéditions.

Le père reste le chef de famille et il a tout pouvoir sur les enfants. C'est lui qui donne au nouveau-né son nom, qui est souvent celui d'un ascendant ou d'un ancêtre. On faisait une nette différence entre l'enfant légitime, qui avait droit à l'héritage, et l'enfant naturel, issu de la concubine, qui en était exclu[31]. Si l'homme détient le monopole des activités politiques, la femme y prend néanmoins une part indirecte, car elle est la gardienne de l'honneur familial. C'est elle qui perpétue le souvenir des exploits ancestraux, qui rappelle à son mari ou à son fils leur devoir de vengeance, qui peut se muer en devineresse lorsqu'elle prédit un avenir plein d'aventure aux hommes de sa maisonnée[32].

En ce qui concerne l'organisation politique, nous avons là aussi affaire à un mythe, celui d'une société parfaitement démocratique, et pratiquant une démocratie directe. L'institution de base est l'assemblée (*thing*), qui réunit les *boendr* d'une région. Cette assemblée se réunit en plein air dans des lieux dont la situation géographique et topographique est favorable. Tous les *boendr* ont le droit de participer à l'assemblée et d'y donner leur avis. En réalité, tous n'y ont pas le même poids. On retrouve au *thing* la stricte hiérarchie que nous avons déjà notée au sein du groupe des hommes libres. Peu à peu se forme une catégorie supérieure de chefs locaux qui finissent par exercer le pouvoir et par constituer une véritable aristocratie. Ces hommes sont puissants grâce à leur richesse en terres, grâce à la suite armée qu'ils entretiennent (*lidh*, *hirdh*) et grâce à la protection qu'ils accordent à un certain nombre de dépendants. On leur donne des noms divers selon les pays : *hersar* en Norvège, *godhar* en Islande, *jarlar* dans certaines régions. Sur ce point encore, l'exemple de l'Islande (tardif mais bien connu) est d'un grand intérêt. Les *godhar* sont à la fois de puissants chefs de famille, des législateurs et des dignitaires religieux (pratiquant notamment le culte des ancêtres). Ce sont eux qui tiennent le haut du pavé dans le *thing* local, et plus tard dans l'*Althing*, qui réunit les hommes libres de l'île entière. Chacun d'entre eux tire son influence d'une cour de dépendants. Collectivement, ils détiennent le pouvoir, puisque aucun roi n'est présent en Islande[33].

En dehors de l'Islande, cette aristocratie joue un rôle d'intermédiaire entre les *boendr* et le pouvoir supérieur, qui peut être incarné, selon les pays et les régions, par un *jarl* ou par un roi.

Les *jarlar* (*jarl* au singulier) à proprement parler sont rares. On ne peut guère mentionner que le jarl de Möre ou celui des Hladhir, en Norvège, ou, plus tard, le jarl des Orcades. Mais on observe dans beaucoup de régions l'émergence de pouvoirs locaux. En l'absence de textes sûrs, l'archéologie est d'un grand secours dans ce domaine. On a pu fouiller des sites qui étaient manifestement des centres de pouvoir : Gudme et Lejre, au Danemark, Borg en Norvège et Gamla Uppsala en Suède. Ces sites comprennent de grandes maisons-halls où se déroulaient des cérémonies politiques et religieuses. Le mobilier de grande qualité montre qu'il s'agit de résidences princières. De tels centres deviennent de plus en plus nombreux au fur et à mesure qu'on avance dans le temps. Ils sont le signe d'une concentration du pouvoir, d'où vont progressivement émerger les royautés scandinaves[34].

L'émergence des royautés

Les premiers rois scandinaves sont mal connus, car leur histoire se confond avec la légende. On peut d'ailleurs se demander ce qu'il faut entendre par « roi ». Dans bien des cas, il s'agit de personnages qui n'exercent qu'un pouvoir local, peut-être seulement plus étendu que celui des *jarlar* et des autres chefs régionaux. A cet égard, on peut sans doute comparer les rois scandinaves des origines avec les nombreux « rois » irlandais, auxquels les Vikings seront confrontés aux IXe et Xe siècles. D'ailleurs, les rois ne sont pas uniquement attachés à un territoire puisque les textes mentionnent des « rois de la mer » jusqu'au XIe siècle[35]. Ces derniers sont à l'évidence des chefs d'expéditions maritimes, mais on leur accorde le titre de roi, qui n'a pas le même sens que dans le monde franc.

Pour être roi dans l'espace scandinave, il faut d'abord appartenir à un lignage considéré comme royal. Régis Boyer fait remarquer que le terme *konung* (*könig* en allemand, *king* en anglais) dérive du mot *kyn*, qui signifie parentèle[36]. Pourtant, il n'y a pas d'hérédité véritable et les luttes pour le pouvoir sont souvent féroces entre les différents prétendants. Il arrive aussi qu'on associe deux frères ou deux cousins qui n'ont pu être départagés. Ceux-ci exercent conjointement le pouvoir, jusqu'au moment où le plus fort réussit à éliminer l'autre !

Dans tous les cas, il s'agit d'une monarchie élective, selon le vieux modèle germanique, qui n'a pas totalement disparu du monde franc avant la fin du Xe siècle (et bien au-delà en ce qui concerne l'Allemagne). L'élection du roi est faite par les aristocrates, c'est-à-dire les grands *boendr* ou les *hersar* en Norvège. On en ignore toutefois les modalités. Le rôle de ces grands ne se limite pas à l'élection : ils conservent un droit de regard sur les actions du roi et peuvent éventuellement le renverser. Au début du XIe siècle encore, si l'on en croit Snorri Sturluson, le roi de Suède Olaf Sköttkonung est obligé d'accepter une politique de paix avec le roi de Norvège Olaf Haraldsson (saint Olaf). Celle-ci lui est imposée par les *boendr*, qui s'expriment par la voix de l'un d'entre eux, le grand *bondi* Thorgnyr. Pour appuyer ses revendications, ce dernier fait allusion dans son discours à un épisode historique (ou légendaire ?). Dans un *thing* tenu à Muli, cinq rois se seraient montrés pleins d'arrogance envers les *boendr*, qui se seraient révoltés et les auraient assassinés en les jetant dans un marécage[37]. Ce modèle de roi faible, dépendant de ses grands et n'exerçant qu'un pouvoir limité, semble prévaloir longtemps en Norvège et en Suède. Il n'en est pas de même au Danemark, où la royauté est plus ancienne et mieux assurée.

La royauté a un caractère sacré, dans le monde scandinave comme dans beaucoup d'autres sociétés, qu'il s'agisse des royautés germaniques d'Occident ou des royautés de l'Afrique ancienne. Le roi est d'abord un prêtre chargé des actes cultuels les plus importants envers les dieux, et notamment des sacrifices. On peut appliquer aux rois scandinaves la théorie d'Ernst Kantorowicz sur les deux corps du roi[38]. Outre son corps mortel, le roi est doté d'un corps immortel, qui lui permet de jouer le rôle d'intermédiaire (et d'intercesseur) entre les hommes et les dieux. Contrairement à une idée reçue, le roi scandinave n'est pas principalement un chef de guerre, même s'il est souvent amené à conduire des opérations militaires. Le roi sacré est surtout le responsable de la fertilité des terres et de la fécondité des femmes. C'est lui qui peut maintenir un climat favorable aux cultures et à l'élevage, grâce aux bonnes relations qu'il entretient avec les dieux. Dans ce domaine, en particulier, son rôle est tout à fait comparable à celui des rois africains. Il doit éviter autant que possible la guerre afin de favoriser les activités économiques, l'agriculture et le commerce, qui apporteront le bien-être à son peuple. Le roi est donc le garant de la prospérité et de la paix[39].

Les plus anciens rois apparaissent naturellement au Danemark. Le premier est Ongendus, cité dans la *Vita Willibrordi*, qui aurait vécu dans la première moitié du VIIIe siècle[40]. Ensuite, le roi Sigfrid est mentionné dans les années 780. C'est l'époque où Charlemagne conquiert la Saxe et atteint pour la première fois les frontières d'un pays scandinave. Plus tard, en 808, le roi Godfrid envahit des territoires appartenant aux Abodrites, alliés des Francs, et se trouve en conflit avec le puissant empereur carolingien. La succession de Godfrid, assassiné en 810, donne un bon exemple des luttes implacables pour le pouvoir se produisant alors en Scandinavie. Les fils de Godfrid sont écartés au profit d'Hemming, qui conclut une paix avec Charlemagne. A la mort d'Hemming, on assiste à l'affrontement de deux clans. Les vainqueurs sont deux frères, Harald Klak et Reginfred, bientôt chassés eux-mêmes par les fils de Godfrid, revenus de leur exil en Suède. Harald trouve refuge à la cour de Louis le Pieux. Après 827, un seul des fils de Godfrid réussit à s'imposer, Horik Ier, qui reste le seul roi de Danemark jusqu'à sa mort, en 854.

Les autres royautés scandinaves sont plus tardives et plus fragiles. Les rois de Norvège ne sont connus qu'à travers des sources postérieures, et surtout le *Heimskringla* de Snorri Sturluson. Le premier roi attesté de façon certaine est Harald Harfagra (« à la belle chevelure »), qui a régné entre 870 et 930 environ. Il a succédé à son père, roi en Vestfold[41], et se serait imposé en battant d'autres rois et chefs à la bataille de Hafrsfjord[42]. Certains auteurs pensent qu'Harald n'a jamais été roi de toute la Norvège, mais d'une seule région du Sud-Ouest, le Rogaland ou l'Hordaland. Pour la Suède, nous connaissons par Ansgar le nom de deux rois, Björn et Olaf, qui étaient établis à Birka au IXe siècle. Nous ignorons quel était le territoire sur lequel ils exerçaient leur autorité. Celle-ci s'étendait peut-être sur les Svear, mais sûrement sur les Götar, l'autre population constitutive de la Suède[43].

Les rois norvégiens ont tenté de se donner des origines prestigieuses en prétendant descendre de la dynastie des Ynlingar, qui serait issue du dieu Freyr. Cette utilisation des généalogies divines était courante dans les royaumes anglo-saxons d'Angleterre. Les rois svear de Suède ont tenté eux aussi de faire valoir cette ascendance semi-divine. Les royautés scandinaves sont donc très liées à la religion.

Le panthéon scandinave

La religion des Scandinaves se rattache à l'antique fond indo-européen et l'on peut faire de multiples comparaisons avec les religions de l'Inde et de l'Iran, comme avec le polythéisme gréco-romain. Elle est connue, bien entendu, à travers des textes tardifs, rédigés à l'époque chrétienne, qui ont pu subir l'influence du christianisme. L'une des sources principales concernant la religion, la plus fiable car la plus ancienne, est constituée par les textes de l'*Edda* poétique, dont un certain nombre ont sans doute été composés aux alentours de l'an mille[44].

A l'origine se trouve le chaos ou le vide, où s'opposaient les deux mondes antagonistes des ténèbres et de la lumière (ou du feu). De la confrontation entre ces deux univers naît un géant hermaphrodite, Ymir, qui s'accouple à une autre créature primitive, Bestla. De cette union naissent les premiers dieux, Odin et ses frères Vilir et Vé, qui vont bientôt tuer Ymir. Puis Odin, aidé par Hoenir et Loki, crée les hommes en utilisant comme « matière première » des souches d'arbre échouées sur le rivage de la mer. Beaucoup d'autres dieux s'ajoutent à ceux-là pour constituer le panthéon scandinave. Ils ont été divisés, peut-être tardivement, en deux catégories : les Ases et les Vanes. Les dieux sont censés habiter au centre du monde (*Asgardhr*, littéralement « domaine des Ases »). En périphérie résident les géants (*Utgardhr*, « domaine extérieur »). Les hommes ont trouvé place entre les deux dans le *Midhgardhr* (« domaine du milieu »)[45].

Or le cosmos est conçu comme un affrontement permanent entre les forces de l'ordre (les dieux) et celles du désordre (les géants). L'humanité est à la fois l'actrice et l'enjeu de cette confrontation. Les pratiques cultuelles, et notamment les sacrifices, ont pour objectif de maintenir le fragile équilibre entre ces forces antagonistes, qui permet la survie du monde. Or cet univers n'est pas conçu comme éternel. D'après le *Völuspa*, poème de l'*Edda*, les Ases et les Vanes finiront par s'affronter, ce qui entraînera une fin du monde apocalyptique, le *Ragnarök* ou « crépuscule des dieux », dont Richard Wagner a donné une extraordinaire illustration musicale. Cette apocalypse serait suivie d'une renaissance de la vie, incarnée par un couple humain, miraculeusement épargné. Il est possible cependant que ce dernier avatar soit dû à des influences chrétiennes.

Seuls quelques dieux sont vraiment vénérés par les Scandinaves. Ils sont dotés d'une forte personnalité. Au premier rang vient Odin. Son nom dérive du mot *Odr*, qui signifie « fureur ». C'est donc le dieu qui conduit certains hommes à des états de transe, et par conséquent le dieu du magicien comme celui du poète et du guerrier. Son royaume est appelé *Vallhöll* (le *Walhalla* germanique). Les valkyries sont chargées d'y amener les guerriers morts à la bataille. Thor est le dieu du tonnerre, dont le vacarme est produit par son char, attelé à des boucs. Il est représenté avec un marteau (*Mjölnir*), qui symbolise la foudre. Divinité facétieuse, Thor est figuré avec une barbe rousse et il est doté d'un formidable appétit. C'est un combattant de premier ordre qui lutte efficacement contre les géants. Concurrent d'Odin, il l'a supplanté en Norvège et en Islande, où il a usurpé son rang de premier dieu. En réalité, les deux principaux dieux forment une paire de divinités complémentaires.

Il en est de même pour deux divinités plus paisibles, qui forment un véritable couple : Freyr et sa sœur Freyja. Appartenant à la famille des Vanes, ils sont dieu et déesse de l'amour et de la fécondité (comme de la fertilité). Ce sont des divinités extrêmement populaires. D'autres le sont beaucoup moins, comme Heimdal, Badr ou Loki.

A un niveau inférieur, on trouve des demi-dieux, comme les elfes et les trolls, qui ont survécu dans l'imaginaire collectif et peuplent jusqu'à nos jours les contes traditionnels des pays scandinaves.

Enfin, les « âmes » des morts jouent un rôle considérable dans la vie des vivants. La séparation entre les deux mondes est d'ailleurs loin d'être aussi radicale que dans nos conceptions chrétiennes et occidentales. Les revenants interviennent dans le monde des vivants, souvent de façon maléfique. Inversement, un homme peut se changer en *hamrammr* (« loup-garou ») et prendre temporairement les apparences d'un animal (loup, taureau ou aigle, par exemple). Les vivants peuvent entrer en communication avec les morts, et en particulier avec leurs parents et leurs ancêtres, par le biais de rêves ou d'apparitions. Ils se servent aussi de la magie. Celle-ci a pour objectif d'obliger les puissances surnaturelles, mais aussi les ancêtres, à réaliser les désirs des vivants. Elle est exercée sous différentes formes, les plus courantes étant les pratiques divinatoires ou chamaniques (transe et extase, entre autres). Les morts sont enfin l'objet d'un culte, tout comme les principaux dieux[46].

Dans la religion ancienne, le culte est d'abord familial. C'est le chef de famille qui pratique le culte des ancêtres et celui des principales divinités du panthéon. A un niveau supérieur, il existe des cérémonies plus importantes, dont le célébrant est le chef local. Enfin, le roi est d'abord un « prêtre » et préside à de grandes manifestations religieuses collectives, qui ont lieu dans les principaux centres politico-religieux, tels Uppsala, en Suède, et Lejre, au Danemark. Ces cérémonies ont été signalées par les auteurs occidentaux comme Adam de Brême et Thietmar de Mersebourg. Tous les deux parlent de sacrifices humains et de sacrifices d'animaux. Leur témoignage est cependant sujet à caution, car ils ont pu se laisser influencer par leurs préjugés chrétiens. La réalité des sacrifices humains reste cependant probable, en tout cas pour la période la plus ancienne. Les sacrifices étaient suivis de grands banquets de communion : on y buvait beaucoup de bière et on y partageait la chair des animaux (chevaux, selon les sources occidentales, ou porcs, selon les sources scandinaves)[47].

Les usages funéraires sont divers. Dans une grande partie de la Suède, on pratique exclusivement l'incinération, alors qu'au Danemark et en Norvège (comme dans le sud de la Suède) celle-ci coexiste avec l'inhumation. L'aspect et l'importance des sépultures sont très variables, en fonction des coutumes locales et du rang social du défunt. Les plus spectaculaires prennent la forme d'une pierre dressée, d'un tertre à l'allure de bateau ou d'un vaste tumulus. Nous connaissons déjà les tombes princières de Norvège, dans lesquelles le défunt a été enterré avec son navire (Gokstad et Oseberg). Les plus riches sont les tombes royales, comme celle de Jelling, au Danemark. Les animaux familiers, et en particulier les chevaux, peuvent être enterrés avec le défunt. Si l'on en croit le voyageur arabe Ibn Fadlân, il pouvait arriver qu'une femme esclave choisisse de mourir volontairement pour être inhumée aux côtés de son maître[48]. Toutes les tombes comprennent des objets qui devaient permettre au défunt de survivre dans l'autre monde. Celui-ci pouvait prendre des formes variées : *Hel* pour les morts ordinaires ou *Valhöll*, beaucoup plus prestigieux, pour les guerriers tués au combat, qui seuls étaient jugés dignes de participer au *Ragnarök*. La cérémonie d'inhumation était suivie d'un certain nombre de rites funéraires : on buvait en commun la « bière d'héritage » (*erfiöl*), on intronisait ensuite le nouvel héritier, puis on organisait un banquet mortuaire, au cours duquel des invocations étaient faites à la mémoire des morts[49].

Uni par une langue et une civilisation commune, le monde scandinave est d'abord caractérisé par une religion qui imprègne tous les gestes de la vie individuelle et collective. Il s'agit d'une religion polythéiste, dominée par un certain nombre de divinités bien connues, au premier rang desquelles figurent Odin et Thor.

L'économie scandinave est fondée sur l'élevage et sur la culture dans quelques régions favorables. La pêche et la chasse constituent partout des activités d'appoint. La mer n'est jamais loin dans ces différents pays et nombre de Scandinaves sont des marins avertis. Grâce à leurs compétences, ils peuvent se lancer dans le commerce avec le monde franc, comme avec le monde russe. Les marchands vont ainsi découvrir des pays riches et mal défendus, ce qui les incite bientôt à passer du commerce au pillage. C'est ainsi que commence, au début du IXe siècle, l'une des aventures les plus extraordinaires menées par des hommes du Moyen Âge : le mouvement viking.

II

Premiers raids vikings

Jusqu'à la fin du VIIIe siècle, les Scandinaves sont restés confinés dans leur région d'origine. Les contacts politiques étaient limités et concernaient surtout certaines zones « méridionales », comme le Danemark, précocement organisé en royaume et confronté à l'expansion franque. En revanche, tout laisse à penser que le commerce nordique connaît une véritable expansion, qui donne naissance à des comptoirs tels que Ribe, Hedeby ou Birka. Les rapports des Scandinaves avec leurs voisins occidentaux (les Francs ou les Anglo-Saxons) et orientaux (surtout les Slaves) semblent alors tout à fait pacifiques. Les choses vont pourtant changer radicalement à partir de la fin du VIIIe siècle. Les gens du Nord commencent à attaquer les régions côtières pour s'emparer par la force des richesses dont elles regorgent, en semant la terreur sur leur passage. Nous sommes en présence d'un mouvement de grande ampleur qui va s'étaler sur trois siècles (IXe-XIe siècle) et causer des bouleversements considérables, aussi bien dans les pays « visités » que dans le monde scandinave lui-même. Il a entraîné d'importants déplacements de population et il est désormais qualifié de « migration ». Nous avons affaire à une extraordinaire aventure, qui va mener Vikings et Varègues jusqu'aux extrémités du monde alors connu : de la mer Caspienne et de la Méditerranée, d'un côté, à la rive américaine de l'Atlantique, de l'autre. On peut se demander pourquoi les Scandinaves du VIIIe siècle ont pu passer en quelques années de l'état de paisibles éleveurs, cultivateurs, chasseurs, pêcheurs ou marchands, à celui de redoutables pirates. Il s'agit d'une énigme qui a beaucoup intrigué les historiens depuis plus d'un siècle[1].

L'une des premières causes invoquées traditionnellement est celle de la surpopulation. Ce n'est pas une idée nouvelle, loin s'en faut, puisqu'elle est déjà avancée par Jordanès dès le VIe siècle, dans sa *Getica*[2]. A cette époque évidemment, il ne pouvait être question des Vikings et cet auteur, d'origine gothique, tentait d'expliquer les premières grandes « invasions » de l'Empire romain, qui s'étalent du IIIe au Ve siècle. Cependant, il considérait déjà que l'île de Scandzia (la Scandinavie) était, selon son expression imagée, la *vagina nationum* (« matrice des nations »). Pour lui, la plus grande partie des envahisseurs du monde romain en seraient issus[3]. Cette explication a souvent été reprise à propos du mouvement viking. Il est vrai que le monde scandinave comprend peu de terres vraiment fertiles. Par ailleurs, le climat est rude. Cependant, l'espace disponible est très grand et les hommes relativement peu nombreux. Certes, il est impossible de disposer de données sûres à ce sujet. On a pu estimer qu'à la fin de l'époque viking le seul Danemark comptait autour de 700 000 habitants. Les fouilles archéologiques de sites ruraux ont montré que les Scandinaves n'hésitaient pas à déplacer leur habitat quand le besoin s'en faisait sentir. Il s'agissait sans doute d'exploiter de nouvelles terres. Par ailleurs, nous connaissons les progrès réalisés dans les modes de culture à partir des années 700. On peut donc affirmer que l'argument de la surpopulation est aujourd'hui largement discrédité par les découvertes archéologiques[4].

Il est plus intéressant de rechercher des explications dans le fonctionnement même des sociétés scandinaves.

Les luttes pour le pouvoir étaient sévères. Les candidats exclus, contraints à l'exil, se lançaient souvent dans des expéditions lointaines. Plus généralement, les *boendr* pouvaient chercher à se procurer de cette façon des biens prestigieux, afin de jouir d'une meilleure considération et de se hisser dans la hiérarchie sociale. Dans tous les cas, il s'agissait de renforcer son honneur, valeur fondamentale de la société scandinave. On a également avancé des explications d'ordre religieux, en considérant que la participation à une expédition constituait une sorte d'initiation pour le jeune guerrier[5]. Enfin, il faut tenir compte des grandes entreprises collectives conduites par des chefs régionaux, des jarls ou bien des rois. Celles-ci ont été particulièrement nombreuses au Danemark.

Au fond, les causes fondamentales du mouvement viking sont plutôt à rechercher à l'extérieur. Les Scandinaves étaient en quête de richesses, ce qui paraît bien naturel. Dans un premier temps, certains d'entre eux ont pu se les procurer en pratiquant un commerce parfaitement régulier. Ce faisant, ils se sont rendu compte que beaucoup de pays étaient mal défendus, en proie à des troubles, voire à des guerres civiles. Les autorités locales, royales ou princières, étaient souvent faibles et contestées. Excellents marins et excellents guerriers, les Vikings ont fréquemment été sollicités pour intervenir dans les querelles locales. C'est vrai dans l'espace russe ou byzantin, où ils ont constitué la célèbre « garde varangienne ». C'est vrai également dans l'Angleterre anglo-saxonne et même dans les royaumes francs. Notons que, le cas échéant, les Vikings n'ont pas hésité à se combattre entre eux, en tant que mercenaires au service d'une puissance étrangère. Dans ces conditions, il était presque « normal » que les Scandinaves agissent pour leur propre compte. C'est ce qu'ils ont fait sur une grande échelle. La principale cause du mouvement viking est donc la faiblesse des Etats qu'ils étaient amenés à fréquenter. S'il fallait prouver cette affirmation, on pourrait avancer un argument a contrario. Les Vikings ont toujours reculé lorsqu'ils ont dû affronter des régimes forts. Ce fut le cas lors des premiers raids, sous Charlemagne et Louis le Pieux[6]. Plus tard encore, au paroxysme du mouvement, les Vikings furent contraints de se replier devant la détermination d'un Robert le Fort (858-866)[7]. Il en fut de même face à Louis III, vainqueur à Saucourt[8], sur la Somme, en 881, ce qui lui valut d'être honoré par un poème épique, le *Ludwigslied*[9]. Bien sûr, ces efforts de certains chefs francs furent éphémères et se révélèrent impuissants à faire renoncer durablement les Vikings. A la même époque pourtant, un roi saxon réussit à leur tenir tête, Alfred le Grand (871-899)[10]. Confrontés à une véritable résistance, les Vikings n'insistaient donc pas. Ils préféraient partir ailleurs, à la recherche d'occasions plus favorables. Dans les régions où régnait un pouvoir fort, ils redevenaient des commerçants. Les Scandinaves savaient allier les deux activités, qui nous paraissent contradictoires : ils étaient pirates, quand c'était possible, et marchands le reste du temps. Ils pouvaient très bien aller vendre dans un port ou sur un marché les produits de leurs pillages (suffisamment loin pour éviter les problèmes) ! Leur but était de s'enrichir et, pour y parvenir, tous les moyens étaient bons. On considère le plus souvent les Scandinaves comme des agresseurs mais, dans certains cas, ils ont pu à l'inverse se sentir menacés par des étrangers. Souvenons-nous qu'à la fin du VIIIe siècle les Francs sont en pleine expansion et que Charlemagne a entrepris de conquérir la Saxe, voisine immédiate du Danemark. Or cette progression franque coïncide avec les premiers raids vikings qui, dans une certaine mesure, pouvaient apparaître comme des opérations de représailles. Cette explication ne suffit évidemment pas à rendre compte de l'ensemble du mouvement viking, mais elle montre à quel point les causes en sont complexes. L'expansion viking ne peut être comprise que si l'on fait intervenir une conjonction de causes multiples, en particulier des circonstances favorables que les Scandinaves ont exploitées au maximum.

Encore leur fallait-il disposer des moyens de réaliser de grandes ambitions. Or ils avaient amélioré de façon notable les techniques de construction navale en usage dans les mers nordiques, ce qui leur permit de disposer d'un instrument très efficace. Le bateau est l'un des principaux moyens d'action des Vikings.

Les embarcations vikings

Le navire viking est de mieux en mieux connu grâce aux trouvailles archéologiques et à de nombreux travaux récents[11]. Rappelons les fouilles anciennes, qui ont permis la découverte des navires retrouvés en Norvège dans les tombes d'Oseberg (vers 850) et de Gokstad (vers 900)[12]. Plus récemment, des fouilles sous-marines ont amené la mise au jour de toute une série de navires des Xe et XIe siècles à Roskilde, à Skuldelev (près de Roskilde), au Danemark, ou à Hedeby, aujourd'hui en Allemagne[13]. A Roskilde a été aménagé un musée des Bateaux vikings, doublé d'un Centre d'archéologie maritime. On y travaille sur le matériel archéologique et, parallèlement, on tente de mieux comprendre les techniques de fabrication et le mode d'emploi de ces navires[14].

On sait maintenant que le navire viking n'est pas apparu subitement à l'époque de la grande expansion. Il est le fruit d'une longue tradition maritime des régions nordiques, remontant à la préhistoire. Ce type de navire a été progressivement amélioré et, au tournant du IXe siècle, il est arrivé à un point de perfection tel qu'il n'a pas été dépassé pendant une très longue période. Le bateau viking est alors devenu une redoutable machine de guerre qui va prouver son efficacité sur toutes les voies maritimes et fluviales, de la mer du Nord et de la Baltique à l'Atlantique et à la Méditerranée.

Le milieu humide est favorable à la conservation du bois. Des fouilles sous-marines (notamment dans le fjord de Roskilde) ou des investigations conduites dans des zones marécageuses ont permis des découvertes très intéressantes pour l'histoire de la navigation en Scandinavie. A Hjortspring, sur l'île d'Als, au sud du Danemark, on a retrouvé dans un marais les vestiges d'une barque non pontée mesurant 19 mètres de long sur 1,9 mètre de large[15]. Cette embarcation remonte au IVe siècle avant Jésus-Christ et elle était construite selon des techniques déjà très élaborées. Le bateau suivant, sur le plan chronologique, est daté du IVe siècle après Jésus-Christ, soit environ six cents ans après le précédent : c'est le célèbre navire de Nydam, découvert lui aussi dans un marécage du Danemark, en 1863. Il s'agit d'un bateau de 23,7 mètres sur 3,75 mètres qui pouvait être monté par un équipage de 30 rameurs. Il est fabriqué selon les techniques de l'âge viking : clin et rivet de fer, propulsion à rame et gouvernail latéral[16]. Des barques de ce genre, manœuvrant à la rame, ont été largement utilisées au cours des premières « grandes invasions » (IIIe-Ve siècle), notamment par les Saxons, voisins immédiats des Danois. Pendant le haut Moyen Âge, il est devenu le mode de transport habituel des Frisons, qui étaient déjà des navigateurs, des commerçants et, à l'occasion, des pirates. Ce type de bateau s'est considérablement perfectionné au cours de la période viking. On a ajouté un mât et une voile carrée, qui permettaient aux marins de tirer profit du vent, tout en gardant la possibilité de se servir des rames. Les bateaux se sont différenciés selon l'usage auquel ils étaient destinés : le transport de marchandises ou les opérations militaires. Et, surtout, on a entrepris la construction de navires de plus en plus grands, de véritables géants des mers à l'échelle du temps. Les techniques fondamentales sont cependant restées les mêmes.

Le système de base est le bordage à clin. Les planches constituant le bordage, les bordés, se recouvrent en partie l'une l'autre, ce qui confère une grande solidité à la coque. Elles sont assemblées grâce à des rivets de fer. Les fouilles récentes, et en particulier celles de Skuldelev, et les reconstitutions qui les ont suivies ont permis de mieux comprendre la manière dont ces bateaux étaient fabriqués. On appliquait le mode de construction dit des « bordés premiers », c'est-à-dire que la coque était formée d'abord, avant l'installation des membrures qui permettaient de la rigidifier. On commençait par la quille, peu profonde (60 à 85 centimètres de hauteur), puis on assemblait les planches du fond, en leur imprimant la forme désirée. Ensuite, on plaçait les varangues, qui allaient maintenir le bordage. Enfin, on installait les éléments transversaux (baux et bites), qui devaient assurer la solidité de l'ensemble. Des navires ainsi construits étaient capables de naviguer en haute mer, mais aussi de remonter les rivières et de pénétrer profondément à l'intérieur des terres. Ils pouvaient résister aux rudes tempêtes des mers nordiques et affronter les fortes houles de l'Atlantique. Leur technologie était incontestablement supérieure à celle des navires romains, dont les bordés étaient simplement jointoyés et calfatés[17].

Le vocabulaire maritime scandinave est d'une extrême variété et il a laissé des traces dans la plupart des langues européennes actuelles. Prenons quelques exemples français. Le mot « bord » est issu du norrois *bordh*, signifiant planche. Le terme « bite » vient du scandinave *biti* (« poutre »), « varangue » de *(v)rang* (« courbe »), car cette pièce assure la courbure de la coque. Beaucoup de mots ont encore le sens exact du terme norrois dont ils sont tirés : étrave (*stafin*), quille (*kjöll*), tillac (*thilja*, « plancher »). On pourrait multiplier les exemples. La richesse du vocabulaire est tout aussi frappante quand il s'agit de dénommer les différents types de navire. A cet égard, les sagas sont les sources essentielles, mais il n'est pas toujours facile pour les chercheurs de savoir exactement à quel genre de bateau correspondent les nombreux mots utilisés[18].

Le navire de base est souvent dénommé *snekkja*, qu'on peut définir comme un bateau comprenant 20 bancs (soit 40 rameurs). Ce terme était d'usage si courant qu'il est passé dans le latin médiéval et dans le dialecte normand, sous la forme d'*isnechia* (1053-1055), puis d'*esnecca* et *esnèque* (XIIe siècle), ou en vieil anglais, sous la forme de *snacc* (1052 et 1066)[19]. Les navires de guerre sont de forme allongée, ce qui leur permet d'aller très vite : ils sont donc proprement appelés *herskip*, mais aussi *langskip* (« bateau long »). Les plus grands de ces navires, comprenant plus de 25 bancs, ont droit à une appellation particulière : *skeidh*, qui a donné en Angleterre *scaegdh* (1008) et en Normandie *eschei* (XIIe siècle)[20]. A l'opposé du bateau de guerre, le navire marchand est appelé *kaupskip*. C'est une embarcation beaucoup plus large, destinée à recevoir une charge importante. Elle est manœuvrée à la voile et à la rame, mais comprend un équipage réduit, et surtout moins de rameurs. Bien entendu, elle se déplace à une vitesse beaucoup plus lente. Elle comprend plusieurs catégories portant des noms différents, dont le plus courant est celui de *knörr*, qui est passé en vieil anglais (*cnearr*), en moyen irlandais (*cnarr*), en latin médiéval (*canardus*) et en dialecte normand (*kenar*)[21].

Parmi toutes ces appellations, on ne trouve jamais le terme de « drakkar », car celui-ci n'est généralement pas utilisé au Moyen Âge pour désigner le navire de type viking. Si l'on regarde les choses d'un peu plus près, on peut cependant constater que le mot n'est pas complètement absent des sagas. Il s'agit bien d'un mot scandinave : *dreki*, au singulier, et *drekar*, au pluriel, lui-même apparenté au grec *drakôn* et au latin *draco*, signifiant « dragon ». Dans l'espace viking, il sert d'abord à désigner les figures sculptées à la proue et à la poupe des navires, qui représentaient souvent des dragons. Or, dans la *Saga de saint Olaf*, il est écrit que le roi Cnut le Grand « possédait un *dreki* si grand qu'il comptait soixante bancs de nage[22] ». D'après cet exemple, les *drekar* auraient été de très grands navires de guerre. Il n'est pas si choquant que le terme ait été repris au XIXe siècle, sous la forme abâtardie de « drakkar », pour qualifier le navire viking en général. Quoi qu'il en soit, le navire viking a bien été, du IXe au XIe siècle, le moyen le plus efficace utilisé par les Scandinaves pour mener à bien leurs entreprises guerrières. Grâce à lui, ils disposaient d'une supériorité navale incontestable. Les Vikings purent bientôt bénéficier de la maîtrise des mers, du moins dans tout l'espace nord-européen, de la Baltique à l'Atlantique. Ce fut l'une des conditions essentielles de leur réussite, car, pour le reste, ils n'avaient pas d'avance technologique particulière, comme on peut le constater en matière d'armement.

La hache et l'épée

Les armes des Vikings ne sont pas très différentes de celles qu'utilisaient leurs contemporains, en particulier les Francs. La principale était l'épée à double tranchant, dont la lame mesurait 85 à 90 cm de long. On a trouvé de très nombreuses épées de ce type lors des dragages entrepris dans les fleuves navigables, et en particulier la Seine et le Rhin. Elles étaient très proches des épées franques, qui avaient elles-mêmes une excellente réputation et faisaient l'objet d'un important trafic. Les souverains carolingiens s'en sont inquiétés et ont dû interdire la vente d'armes aux étrangers. Il n'est pas certain que ces mesures aient été suivies d'effet et les Scandinaves ont profité de ces exportations[23].

Les autres armes offensives étaient la lance et le javelot, qu'on trouve souvent dans les tombes suédoises, entre autres. L'arc et le couteau étaient aussi utilisés, mais l'arme particulière aux Vikings était la grande hache de combat. Maniée à deux mains, elle était tout à fait redoutable et pouvait provoquer des ravages dans les rangs ennemis[24].

Pour se protéger, les Vikings avaient des casques coniques, et aussi de formes diverses. Ils portaient des boucliers ronds en bois, dont l'*umbo* était souvent en fer. C'est donc la seule partie conservée dans les tombes fouillées. Lors des expéditions navales, ces boucliers étaient fixés sur les hauts bords des navires, assurant ainsi la protection des rameurs contre les flèches lancées par les ennemis. Le corps ne semble pas avoir été toujours protégé. Pourtant, on a trouvé dans les fouilles de Birka des vêtements recouverts de plaques de fer et, en Norvège, au moins une cotte de mailles à la fin de la période (Xe siècle)[25].

Les Vikings combattaient à pied, mais se servaient de chevaux pour leurs déplacements à partir de leurs navires. La solution la plus facile était de se procurer des montures sur place, soit en les volant, ce qui n'était pas si facile, soit en les achetant. Les souverains francs ont dû encore intervenir à ce sujet. Ainsi, en 864, Charles le Chauve, roi de Francie occidentale, interdit de vendre des chevaux aux « Normands », c'est-à-dire aux Vikings. La peine prévue n'est autre que la mort. Or on était alors au paroxysme des « invasions[26] ».

Au départ, les troupes vikings, peu nombreuses, sont formées par la suite armée d'un chef de guerre. Plus tard, dans les années 860, les Vikings peuvent aligner des effectifs beaucoup plus importants de plusieurs centaines de combattants. On a souvent pensé que de telles expéditions étaient organisées par les rois, surtout à partir du Danemark. Les « grandes armées » sont constituées par le rassemblement occasionnel de troupes diverses. Leur cohésion dépendait de la personnalité du chef, mais aussi du succès de l'expédition projetée. En cas d'échec, l'armée se disloquait et chaque groupe partait tenter sa chance de son côté. C'est seulement à la fin de la période que l'organisation se renforce. Au Xe siècle, les rois sont assez puissants pour ordonner la levée navale (*leding* ou *leidhangr*). C'est ainsi qu'ont pu être menées les grandes expéditions danoises contre l'Angleterre.

Finalement, les armées vikings n'avaient aucune supériorité sur leurs adversaires dans le domaine de l'armement. Leur succès s'explique avant tout par l'effet de surprise qu'ils devaient à la rapidité de leurs bateaux. Ils arrivaient de façon inopinée et ne laissaient pas à leurs adversaires le temps de réagir. Dans le domaine occidental, ils étaient grandement aidés par un système militaire impuissant à faire face à de telles incursions. Chez les Francs, il n'existait pas d'armée permanente et le ban n'était convoqué qu'une fois par an. Les troubles et la guerre civile empêchèrent les souverains francs de trouver des réponses militaires adaptées à la nouvelle situation. Lorsque les troupes vikings étaient confrontées à une force armée nombreuse et déterminée, elles pouvaient utiliser les mêmes atouts (rapidité et mobilité) pour fuir un combat inégal qui aurait risqué de tourner en leur défaveur.

Ces moyens d'action ont été utilisés à peu près au même moment dans toute l'aire nordique. Pourtant, à cette époque précisément, le monde scandinave tend à se singulariser en plusieurs entités, qui sont à l'origine des actuels pays. Or tous les Vikings ne vont pas intervenir dans les mêmes régions, même s'il y eut parfois des espaces de rencontre (et d'affrontement) entre des troupes d'origines différentes.

La plupart du temps, Danois, Norvégiens et Suédois s'efforcent d'éviter la concurrence en se concentrant chacun sur une zone d'action particulière. Celles-ci sont dictées par la géographie. Les Suédois traversent la mer Baltique et explorent les voies orientales, à travers la Russie et l'Ukraine actuelles. Les Danois se dirigent surtout vers l'ouest et le sud-ouest, en direction de l'Angleterre et du monde franc. Les Norvégiens, dont le pays est nettement plus septentrional, interviennent principalement vers le nord-ouest et le grand large. Le premier archipel qu'ils rencontrent est celui des îles Shetland, qu'ils colonisent au cours du IXe siècle, de même que celui des Orcades. Redescendant, ils visitent aussi les îles Hébrides et les côtes écossaises, puis l'Irlande[27].

L'Irlande celtique n'était alors pas unifiée. Elle comprenait de nombreux petits royaumes et cinq royaumes principaux. Les divisions entre Irlandais permirent aux Scandinaves de s'implanter sur la côte orientale. Dans ce secteur, les Norvégiens allaient se trouver en concurrence avec les Danois, ce qui fut aussi le cas dans d'autres régions plus méridionales. En Irlande, comme en Russie, les Scandinaves ont créé les premières villes. Ce sont d'abord des postes fortifiés qui leur permettent de se protéger des attaques irlandaises, puis des comptoirs commerciaux. En 841, les Vikings installent les premiers établissements : Dublin et Annagassan. Par la suite, ils fondent aussi Wexford, Waterford et Cork, sur les côtes est et sud-est, et Limerick, sur le Shannon, bras de mer de la côte ouest. Ces agglomérations ne sont établies durablement qu'au terme d'un long processus. Ainsi, Dublin a été très disputé entre Irlandais et Scandinaves. Il ne devient véritablement une ville qu'après sa reprise définitive par les Vikings, en 917[28].

A partir des Shetland, les Norvégiens ont aussi dirigé leurs navires vers les terres inconnues du grand Ouest atlantique. Ils se sont ainsi révélés de remarquables navigateurs et de hardis explorateurs. Les premières terres où ils prirent pied sont les îles Féroé. Ils y seraient arrivés avant 825, d'après le moine irlandais Dicuil, dont le traité constitue l'une des sources les plus intéressantes concernant ces expéditions. Poursuivant vers l'ouest, ils découvrirent ensuite l'Islande, vers 860. Cette île n'était peut-être pas complètement inhabitée. Si l'on en croit Dicuil, les premiers Vikings y auraient trouvé des ermites irlandais. En tout cas, la colonisation des Féroé et de l'Islande fut entreprise rapidement. Selon Ari Thorgilson, auteur d'*Islendingabok*, la colonisation de l'Islande commença en 870. Elle était achevée soixante ans plus tard, en 930. A cette date, les Islandais se dotent de l'organe essentiel de leur gouvernement l'*Althing*, assemblée générale de tous les Islandais. Car les institutions de l'île vont garder un caractère particulier au long du Moyen Âge. Tout en reconnaissant au roi de Norvège une lointaine suzeraineté, les Islandais ne permettent pas l'émergence d'une royauté locale. Leur gouvernement reste donc théoriquement « démocratique », en réalité oligarchique. A l'assemblée, la réalité du pouvoir appartient aux *godhar*, les plus riches des *boendr*. Ceux-ci vont bientôt se partager l'île. En 965 sont créés quatre « quartiers », qui possèdent chacun leur assemblée locale et envoient un nombre égal de représentants à l'*Althing*[29].

Vers 985, un certain Eric le Rouge est banni d'Islande pour des raisons obscures. Il se lance alors dans une expédition risquée, vers l'ouest inconnu. Il part avec 25 bateaux, dont 14 seulement peuvent terminer le voyage. Cette expédition permet de découvrir une terre nouvelle à laquelle, non sans souci de propagande, Eric le Rouge donne le nom de « Pays vert » (Groenland). Il s'agissait sans doute d'attirer de nouveaux colons. Aujourd'hui, le Groenland passe pour une terre glacée, mais le nom de « Pays de la glace » était déjà pris par l'Islande. De plus, il est probable que le climat de la région a changé depuis le Xe siècle. Les zones du Sud et de l'Ouest, où vont s'implanter les Scandinaves, étaient alors propres à l'élevage. Abordées en plein été, elles pouvaient sans doute passer pour un pays verdoyant. Les colonies scandinaves seront d'ailleurs abandonnées lors du refroidissement des XIVe et XVe siècles, parfois qualifié de « petit âge glaciaire[30] ». Une quinzaine d'années plus tard, vers l'an mille, le fils d'Eric le Rouge, Leif, serait parti encore plus loin vers l'ouest et aurait découvert un nouveau pays, qui fut qualifié de Vinland (« Pays du vin »). Le choix d'un tel nom relève encore de la propagande. L'identité du découvreur n'est pas absolument certaine.

La saga d'Eric le Rouge en attribue le mérite au fils de son héros, alors que celle des Groenlandais l'impute à Bjarni, fils d'Herjolf. Ce qui est sûr, c'est que plusieurs expéditions ont été menées par les Scandinaves dans cette direction au début du XIe siècle. Quelle terre a été ainsi découverte ? Il est fort probable qu'il s'agisse des côtes du continent américain. Les Vikings auraient donc été les premiers à fouler le sol de l'Amérique, près de cinq cents ans avant Christophe Colomb ! Cet épisode a fait couler beaucoup d'encre et l'on a cherché fébrilement les traces de la présence scandinave sur le nouveau continent. La quête s'est révélée décevante et un seul site peut sans doute être attribué aux Vikings : l'anse aux Meadows, située sur la côte nord de Terre-Neuve. S'il n'y a pas eu d'implantation durable dans le Vinland, il est certain que les Scandinaves ont fréquenté les côtes orientales du Canada et qu'ils ont établi des contacts commerciaux avec les populations autochtones. Sur un site indien de l'Etat du Maine (aux Etats-Unis), on a mis au jour une monnaie du roi de Norvège Olaf Kyrre, qui régna de 1066 à 1080[31]. Les Norvégiens ne se sont pas contentés de ces expéditions lointaines, prestigieuses mais peu rentables économiquement. Nous avons déjà mentionné leur présence en Ecosse et en Irlande. A partir de là, certains d'entre eux sont redescendus vers le sud. On trouve des traces de leur implantation dans le Cotentin, puis en Aquitaine et jusqu'en Espagne. Dans tous ces secteurs, ils ont été en concurrence directe avec les Danois.

Les Vikings danois ont naturellement orienté leurs activités vers des régions de l'Ouest et du Sud-Ouest, qu'ils connaissaient depuis longtemps pour les avoir fréquentées en tant que marchands. L'ouest de l'Angleterre et l'Empire franc sont les premières victimes de leurs actes de piraterie. L'Angleterre paraît alors particulièrement vulnérable, car elle reste divisée entre plusieurs petits royaumes, dont le plus puissant est celui de Mercie. Dès 789, trois bateaux danois abordent sur les côtes du royaume de Wessex. Ses occupants tuent le prévôt royal qui était venu à leur rencontre[32]. Quelques années plus tard a lieu le premier grand raid contre un monastère, celui de Lindisfarne, en Northumbrie, sur la côte nord-est de l'Angleterre[33]. A partir de 792, le roi de Mercie, Offa, organise la défense des côtes de son royaume, mais il meurt en 796. La période d'anarchie qui suit va favoriser les entreprises des Vikings danois[34].

Les entreprises danoises se tournent également vers l'Irlande, où elles se conjuguent avec celles des Norvégiens. Dans ce pays, les Scandinaves rencontrent cependant une forte résistance. Il en est de même dans le monde franc au tournant du IXe siècle. Les premiers raids sur les côtes du royaume carolingien ont lieu en 799. Aussitôt, Charlemagne réagit avec vigueur. Au moment de partir pour Rome à son couronnement impérial, en 800, il fait une grande tournée sur les côtes de la mer du Nord et de la Manche afin d'y établir un système de défense. Ces mesures se révélèrent efficaces, car il n'y eut pas d'attaques d'envergure jusqu'à la fin de son règne. Louis le Pieux poursuivit la même politique avec succès. En 820, lorsque treize navires vikings tentèrent d'attaquer en Flandre, puis sur la Seine, ils se heurtèrent à une véritable résistance. Pour les Francs, les difficultés commencèrent à partir des années 840, lorsque les troubles internes en vinrent à paralyser les efforts défensifs.

Dès lors, les raids vikings se multiplient des deux côtés de la Manche. Les itinéraires sont dictés par la présence des fleuves, qui apparaissent comme des voies idéales pour pénétrer à l'intérieur des terres. C'était déjà le cas en Russie. En Angleterre, les Danois remontent d'abord la Tamise et en France la Seine, la Loire, la Garonne, et plus tard le Rhône. En 841, la ville de Rouen est incendiée. Rochester et Londres sont touchés en 842. Ensuite, les Scandinaves contournent la Bretagne et abordent en 843 dans l'île de Noirmoutier, abandonnée par ses moines, puis à Nantes et sur la Loire. En

844, ils interviennent en Espagne, jusqu'en Andalousie. En 845, les Danois attaquent une nouvelle fois la vallée de la Seine et parviennent jusqu'à Paris. Ils y reviendront souvent, et notamment dans les années 856-862, où une « grande armée » séjourne dans la Basse-Seine. Entre 858 et 862, on retrouve les Vikings dans la vallée du Rhône et en Italie[35]. La seconde moitié du IXe siècle marque le point culminant des attaques vikings en général, et de celle des Danois en particulier. Après 865, une autre « grande armée danoise » sévit en Angleterre. Elle pouvait compter de 2000 à 3 000 hommes, ce qui représente un effectif considérable pour l'époque[36]. Seuls les Danois étaient en mesure de rassembler des troupes aussi nombreuses. En tout cas, les souverains locaux, souvent déchirés entre eux, se montrèrent incapables de résister[37]. C'est en Angleterre que les Danois vont réussir à implanter des Etats durables. Mais ces créations n'interviennent qu'au terme d'un long processus, quand tous les autres modes d'action ont cessé d'être rentables.

De l'attaque à l'implantation

Partout où ils sont intervenus les Vikings ont visé le même objectif : accumuler le maximum de richesses. Les moyens pour y parvenir ont dû être constamment adaptés en fonction des circonstances. L'historien Lucien Musset a distingué trois phases successives dans l'action des Vikings sur un même territoire[38]. La première phase est celle du pillage direct. Elle concerne les régions où les raids se produisent pour la première fois. Les Scandinaves attaquent, en général par surprise, des localités et surtout des monastères qui sont purement et simplement pillés. Les victimes réagissent le plus souvent par la fuite, comme en témoigne le célèbre *Périple des religieux de Noirmoutier*[39]. Etabli dans une île proche de l'estuaire de la Loire, l'abbaye de Noirmoutier est très menacée. Les moines l'abandonnent dès 836, en emmenant les reliques de leur fondateur, saint Philibert, et cherchent refuge dans plusieurs de leurs dépendances. Ils s'installent d'abord à Déas (devenu Saint-Philbert-de-Grand-Lieu[40]). Ne se sentant toujours pas en sécurité, ils poursuivent leur voyage quelques années plus tard et se fixent à Cunault sur la Loire[41]. Mais les Vikings ne tardent pas à remonter le fleuve (en 853) et les moines doivent encore s'enfuir en 862 jusqu'à Messais (dans le Poitou)[42]. Leur périple les conduira finalement à Tournus, en Bourgogne, en 875, où ils fonderont un monastère resté célèbre[43].

Evidemment, ce mode d'action a ses limites. On ne peut pas revenir deux fois dans le même lieu : il faut aller de plus en plus loin à l'intérieur des terres pour trouver de nouvelles richesses non protégées. La deuxième phase est donc celle de l'imposition du *Danegeld* (mot à mot « l'or des Danois »), un tribut exigé des habitants d'une région par une troupe scandinave, en échange de son départ. Cette méthode a été utilisée dans les zones qui étaient devenues impropres au pillage, parce que trop pillées, mais aussi dans celles que les Vikings ne voulaient pas (ou ne pouvaient pas) ravager facilement. Elle s'est développée surtout à l'initiative des religieux et des rois, ou de leurs représentants. Attestée en Frise dès 810, elle s'est généralisée dans la seconde moitié du IXe siècle. Dans le royaume de Francie occidentale, le roi Charles le Chauve fut ainsi contraint de verser des *Danegelds* en 845, 853, 860-861, 862, 866 et 877. Ce mode de prélèvement n'était pas entièrement négatif. Il rendit possible un recyclage des métaux précieux, souvent thésaurisés, et permit de mieux insérer les Scandinaves dans les circuits économiques. Ceux-ci devaient en effet dépenser les trésors de monnaie ainsi accumulés. Or ils ne pouvaient trouver les marchandises qu'ils convoitaient que dans les agglomérations commerciales. La plupart d'entre elles se trouvaient dans les pays mêmes où ils effectuaient leurs pillages ! Cette méthode elle aussi finit par trouver ses limites quand les Etats furent trop appauvris pour dégager des ressources suffisantes au paiement des *Danegelds*[44].

Les Scandinaves passèrent alors à la troisième phase : celle de la prise en main directe. Dans ce cas de figure, ils prenaient possession d'un territoire qu'ils dirigeaient politiquement et exploitaient à leur profit. On assiste ainsi au cours du IXe et du Xe siècle à la naissance d'un certain nombre d'Etats vikings. Dès 826, le prince danois exilé Harald Klak se voit confier par Louis le Pieux le territoire de Rüstringen. D'autres concessions du même type suivront : Walcheren à Hemming (avant 837), puis à Harald, et Dorestad à Rorik (840-850)[45]. Il s'agit là cependant de cas particuliers, ces territoires constituant plutôt des « bénéfices » ou des « apanages »[46]. Des Etats scandinaves sont apparus en Irlande au milieu du IXe siècle, qui se sont révélés fragiles. Les chefs vikings furent tous chassés du pays en 902, mais ils revinrent en 914 et purent reconstituer leurs Etats (et notamment le royaume de Dublin). D'autres Etats vikings furent créés par les Danois en Angleterre dans le dernier tiers du IXe siècle. La « grande armée » dont nous avons parlé s'empara d'York en 866, puis elle provoqua l'effondrement des royaumes anglo-saxons de Northumbrie et d'Estanglie (867-869)[47].

La seule puissance anglo-saxonne qui subsistait était le royaume de Wessex. Or celui-ci est pris en main, en cette période dramatique, par un jeune roi ambitieux et actif, Alfred le Grand (871). Les Danois peuvent fonder le royaume d'York, en 876, mais ils sont battus par Alfred à Edington en 878. Deux autres Etats vikings vont encore être créés en Angleterre à la même époque, le royaume d'Estanglie et celui des « Cinq bourgs », rassemblant les territoires de cinq villes de Mercie : Lincoln, Nottingham, Derby, Leicester et Stamford[48]. Ces trois Etats constituent le Danelaw (*Danelag* en danois), autrement dit les pays qui se trouvent sous la « loi des Danois ». Les Vikings doivent se contenter de l'Angleterre du Nord-Est, le reste du territoire étant fermement tenu par Alfred le Grand, qui multiplie les mesures défensives[49]. Par ailleurs, les trois royaumes scandinaves n'ont pas été capables de réaliser leur unité. Cette division a grandement facilité la reconquête anglo-saxonne, menée à bien par les successeurs d'Alfred, notamment Edouard l'Ancien, qui soumet l'Estanglie et les Cinq Bourgs en 917, puis Athelstan, qui s'empare d'York en 927. Il y eut cependant une forte réaction scandinave, conduite par le roi de Dublin. Le royaume d'York ne put être définitivement reconquis par les Anglo-Saxons qu'en 954. Il avait duré trois quarts de siècle[50]. D'autres fondations d'Etats eurent lieu dans le royaume de France. La plus réussie est celle de la Normandie, datant de 911[51]. Il ne faut pas oublier une autre tentative conduite par des Norvégiens dans l'estuaire de la Loire. Ceux-ci s'emparent de Nantes en 919 et écrasent les Bretons en 931. Mais ils sont battus par le comte breton Alain Barbetorte, avec le soutien du roi Athelstan. Cet Etat éphémère n'avait duré que vingt-huit ans (919-937)[52].

Dans ces années 930 se termine la première vague définie par Lucien Musset. La pause va durer une cinquantaine d'années, jusque vers 980. Les « invasions » vikings ne sont pas pour autant terminées. On assiste ensuite à une seconde vague, qui présente des caractères particuliers. Elle concerne presque exclusivement les Danois, qui s'attaquent surtout à l'Angleterre. Elle aboutira à la conquête du royaume par Sven à la Barbe fourchue (1014), puis Cnut le Grand (1016). La domination danoise sur l'Angleterre dura jusqu'en 1042. Cet ultime épisode marque la fin définitive du mouvement viking. Cependant, les Vikings n'auront pas été les seuls « envahisseurs » de l'Occident. Presque simultanément, d'autres régions (le sud de la France et l'Italie) ont été attaquées par les musulmans, qui profitaient eux aussi de la faiblesse des Etats francs. D'improbables rencontres ont eu lieu entre Vikings et Sarrasins, qui se sont retrouvés occasionnellement dans les mêmes zones, autour de la Méditerranée. Mais cela fut exceptionnel. Chaque peuple s'est bien gardé, le plus souvent, d'empiéter sur le « territoire de chasse » de ses concurrents. C'est aussi le cas pour les Hongrois, derniers envahisseurs à pénétrer dans le monde franc par voie de terre en venant de l'est (à partir de 895). Les Hongrois ont surtout attaqué la Germanie, mais ont poussé des pointes en France, jusqu'à Orléans. Les moines de Noirmoutier, qui pensaient échapper aux « invasions vikings » en fuyant vers la Bourgogne, n'ont pu éviter que leur refuge soit touché par les incursions hongroises[53] !

Le mouvement viking a durablement marqué l'histoire de l'Europe occidentale. Il a permis la constitution d'un vaste espace économique de l'Europe du Nord, qui allait prospérer tout au long du Moyen Âge. Il a aussi entraîné l'exploration et la colonisation de nouveaux territoires lointains, de l'Islande au Vinland. Indirectement, les Vikings ont contribué à renforcer les royaumes occidentaux, du moins ceux qui avaient réussi à leur résister. C'est le cas (provisoirement) pour l'Angleterre anglo-saxonne et, dans une certaine mesure, pour la France carolingienne et robertienne. C'est dans ce contexte qu'est apparu le seul Etat durable fondé par les Vikings, la Normandie.

III

La fondation de la Normandie

Après les troubles de l'époque mérovingienne, le royaume des Francs est fermement gouverné par les rois carolingiens. Depuis le milieu du VIIIe siècle se sont succédé sur le trône Pépin le Bref (741-768), puis son fils Charlemagne (768-814). Ils ont réussi à établir un Etat fort qui ne cesse de s'étendre au point de comprendre bientôt presque tout l'Occident chrétien : Gaule, Germanie et Italie (depuis 774), à l'exclusion notable de l'Angleterre, de l'Irlande et de l'Espagne musulmane. Du côté de l'Est, Charlemagne a vaincu les Saxons et reporté sa frontière orientale sur l'Elbe. En 800, âgé de cinquante-trois ans, il est couronné empereur par le pape[1]. C'est précisément au moment de cet apogée que l'Empire carolingien est menacé par les premiers raids vikings. Avant de se rendre à Rome, lorsqu'il inspecta les défenses côtières, Charlemagne parcourut sans doute la future Normandie, qui n'avait pas alors d'existence autonome et n'était qu'une fraction de la Neustrie, l'un des royaumes mérovingiens progressivement constitués au cours du VIIe siècle. Celle-ci comprenait tout le nord-ouest de la Gaule, de l'estuaire de la Loire à celui du Rhin, et incluait une vaste zone maritime le long de la Manche et de la mer du Nord. Sa capitale était Paris. La Neustrie regroupait tout ou partie des provinces ecclésiastiques de Reims, Sens, Tours et Rouen. La province de Rouen était la seule à s'y trouver intégralement.

Ces provinces ecclésiastiques conservaient les limites des anciennes provinces romaines, constituées au IVe siècle. Celle de Rouen correspondait à la IIe Lyonnaise. Ce nom, qui peut paraître incongru, rappelait que les provinces romaines étaient issues du fractionnement de l'immense Gaule celtique, dont la capitale était Lyon. La IIe Lyonnaise avait pour capitale Rotomagus (c'est-à-dire Rouen). Elle était formée de sept cités, autrement dit de sept villes et de leurs territoires : Rouen, Bayeux, Evreux, Lisieux, Sées, Coutances et Avranches. Lorsque le christianisme s'était implanté dans la région, aux IVe et Ve siècles, les évêques s'étaient installés dans les villes, dont ils avaient fait des sièges épiscopaux. Les territoires des cités étaient devenus des circonscriptions ecclésiastiques, qu'on appela diocèses. Au cours du Ve siècle, les structures administratives de l'Empire romain s'étaient délitées, mais les structures ecclésiastiques avaient résisté. La IIe Lyonnaise subsistait ainsi sous la forme de la province ecclésiastique de Rouen. Elle allait servir de moule à la nouvelle « Normandie ».

A l'époque mérovingienne, la Neustrie avait été un centre de pouvoir important, en concurrence avec l'Austrasie (la partie orientale de la Gaule). Il n'en était plus de même à l'époque carolingienne, où les rois résidaient surtout dans leurs domaines situés entre Meuse et Rhin. La province de Rouen se trouvait désormais marginalisée. Elle restait cependant une région prospère, comportant de riches bénéfices ecclésiastiques, que le souverain réservait souvent à ses favoris. C'était le cas de l'évêché de Rouen et des abbayes de la vallée de la Seine, Fontenelle[2] et Jumièges[3]. Ainsi, dès le début du VIIIe siècle, le neveu de Charles Martel, Hugues, cumule les sièges épiscopaux de Paris, Rouen et Bayeux (vers 720-730). Les autres sièges étant alors vacants, Hugues est le seul évêque de la province. En dépit de cette étrange situation, il fut considéré comme un saint ! Plus tard, sous le règne de Pépin le Bref, Rémi, fils de Charles Martel (et oncle du roi), est à son tour nommé archevêque de Rouen (vers 755-772). A cette époque, le souverain carolingien rétablit les fonctions d'archevêque. Rémi se trouve donc à la tête d'une province de Rouen reconstituée. Il peut exercer son autorité sur les autres évêques, car les sièges épiscopaux sont à nouveau pourvus. Par la suite, vers 785, le chapelain de la mère de Charlemagne, Gervold, reçoit l'évêché d'Evreux, puis l'abbaye de Fontenelle. En 816, l'empereur Louis le Pieux nomme à son tour abbé de Fontenelle Eginhard, le célèbre auteur de la *Vita Caroli* (« Vie de Charlemagne »)[4]. Vers la même époque (825-828), l'empereur choisit comme archevêque de Rouen Gilbert, qui exerce aussi les fonctions de *missus dominicus*[5]. Un autre *missus* de Louis le Pieux, Paul, occupa le siège métropolitain de 849 à 858 environ[6].

Ces évêques ou ces abbés sont des politiques qui ne résident guère dans leur diocèse et se désintéressent des affaires spirituelles. Il faut cependant signaler l'exception de Fréculf, évêque de Lisieux de 825 à 852. Cet évêque s'installe dans un diocèse qui n'avait pas connu de titulaire depuis longtemps et dont la situation religieuse laissait beaucoup à désirer. Le nouvel arrivant n'avait même pas pu trouver à Lisieux un exemplaire complet de la Bible ! Nous le savons grâce à la correspondance qu'il entretient avec Raban Maur, abbé de Fulda[7], l'une des plus grandes figures de la Renaissance carolingienne. Fréculf n'en reste pas moins un véritable intellectuel, auteur entre autres d'une *Chronique universelle*, qu'il dédie au roi de Francie occidentale, Charles le Chauve (840-877)[8].

Une telle situation n'est guère étonnante, car les souverains carolingiens considèrent d'abord les évêques comme des auxiliaires de l'administration. Les archevêques de Rouen perdent ainsi les privilèges extraordinaires qui avaient été accordés à saint Ouen par le roi mérovingien Thierry III (673-690). Les évêques ne sont donc plus les seuls à gouverner leur diocèse, mais ils doivent compter avec les comtes. Comtes et évêques sont tous les deux représentants du souverain, l'un sur le plan temporel et l'autre sur le plan spirituel : ils exercent désormais conjointement le pouvoir. Il n'y a cependant pas coïncidence complète entre le diocèse et le *pagus*, qui constitue le ressort du comte. On dénombre dans la province de Rouen une douzaine de *pagi*[9] : Talou (au nord de l'actuelle Seine-Maritime), Caux, Roumois (*pagus* de Rouen), Evrecin (*pagus* d'Evreux), Madrie (entre Eure et Seine), Lieuvin (*pagus* de Lisieux), Bessin (*pagus* de Bayeux), Hiémois[10], Avranchin (*pagus* d'Avranches), Cotentin (*pagus* de Coutances)[11] et Nord-Cotentin (*pagus Coriovallensis*)[12].

Les rois puis les empereurs carolingiens s'efforcent de renforcer l'efficacité de l'administration. Ils y parviennent assez bien jusque dans les années 820. Charlemagne institue des missions d'inspection. Ses envoyés sont appelés *missi dominici* (« les envoyés du seigneur ») : ils disposent des pleins pouvoirs pour inspecter, sanctionner les abus et juger en appel. Leur autorité est supérieure à celle des pouvoirs en place, comtes aussi bien qu'évêques. Les *missi* se déplacent en général par deux, un comte et un évêque, et doivent parcourir un territoire déterminé, le *missaticum* (au pluriel *missatica*). La délimitation de ces *missatica* est intéressante, car elle permet de se faire une idée des entités régionales correspondant à la réalité du moment, et non pas à de vieilles divisions administratives depuis longtemps désuètes. On constate alors que la Seine est considérée comme une frontière intérieure. Au nord de la Seine, le diocèse de Rouen est rattaché à un *missaticum* qui comprend également la Picardie et la Flandre. En revanche, l'actuelle Basse-Normandie (et le diocèse d'Evreux) sont liées au vaste diocèse du Mans (correspondant aux actuels départements de la Sarthe et de la Mayenne). C'est pour ce territoire qu'en 802 Charlemagne choisit comme *missi* l'archevêque de Rouen, Mainard, et le comte Madelgaud. Le centre du pouvoir étant situé au nord de la Seine, on prend l'habitude, vers les années 830, de dénommer *Ultrasequanenses* ou *Transsequanenses* les habitants de ces pays d'outre-Seine (c'est-à-dire entre Seine et Loire). Peu à peu l'ancienne appellation de Neustrie est restreinte à cette région comprenant la basse Normandie, le Maine et les bords de Loire[13]. Cette région entre Seine et Loire était marginalisée, mais elle attire l'attention des autorités lorsqu'elle se trouve menacée par les incursions des Vikings, et aussi par la poussée des Bretons.

La poussée bretonne

A l'époque romaine, la Bretagne, autrement dit l'Armorique, était parfaitement intégrée dans l'empire. Lors de la réforme administrative, elle fut incluse dans la province de IIIe Lyonnaise, dont la capitale était Tours. Or l'Armorique fut une terre d'immigration pour les Bretons de Grande-Bretagne, provenant notamment de Cornouaille et du pays de Galles. Le mouvement ne peut être précisément daté : il se poursuivit pendant des siècles (IVe-VIIIe siècle ?). En fin de compte, les immigrants réussirent à prendre le pas sur les populations locales et à leur imposer leur langue (proche néanmoins du gaulois). La langue celtique fut donc parlée dans une bonne partie de la Bretagne, jusqu'à l'actuelle Ille-et-Vilaine, bien au-delà de la Bretagne « bretonnante », comme en témoigne la toponymie. La partie orientale de la Bretagne résista cependant à cette poussée : elle continua à utiliser un dialecte roman issu du latin : c'est le « pays Gallo »[14].

Compte tenu de ces circonstances, les rois francs, mérovingiens et carolingiens eurent le plus grand mal à imposer leur autorité aux Bretons. Pour protéger son royaume des incursions bretonnes, Charlemagne avait constitué la « marche de Bretagne », qui fut un temps confiée à Roland, le héros malheureux de Roncevaux. Par la suite, les troubles agitant l'Empire carolingien allaient faciliter les velléités d'indépendance des Bretons. Vers 833, alors qu'il est en conflit avec son fils Lothaire, l'empereur Louis le Pieux abandonne au chef breton Nominoé le comté de Vannes, en échange d'une prestation de serment. Il en fait également son représentant pour toute la Bretagne. Nominoé est en guerre contre Charles le Chauve quand il meurt en 851. Il laisse pour successeur son fils Erispoé, qui inflige une nouvelle défaite au roi de Francie occidentale. Celui-ci est alors contraint de lui accorder le titre royal (dès 851)[15]. Les Bretons continuent à progresser sous le règne de Salomon (857-874). En 867, Charles le Chauve lui concède le comté de Cotentin[16]. On peut supposer que le roi breton se trouvait déjà en possession de l'Avranchin. Charles ne veut pas toutefois accepter une scission de la province ecclésiastique de Rouen : il se réserve donc l'évêché de Coutances[17]. L'une des conséquences de cette progression concerne le Mont-Saint-Michel, qui passe sous le contrôle des Bretons, avec un abbé du nom de Phinimontius (865-870). Les Bretons vont s'installer effectivement dans les territoires concédés. On peut en juger par l'onomastique. On trouve dans le Cotentin des noms d'origine celtique, comme Juhel, Rivallon, Rualoc ou Harcouët[18]. Des seigneurs bretons ont donc reçu des terres dans la région et y sont restés après la conquête normande du Xe siècle. Par ailleurs, les Bretons ne vont pas s'arrêter aux frontières administratives du Cotentin et de l'Avranchin. Nous avons des traces de leur présence dans le Bessin et dans d'autres parties de la future Normandie[19].

Pour le roi Charles le Chauve, il n'y avait pas que des inconvénients à l'installation des Bretons dans cette région. Ceux-ci allaient se charger de la défense contre les raids scandinaves. Le roi lui-même avait fort à faire pour tenter de protéger les zones vitales de son royaume, et en particulier la vallée de la Seine.

Les Vikings sur la Seine

Les Vikings étaient naturellement attirés par la Seine, grand fleuve navigable. Ils ne purent toutefois y pénétrer tant que la défense franque se révéla efficace. En 820, on assiste à une première incursion dans la Basse-Seine, mais elle est repoussée par les gardes de la côte. Il n'y aura pas d'autres tentatives avant 840. La mort de Louis le Pieux est suivie par une grave crise de succession et une guerre civile : les Scandinaves vont évidemment en profiter. La guerre civile s'achève en 843 par la signature du traité de Verdun, qui prévoit le partage de l'empire entre les trois fils de Louis le Pieux (Lothaire, Louis le Germanique et Charles le Chauve). Le royaume de Francie occidentale, qui échoit à Charles, comprend une façade côtière très importante, de la Flandre à l'Espagne. Mais le nouveau roi se montre incapable de défendre son territoire face à des agresseurs de plus en plus entreprenants. En outre, la rivalité entre les frères les empêche d'unir leurs forces contre le danger commun. Le règne de Charles le Chauve correspond donc au paroxysme des « invasions » et la Seine devient pour des années le principal axe de pénétration des envahisseurs dans le royaume.

Nous connaissons la chronologie des raids par les sources franques, qui nous livrent bien sûr le point de vue des victimes. Ce sont essentiellement les annales officielles (*Annales royales*) ou officieuses (*Annales de Saint-Bertin*), puis celles des grands monastères (*Annales de Fontenelle* par exemple)[20]. A partir de 841, les raids sont très fréquents. En 845, un chef nommé Ragnar remonte la Seine jusqu'à Paris. Le roi Charles le Chauve se montre incapable de repousser cette incursion par la force. Aussi va-t-il négocier avec les agresseurs. Il obtient leur départ moyennant le paiement d'un tribut de 7 000 livres. C'est le premier exemple d'un *Danegeld* versé par un roi. Il s'agit d'une décision de grave portée politique. Dans l'immédiat, Charles le Chauve obtient satisfaction : les Vikings reprennent la mer. Mais ils ne manqueront pas de revenir à la première occasion et d'exiger un nouveau tribut. Le roi franc s'est engagé dans un véritable cercle vicieux[21]. Ainsi, les raids des années 820-845 correspondent à la première phase, celle du pillage direct, puis celui de 845 à la seconde, caractérisée par l'imposition d'un tribut. En 851 a lieu le premier hivernage d'une troupe scandinave. La flotte d'un certain Hoseri pénètre dans l'estuaire de la Seine[22]. Celui-ci aurait ensuite exercé ses talents dans d'autres régions, dont l'Aquitaine (avec Bordeaux). Revenant à nouveau sur la Seine, il s'attaque aux abbayes de Fontenelle et de Saint-Germer-de-Fly[23], puis à la ville de Beauvais. Il hiverne finalement sur le fleuve pendant près de huit mois, du 13 octobre 851 au 5 juin 852[24].

Cet exemple fut suivi par de nombreux autres Vikings. La même année, en octobre 852, la troupe de Sydroc et Godfrid s'est retranchée dans un oppidum situé au bord du fleuve[25]. Pour une fois, les Carolingiens ont uni leurs forces : Lothaire et Charles le Chauve viennent assiéger ces Vikings dans leur repaire. Mais les rois ne vont pas jusqu'au bout et entament des négociations. Ils les autorisent finalement à s'installer à Jeufosse, entre Vernon et Mantes[26]. A partir de là, les Vikings peuvent évidemment conduire de nombreux raids en toute impunité. En 856, on retrouve le même Sydroc dans la vallée de la Seine, associé cette fois à un dénommé Björn. Ils hivernent dans une île du fleuve, Oscellus, proche de Jeufosse, et font une descente sur Paris au mois de décembre. L'année suivante, confronté à la révolte de l'Aquitaine, Charles le Chauve se trouve dans l'incapacité de réagir. Les Vikings sont bien sûr au courant des soubresauts politico-militaires du royaume et savent en profiter. Ils remontent l'Eure et son affluent l'Iton et peuvent ainsi ravager Evreux et Chartres (en 857). L'année suivante (858), ils se dirigent vers l'ouest et s'attaquent à la ville de Bayeux, dont ils tuent l'évêque, Baltfridus[27].

Au cours de l'été 858, Charles le Chauve finit par intervenir et vient assiéger Oscellus. Encore une fois, cette action se solde par un échec, dû à la désunion des Francs. Conduits par Robert le Fort et Ganelon, archevêque de Sens, un certain nombre de grands sont en rébellion contre le roi. Ils n'hésitent pas à faire appel à Louis le Germanique, frère de Charles et roi de Francie orientale. Apprenant que son frère envahit son royaume, Charles est contraint de lever le siège sans avoir obtenu aucun résultat (le 23 septembre 858). En 860, la question n'est toujours pas réglée. Pour réussir à déloger les Vikings de la Seine, Charles fait appel à un Viking nommé Véland. Celui-ci fera monter les enchères, de 3 000 à 6 000 livres. Il obtient enfin le départ de la troupe basée à Oscellus, mais l'autorise à hiverner sur la Seine, tandis que lui-même s'établit sur la Marne, à Saint-Maur-des-Fossés[28]. En 862, les Vikings remontent encore la Marne et saccagent la ville de Meaux mais, au retour, ils sont attaqués par Charles et doivent se résoudre à redescendre la Seine, puis à se disperser. Ainsi s'achève cette difficile période des années 856-862, qui marque le point culminant des invasions vikings sur la Seine et sur ses affluents[29]. A cette époque, le roi et ses représentants se décident enfin à réagir par la mise en œuvre de toute une série de mesures défensives.

La réaction franque

Nous avons constaté l'efficacité des premières mesures de défense prises par Charlemagne et Louis le Pieux. Le système alors mis en place avait volé en éclats au cours des troubles des années 830-840. Charles le

Chauve essaya de remettre en vigueur certaines des dispositions qui avaient fait leurs preuves. En 845, il établit à nouveau des gardes sur les côtes. En 852, il fit installer des barrages sur la Seine. Ces mesures se révélèrent insuffisantes pour faire face à la grande vague qui submergeait alors la région.

Après 860, le roi entreprit de barrer les cours d'eau empruntés par les Vikings, en établissant des ponts fortifiés. En 862, il avait protégé dans l'urgence le pont de Trilbardou[30] pour intercepter les Vikings qui revenaient de l'attaque contre Meaux. Il réussit à les arrêter et décida de renouveler l'expérience. Plusieurs ponts furent ainsi fortifiés, sur la Seine, la Marne et l'Oise (notamment Charenton et Auvers-sur-Oise)[31]. Il importait surtout d'arrêter les envahisseurs le plus tôt possible, et donc au plus près de la mer. La largeur de la Seine à son estuaire empêchait cependant de construire un tel ouvrage avant Rouen. La principale entreprise fut menée en amont de la ville, au confluent de l'Eure, à Pîtres[32]. Elle est mieux connue désormais grâce aux recherches et aux fouilles de Brian Dearden et Caroll Gillmore[33]. Le site avait été choisi parce qu'à cet endroit la Seine se divisait en deux bras. Le pont enjambait le fleuve et il était protégé de chaque côté par un fort. Celui du nord était situé sur Igoville[34] et celui du sud sur Pont-de-l'Arche. Ce dernier fort fut réutilisé par la suite pour construire l'enceinte de la ville, qui est née précisément de ces circonstances. La construction du pont de Pîtres devait être poursuivie par Charles avec persévérance : l'entreprise se prolongea pendant près de quinze ans. Le chantier fut un moment interrompu en 865-866, en raison de nouvelles incursions scandinaves, mais il reprit sitôt le danger passé. Le roi sut mobiliser les établissements ecclésiastiques, sollicités pour le financement, ainsi que les hommes libres, qui durent fournir l'essentiel de la main-d'œuvre. Il a peut-être également installé sur place des colons, chargés de défendre l'ouvrage par les armes. Enfin, Charles confia le commandement de la région à l'un de ses fidèles, Nivelon, qu'il nomma comte du Vexin (avant 864)[35].

Après un demi-siècle, on s'était rendu compte que les fortifications demeuraient la meilleure protection contre les raids vikings. Il n'y avait guère jusque-là que les murs des anciennes villes romaines et des quelques *castra* remontant à l'époque mérovingienne. Or nombre de ces fortifications avaient été démantelées au cours de la période de la « paix carolingienne »[36]. En 859 encore, Ganelon, archevêque de Sens, demanda et obtint du roi l'autorisation de détruire partiellement la muraille de Melun : il s'agissait d'utiliser les pierres pour reconstruire l'église de la ville. C'est le dernier exemple de ce genre de concession. Partout ailleurs, la menace viking incita les cités et les *castra* à restaurer leurs enceintes. En 869, Charles le Chauve demanda aux habitants de Tours et du Mans de fortifier leurs villes[37]. Dans la future Normandie, il en fut sans doute de même pour Rouen et Bayeux, entre autres.

A ces fortifications officielles s'ajoutèrent de nombreuses fortifications « privées », édifiées sans autorisation royale. Charles le Chauve s'en indigne dans l'édit de Pîtres (864), ce qui est un indice certain de leur prolifération. Dans les textes, ces lieux fortifiés sont appelés *castra* ou *castella* (« châteaux »). Les plus importants comprenaient de vastes enceintes, capables d'abriter des agglomérations de quelque importance. C'est le cas du *castrum* de Saint-Lô, installé sur un éperon rocheux dominant la vallée de la Vire, ou de celui d'Eu, mentionné plus tardivement par Flodoard[38]. D'autres « châteaux », plus modestes, prenaient la forme de simples mottes, entourées par une palissade de bois. Dans la future Normandie, Jacques Le Maho en a identifié un certain nombre : le Mont-Haguais, à Quettehou, Radicatel, près de Lillebonne, et le Mont-Gripon, à Beaubec-la-Rosière[39]. Il convient cependant de rester prudent sur ce point car, en l'absence de sources écrites, ces *castella* sont difficiles à distinguer de ceux qui furent construits à l'époque ducale (au XIe siècle).

La réaction franque n'est pas purement défensive. Le roi Charles le Chauve procède à une vaste réorganisation administrative, dont l'objectif est de renforcer la capacité de résistance des territoires face à la progression des Scandinaves, mais aussi des Bretons. Au niveau local, on constate la disparition des « centaines », anciennes subdivisions des *pagi*, comme l'a remarqué Jean-Pierre Brunterc'h[40]. Elles sont remplacées par des *vicariae*, dirigées par des *vicarii* (« vicaires »), subordonnés du comte, dont les fonctions sont autant judiciaires et administratives que militaires[41]. Parallèlement, apparaissent de nouveaux *pagi*, tels que l'Otlinga Saxonia, détachée du comté de Bayeux. De même, l'ancien pagus Oximensis (Hiémois) est subdivisé entre trois nouveaux *pagi* : *pagus* d'Exmes, *pagus* de Sées et Corbonnais[42]. Dans tous les cas, il s'agit à l'évidence de renforcer l'encadrement de la population et de faciliter la mobilisation des hommes.

Charles le Chauve va plus loin en créant un grand commandement militaire dans la région entre Seine et Loire, particulièrement menacée par les Vikings et les Bretons. Son point de départ est certainement le vaste duché du Maine, qui avait été créé par Pépin le Bref pour son frère bâtard, Grifon (748-753). Un siècle après, le souvenir ne s'en était pas perdu[43]. Ce commandement est confié au chef d'une famille aristocratique possessionnée dans la région, Robert le Fort. A partir de 852, déjà comte de Tours, ce dernier reçoit du roi le titre de marquis, avec toute une série d'honneurs situés sur la Loire : les comtés d'Angers, de Blois et d'Orléans. Selon l'usage courant à l'époque carolingienne, Robert est également abbé laïc des plus grands monastères de la région : Saint-Martin de Tours et Marmoutier[44]. En 856, il se révolte contre le roi, sans doute parce que celui-ci voulait placer la Neustrie sous la tutelle de son fils, Louis le Bègue. Mais Robert s'était rendu indispensable, du fait de son efficacité dans le domaine militaire : il récupéra son commandement en 861 et, sauf une brève interruption[45], le conserva jusqu'à sa mort. Il fut tué à Brissarthe[46], à l'automne 866, en affrontant une troupe composée de Scandinaves et de Bretons. Robert le Fort apparaît comme l'archétype du chef franc osant combattre les Vikings au péril de sa vie. Il symbolise le tournant des années 860, marqué par l'émergence d'un nouvel esprit de résistance face aux agresseurs. Sa mort héroïque lui valut un immense prestige, dont bénéficièrent ses descendants, qu'on appelle les « Robertiens », et qui sont les ancêtres des Capétiens[47].

La mort de Robert le Fort favorisait les entreprises bretonnes et c'est dans ce contexte que Charles le Chauve doit se résoudre à céder le Cotentin au roi Salomon[48]. Robert le Fort est mort trop tôt pour que ses fils, Eudes et Robert, puissent lui succéder directement. Tous les deux sont envoyés chez leurs parents, en Germanie, d'où ils reviendront à l'âge adulte. Le commandement neustrien passe à d'autres grands. Le successeur direct de Robert est Hugues l'Abbé, oncle de Charles le Chauve appartenant à la famille des Welf, qui va tenir ces honneurs pendant près de vingt ans (866-883).

Après la mort du roi Charles (877) s'ouvre une période difficile pour le royaume de Francie occidentale. Louis le Bègue ne règne que deux ans (877-879) et laisse la place à ses deux fils, Louis III et Carloman. Nous savons quels espoirs a fait naître le jeune roi Louis lorsqu'il a remporté la victoire de Saucourt-en-Vimeu, en 881[49]. Mais il meurt à son tour dès 882 et son frère en 883. Dès lors, le royaume revient à l'empereur Charles le Gros, qui se révèle incapable de le défendre contre les Vikings. L'ancien commandement neustrien est attribué au moins en partie à Renaud, « duc du Mans », et au comte Henri[50]. En 885, Eudes, fils de Robert, devient comte de Paris. En 886, il peut récupérer les honneurs de son père sur la vallée de la Loire. Aux côtés de l'évêque Gauzlin, il va s'illustrer au cours du célèbre siège de Paris (885-886). Peu après, Charles le Gros, déconsidéré, est déposé par les grands de Germanie (887). Auréolé par sa récente victoire, Eudes est élu roi de Francie occidentale (888). Il abandonne alors à son frère Robert les honneurs familiaux situés entre Loire et Seine. C'est le premier roi robertien. Appartenant à un puissant groupe familial apparenté à d'autres familles aristocratiques[51], Eudes et Robert étendront leurs alliances par mariage avec les comtes de Vermandois, Herbert Ier et Herbert II. Ces familles, unies par des liens matrimoniaux, se partagent le pouvoir dans la région entre Seine et Loire. Sous le règne d'Eudes, à la fin du IXe siècle, le personnage le plus en vue semble être le frère du roi, le marquis Robert. Cependant, les territoires que contrôlent ces grands sont l'objet d'attaques répétées des Vikings. Certains semblent échapper à leur autorité, comme la vallée de la Seine en amont de Rouen.

La Seine a été pendant plus d'un demi-siècle (depuis 845 au moins) l'axe privilégié des incursions scandinaves[52]. Or la région comprenait une grande ville, Rouen, mais aussi de grandes abbayes, situées à proximité immédiate du fleuve : Fontenelle, Jumièges et Saint-Ouen de Rouen[53]. En outre, sur les rives, étaient installés de nombreux petits ports, dont beaucoup se trouvaient dans la dépendance de l'une ou l'autre de ces abbayes. Les riches monastères étant souvent pillés ou incendiés, les moines ont fini par quitter les lieux pour se réfugier dans des régions mieux abritées. Ils ont fait des périples comparables à celui des moines de Noirmoutier[54]. Ceux de Fontenelle furent les premiers à partir en 858. Leur exode les conduisit vers le nord en direction de la Flandre, à Montreuil-sur-Mer et à Boulogne[55]. Ceux de Jumièges les suivirent peu après dans les années 860. Ils se replièrent d'abord à l'abbaye de Saint-Riquier[56] pour se retrouver ensuite dans le Cambrésis, à Haspres[57]. Quant aux moines de Saint-Ouen, partis vers la même époque, ils se réfugièrent d'abord à Gasny, sur l'Epte[58], puis, après la grande incursion de 876, à Condé-sur-Aisne[59]. Ce départ des moines n'implique pas une désertification de la région. Depuis leur refuge, ceux-ci continuaient à entretenir des relations avec leurs représentants dans les domaines de la Basse-Seine[60].

La ville de Rouen elle-même n'était pas entièrement abandonnée. Certaines activités continuaient et l'atelier monétaire fonctionnait encore. Pourtant, la défense de la ville n'était sans doute pas assurée et les Vikings y pénétrèrent sans difficulté en 885. A cette date, les archevêques eux-mêmes avaient quitté la ville depuis longtemps, à l'instar des moines. Dès les années 860, l'archevêque Vénilon s'était aménagé un refuge à Andely[61], sur la Seine, dans un domaine qui lui appartenait. Celui-ci ne le mettait pas à l'abri des flottes vikings. Aussi, en 876, l'archevêque Jean, son successeur, se retira beaucoup plus loin, dans son domaine de Braine, près de Soissons[62]. Il y fut rejoint par les chanoines : Rouen était désormais privé de tout encadrement religieux. La situation politique changea après le siège de Paris et l'avènement du roi Eudes (888). Les Vikings, chassés de la région parisienne, se dirigèrent vers le Cotentin et assiégèrent le « château » de Saint-Lô. L'irruption d'une troupe importante de Scandinaves dans cette région entraîna un exode massif des communautés religieuses. Or beaucoup d'entre elles se réfugièrent à Rouen (dans les années 888-890). L'évêque Lista de Coutances avait été tué lors de la prise de Saint-Lô. Son successeur, Raguenard, s'installa à Rouen avec son clergé. Le roi Eudes lui concéda l'église Saint-Sauveur, qui allait bientôt être rebaptisée Saint-Lô. Cette église allait demeurer le siège de l'évêché de Coutances jusqu'au milieu du XIe siècle ! D'autres clercs du Cotentin et du Bessin suivirent le mouvement, notamment les porteurs des reliques de saint Léon de Coutances, de saint Germain le Scot et de saint Jean (venant de l'abbaye de Deux-Jumeaux)[63]. Quant aux moines de

Nantus[64], ils s'établirent à Emendreville, sur la rive gauche de la Seine[65].

L'historien et archéologue Jacques Le Maho a conduit à Rouen de nombreuses campagnes de fouilles. S'appuyant sur leur résultat et sur les indications fournies par de rares textes, il pense que la ville a été l'objet d'une « restructuration complète ». Celle-ci aurait eu lieu dans les années 890. Les murailles furent réparées. De nouvelles rues furent aménagées, dont le tracé ne correspond pas exactement à celui des anciennes voies remontant à l'époque romaine. L'habitat s'est rapidement densifié à l'intérieur des murs, ce qui laisse supposer une augmentation notable de la population. Cette réorganisation se serait faite sous l'autorité du roi (Eudes), qui ne rencontrait plus aucune concurrence dans la ville. Les biens de tous ceux qui avaient abandonné la ville, clercs et membres des grandes familles, avaient été réunis au domaine royal. C'est sûr pour le monastère de Saint-Sauveur et probable pour celui de Saint-Amand (lui aussi situé *intra muros*, au nord de la cathédrale)[66]. Rouen était devenu une ville refuge à l'image de Chartres, Angers et Reims à la même époque. Son cas s'inscrit dans le cadre d'une évolution globale, qui touche une bonne partie du royaume. Jacques Le Maho insiste cependant sur le fait que Rouen était à peu près vide d'habitants au moment où il a été repris en main par le roi[67]. Pour le repeupler, celui-ci a pu obliger les habitants des petites agglomérations de la Seine à venir d'installer dans la cité[68]. Ce transfert de population aurait eu lieu dans les années 888-890. Les petits ports de la Seine se trouvaient donc désertés et certains réfugiés du Cotentin s'y installèrent (provisoirement). Certains s'établirent au lieu-dit Saint-Paul, avec le corps de saint Clair[69], au port de Jumièges, avec le corps de saint Pèlerin, et au port de Saint-Vaast, avec le corps de sainte Hameltrude[70]. Ces clercs ne purent demeurer longtemps dans ces localités, en raison d'une reprise des incursions vikings, qui aboutit cette fois à leur installation durable. Les Scandinaves y trouvaient des conditions favorables. Les bords de Seine étaient presque vides d'habitants et ils pouvaient y pratiquer leurs activités traditionnelles : la pêche, le commerce maritime et, accessoirement, la piraterie[71].

Cet important mouvement de population, qui aurait affecté la Basse-Seine à la fin du IXe siècle, n'est attesté par aucun texte, mais la toponymie peut nous donner des indications intéressantes. Dès 1980, Lucien Musset s'était penché sur la question[72]. Il avait constaté que la densité des toponymes scandinaves n'était pas plus importante dans la Basse-Seine que dans d'autres régions telles que le pays de Caux ou le Bessin côtier[73]. Toutefois, ces toponymes paraissent très différents de ceux qu'on trouve habituellement dans les zones agricoles. Ils ne sont pas formés avec le nom d'un chef scandinave, qui se serait substitué de façon classique à celui de l'ancien maître franc. Ils sont plutôt liés à l'activité économique, et plus précisément à l'économie du fleuve. Ces toponymes servent à désigner des ports, des villages de pêcheurs, qui avaient déjà été occupés avant l'arrivée des premiers Vikings. La plupart de ces noms de lieu sont descriptifs. On y trouve notamment des toponymes en « vic » (du norrois *vik*, qui signifie la « baie »), des toponymes en « bec » (de *bekkr*, « ruisseau »), des toponymes en « fleur » (de *floi*, « golfe » ou « estuaire »), des toponymes en « clif » (de *kliff*, « falaise »), des toponymes en « beuf » (de l'ancien danois *both*, « cabane ») et des toponymes en « tuit » (de l'ancien danois *thwet*, « défrichement »)[74].

En remontant la Seine, nous trouvons les localités suivantes, dont les noms sont tous d'origine scandinave[75]. Sur la rive droite, Sanvic[76] appartenait sans doute à l'abbaye de Saint-Denis, et Harfleur à celle de Montivilliers[77]. Villequier était une ancienne dépendance de l'abbaye de Fontenelle[78]. Caudebec-en-Caux était le siège d'une abbaye féminine disparue, celle de Logium. Citons encore Conihout[79], près de Jumièges et

Sahurs, domaine de l'église de Bayeux[80]. Sur la rive gauche, on peut mentionner Honfleur, Crémanfleur et Fiquefleur[81], situés auprès de ruisseaux se jetant dans l'estuaire, Risleclif[82] (au confluent de la Risle, près de Conteville) et Quillebeuf, port appartenant sans doute à l'abbaye de Jumièges[83]. Des passages traditionnels du fleuve portent également des noms scandinaves, comme Twit-Port (aujourd'hui Vieux-Port[84]) et Bliquetuit[85], face à Caudebec-en-Caux. Signalons enfin Brotonne (ancien domaine royal mérovingien), Couronne, Elbeuf et Caudebec-lès-Elbeuf[86].

Quelle interprétation peut-on faire de cette multiplication des toponymes scandinaves ? L'explication la plus plausible est celle d'un peuplement nordique important dans la région, comme l'écrivait déjà l'historien anglais David Bates en 1982[87]. On considérait traditionnellement qu'une telle immigration n'avait pu avoir lieu qu'après l'accord de Saint-Clair-sur-Epte (911). Jacques Le Maho propose de la situer dans les dernières années du IXe siècle et dans la première décennie du Xe siècle. Pour lui, cette immigration est à mettre en relation avec l'arrivée de Rollon, le fondateur de la Normandie[88].

Rollon entre en scène

L'histoire de Rollon est connue à travers l'œuvre de Dudon de Saint-Quentin (960-965), chanoine de la collégiale de Saint-Quentin (Aisne). Peu après 987, il est envoyé en ambassade par le comte Albert de Vermandois auprès du duc de Normandie, Richard Ier, pour lui demander son appui contre le nouveau roi, Hugues Capet. Le duc le retient à sa cour et lui propose d'écrire une *Histoire de la Normandie*. Un moment interrompu par la mort de Richard Ier, le projet est repris sous Richard II[89]. L'œuvre de Dudon fut rédigée pour l'essentiel entre 1015 et 1026. Elle est composée de quatre biographies, celle d'Hasting, présenté comme l'archétype du Viking sanguinaire, et celles des trois premiers ducs de Normandie[90]. En dépit de ce travail à la cour ducale, Dudon continua d'exercer sa charge à Saint-Quentin, où, doyen de la collégiale, il mourut avant 1043[91].

Dudon écrit dans une langue littéraire, inspirée des modèles antiques. Il n'en fait pas moins œuvre d'historien, utilisant les sources écrites et les traditions orales pour composer un récit historique cohérent. Pourtant, son œuvre a été très durement éreintée par les historiens[92]. Depuis quelques années, cependant, des médiévistes de différentes disciplines ont décidé de reprendre la question, en confrontant leurs points de vue. Certes, Dudon a commis des erreurs, mais il importe de le replacer dans son contexte et de comprendre son projet, qui constitue « la réponse à un besoin d'histoire[93] ». Pierre Bauduin est l'un des nouveaux historiens qui ont commencé le nécessaire réexamen de l'œuvre de Dudon. Il faut signaler aussi les travaux de Pierre Bouet, latiniste spécialisé dans les auteurs ayant écrit sur la Normandie[94]. Cette relecture de Dudon est d'autant plus indispensable qu'il est le seul à nous fournir un récit cohérent concernant les débuts du duché. Au demeurant, même les historiens qui ont le plus durement étrillé le chanoine de Saint-Quentin n'ont pas eu d'autre choix que de se référer à son œuvre !

L'origine de Rollon reste obscure. Dudon le compte parmi les *Daci* (« les Daces »), qu'il identifie lui-même avec les *Dani* (« Danois »). Le nom qu'il lui donne, Rollo, est une latinisation du norrois Hrôlf. D'après les sagas islandaises, rédigées au XIIIe siècle, Hrôlf serait le fils d'un jarl de Möre, dans l'ouest de la Norvège. En résumé, Rollon aurait été un chef norvégien commandant une troupe composée en majorité de Danois[95]. Aux Scandinaves de cette troupe s'ajoutaient certainement des Anglo-Saxons, car Rollon avait effectué des séjours prolongés en Angleterre.

Dudon ne nous fournit que très peu de dates. Or il situe l'arrivée de Rollon en 876, année marquée par une importante incursion des Vikings sur la Seine. Cette datation est pour le moins incertaine : elle signifierait que Rollon se serait installé dans la région trente-cinq ans avant l'accord de Saint-Clair-sur-Epte.

D'après Dudon encore, Rollon aurait participé au siège de Paris, en 885-886, puis l'aurait quitté pour aller s'emparer de Bayeux. L'événement n'est pas daté, mais on peut le situer entre 886 et 890, date de la prise de Saint-Lô par une importante troupe de Vikings[96]. Cette troupe fut finalement battue par le duc breton Alain le Grand. Elle se replia vers le nord du royaume et hiverna à Noyon. La Basse-Seine connut alors, sans doute, quelques années de tranquillité relative[97]. On ne signale pas de nouvelle incursion viking dans la région avant 896. A cette date se présente sur la Seine une flotte commandée par Hundeus. Celui-ci est au courant du conflit opposant le roi robertien, Eudes, à son concurrent carolingien, Charles le Simple. Il va trouver Charles dans son exil lotharingien et accepte le baptême, en échange d'une concession de territoire (897). A cette époque, évidemment, Charles était dans l'incapacité de céder quelque territoire que ce soit, mais peut-être était-il déjà acquis à ce type d'accord. Cet épisode, en tout cas, semble préfigurer le traité de Saint-Clair-sur-Epte. Deux ans plus tard, en 898, le roi Eudes meurt et Charles le Simple peut récupérer son trône. Il se trouve donc en mesure de mener sa propre politique vis-à-vis des Vikings et, pourquoi pas, une politique de négociations à laquelle son prédécesseur était farouchement opposé[98].

Dudon de Saint-Quentin nous décrit avec force détails l'accord conclu par Rollon lors de sa première arrivée dans la Basse-Seine. Il aurait rencontré les émissaires de l'archevêque au port Saint-Vaast de Jumièges et aurait accepté d'épargner la ville de Rouen[99]. Dudon situe bien sûr cet épisode en 876, mais, pour Jacques Le Maho, ce « pacte de Jumièges » ne saurait intervenir avant 898 [100].

L'installation des Scandinaves dans la région aurait été l'une des clauses de l'accord. Dès lors auraient cohabité le long du fleuve les nouveaux habitants scandinaves et les anciens autochtones. Cette promiscuité parut sans doute insupportable aux clercs qui s'étaient réfugiés à Rouen et dans les environs. Toujours est-il que bon nombre d'entre eux s'exilèrent. Les religieux qui s'étaient installés à Saint-Paul, avec le corps de saint Clair, se rendirent dans une localité du Vexin, qui devait prendre le nom de leur saint : il s'agit de Saint-Clair-sur-Epte. Les moines de Saint-Marcouf se replièrent à Senlis, puis à Corbény[101]. Seuls les clercs de Coutances restèrent dans la cité de Rouen, ce qui prouve que la sécurité y régnait, sans doute garantie par le chef scandinave qui contrôlait la région (Rollon, probablement). Cet accord avec l'archevêque de Rouen en préfigure d'autres avec le roi, mais aussi avec les aristocrates du royaume. Rollon n'était plus isolé dans le monde franc. Il avait noué des relations de toute sorte avec les grands de Neustrie et participait à leurs réseaux d'alliance, souvent fondés sur des liens de parenté. C'est dans ce contexte qu'il faut envisager l'union célèbre de Rollon et de Popa.

La question des relations de Rollon avec les grands du royaume de Francie occidentale a été renouvelée grâce aux travaux récents de Pierre Bauduin, conduits dans une perspective anthropologique[102]. Comme toujours, il faut d'abord remonter à Dudon de Saint-Quentin. Selon lui, après avoir pris et détruit Bayeux, Rollon avait emmené de nombreux prisonniers. Parmi eux figurait Popa, la fille de Béranger, *praevalens princeps* (« le prince dominant de la région »)[103]. Par la suite, Rollon aurait épousé Popa, et de cette union serait né Guillaume, son successeur, qu'on appelle Guillaume Longue Epée. La tradition historique a considéré Béranger comme le comte du Bessin, ce qui n'est certainement pas faux. Peut-être cumulait-il cette charge avec d'autres. Dans ce cas, son autorité aurait pu s'étendre sur un territoire beaucoup plus vaste. A la suite de René Merlet, Hubert Guillotel a fait le rapprochement entre ce Béranger de Bayeux et le marquis Béranger qui a souscrit une charte de Saint-Martin de Tours, en 892. Il est alors présenté comme l'ami (et donc l'égal) de Robert, frère du roi Eudes[104]. Tout comme le comte Henri, son prédécesseur, Béranger pourrait appartenir à la puissante famille des Hunrochides, établie dans de nombreuses régions de l'ancien Empire carolingien, la Flandre, la Lotharingie, l'Alémanie et le Frioul[105]. Béranger aurait partagé avec son ami Robert l'ancien commandement neustrien du comte Henri. Il aurait étendu son autorité sur le Maine, l'Hiémois et le Bessin, c'est-à-dire sur tout l'ouest de cette « marche[106] ».

Pierre Bauduin a souligné, cependant, qu'il existe une autre tradition concernant les origines de Popa, rapportée par les *Annales de Jumièges*[107]. Elle aurait été la fille de Gui, comte de Senlis, et donc la sœur de Bernard de Senlis, qui devait jouer un rôle important en Normandie sous le principat de Guillaume Longue Epée. Dudon de Saint-Quentin lui-même conforte paradoxalement cette seconde tradition en présentant Bernard de Senlis comme l'oncle maternel (*avunculus*) de Guillaume[108]. Il est difficile de savoir quelle est la véritable origine de Popa et l'on a pu évoquer plaisamment « les deux papas de Popa[109] ». Katharine Keats-Rohan a proposé une solution qui permettrait de réconcilier les deux traditions. La mère de Popa aurait appartenu à la famille des comtes de Vermandois (les Herbertides). Elle aurait épousé successivement Béranger de Bayeux et Gui de Senlis. De la première union serait née Popa et de la seconde Bernard de Senlis. Popa serait donc la belle-fille de Gui de Senlis (et non sa fille). Quant à Bernard de Senlis, il ne serait que le demi-frère de Popa, mais bien l'oncle maternel de Guillaume Longue Epée[110]. Quoi qu'il en soit des véritables origines de Popa, ce qui est certain, c'est qu'elle appartenait à la plus haute aristocratie franque. En s'unissant à elle, de gré ou de force,

Rollon entrait dans de puissants réseaux de parenté, qui allaient faciliter son insertion dans le jeu politique du royaume. Il ne devait cependant pas en tirer immédiatement les bénéfices.

Après les événements des années 886-890 (et son union avec Popa), Rollon aurait quitté la Neustrie pendant de longues années, probablement pour l'Angleterre, ce qui inverse l'ordre chronologique proposé par Dudon. Guillaume est donc sans doute né « outremer », alors que son père était encore païen[111]. Rollon ne serait revenu dans l'estuaire de la Seine que vers la fin du règne d'Eudes ou le début de celui de Charles le Simple (898). Le « pacte de Jumièges », conclu avec l'archevêque de Rouen, pourrait donc se situer entre 898 et 906[112]. A la suite de cet accord, Rollon se serait solidement installé dans la Basse-Seine, avec de nombreux colons scandinaves ou anglo-scandinaves. Agissant en chef viking, Rollon reprit ses opérations contre les régions voisines. Pendant l'été de 911, il lança une attaque contre Paris, qui aboutit à un échec. Puis il se dirigea vers la région de Chartres, entreprenant le siège de la ville. Cette action allait entraîner une vive réplique des principaux grands du royaume et aboutir à la bataille de Chartres.

Assiégé par la troupe de Rollon, l'évêque de Chartres, Jousseaume, lance un appel aux grands du royaume. Un certain nombre d'entre eux y répondent, mais pas tous. L'armée qui s'oppose aux Normands comprend Robert, marquis de Neustrie, Richard le Justicier, duc de Bourgogne, et son fidèle Manassès, comte de Dijon. Le comte de Poitiers, Ebles-Mancer, serait arrivé trop tard pour participer au combat. Les coalisés infligent une sévère défaite aux Normands, sous les murs de Chartres, le 20 juillet 911[113]. Cet événement est difficile à interpréter[114]. Il est intéressant de constater que la coalition comportait beaucoup d'absents. Herbert II de Vermandois et tous les grands du nord du royaume manquaient à l'appel. Quant au retard d'Ebles-Mancer, il n'était peut-être pas fortuit. Mais, surtout, le roi Charles le Simple ne se joignit pas à l'expédition. On peut penser que deux politiques antagonistes s'opposaient alors au sein des élites dirigeantes. Certains étaient hostiles par principe à tout accord avec les Vikings. Cette politique avait été défendue par le roi Eudes durant son règne et elle était poursuivie par son frère Robert. Dans l'autre camp, on trouvait Herbert de Vermandois et le roi lui-même. Rappelons-nous que Charles le Simple avait déjà été associé, bon gré mal gré, à une première tentative en 896-897[115]. Peut-être était-il inspiré par l'exemple donné outre-Manche par le roi Alfred le Grand (871-899). Celui-ci avait accepté l'installation de royaumes vikings dans le Danelaw, moyennant la conversion des rois scandinaves au christianisme. Lucien Musset a montré que ce précédent avait inspiré les fondateurs de la Normandie[116]. Par ailleurs, le roi était conforté par l'attitude du nouvel archevêque de Reims, Hervé (900-922), qui se montrait favorable à la conversion des Scandinaves alors que son prédécesseur, Foulques (883-900), s'y était violemment opposé[117].

Saint-Clair-sur-Epte (911)

Paradoxalement, la défaite normande de Chartres permit aux partisans de la négociation de l'emporter, en ouvrant la voie à un compromis indispensable. Même battus, les Normands de Rollon restaient solidement installés au cœur du royaume. La meilleure solution était donc d'engager des négociations, qui allaient rapidement aboutir au célèbre « traité » de Saint-Clair-sur-Epte (911). La période suivant la bataille de Chartres fut occupée par de longues négociations qui nous sont décrites avec force détails par Dudon de Saint-Quentin[118]. Celui-ci commence par relater un conseil royal qui conclut à la nécessité de négocier avec les Normands, auxquels les Francs sont incapables de résister militairement. Compte tenu de l'état de délabrement du royaume, la solution consiste à céder au chef viking un territoire situé entre l'Andelle et la mer[119]. L'ambassadeur envoyé à Rollon est l'archevêque de Rouen, Francon. Certes, les critiques de Dudon ont eu beau jeu d'affirmer que Francon n'était pas l'archevêque en titre : peut-être s'agissait-il de Gui (Witto), mais ce n'est pas certain non plus. La chronologie des archevêques est très peu sûre à cette époque et, visiblement, Dudon ne la connaissait pas mieux que nous[120] ! En tout cas, l'archevêque transmet à Rollon les propositions franques, mais il ajoute de son propre chef la nécessité de la conversion à la foi chrétienne. Ensuite, l'auteur met en scène le conseil du chef viking. Ses conseillers danois considèrent avec intérêt l'offre proposée et suggèrent des dispositions susceptibles de hâter la conclusion de la paix. On pourrait envisager une trêve de trois mois, une entrevue personnelle entre le roi et Rollon, qui s'engagerait « à son service ». Au retour, l'archevêque de Rouen souligne le succès de son ambassade et déchaîne l'enthousiasme des grands, qui n'est cependant pas partagé par le roi Charles. C'est alors qu'intervient le marquis Robert, qui ne semble pas avoir été présent au conseil royal. Il approuve les termes du projet de traité et propose même d'être le parrain du chef viking lors de son baptême, et de faire de lui son ami[121].

La rencontre prévue a finalement lieu à Saint-Clair-sur-Epte[122], où s'engage une ultime négociation. Rollon arrache quelques concessions supplémentaires. La terre cédée s'étendra non plus de l'Andelle mais de l'Epte à la mer[123]. Les deux rivières étant distantes d'environ cinquante kilomètres, ce changement représente un agrandissement non négligeable. Rollon fait aussi valoir que le territoire en question est complètement dévasté et réclame une « terre à piller ». On lui accorde la Flandre. Il refuse et finit par accepter la Bretagne[124]. Il s'agit en réalité de la future Basse-Normandie, en grande partie contrôlée par les Bretons à la suite de la concession de

867. Puis se déroule la cérémonie d'investiture que Dudon décrit dans les moindres détails. Rollon met ses mains dans celles de Charles le Simple. C'est l'*immixtio manuum*, par laquelle il se place dans la dépendance du roi. En échange, Charles lui accorde la main de sa fille Gisèle (Gisla), et surtout la terre située entre l'Epte et la mer, afin qu'il la tienne *in alodo et in fundo* (« en alleu et en propriété »). Il reçoit enfin « toute la Bretagne, pour qu'il puisse en tirer de quoi vivre[125] ».

Ensuite, cette séance solennelle semble tourner à la farce. Les évêques présents suggèrent que, pour marquer sa soumission, Rollon devrait baiser le pied du roi. C'est un rite inhabituel, qui semble en tout cas fort humiliant à Rollon. Après quelques discussions, il délègue à l'un de ses hommes le soin d'accomplir ce geste. Celui-ci se saisit alors du pied royal pour le porter à la bouche sans se baisser lui-même, ce qui fait tomber le roi à la renverse ! Cet épisode aurait pu tourner au drame, mais tout se termine bien, dans un éclat de rire général. Pour finir, à la demande de Rollon, un serment solennel est prêté par tous les Francs présents, y compris le roi et le marquis Robert. C'est un serment « de la foi catholique », par lequel ils s'engagent envers Rollon à respecter la concession qui vient de lui être accordée pour toujours, à lui et à ses descendants[126].

Nous ignorons la date exacte de la cérémonie : elle eut lieu selon toute vraisemblance à l'automne de l'année 911, entre la bataille de Chartres (juillet 911) et le baptême de Rollon (912)[127]. Le temps de catéchuménat dut être réduit au minimum. Suivant Dudon, l'archevêque Francon baptisa Rollon et le marquis Robert accepta de devenir son parrain, comme il l'avait proposé. Rollon prit donc le nom chrétien de Robert. Comme Clovis autrefois, il ne fut pas baptisé seul, mais avec « ses compagnons, ses guerriers et son armée tout entière ». Après la cérémonie, le nouveau baptisé demanda à l'archevêque quelles étaient les églises les plus vénérées « sur sa terre » (c'est-à-dire dans sa province ecclésiastique). Celui-ci cita les principales cathédrales, Rouen, Bayeux et Evreux, puis les grandes abbayes, le Mont-Saint-Michel, Saint-Ouen et Jumièges, et même Saint-Denis, « aux confins de notre pouvoir ». Le texte ne dit rien de l'état de ces monastères, dont plusieurs étaient complètement à l'abandon en 911. Alors Rollon se serait engagé à donner à ces églises une partie de la terre qui venait de lui être concédée[128]. Ce dernier épisode, reconstitué par Dudon, n'est pas purement et simplement imaginaire. Nous avons la trace de donations effectives de Rollon aux abbayes de Saint-Ouen de Rouen (le domaine de Longpaon)[129] et de Saint-Denis (le domaine de Berneval)[130]. En revanche, il n'y a pas de preuve que des dons aient été effectués dans le Bessin et l'Avranchin, acquis seulement par les Normands en 924 et 933. Ce passage n'est cependant pas sans intérêt. Cet archevêque et ses successeurs ont certainement poussé les ducs à réaliser une expansion vers l'ouest, qui devait aboutir en vingt ans à la réunification de leur province ecclésiastique. Reste qu'il est très difficile de savoir quelle était exactement l'étendue du territoire concédé en 911. Dudon ne mentionne que la vallée de la Seine, « de l'Epte à la mer ». Il faut donc avoir recours à d'autres textes, qui ne sont pas très précis mais qui présentent l'avantage d'avoir été rédigés au plus proche de l'événement.

Dudon a rédigé son œuvre près d'un siècle plus tard et on n'a trouvé aucune trace du texte d'un « traité » de Saint-Clair-sur-Epte. Il n'est même pas certain qu'il ait été rédigé par écrit. En revanche, quelques actes quasiment contemporains nous apportent des lumières intéressantes sur l'étendue et les modalités de la concession de 911[131]. Les actes les plus proches de l'événement sont deux chartes de Charles le Simple. Le 14 mars 918, le roi concède à l'abbaye de Saint-Germain-des-Prés l'ancienne abbaye de La Croix-Saint-Ouen[132], dont le chef était situé dans le *pagus* de Madrie, avec tous ses biens. La concession est faite à la demande du marquis

Robert, du comte Herbert II de Vermandois et d'Abbon, évêque de Soissons. Il y a cependant une restriction importante, qui mérite d'être citée intégralement : cette donation est faite « excepté la partie de cette abbaye que nous avons concédée aux Normands de la Seine, c'est-à-dire à Rollon et à ses compagnons, pour la protection du royaume [*pro tutela regni*][133]». Ce dernier passage explique la raison essentielle de la concession, du point de vue du roi. Il s'agissait de céder un territoire à un chef scandinave, qui serait désormais capable de protéger le cœur du royaume contre de nouvelles incursions vikings. Tout laisse à penser que Rollon s'est parfaitement acquitté de cette tâche non officiellement incluse dans les clauses du traité. Cet engagement ne l'empêchait d'ailleurs pas de continuer ses raids de piraterie dans des zones qui n'étaient pas contrôlées par le roi, comme la Bretagne ou la Flandre.

Du point de vue des grands de Francie, la concession de 918 avait des conséquences importantes. Robert était abbé laïc de Saint-Germain-des-Prés et tout laisse à penser qu'il avait exercé la même charge à la tête de l'abbaye de La Croix-Saint-Ouen. En affectant à Saint-Germain-des-Prés les biens de cette abbaye, il récupérait ce qui pouvait l'être et conservait des domaines proches du territoire des Normands. Herbert de Vermandois était aussi intéressé à l'opération, car il contrôlait probablement les comtés de Vexin et de Madrie. On s'en rend compte en étudiant la seconde charte accordée par Charles le Simple la même année, le 14 mai 918[134]. Dans cet acte, le roi concède à Saint-Germain-des-Prés, toujours à la requête de Robert, plusieurs domaines proches de Paris (Suresnes[135] et Bouafle[136]), un autre en Beauvaisis (Thiverny[137]) et celui de Sérifontaine[138], en Vexin, sur l'Epte, qui jouxte les frontières de la nouvelle Normandie. Ces donations concernent à l'évidence les titulaires des honneurs[139] dans lesquels sont placés les domaines en question, en l'occurrence le marquis Robert et le comte Herbert. On comprend que la concession aux

Normands a porté sur un ensemble d'honneurs, dont les frontières ont été respectées. La nouvelle limite ne suit pas les frontières administratives, mais celles de ces honneurs. Après le « traité » de 911, il importe aux aristocrates francs de consolider leurs biens situés à l'extérieur de la Normandie. Pour les plus proches de la frontière, et les plus exposés, il a pu paraître opportun de les confier à un établissement religieux, mieux à même de les défendre, avec la protection du roi, contre d'éventuels empiètements des Normands[140].

Les limites du territoire concédé ne sont, on l'a vu, pas très claires. Les *Annales* de Flodoard, proches des événements, nous fournissent quelques précisions intéressantes. En 923, le roi Raoul a franchi l'Epte et « s'est introduit de force sur la terre qui, récemment, avait été concédée aux Normands[141] ». A cette date, l'Epte est donc bien devenue la frontière orientale de la Normandie. Pour l'année 925, le même Flodoard évoque la forteresse d'Eu occupée par les Normands[142]. Dans son *Histoire de l'Eglise de Reims,* il mentionne « les *pagi* en bordure de mer, avec la ville de Rouen[143] ». Ces *pagi* maritimes pourraient être le pays de Caux et le Talou. Toute la partie nord et est du diocèse de Rouen semble donc se trouver effectivement aux mains des Normands. Du côté de l'Ouest, les frontières sont plus incertaines. Flodoard fait allusion aux revendications des nouveaux venus sur les terres situées outre-Seine, c'est-à-dire sur la rive gauche du fleuve. Les Normands occupaient en partie le comté de Madrie jusqu'à l'Eure, puisque l'abbaye de La Croix-Saint-Ouen était située le long de cet affluent de la Seine. En revanche, il n'est pas sûr que la ville d'Evreux et l'Evrecin aient fait partie de la concession primitive. On a souvent placé la limite sur la Risle, ce qui est pure hypothèse. C'est seulement en 924, toujours selon Flodoard, que les Normands reçoivent « Le Mans et Bayeux », autrement dit le Maine et le Bessin[144].

La fondation de la Normandie est ainsi le résultat d'un long processus qui s'étale sur presque un siècle (820-911). Rollon avait reconnu l'autorité royale, tout en jouissant d'une indépendance de fait. Sa situation n'était guère différente de celles du marquis de Neustrie, Robert, ou du comte de Vermandois, Herbert II, devenus ses égaux. Il avait aussi accepté de se convertir au christianisme, condition *sine qua non* d'une intégration dans le monde franc. Désormais, le roi n'avait plus affaire qu'à un seul interlocuteur scandinave, et celui-ci le protégeait de nouvelles incursions de la part de ses congénères. Tout le monde trouvait son compte à cet accord. Dans l'ensemble, il fut respecté par les deux parties. Le « traité » de Saint-Clair-sur-Epte donnait naissance à une nouvelle principauté, qui s'agrandit bientôt jusqu'à comprendre la presque totalité de la province ecclésiastique de Rouen, l'ancienne IIe Lyonnaise. Elle allait conserver son indépendance relative (au sein du royaume de France) pendant près de trois siècles.

IV

Une nouvelle principauté

Les Vikings avaient fondé des Etats dans de nombreuses régions d'Occident. Or aucun d'entre eux ne réussit à perdurer dans le temps, si ce n'est la Normandie. Cette exceptionnelle durabilité s'explique d'abord par la personnalité du fondateur, Rollon, mais aussi par celle de ses successeurs tout au long du Xe et du XIe siècle. Bien entendu, ce n'est pas la seule explication. La nouvelle construction politique a souvent été menacée au cours du premier siècle de son existence, surtout à l'occasion des périodes de minorité (942-946, 996-1001). Les premiers ducs ont réussi, non sans difficulté, à réaliser l'unité entre les diverses composantes de la population, Scandinaves, Bretons, et Francs. Ils ont su s'insérer dans le groupe dirigeant des grands du royaume et établir ainsi les bases d'un Etat remarquablement administré.

Les historiens ont coutume de qualifier de « ducs » les chefs de la Normandie dès 911. En réalité, leur titulature n'est pas fixée avant le milieu du XIe siècle. Les textes utilisent le plus souvent le titre de « comte » ou de « marquis ». La nouvelle Normandie est en effet considérée comme une « marche » frontalière. Il s'agit d'une frontière maritime, mais c'est la plus menacée par les raids vikings. Ce titre était déjà celui que portaient le

« marquis de Neustrie », Robert, et parfois le comte de Vermandois. Il est ainsi question d'une « marche de l'Oise » placée sous la responsabilité d'Herbert Ier de Vermandois[1]. Or le nouveau territoire avait été prélevé sur les possessions de ces deux personnages qui étaient alors les plus puissants du royaume. Les princes normands auraient repris les titres progressivement abandonnés par leurs seigneurs robertiens : le titre de marquis quand Hugues Capet porta celui de duc (après 960), puis celui de duc quand il devint roi (en 987)[2]. Nous n'en respecterons pas moins l'usage traditionnel, qui reste fort pratique. Le premier duc est donc Rollon, qui exerce le pouvoir sur la principauté pendant plus de quinze ans après l'accord de Saint-Clair-sur-Epte.

Après 911, Rollon a continué à se comporter en chef viking. Il a mené des expéditions en direction de la Flandre. Il a poursuivi l'expansion de sa principauté du côté de l'Ouest en s'emparant du Bessin en 924[3]. Le comte de Rouen a néanmoins respecté le contrat qu'il avait passé en 911 avec le roi carolingien. Il a gardé efficacement la Basse-Seine, qui a cessé d'être une voie de pénétration des Vikings vers le cœur du royaume. Cela dit, il agissait aussi en prince territorial et jouait son rôle dans les luttes pour le pouvoir qui opposaient les grands du royaume. Concernant la situation intérieure de la principauté, nous en sommes réduits au récit de Dudon, qu'il est difficile de vérifier. Le chanoine picard nous présente en tout cas une vision idyllique de cette Normandie des origines. L'ancienne aristocratie avait disparu de la région, tout comme la plupart des évêques et des abbés. Le territoire concédé était considéré comme désert. Le duc en restait donc le seul propriétaire et il put le répartir entre ses compagnons. Selon Dudon, « il divisa la terre entre ses fidèles à la corde », ce qui pourrait faire allusion à une nouvelle cadastration. Le même auteur ajoute que Rollon édicta des lois[4]. Ce serait là l'origine du droit normand, qui devait allier de nombreux éléments du droit franc et des apports scandinaves significatifs[5]. C'était un droit coutumier, purement oral, qui n'apparaît en pleine lumière que beaucoup plus tard, à la suite de sa mise par écrit (fin XIIe-début XIIIe siècle). Dudon insiste également sur la paix et la sécurité qui régnaient dans la principauté. Rollon aurait demandé qu'on ne fasse pas garder les animaux domestiques et qu'à l'époque des labours on laisse sans crainte dans les champs les fers de la charrue. C'est une allusion à la « paix de la charrue » qui est mentionnée dans la coutume de Normandie. Dudon raconte même une anecdote illustrant l'application de ces mesures. La femme d'un paysan de la *villa* de Longpaon[6] aurait voulu mettre à l'épreuve l'efficacité de la protection ducale. Elle déroba elle-même dans le champ les fers de la charrue de son mari. Celui-ci put obtenir du duc un dédommagement de cinq sous (une forte somme). Mais la coupable fut démasquée grâce à une ordalie. Le duc la condamna à être pendue, de même que son mari auquel il donna l'explication suivante : « Tu mourras en vertu de deux justes sentences : d'une part, parce que tu es le chef de ta femme et que tu devais la châtier ; d'autre part, parce que tu fus le complice du vol et que tu n'as pas voulu la dénoncer[7] ».

Si l'on en croit toujours Dudon de Saint-Quentin, Rollon prépara sa succession. Il aurait laissé le gouvernement à son fils Guillaume vers 927, c'est-à-dire cinq ans avant sa mort (932-933). Guillaume Longue Epée (v. 927-942) poursuivit et acheva l'expansion de la Normandie vers l'ouest, en se faisant concéder par le roi le Cotentin et l'Avranchin (en 933)[8]. Scandinave par son père et franc par sa mère, ce duc n'avait pas eu besoin de se convertir, ayant été élevé dès l'enfance dans le christianisme. Il aurait dû être accepté facilement par les deux communautés.

Il se heurta pourtant à une rébellion, difficile à situer chronologiquement, mais qu'on peut mettre en relation avec cette expansion vers l'ouest.

La révolte fut conduite à la fois par des Bretons et par des Normands[9]. Les Bretons en question étaient ceux du Cotentin et de l'Avranchin, mais aussi du Bessin, qui venaient sans doute d'être soumis. Les Normands étaient des Scandinaves refusant eux aussi de subir l'autorité des comtes de Rouen. Nous savons que de nombreux Vikings s'étaient établis depuis longtemps dans la région. Ils avaient réussi à conserver jusque-là une certaine indépendance. Ce n'était plus possible avec Guillaume Longue Epée, qui voulait les intégrer à sa principauté. Le chef de cette rébellion, Riouf, était sans doute implanté dans l'Evrecin. Orderic Vital l'appelle en effet « Riouf d'Evreux[10] ». Il semble bien que cette région soit demeurée longtemps « une marge mal contrôlée », comme le démontre Pierre Bauduin[11]. L'extension de la principauté vers l'ouest obligea le deuxième duc à contrôler le diocèse d'Evreux, qui occupait désormais une position centrale entre ses possessions de haute et de basse Normandie. En tout cas, Guillaume parvint à vaincre les rebelles et fut « le principal artisan de la réussite normande : c'est à lui qu'on doit attribuer le succès définitif de la greffe scandinave sur le tronc romano-franc[12] ».

Plus encore que son père, le duc Guillaume est parfaitement intégré dans la haute aristocratie du royaume. Sa mère appartenait à une famille princière et il épouse à son tour Liégarde, fille d'Herbert II de Vermandois (en 935)[13]. Le douaire qu'il constitue pour elle est situé dans les régions nouvellement contrôlées, aux limites de l'Evrecin. Il s'agit des domaines de Longueville, Coudres et Illiers-l'Evêque[14], sur la frontière de l'Avre[15]. Guillaume poursuit enfin la politique de son père en direction du nord, l'enjeu principal étant alors la forteresse de Montreuil[16]. Il se trouve en concurrence directe avec le comte de Flandre, Arnoul, ce qui va aboutir au guet-apens à Picquigny, sur la Somme, où il est tué le 17 décembre 942[17].

A la suite de son père et en dépit de débuts mouvementés, Richard Ier va gouverner la principauté pendant plus de cinquante ans (942-996). L'héritier n'est pas le fils de Liégarde, mais d'une concubine bretonne, Sprota. Il avait été envoyé par son père dans le Bessin pour y apprendre la langue de ses ancêtres scandinaves, qui n'était déjà plus parlée à Rouen[18]. C'est un signe incontestable de l'intégration des ducs et de leur entourage dans le monde franc. Cependant, le nouveau duc n'est âgé que d'une dizaine d'années et son pouvoir est gravement menacé, surtout par le roi carolingien, Louis IV d'Outremer (936-954). Celui-ci s'établit à Rouen comme en pays conquis et exile le jeune Richard à Laon. Il se réserve la haute Normandie et laisse la basse Normandie à son allié du moment, le puissant « duc des Francs », Hugues le Grand. Les Normands n'acceptent pas cette prise de possession et font appel à des « rois de la mer », Sigtrygg, puis Harald. Le duc Richard lui-même réussit à s'échapper de Laon et peut reprendre la tête de sa principauté, malgré l'intervention d'Otton le Grand, roi de Germanie et beau-frère de Louis d'Outremer (en 946).

En 947, à l'âge de quinze ans, Richard est cependant reconnu comme le duc légitime. Son principat effectif inaugure une longue période de tranquillité, qui sera seulement troublée par un conflit avec Thibaud le Tricheur, comte de Blois (vers 960-965)[19]. Dans l'ensemble, la paix et la sécurité règnent à nouveau sur la Normandie, ce qui la distingue des autres principautés du royaume. Richard s'appuie sur l'Eglise et rétablit les structures ecclésiastiques, restées souvent en déshérence depuis la période des invasions. Les grands monastères sont rétablis et le duc crée un sanctuaire dynastique à Fécamp[20].

Richard Ier opéra un renversement d'alliance. Ses prédécesseurs étaient restés fidèles aux Carolingiens, mais lui-même avait été attaqué par un roi appartenant à cette dynastie. Il établit donc une solide alliance avec le

Robertien Hugues le Grand, qui se traduisit par une union matrimoniale. Richard épousa la fille d'Hugues, Emma. Après la mort d'Hugues le Grand, en 956, Richard se reconnut explicitement vassal de son fils, Hugues Capet, comme le montre un texte de 968[21]. D'une certaine façon, le « duc des Francs » s'était substitué au roi carolingien, incapable d'assumer son rôle traditionnel, qu'il s'agisse de Louis IV ou de son fils Lothaire (954-986). L'accession d'Hugues Capet au trône royal, en 987, fit rentrer les choses dans l'ordre. Désormais, Richard fut à nouveau le vassal direct du roi, comme l'avaient été ses prédécesseurs. Noués vers 945, ces liens privilégiés entre les ducs de Normandie et les Robertiens (puis les Capétiens) allaient se prolonger pendant près d'un siècle. L'union de Richard et d'Emma fut stérile. En revanche, le duc eut de nombreux enfants d'une femme d'origine danoise appartenant à une famille établie dans le pays de Caux, Gonnor. Elle est la mère du prince héritier, nommé lui aussi Richard.

A la mort de Richard Ier, s'ouvre une nouvelle crise de minorité. Celle-ci est marquée dès le début par un grave soulèvement de paysans (996). Certes, la révolte n'était pas dirigée contre le duc, mais contre les seigneurs, qui tentaient de s'approprier des droits nouveaux, notamment sur les forêts et sur les cours d'eau[22]. La répression, très dure, est menée par le comte Raoul d'Ivry, apparenté à la famille ducale. C'est lui qui exerce la réalité du pouvoir pendant toute la période de la minorité, jusqu'en 1001[23]. En cette première année du XIe siècle, Richard II (996-1026) fait appel à un abbé italien, Guillaume de Volpiano, pour installer des moines dans le monastère familial de Fécamp. C'est une étape décisive de la restauration monastique, qui va se prolonger pendant tout son principat et celui de ses successeurs.

Attiré par la religion, Richard II a beaucoup de points communs avec son exact contemporain, le roi capétien

Robert le Pieux (996-1031). Il va renforcer l'alliance traditionnelle entre les deux dynasties. Richard aide Robert militairement, dans les campagnes qui conduisent à la conquête de la Bourgogne. Il noue également une nouvelle alliance avec la Bretagne, qui se traduit par des unions croisées. Havoise, sœur de Richard, épouse le duc breton, Geoffroy, et Judith, sœur de Geoffroy, se marie avec Richard. De cette union légitime naîtront les deux successeurs de Richard II : Richard III (1026-1027), puis Robert le Magnifique (1027-1035). Sous le principat de Richard II, la Normandie est fixée dans des frontières presque définitives. Seuls quelques agrandissements mineurs interviendront encore sous Guillaume le Bâtard[24]. La principauté pouvait paraître artificielle, même si ces limites avaient une lointaine origine romaine[25]. Les quatre premiers ducs ont donc créé et renforcé une principauté durable. Leur tâche primordiale fut précisément de définir et de protéger ces frontières qui, au départ, ont été constamment menacées.

La question des frontières de la Normandie sous les quatre ducs pose problème[26]. Les sources sont rares concernant le Xe siècle normand, en particulier pour la documentation diplomatique. Cette incontestable « régression de l'écrit » s'explique-t-elle par la disparition de documents, comme on l'a cru souvent, ou par la volonté d'en revenir à l'oral[27] ? Les engagements verbaux, sanctionnés par des serments solennels, étaient reconnus sans problème par les Francs comme par les Scandinaves. Les clercs et les moines, qui étaient les seuls utilisateurs de l'écriture, avaient fui la région et n'y revinrent pas avant le milieu du Xe siècle. Bien entendu, une telle situation ne fait pas l'affaire des historiens, qui doivent se contenter des sources archéologiques et numismatiques, mais aussi des récits d'annalistes et de chroniqueurs extérieurs à la région. A cet égard, nos principales sources restent là encore Flodoard et Dudon de Saint-Quentin.

Flodoard nous signale toute une série d'expéditions dans deux directions principales : le nord et l'ouest. Vers le nord, les Normands se heurtent à une autre principauté en voie de formation, la Flandre. Entre les deux se trouve la Picardie, qui est l'objet convoité des deux puissances rivales. Vers l'ouest, ils ont affaire aux Bretons qui occupent notamment le Cotentin et l'Avranchin. Selon Dudon, ces deux directions sont évoquées, dès 911, comme possibles « terres à piller ». La Flandre est refusée, mais la Bretagne acceptée[28]. Dans sa reconstruction de l'histoire, le chanoine picard a tenu compte, consciemment ou non, de ce qui s'est effectivement passé au cours du XIe siècle : les Normands ont échoué en direction de la Flandre, alors qu'ils ont réussi du côté de la Bretagne.

Tout n'était pas joué d'avance. Il est probable que, dans les années suivant l'accord de Saint-Clair-sur-Epte, Rollon a respecté ses engagements vis-à-vis du roi carolingien. Sans doute s'est-il contenté du territoire qui lui avait été concédé. La situation allait changer avec le coup d'Etat du « duc des Francs », Robert. En 922, celui-ci réussit à se faire élire roi par les grands, alors que Charles le Simple est déposé. Robert Ier ne se maintient que peu de temps. Il est tué dès 923 au cours de la bataille de Soissons. Son gendre Raoul, duc de Bourgogne, est élu roi par les grands. Quant à Charles le Simple, toujours vivant, il est retenu prisonnier à Péronne par Herbert de Vermandois. Après la déposition de Charles, Rollon s'est considéré comme dégagé des devoirs qu'il avait envers le roi. Le lien personnel était rompu et le comte normand ne se sentait pas d'obligations vis-à-vis des usurpateurs robertiens. C'est à cette époque que les Normands de Rouen reprennent leur expansion au-delà des territoires qui leur avaient été accordés en 911.

Selon Flodoard, en 924 Rollon négocie avec un certain nombre de grands, mais en l'absence du nouveau roi Raoul. Les pourparlers sont conduits par l'archevêque de Reims, Séulf, Herbert de Vermandois et Hugues le Grand, fils du défunt roi Robert. Au terme de ces négociations, Rollon obtient « Le Mans et Bayeux » (*Cinomannis et Baiocae*[29]). Ce texte laconique n'est pas sans poser de problèmes aux historiens. Quel est exactement le territoire concédé ? S'agit-il vraiment du Bessin et du Maine ? Ce qui semble certain, c'est que les Normands contrôlent désormais le comté de Bayeux et toute la Normandie centrale. La question du Maine reste ouverte. Lucien Musset pensait que l'accord ne concernait que l'Hiémois, qui s'était trouvé un temps dans la dépendance du Mans[30]. En réalité, toute cette région, y compris le Bessin, avait fait partie du vaste duché du Maine, dont le titulaire avait été le marquis Béranger[31]. De fait, les Normands ne prirent pas possession du Maine à cette époque. Cette cession de 924 permit toutefois de justifier une revendication ultérieure sur ce comté, qui finit par se réaliser sous Guillaume le Bâtard. Dans tous les cas, il s'agissait d'un agrandissement très notable de la Normandie en direction de l'ouest. Par cette importante concession, le roi Raoul tentait peut-être d'acheter la fidélité de Rollon. Ce fut pour lui un marché de dupes, car elle n'empêcha pas les Normands de s'attaquer à la Picardie, dont le roi voulait sans doute les détourner.

Au moment où se constituent les principautés territoriales, la Picardie se distingue des autres régions du royaume. Le système carolingien y reste en usage beaucoup plus longtemps qu'ailleurs. Pendant une bonne partie du règne de Charles le Simple, le pouvoir royal y est encore solide, même s'il s'affaiblit progressivement[32]. De plus, la Picardie apparaît comme le débouché maritime du royaume, surtout depuis que la Basse-Seine a été abandonnée aux Normands. L'estuaire de la Canche était depuis Charlemagne une zone portuaire très active, avec le port de Quentovic. Certes, celui-ci avait subi de nombreuses attaques de la part des Vikings, mais l'activité maritime n'avait pas disparu pour autant. Le trafic s'était replié vers l'amont et le *castrum* de Montreuil, qui domine la Canche, prenait une importance de plus en plus grande. La Picardie était donc un espace très convoité. Or la chute du roi carolingien, en 922, ouvre les appétits des grands. Trois d'entre eux au moins sont directement intéressés par ce territoire : Rollon, Arnoul, comte de Flandre depuis 918, et Herbert II de Vermandois[33].

En 923, les Normands de la Seine s'attaquent aux *pagi* situés au-delà de l'Oise[34]. Ils se sont associés pour l'occasion avec d'autres Normands en voie d'installation : ceux de la Loire. Les uns et les autres renouent ainsi avec les pratiques des Vikings. En 925, nous retrouvons les Normands dans la région d'Amiens et de Beauvais, en plein cœur de la Picardie[35]. Les opérations vont se concentrer autour de deux places emblématiques : Eu, qui est occupé par les Normands, et Montreuil, qui se trouve aux mains d'Helgaud[36]. Le comte de Flandre, Arnoul, a déjà mis la main sur le Boulonnais et entend poursuivre son expansion vers le sud. Il attaque le château d'Eu, avec d'autres « Francs maritimes », et réussit à s'en emparer. Les occupants sont massacrés ou jetés à la mer[37]. Les Normands reçoivent l'aide inattendue du fils de Robert Ier, Hugues le Grand. A la fin de 925, ce dernier signe avec eux un « pacte de sécurité ». C'est l'amorce d'une nouvelle alliance qui va se prolonger pendant une bonne partie du Xe siècle, et au-delà. Toujours est-il que les Normands récupèrent rapidement la place d'Eu. Au cours des années suivantes, diverses opérations ont lieu dans ces parages et le comte Helgaud de Montreuil trouve la mort en 926 dans un combat contre les Normands[38].

La frontière normande n'est pas non plus stabilisée à l'ouest. Les Bretons constituent toujours une menace sérieuse pour les nouvelles possessions normandes du Bessin (et du Maine ?). Au début de son principat, Guillaume Longue Epée fait face à une révolte des Bretons qui se trouvent déjà inclus dans la nouvelle principauté. Dudon ne fournit pas d'indication chronologique, mais Flodoard évoque un tel événement pour l'année 931[39]. Guillaume aurait répliqué durement en ravageant le territoire breton. Son attaque eut lieu parallèlement à celle des Vikings païens de la Loire, dont il était pour le moins l'allié objectif. La résistance bretonne est conduite par deux chefs : Alain Barbetorte et Béranger, qui pourrait être le petit-fils de Béranger, comte de Bayeux et du Mans, que nous connaissons déjà[40]. Béranger est l'ancêtre des comtes de Rennes et Alain Barbetorte celui des comtes de Nantes. En tout cas, vers 931, Alain s'enfuit en Angleterre, mais Béranger se réconcilie avec Guillaume Longue Epée. L'objectif du comte normand était peut-être de s'emparer de toute la Bretagne ou, au moins, de la partager avec les Normands de la Loire. C'est ce que suggère la découverte au Mont-Saint-Michel d'un denier frappé de la légende suivante : « Guillaume, duc des Bretons[41] ». Finalement, Guillaume va se rabattre sur un objectif plus réaliste.

Pour obtenir de façon incontestable les territoires bretons, Guillaume va faire appel au roi. En 927, au tout début de son principat, il s'était recommandé à Charles le Simple, qu'Herbert de Vermandois avait momentanément sorti de sa prison[42]. Après la mort de Charles, en 929, la situation s'est clarifiée. Les Carolingiens paraissent définitivement éliminés. Guillaume peut se tourner vers le roi robertien, sans renier ses liens de fidélité anciens. En 933, il se recommande donc à Raoul. En échange, celui-ci lui accorde « la terre des Bretons située sur le rivage de la mer[43] », c'est-à-dire, selon la plupart des commentateurs, le Cotentin et l'Avranchin.

Ainsi, dès le principat de Guillaume Longue Epée, le territoire de la Normandie est constitué de façon quasi définitive. Vers l'ouest, la frontière est désormais fixée par le Couesnon, qui marque la limite du diocèse d'Avranches. Vers le nord-est, elle est formée par la Bresle et la place d'Eu la verrouille efficacement[44]. Certes, Guillaume Longue Epée va encore intervenir au nord pour contrer les ambitions du comte de Flandre, Arnoul. En 939, celui-ci réussit à s'emparer par la ruse du château de Montreuil. Herluin, le fils et successeur d'Helgaud, va solliciter et obtenir l'appui de Guillaume, qui l'aide à récupérer la place[45]. Le comte normand porte ainsi un sérieux coup d'arrêt aux ambitions d'Arnoul de Flandre, mais fait de lui son ennemi irréductible. L'affaire de Montreuil est certainement l'une des causes, sinon la principale, du guet-apens de Picquigny (942).

Les frontières sud sont moins nettement délimitées. Si la concession de 924 comprenait le Maine dans son ensemble, le territoire effectivement acquis correspond seulement à l'Hiémois. Encore faut-il attendre la fin du principat de Richard Ier pour voir le duc intervenir dans la région (entre 990 et 996). Le sud du diocèse de Sées reste une « marche » mal contrôlée par les ducs de Normandie jusqu'au XIe siècle et au-delà[46]. Une fraction de ce diocèse ne fera pas partie du territoire normand : ce sont les futurs archidiaconés de Bellême et du Corbonnais, qui seront agrégés au comté du Perche. Au sud-est, la rivière de l'Avre est atteinte dès les années 935[47], mais il s'agit aussi d'une marge revendiquée par le comte de Blois, Thibaud le Tricheur. Celui-ci s'empare du comté de Chartres et prend même possession de l'Evrecin pendant quelques années (vers 960-965). C'est seulement après 965 que l'autorité du duc Richard Ier paraît vraiment assurée dans l'Evrecin[48]. De même, le *pagus* de Lisieux semble échapper à l'autorité ducale jusqu'à la fin du Xe siècle[49].

Finalement, l'établissement et le renforcement des frontières ont été la cause de nombreux conflits au cours du Xe siècle. L'objectif plus ou moins avoué était sans doute d'étendre l'autorité ducale sur tout le territoire qui dépendait de l'archevêque de Rouen au plan spirituel. Cet objectif fut presque complètement réalisé. Seuls échappèrent à la Normandie le Vexin français, qui appartenait au diocèse de Rouen, et le Perche, qui se rattachait pour une bonne part au diocèse de Sées. Le cas de la Normandie est unique dans l'ensemble du royaume de France. Aucune autre principauté ne coïncide presque exactement avec une province ecclésiastique[50]. Cette exception normande laisse supposer que les premiers ducs ont su nouer des liens privilégiés avec l'Eglise, et en premier lieu avec l'archevêque de Rouen.

Du paganisme au christianisme

Les rapports ne sont pas d'emblée faciles entre les chefs scandinaves et l'Eglise. Rollon apparaît d'abord comme un chef païen et il ne peut se faire admettre qu'en acceptant de recevoir le baptême. Le baptême du chef, suivi par celui de ses compagnons, ne suffit pas à faire des Normands de bons chrétiens. La conversion est éminemment politique et beaucoup de chefs vikings l'avaient compris[51]. Celle de Rollon fut-elle sincère ? Il est très difficile de répondre à la question. Dudon le présente comme un chrétien convaincu, qui fait des dons aux principales églises de la province de Rouen (même dans les régions qu'il n'avait pas encore conquises)[52]. Nous savons qu'il y a une large part de reconstruction dans cette présentation des événements, écrite près d'un siècle plus tard. En réalité, nous ignorons comment le chef normand se comporta vis-à-vis de l'Eglise après 911. Il avait compris que celle-ci était une force avec laquelle il devait compter. Mais il ne chercha pas à remettre en place les structures ecclésiastiques détruites au cours de la seconde moitié du IXe siècle. Sous son principat, seuls subsistaient le siège épiscopal de Rouen et celui de Bayeux, qui semble avoir été assez rapidement rétabli[53]. Il ne tenta pas non plus de faire revenir les moines. Il est vrai qu'il aurait dû alors restituer les biens des évêchés et des monastères qu'il s'était appropriés et qu'il avait en partie distribués à ses fidèles.

Cette question cruciale de la maîtrise du sol allait être la principale cause du retard considérable de la normalisation.

Par ailleurs, on peut se demander si Rollon ne devait pas ménager les éléments scandinaves qui étaient restés attachés au paganisme ou qui s'étaient convertis superficiellement au christianisme. Serait-il demeuré un crypto-païen ? Une seule source le laisse à penser, mais il s'agit d'un auteur tardif, qui se montre très défavorable aux Normands : Adhémar de Chabannes. D'après lui, peu avant de mourir, en 932-933, Rollon aurait pratiqué des sacrifices humains pour se concilier les dieux païens. Parallèlement, il aurait aussi fait des donations aux églises de sa principauté[54].

A cet égard, la situation change radicalement avec son fils, Guillaume Longue Epée. Ce dernier est né d'une princesse chrétienne et semble avoir été sincèrement chrétien. Il est considéré comme un égal par les autres princes territoriaux du royaume, avec lesquels il noue de solides alliances, concrétisées par des mariages. En 935, Guillaume épouse ainsi Liégarde, fille d'Herbert II de Vermandois et apparentée aux Carolingiens. En même temps, sa sœur Gerloc est donnée en mariage au comte de Poitiers, Guillaume Tête d'Etoupe. Elle abandonne alors son nom d'origine norvégienne pour adopter un nom chrétien, celui d'Adèle, c'est-à-dire le nom de la fille du marquis Robert (parrain de Rollon)[55]. Guillaume Longue Epée est le premier duc qui s'intéresse à la restauration monastique. En portant sa frontière sur le Couesnon, il fait entrer l'abbaye du Mont-Saint-Michel dans sa zone d'influence. C'était le seul établissement ecclésiastique de la province de Rouen qui avait pu subsister au cours de la période viking. Le duc donne aux chanoines du Mont plusieurs domaines dans l'Avranchin. Par ailleurs, il rétablit un ancien monastère abandonné de la vallée de la Seine, l'abbaye de Jumièges. Pour y parvenir, il s'adresse à sa sœur Gerloc/Adèle, qui lui envoie douze moines provenant de l'abbaye Saint-Cyprien de Poitiers, sous la direction de l'abbé Martin. Si l'on en croit Dudon, Guillaume aurait été lui-même attiré par la vie monastique. Il aurait fait part à Martin de son désir de se faire moine. Celui-ci aurait dû l'en dissuader avec énergie, en lui expliquant qu'il serait beaucoup plus utile à l'Eglise en restant à la place qu'il occupait dans la société[56]. Dudon nous présente encore une fois la situation de façon excessive, mais il y a sûrement un fond de vérité dans les propos qu'il attribue à son héros.

La révolte de Riouf est en grande partie motivée par l'attitude de Guillaume à l'égard de la religion. Les Normands rebelles dont il est le chef semblent bien être d'anciens Vikings qui désiraient conserver leurs spécificités et refusaient de se fondre dans le moule culturel du royaume. D'après Dudon, ils reprochent au duc d'être un Franc (ce qu'il est par sa mère) et de mener une politique trop favorable aux Francs[57]. La question religieuse n'est pas abordée par cet auteur, mais il est possible que les mêmes rebelles aient considéré Guillaume comme un chrétien trop fervent, voire militant. Ils pouvaient craindre que le duc ne leur imposât de renoncer à leurs pratiques, ouvertement ou secrètement païennes.

Cette façon de voir les choses est confirmée par un autre auteur, plus proche des événements. Flodoard raconte qu'après la mort de Guillaume, en 943, le roi Louis IV d'Outremer et Hugues le Grand interviennent de concert en Normandie pour lutter contre les païens. Cette opération a lieu précisément en Evrecin, c'est-à-dire dans la région d'où était probablement issue la révolte de Riouf. Hugues peut reprendre le *castrum* d'Evreux, grâce à l'aide des chrétiens qui le tenaient des Normands[58].

Cette affaire pose la question de la persistance de l'ancienne religion scandinave. On peut même se demander s'il n'y aurait pas eu un certain retour au paganisme au sein des populations indigènes du fait de la carence de l'encadrement ecclésiastique. En l'absence d'évêques dans les diocèses normands, pouvait-il subsister des prêtres dans les paroisses rurales ? Y avait-il encore une pratique religieuse des fidèles ? Les textes ne permettent pas de répondre à ces questions. Seule l'archéologie pourrait nous apporter quelque lumière en ce domaine. Or on n'a trouvé presque aucune tombe scandinave sur le territoire de la Normandie. Les seules probables sont deux sépultures en forme de bateau découvertes fortuitement en 1962 sur la grève de Réville à l'occasion d'une grande marée (et à nouveau disparue depuis)[59]. Rappelons que la seule tombe incontestablement viking sur le territoire français est celle de l'île de Groix, en Bretagne[60].

Finalement, les efforts de Guillaume Longue Epée, relayé par ses successeurs, ont porté leurs fruits. Les anciens Vikings ont fini par adhérer au christianisme, sans laisser aucune trace palpable de leur ancienne religion. Quant à Guillaume, il a péri de mort violente, assassiné par un prince chrétien. Pourtant, Dudon de Saint-Quentin présente les événements de telle façon qu'on pourrait considérer sa mort comme un martyre[61].

C'est le successeur de Guillaume, Richard Ier, qui va rétablir la régularité ecclésiastique. A vrai dire, il ne le fait qu'à la fin de sa vie, quand son pouvoir est fermement établi. Pendant la majeure partie de son principat, les sièges de Rouen et de Bayeux sont toujours les seuls occupés. Le siège de Coutances est aussi pourvu, mais ses titulaires résident à Rouen, où l'église de Saint-Lô leur a été attribuée[62]. Le diocèse de Coutances est donc le plus longtemps délaissé par ses pasteurs, pendant un siècle et demi, de 890 au milieu du XIe siècle. La situation des autres sièges épiscopaux n'est guère plus enviable. Evreux a été privé d'évêque pendant quarante ans (v. 892-v. 933), Bayeux pendant cinquante ans (v.876-v.927), Sées pendant plus d'un siècle (v. 881-v. 986), de même que Lisieux (v. 876-v. 985) et Avranches (v. 862-v. 990).

Le rôle personnel de Richard Ier fut décisif, puisque trois évêchés depuis longtemps vacants furent pourvus presque simultanément, entre 985 et 990. Roger fut nommé à Lisieux, vers 985, Azon à Sées, vers 986, et Norgod à Avranches, vers 990. Au cours des mêmes années, les autres évêchés reçurent eux aussi de nouveau titulaires : Bayeux en 986 (Raoul d'Avranches), Rouen en 987-989 (Robert), Evreux vers 988 (Gérald) et Coutances vers 989 (Hugues). Le duc procéda ainsi à un renouvellement complet de l'épiscopat normand[63].

Avant de désigner les nouveaux évêques, il avait fallu reconstituer le patrimoine des évêchés. Le duc avait donné l'exemple en cédant un certain nombre de domaines, mais il avait su également convaincre de nombreux aristocrates de l'imiter de même. Ceux-ci trouvèrent sans doute une compensation en faisant désigner à la charge épiscopale des membres de leur famille. Ainsi les biens restitués restaient-ils contrôlés. Il est difficile de le certifier pour le Xe siècle, car les sources sont à peu près muettes sur l'origine des évêques. La pratique est en tout cas bien attestée dans la première moitié du XIe siècle. Qu'il suffise de citer l'exemple de Sigefroi (v. 1017-v. 1022) et d'Yves de Sées (v. 1035-v.1070). Sigefroi est sans doute apparenté aux Bellême et Yves est le propre fils de Guillaume Ier Talvas, seigneur de Bellême. Cette puissante famille va exercer une influence directe sur l'évêché pendant une bonne partie du XIe siècle[64].

Pour le Xe siècle, un seul exemple est bien connu, celui de Robert, archevêque de Rouen. Le duc Richard Ier tenait à garder la haute main sur le siège de Rouen. Celui-ci fut donc confié à son fils Robert, sans doute encore fort jeune lorsqu'il accéda à l'épiscopat. Robert ne renonça pas pour autant à une vie laïque, puisqu'il reçut également le comté d'Evreux. A ce titre, il était marié et père de trois fils. Robert ne fut peut-être pas un prélat très religieux, mais c'était un homme cultivé qui sut attirer à la cour épiscopale des hommes de lettres, comme le satiriste Garnier ou le poète irlandais Moriuht[65]. Il n'hésitait pas à faire venir de loin des « intellectuels » pour constituer ce qu'on a appelé son « cénacle littéraire ». C'est dans ce contexte qu'il faut situer l'arrivée à Rouen de Dudon de Saint-Quentin. Robert fut amené à jouer un rôle essentiel dans le duché, notamment à l'occasion des périodes de minorités, celle de Richard II (996-1001) et surtout celle du jeune Guillaume le Bâtard (1035-1037)[66].

Robert est le premier d'une longue série d'évêques apparentés à la famille ducale. C'est aussi le cas de son successeur Mauger, fils naturel de Richard II, archevêque de Rouen de 1037 à 1054, ou des deux fils du comte Raoul d'Ivry, demi-frère de Richard Ier : Hugues, évêque de Bayeux (v. 1011-v. 1049)[67] et Jean, évêque d'Avranches (1060-1067), puis archevêque de Rouen (1067-1079). Mentionnons enfin Odon de Conteville, demi-frère de Guillaume le Bâtard, évêque de Bayeux (1049-1097), qui accéda lui aussi très jeune à l'épiscopat et devint, après 1066, le véritable second du Conquérant[68].

Ces évêques sont avant tout des grands seigneurs. Ils continuent de pratiquer le mode de vie de leur catégorie sociale. Ils sont plus à l'aise sur le champ de bataille que dans leur cathédrale et leur loisir préféré est la chasse. En revanche, la plupart d'entre eux vont se montrer de bons administrateurs, habiles à agrandir le patrimoine de leur évêché. S'occupant beaucoup plus des affaires temporelles que spirituelles, ils se trouvent parfois entraînés dans des conflits de pouvoir qui peuvent déboucher sur des affrontements militaires. C'est le cas d'Yves de Bellême, qui assume à la fois les fonctions de seigneur de Bellême et celles d'évêque de Sées. Dans des circonstances qui restent mystérieuses, vers 1048, il se trouve amené à combattre des ennemis de la famille retranchés dans sa propre cathédrale ! Pour les déloger, le bouillant évêque ne trouva pas d'autre solution que de mettre le feu à l'église. Il déclencha un beau scandale, dont la rumeur parvint jusqu'à Léon IX, l'un des premiers papes réformateurs (1048-1054). Lors du concile de Reims (1049), ce dernier l'aurait apostrophé en ces termes : « Qu'as-tu fait, perfide ? Tu dois être condamné par la loi, toi qui as osé livrer ta mère aux flammes[69]. » Le pape faisait bien sûr allusion à la cathédrale, mère église du diocèse, qui avait effectivement été détruite par son propre pasteur.

Un autre évêque normand eut également maille à partir avec le pape, au cours du même concile : Geoffroy de Montbray, évêque de Coutances (1049-1093). Il était accusé de simonie, c'est-à-dire qu'on le soupçonnait d'avoir acheté son évêché. Les évêchés, ayant reconstitué et agrandi leur patrimoine, étaient considérés comme des sources de revenus considérables : ils étaient donc très convoités. Geoffroy fut mis en accusation devant le concile de Reims, mais il sut se défendre habilement en chargeant son frère, qui aurait acheté l'évêché à son insu ! Il s'en tira moyennant un serment par lequel il était censé prouver sa bonne foi[70].

De tels personnages ne correspondaient plus du tout au modèle d'évêque que tentaient de promouvoir les papes de la réforme « grégorienne », de Léon IX à Grégoire VII (1073-1085). Bien entendu, la conduite des évêques rejaillissait sur l'ensemble du clergé. La plupart des prêtres étaient ouvertement mariés, dans les chapitres cathédraux comme dans les paroisses rurales, où l'on se transmettait la cure de père en fils. Les maux principaux de l'Eglise, en Normandie comme ailleurs, étaient donc la simonie (achat des charges ecclésiastiques) et le nicolaïsme (mariage ou concubinage des prêtres)[71]. Il faut y ajouter l'emprise du pouvoir laïc sur le clergé. Dans la province, c'était le duc qui nommait les évêques et bientôt les abbés des principaux monastères.

A partir du début du XIe siècle, les ducs appuyèrent les efforts de la papauté en faveur de la réforme. Richard II autorisa un célèbre religieux, Richard, abbé de Saint-Vanne, à venir prêcher la réforme dans la région[72]. Il l'aida même à organiser un pèlerinage en Terre sainte, en lui accordant son patronage (assorti d'une contribution financière)[73]. Guillaume le Bâtard alla plus loin dans le sens de la réforme en déposant l'archevêque de Rouen Mauger, notoirement indigne, lors du concile de Lisieux (1054 ou 1055)[74]. Il installa à sa place un ancien moine du sanctuaire ducal de Fécamp, Maurille, qui était le prototype du prélat réformateur. Les ducs prirent donc la tête de la réforme de l'Eglise. Ils étaient d'accord avec les papes pour lutter contre la simonie et le nicolaïsme. En revanche, ils se refusaient absolument à abandonner leur droit de nomination, et donc leur pouvoir sur les évêques et les abbés. Or l'indépendance de l'Eglise vis-à-vis des puissances laïques était l'un des aspects fondamentaux de la réforme. Ce fut l'objet essentiel du conflit de longue durée qui opposa les papes et les empereurs germaniques (la « querelle des investitures »). Au cours du XIe siècle, les papes réformateurs étaient trop préoccupés par ce conflit majeur pour s'en prendre aux ducs de Normandie, qui pratiquaient eux aussi les « investitures laïques ». Mais le conflit finit par éclater au XIIe siècle, entre les papes et les rois d'Angleterre.

Les ducs du Xe et du XIe siècle ont enfin joué un rôle majeur dans la renaissance monastique. Nous savons que très peu d'abbayes subsistaient dans la province. Saint-Ouen de Rouen était sans doute passée sous le contrôle direct de l'évêque. On n'y trouve à nouveau un abbé que sous le principat de Richard Ier, peut-être dès 960[75]. L'autre abbaye était celle du Mont-Saint-Michel, où vivait une communauté de chanoines ou de moines de tradition celtique[76]. C'est sans doute encore à l'initiative de Richard Ier que s'installent en 965 des moines bénédictins, conduits par Mainard Ier (965-991)[77]. Par la suite, son neveu et successeur, Mainard II (991-1009), devient également abbé de Redon et le Mont repasse dans l'orbite bretonne. Richard II le reprend en main en

1023 en y envoyant comme abbé Thierry, provenant de Fécamp[78].

Le monastère de Fécamp est en effet le sanctuaire emblématique des ducs et le vrai point de départ du renouveau monastique en Normandie. Richard Ier était né à Fécamp et il demeura toute sa vie très attaché à cette localité. Il y construisit un palais dont subsistent encore des restes imposants, qui ont été fouillés par Annie Renoux[79]. Juste à côté, le duc restaura un ancien monastère (féminin), disparu au cours des invasions. Il y installa une communauté de douze chanoines et reconstruisit en 990 une magnifique église, dont nous avons une description précise par Dudon de Saint-Quentin[80]. Il aurait bien voulu y faire venir des moines, mais l'abbé Maïeul de Cluny, sollicité, avait de trop grandes exigences[81]. Richard II réussit toutefois à réaliser le rêve de son père. En 1001, il put convaincre Guillaume de Volpiano de s'établir à Fécamp. Cet Italien, originaire du Piémont, se situait dans l'orbite de Cluny. C'était Maïeul lui-même qui l'avait ramené en France. Comme de nombreux abbés réformateurs, il cumulait les charges. Il était abbé de Saint-Bénigne de Dijon (depuis 989) et de quatre autres monastères bourguignons. Guillaume s'acquitta de sa mission : il fonda à Fécamp une communauté de bénédictins réformés[82]. Cette abbaye appliqua la règle de saint Benoît, qui était alors la seule en usage en Occident, selon des modalités proches de celles de Cluny.

La communauté fécampoise allait avoir un grand rayonnement dans toute la Normandie[83]. Guillaume de Volpiano était venu avec un certain nombre de disciples, italiens ou bourguignons, qui seraient les agents de la réforme monastique dans la province. En 1017, Thierry, ancien moine de Dijon, devient abbé de Jumièges et cumule cette charge avec celle de gardien de Bernay, monastère fondé par la duchesse Judith. Peu de temps après, le duc chercha à reprendre le contrôle du Mont-Saint-Michel, ce qui posa beaucoup de problèmes, car les moines étaient attachés à leur indépendance, et sans doute peu favorables à la réforme. Un première tentative est faite en 1023 avec le Romain Suppo, lui aussi disciple de Guillaume de Volpiano, mais il est chassé par les moines. Une nouvelle tentative a lieu en 1024, avec Thierry, abbé de Jumièges, sans plus de succès. Thierry doit bientôt regagner Jumièges, où il meurt en 1027. Après l'abbatiat d'Aumode, Suppo réussit à récupérer son siège et à s'y maintenir de 1033 à 1042[84].

En 1028, Guillaume de Volpiano résigne sa charge d'abbé de Fécamp en faveur d'un autre disciple, Jean de Ravenne, qui va l'occuper pendant cinquante ans (jusqu'en 1078)[85]. Le mouvement de restauration monastique dont il est l'initiateur est poursuivi, d'abord par les ducs Robert le Magnifique et Guillaume le Bâtard, puis par un certain nombre de grands laïcs, qui avaient à cœur d'ériger leur abbaye familiale. Mentionnons quelques exemples. A Rouen, le comte d'Arques et sa femme restaurent l'abbaye féminine de Saint-Amand et fondent l'abbaye masculine de la Trinité-du-Mont (1030)[86]. Dans la vallée de la Risle, Onfroy de Vieilles et son fils, Roger de Beaumont, réalisent eux aussi à Préaux une double fondation (masculine et féminine) : Saint-Pierre (1034) et Saint-Léger (1050)[87]. Lesceline, veuve du comte d'Eu, fonde en 1046 l'abbaye féminine de Saint-Pierre-sur-Dives, qui doit émigrer presque aussitôt à Lisieux[88]. Guillaume Fils Osbern, compagnon de Guillaume le Bâtard, est à l'origine des deux abbayes de Lyre (1046) et de Cormeilles (1060)[89]. Signalons enfin le cas particulier de l'abbaye du Bec : elle n'est pas due à une famille aristocratique, mais à un simple chevalier, Herluin, qui en devient le premier abbé. Fondée en 1034, elle va bientôt devenir un grand centre intellectuel grâce au renom de son école, illustrée par ses maîtres italiens, Lanfranc de Pavie puis Anselme d'Aoste[90]. Ces établissements bénédictins furent des pépinières d'évêques et d'abbés pour la Normandie, et bientôt pour l'Angleterre.

De Rollon à Richard II (et à Guillaume le Bâtard), les ducs sont devenus des chrétiens convaincus et des soutiens de plus en plus fermes de l'Eglise et du mouvement réformateur. Pourtant, au Xe siècle, les pratiques matrimoniales des premiers ducs semblaient fort éloignées des prescriptions ecclésiastiques. C'est peut-être l'une des raisons qui expliquent la lenteur de la « rechristianisation » de la province, qui ne prend véritablement forme que dans les années 990. La question des mariages ducaux mérite d'être examinée, car elle montre une persistance de mœurs que les ducs avaient héritées de leurs ancêtres scandinaves.

Épouses et concubines

Les premiers ducs de Normandie ont tous contracté des mariages avec des femmes issues de la plus haute aristocratie franque. Mentionnons celui de Rollon avec Gisèle, fille du roi Charles le Simple, celui de Guillaume Longue Epée avec Liégarde, fille d'Herbert II de Vermandois (935), celui de Richard Ier avec Emma, sœur d'Hugues Capet, qui eut lieu vers 960, alors que le duc était âgé de près trente ans[91]. Ces mariages étaient évidemment des unions hautement politiques, qui permettaient aux ducs normands de s'intégrer dans les réseaux d'alliance du monde franc. En ces temps où le roi, carolingien ou robertien, était faible et souvent contesté, la réalité du pouvoir était assurée par les princes territoriaux. Ceux-ci s'efforçaient d'instaurer un équilibre toujours menacé, d'où émergeait un prince dominant. Ce fut Herbert II de Vermandois jusqu'à sa mort, en 943[92], puis Hugues le Grand, fils de Robert Ier, jusqu'à sa mort, en 956[93]. Son fils Hugues Capet ne put récupérer qu'une partie de ses terres et de son influence, après une difficile période de minorité. La prépondérance fut alors disputée entre ducs de Normandie et comtes de Blois[94].

Dans la seconde moitié du Xe siècle et au début du XIe siècle, l'adversaire principal du duc de Normandie était le comte de Blois et de Chartres, principal héritier de l'ancienne maison de Vermandois. Les comtes de Blois contemporains de Richard Ier sont Thibaud le Tricheur (mort en 977) et son fils Eudes (mort en 996). Là encore, la politique matrimoniale a joué un rôle essentiel. Liégarde, veuve de Guillaume Longue Epée, s'était remariée avec Thibaud le Tricheur. Un conflit éclata au sujet de la région frontalière de l'Avre, où Liégarde avait conservé des biens relevant de son douaire[95]. La confrontation entre les deux maisons devait rebondir une génération plus tard, entre Richard II et Eudes II de Blois (996-1037). Là encore, le nouveau conflit tire son origine d'une affaire matrimoniale. Pour tenter d'établir des relations pacifiques avec Eudes, Richard lui avait donné en mariage sa sœur Mathilde (avant 1005). Celle-ci avait reçu en dot la moitié de la châtellenie de Dreux[96]. Or Mathilde mourut prématurément. Richard, selon l'usage, voulut récupérer les territoires concédés au titre de la dot. Mais Eudes de Blois refusa et une guerre s'ensuivit en 1013[97].

La plupart des mariages contractés par les ducs de Normandie se sont révélés stériles. Ni Gisèle, ni Liégarde, ni Emma n'ont donné d'enfants à Rollon, Guillaume et Richard Ier. On peut se demander pourquoi. Peut-être ces princesses étaient-elles encore très jeunes au moment de leur mariage, ce qui n'aurait rien d'étonnant. Certaines sont sans doute mortes avant de parvenir à l'âge nubile. L'une d'entre elles, Liégarde, a toutefois donné naissance à des enfants : elle en eut au moins trois de son second mari, Thibaud le Tricheur[98].

Outre ces épouses « officielles », les premiers ducs ont eu de nombreuses concubines. Le fait n'a rien d'exceptionnel et l'on pourrait en dire autant de la plupart des princes de cette époque. Il existe cependant une différence importante. Les autres grands du royaume n'ont considéré comme héritiers que les enfants nés de mariages officiels. Les princes normands, au contraire, ont reconnu les enfants issus d'unions illégitimes. Les trois successeurs de Rollon sont nés de ce type d'union non officielle : Guillaume Longue Epée, de Popa, Richard Ier, de Sprota, et Richard II, de Gonnor. Popa était une princesse franque et Sprota une concubine bretonne. Quant à Gonnor, elle appartenait à une famille d'origine scandinave implantée dans le pays de Caux. Lorsqu'ils évoquent ces mariages, les auteurs normands du XIe siècle, à commencer par Guillaume de Jumièges, utilisent l'expression de mariage *more danico*, « à la mode danoise[99] ». Ce type d'union peut se rattacher à la tradition germanique, sanctionnée par le droit scandinave : la simple cohabitation y est reconnue comme un mariage légal. Les premiers ducs vécurent donc avec des concubines considérées comme des épouses légitimes, à la manière des *frilla* du monde nordique.

Le cas de Gonnor est particulièrement intéressant. Son union avec Richard Ier eut lieu dans les années 960 et de nombreux enfants en sont issus : Richard, le prince héritier, Robert, le futur archevêque de Rouen, Mauger, qui devint comte de Corbeil, Robert le Danois et trois filles qui firent des mariages prestigieux, Emma, Havoise et Mathilde. Il est vrai que l'union de Richard Ier et de Gonnor fut sans doute régularisée vers 980. Celle-ci apparaît donc comme une véritable « duchesse de Normandie », la première que nous connaissions. Les enfants de Gonnor furent tenus pour légitimes non seulement par les Normands, mais aussi par les autres princes territoriaux, qui n'hésitèrent pas à les marier à leurs propres enfants. Richard Ier eut également d'autres concubines, qui ont donné naissance à Geoffroy, Guillaume, Robert (?), Papie et Béatrice. Tous furent reconnus par le duc à l'égal des enfants de Gonnor[100].

Ces descendants des ducs Richard Ier puis Richard II sont globalement appelés les « Richardides », terme déjà utilisé par Dudon de Saint-Quentin. Ceux-ci formèrent le noyau dur de l'aristocratie normande et les ducs s'appuyèrent sur eux pour gouverner le duché. A l'âge adulte, les enfants mâles eurent droit au titre de « comte », tout en restant soumis au comte de Rouen (le duc lui-même). Le premier à porter ce titre n'est pas un Richardide à proprement parler et pas même un fils de duc. C'est le comte Raoul d'Ivry, né du second mariage de Sprota et d'Eperlenc. Ses principaux domaines sont situés en haute Normandie, autour de Rouen et dans la vallée de l'Eure (dont le château frontalier d'Ivry). Il est aussi largement possessionné en basse Normandie, dans le diocèse de Bayeux[101]. Ce personnage joua un rôle prépondérant au cours de la minorité de Richard II et il apparaît comme le principal commanditaire de l'œuvre de Dudon de Saint-Quentin[102].

Au départ, le titre de comte n'était pas lié à un territoire précis. Par la suite, à partir du début du XIe siècle, les comtes allaient être chargés de défendre chacun un secteur particulier de la frontière. Les successeurs de Raoul furent donc comtes d'Ivry. Les Richardides devaient être pourvus à leur tour. Nous connaissons déjà Robert, fils de Gonnor, comte d'Evreux et archevêque de Rouen. Les fils issus d'autres concubines reçurent eux aussi des comtés : Geoffroy celui de Brionne (sur la Risle), Guillaume celui d'Exmes, puis celui d'Eu (sur la Bresle), et Robert, celui d'Avranches[103]. Plus tard, d'autres comtés frontaliers furent constitués (ou reconstitués) en faveur de nouveaux rejetons de la famille ducale, l'Hiémois et Mortainais[104]. Il s'agissait alors de contrôler la frontière sud, qui n'était pas encore fermement établie.

A la première génération des Richardides s'ajouta une seconde génération, celle des enfants de Richard II. La situation est alors complètement différente. Pour Richard II, il n'est plus question de mariage *more danico*. Ce changement peut s'expliquer par les convictions personnelles de ce duc, mais aussi par l'évolution de l'Eglise, où se manifestent les prodromes de la réforme grégorienne. En tout cas, Richard II épousa tout à fait légalement Judith de Bretagne. Ce mariage béni par l'Eglise fut célébré de façon symbolique à l'abbaye du Mont-Saint-Michel (avant 1008)[105]. Par la suite, il sera beaucoup plus difficile de faire admettre comme héritier un enfant naturel, né hors d'un mariage princier. C'est ce qui explique les difficultés rencontrées par le jeune « Guillaume le Bâtard » au cours de sa minorité (1035-1047). Ce handicap initial ne l'empêcha pas d'être un homme d'Etat remarquable et le conquérant de l'Angleterre. Guillaume ne s'est pas lancé par hasard dans une telle expédition. Avant lui, ses prédécesseurs, les ducs du Xe et du XIe siècle, avaient entretenu des relations suivies, et parfois conflictuelles, avec la grande île voisine. Pour comprendre les événements de 1066, qui vont modifier le cours de l'Histoire, il faut revenir aux premiers rapports entre la Normandie et l'Angleterre.

De la Normandie à l'Angleterre

La mer de la Manche n'a jamais été un obstacle insurmontable. Des relations de toutes sortes ont toujours existé au cours du haut Moyen Age entre la Grande-Bretagne et les côtes septentrionales du royaume de France. Des alliances se sont nouées entre les rois anglo-saxons, surtout ceux de Wessex, et le roi des Francs ou les princes territoriaux du royaume. Le comte de Flandre, Baudouin Ier, avait épousé la fille de Charles le Chauve, Judith, qui était la veuve de deux rois de Wessex, Aethelwulf (839-855) et Aethelbald (855-860). En 884, son héritier, Baudouin II, se marie à son tour avec Elfstrude (Aelfthryth), fille d'Alfred le Grand (871-899). En 919, le Carolingien Charles le Simple épouse Ogive (Eadgifu), fille d'Edouard l'Ancien (899-925). Au moment du coup d'Etat de Robert Ier, en 922, Ogive se réfugie en Angleterre avec son fils, qu'on appelle pour cette raison Louis « d'Outremer ». C'est encore en Angleterre que va chercher refuge Mathuédoï, le comte breton de Poher, et son fils Alain Barbetorte, lorsque leur territoire est attaqué par de nombreux Vikings (en 920)[106].

Le successeur d'Edouard l'Ancien sur le trône de Wessex est Athelstan (925-939). C'est un roi énergique qui va soumettre en 927 le royaume scandinave d'York et en retirer un grand prestige. Il noue des relations matrimoniales avec les principales puissances du temps. L'une de ses sœurs (Eadhild) épouse Hugues le Grand (en 926) et l'autre Otton Ier, roi de Germanie[107]. Le prince robertien devient ainsi le beau-frère de son adversaire carolingien, Charles le Simple : les deux dynasties qui se disputent le royaume recherchent activement la protection du roi anglo-saxon. Athelstan est mentionné par Dudon de Saint-Quentin, sous le nom d'Alstemus[108]. D'après lui, des relations étroites auraient été nouées entre le duc de Normandie et ce roi, qui se faisait appeler « Basileus de toute la [Grande] Bretagne[109] ». Ce n'est pas étonnant. On se souvient que Rollon avait séjourné longtemps outre-Manche et que Guillaume Longue Epée lui-même serait né « outremer[110] ». Guillaume aurait donc joué un rôle essentiel dans les deux événements majeurs de l'année 936 : la restauration de la dynastie carolingienne, avec la prise de pouvoir de Louis IV d'Outremer, et la reconquête de la Bretagne par Alain Barbetorte, qui put mettre fin à l'Etat des Normands de la Loire[111].

Par la suite, les relations se dégradèrent entre le duc Richard Ier et le roi d'Angleterre Ethelred (978-1016). Celui-ci était en butte à de continuelles attaques vikings et il reprochait à son voisin normand de soutenir ses agresseurs. Pour réconcilier les deux princes, il fallut l'intervention du pape Jean XV (985-996). Son légat réussit à négocier un traité de paix, qui fut conclu le 18 mars 991. Les deux parties promettaient de ne pas apporter d'aide à leurs ennemis respectifs. Cet accord eut des conséquences heureuses. Le commerce se développa de part et d'autre de la Manche et les Normands purent notamment exporter du vin de France vers le port de Londres[112].

On se rend compte qu'au Xe siècle et au début du XIe siècle le duc de Normandie a une politique extérieure indépendante, qui ne doit rien à son suzerain, le roi de France. Il n'est pas le seul dans ce cas. D'autres princes territoriaux agissent de même : le duc d'Aquitaine, Guillaume V (en Italie), le comte de Blois puis de Champagne, Eudes II (en direction du royaume de Bourgogne), et le comte de Flandre, Baudouin IV (dans l'empire mais aussi en Angleterre, où il se trouve en concurrence avec la Normandie).

Au temps de Richard II, la situation de l'Angleterre s'est encore dégradée. Le royaume est directement confronté à la seconde vague des invasions scandinaves, qui commence dans les années 980, selon la chronologie de Lucien Musset[113]. A vrai dire, cette vague ne touche guère que l'Angleterre. Celle-ci est en butte aux attaques répétées de l'armée danoise du roi Sven à la Barbe fourchue (985-1014). Les relations sont à nouveau mauvaises entre le royaume et la Normandie. Ethelred considère que les Normands n'ont pas respecté les termes du traité de 991 et qu'ils favorisent les entreprises hostiles, en permettant aux Danois de se mettre à l'abri sur les côtes du duché[114]. En 1000 ou 1001, le roi d'Angleterre organise même un raid de représailles sur les côtes du Cotentin, mais les Anglais débarqués sont presque tous anéantis par le vicomte Néel[115].

Le jeune duc Richard et le comte Raoul (d'Ivry), qui exerce la réalité du gouvernement, ont compris le danger : ils entament de nouvelles négociations avec Ethelred. Celles-ci aboutissent rapidement à un accord, scellé par une union matrimoniale. La sœur du duc, Emma, est donnée en mariage à Ethelred (en 1002).

De cette union vont naître deux fils, à moitié normands, Edouard et Alfred[116]. Dans l'immédiat, le roi d'Angleterre va essayer de tirer les bénéfices de cette nouvelle alliance. Beaucoup de Scandinaves continuaient d'habiter l'Angleterre, depuis la chute des royaumes du Danelaw. Désormais, Ethelred les considère comme des ennemis de l'intérieur. Il programme donc un massacre de tous les Scandinaves du royaume, qui devait avoir lieu le jour de la Saint-Brice (13 novembre 1002). Mais c'est un échec. Les rescapés sont nombreux et le roi Sven en tire prétexte pour lancer une guerre totale. Il attaque avec des armées de plus en plus importantes, en 1003, 1006 et 1009. En 1013, Ethelred est obligé de quitter son royaume : il trouve refuge en Normandie, avec la reine Emma et ses deux fils. Toutefois, on assiste peu après à un nouveau retournement. Sven meurt de façon inopinée, le 3 février 1014, et Ethelred part à la reconquête de son royaume, avec Emma. Ses deux fils sont laissés à l'abri en Normandie[117].

La guerre n'est pas terminée. Le fils de Sven, Cnut, a repris le flambeau et, du côté anglo-saxon, les troupes sont menées par Edmond Ironside, fils d'Ethelred et d'une concubine anglaise (Aelfgifu). Des « rois de la mer » scandinaves participent aux combats, peut-être du côté des Anglais : Lacman et Olaf, futur roi de Norvège (1015-1030)[118]. Cet ultime sursaut anglo-saxon est vain. Ethelred et Edmond Ironside meurent tous les deux en 1016[119]. Cnut devient roi d'Angleterre et contraint la reine Emma à l'épouser (en 1017), ce qui est une façon habile de légitimer sa conquête. Le royaume devait rester sous domination danoise pendant un quart de siècle, jusqu'en 1042. Richard II fut obligé de reconnaître le fait accompli, d'autant plus que sa sœur demeurait reine d'Angleterre. Il gardait cependant sous sa protection les deux fils d'Ethelred, qui furent élevés à la cour normande avec ses propres enfants. Des liens très forts allaient être noués entre les princes cousins, anglais et normands. Ils expliquent pour une part l'évolution singulière des relations anglo-normandes sous les principats de Robert le Magnifique et de Guillaume le Conquérant.

V

Robert le Magnifique

Fils légitime du duc Richard II et de la duchesse Judith, Robert est un personnage étonnant qui tranche par rapport aux autres ducs de Normandie. Il mourut fort jeune (à vingt-cinq ans environ) et son principat ne dura que huit ans. Son histoire nous est connue à travers l'œuvre de Guillaume de Jumièges, qui écrit à peu près vingt-cinq ans après sa mort, c'est-à-dire une génération[1]. Les quelques pages que Guillaume de Jumièges lui consacre laissent beaucoup de zones d'ombre. Ces blancs ont souvent été comblés, plus d'un siècle après, par Wace[2] et Benoît[3]. Or ces auteurs ne rédigent pas des livres d'histoire (en latin, comme c'était le cas pour Guillaume de Jumièges), mais des œuvres en vers français, destinées à être récitées, et même chantées. Ce sont donc avant tout des épopées, même si elles ont un contenu historique incontestable. Wace et Benoît s'adressent à un autre public que les auteurs ecclésiastiques du XIe siècle : ils écrivent pour la brillante cour d'Henri II et d'Aliénor d'Aquitaine, dont ils ont été successivement les auteurs favoris.

Le duc Robert est le premier de la dynastie à être doté de ce patronyme, habituellement réservé aux cadets[4]. Dans la famille, l'aîné portait traditionnellement le nom de Richard, comme les trois ducs Richard Ier, II et III, qui se sont succédé de 942 à 1027, c'est-à-dire pendant quatre-vingt-cinq ans (trois générations). Fils cadet de Richard II, Robert avait le même nom que son oncle, Robert, archevêque de Rouen. Celui-ci joua un rôle capital pendant son principat et lui survécut : il ne mourut qu'en 1037. Le duc Robert a été affublé par les historiens de plusieurs surnoms. On l'appelle parfois Robert le Libéral, ce qui rappelle sa générosité (envers l'Eglise), incontestable dans les dernières années. Il faut écarter d'emblée le surnom de Robert le Diable, qui provient d'une regrettable confusion entre le duc et un personnage légendaire[5]. Nous préférons le surnom de Robert le Magnifique, qui traduit bien le côté flamboyant et aventureux du personnage. Avant et après le début de son principat, il apparaît comme un jeune homme turbulent. Par la suite, on constate un changement radical d'attitude. Robert devient un homme d'Etat responsable, prenant à cœur son rôle de chef de la riche Normandie, restaurant le pouvoir ducal, intervenant dans le domaine royal capétien et dans les principautés voisines, Bretagne et Flandre. Finalement, Robert se lance à son tour dans une politique étrangère autonome, se mêlant de près des affaires de l'Angleterre. Il fait preuve alors pour la première fois d'un véritable esprit d'aventure. Il va persévérer dans cette direction en entreprenant un dangereux pèlerinage à Jérusalem. De nature rebelle, il refuse de se soumettre à une quelconque autorité, et tout d'abord à celle de son frère, Richard III.

Frères ennemis

Richard III n'était certainement pas un prince insignifiant. Il avait été bien préparé par son père au métier de duc. A la fin de son principat (entre 1017 et 1026), Richard II lui avait confié la direction d'une opération militaire[6]. Il s'agissait d'une expédition lointaine, en direction du comté de Bourgogne, situé à quatre cents kilomètres de la Normandie[7]. L'armée normande venait en aide à Renaud, comte de Bourgogne et gendre du duc de Normandie. Celui-ci avait été fait prisonnier par son ennemi Hugues, évêque d'Auxerre et comte de Chalon-sur-Saône[8]. Richard III réussit à s'emparer du château de Mimande[9]. Il se dirigeait vers Chalon quand l'évêque comte fit sa soumission, libérant Renaud. Par ailleurs, Richard III apparaissait comme le continuateur et le garant de la traditionnelle politique d'alliance entre les ducs de Normandie et les rois de France capétiens. Cette alliance avait été renforcée par le mariage projeté entre lui et Adèle, la très jeune fille du roi Robert le Pieux. Le mariage avait certainement été l'objet de négociations serrées entre les deux parties. Nous en connaissons le résultat grâce à un document de première importance : le douaire d'Adèle[10]. Conformément à l'usage, la jeune princesse recevait un important ensemble de terres et de biens en Normandie, prélevés sur le domaine ducal. Il s'agissait de la protéger en cas de mort prématurée de son mari. Elle conserverait alors pour elle-même ces possessions, qui lui permettraient de vivre selon son rang. Les négociations avaient sans doute commencé du vivant de Richard II, mais elles ne furent finalisées qu'après l'avènement de Richard III. Le document est daté du mois de janvier, probablement de l'année 1027. Adèle recevrait une bonne partie du Cotentin (avec la ville de Coutances, Valognes et le château de Cherbourg, entre autres) et le domaine de Caen (encore semi-rural)[11]. Ces dispositions ne furent jamais mises en pratique[12].

A la mort de son père, Richard III n'eut donc aucune difficulté à s'imposer auprès des grands du duché : il succéda apparemment sans problème à Richard II. Le seul contestataire fut son jeune frère, Robert. Celui-ci avait reçu un territoire à administrer, loin de la capitale du duché : le comté d'Hiémois. Ce comté était situé en

Normandie centrale, entre la mer et la frontière méridionale[13]. Il avait pour capitale la localité d'Exmes[14], ville fortifiée, qui dans les temps troublés du haut Moyen Age avait servi de refuge aux évêques de Sées. Le choix de cet « apanage[15] » n'était peut-être pas très judicieux. Il se trouvait dans une région encore mal soumise au pouvoir ducal, basé à Rouen[16]. Le comté comportait, outre sa capitale, une nouvelle forteresse à Falaise[17]. Robert allait en faire sa résidence favorite, et c'est là qu'il rencontra Herleva. Toujours est-il que Robert se révolta contre son frère, Richard III. Il s'agit d'une rébellion classique du fils cadet contre le fils aîné, dont on trouve beaucoup d'exemples dans l'histoire des principautés, et même dans l'historiographie des rois capétiens. Le problème fut rapidement réglé[18]. Richard III vint assiéger Robert dans Falaise, qui fit sa soumission. Celui-ci dut prêter à son frère l'hommage vassalique, et tout rentra dans l'ordre. Il ne fut pas privé, semble-t-il, de son comté d'Hiémois[19].

Richard mourut au mois d'août 1027, après un an de principat seulement. Sa mort reste auréolée de mystère. Le duc était encore très jeune : il n'avait guère plus de vingt ans. Guillaume de Jumièges nous assure qu'il mourut par le poison[20]. Il ne nous dit rien des éventuels coupables. Par la suite, les historiens se sont interrogés, se demandant à qui profitait le crime. Dès le XIIe siècle, le moine anglais Guillaume de Malmesbury désigne pour la première fois Robert le Magnifique comme le coupable du meurtre[21]. C'est une grave accusation, souvent reprise par la suite, qui nuisit beaucoup à la réputation de ce prince. Dans cette perspective, le pèlerinage de Robert en Terre sainte fut interprété comme une pénitence par laquelle il cherchait à obtenir le pardon de son « crime ».

Robert le Magnifique serait-il vraiment un duc fratricide ? En réalité, nous n'en savons rien. En l'absence de document probant, laissons-lui le bénéfice du doute. On peut également se montrer sceptique concernant l'assassinat de Richard III. Certes, la mort de ce jeune prince en pleine force de l'âge a frappé les esprits. Mais nous connaissons la fragilité de la vie humaine en ces siècles médiévaux. Une grave indisposition intestinale pouvait revêtir tous les signes cliniques d'un empoisonnement et, en l'absence d'une médication efficace, entraîner la mort de la même façon. En tout cas, la mort prématurée de Richard III allait permettre l'accession de Robert au trône ducal, à l'âge de dix-sept ans environ.

Les débuts difficiles d'un prince rebelle

Robert arriva au pouvoir dans des conditions délicates. Sans parler d'éventuels soupçons de meurtre, le nouveau duc apparaissait comme un adolescent indocile et inexpérimenté. Ses proches parents, les Richardides, avaient espéré se saisir du pouvoir. Les plus puissants étaient deux ecclésiastiques : Robert, archevêque de Rouen et comte d'Evreux, et Hugues d'Ivry, évêque de Bayeux. Sans doute l'archevêque Robert s'estimait-il en mesure d'exercer une sorte de « régence ». Pour sa part, Hugues se souvenait que son père, Raoul d'Ivry, avait exercé le pouvoir pendant la minorité de Richard II (996-1001). Peut-être ambitionnait-il de jouer le même rôle auprès du duc Robert.

Il y a tout lieu de penser que ces deux hommes d'Eglise, qui étaient aussi de grands seigneurs, contestèrent le pouvoir du nouveau duc. Ce qui est certain, c'est que Robert le Magnifique alla les assiéger l'un après l'autre dans leurs places fortes d'Evreux et d'Ivry. Installé à la frontière du duché, Hugues fit appel à des Français du domaine royal pour renforcer sa garnison. Il ne pouvait le faire sans l'accord au moins tacite du roi Robert le Pieux et de la reine Constance. Ceux-ci considéraient probablement que l'alliance traditionnelle entre le roi et le duc de Normandie avait été rompue par la mort de leur gendre, Richard III. Toujours est-il que la tentative d'Hugues de Bayeux échoua lamentablement. Le duc réussit à s'emparer du château d'Ivry, les renforts français n'ayant pas eu le temps d'arriver. L'évêque fut contraint à un long exil[22]. La partie fut plus difficile avec l'archevêque Robert. Pas plus qu'Hugues de Bayeux, celui-ci ne pouvait résister longtemps à l'offensive ducale contre sa ville d'Evreux. Il s'exila donc en France, où il consulta ses confrères dans l'épiscopat, et en premier lieu Fulbert de Chartres[23]. Celui-ci lui conseilla d'user des armes spirituelles contre un duc considéré comme rebelle à l'Eglise. L'archevêque n'hésita pas à excommunier le duc et peut-être à jeter l'interdit sur le duché[24]. C'était une sanction extrêmement grave, qui empêchait les clercs de dire la messe et de distribuer les sacrements. En touchant la population chrétienne de la province, il s'agissait de faire pression sur le duc.

C'est au cours de cette période troublée que le duc s'en est pris à des biens d'Eglise. Il s'est sans doute emparé personnellement de possessions de Fécamp : Argences[25], Heudebouville[26] et Maromme[27]. En réalité, nous ne connaissons ces usurpations de jeunesse que par les chartes de restitutions ultérieures[28]. Selon les termes d'une de ces chartes, le duc a donné des « conseils pernicieux » à certains grands seigneurs. Ainsi Roger Ier de Montgommery, installé dans le sud du pays d'Auge[29], détruisit le marché de Vimoutiers, créé par les religieux de Jumièges[30]. Beaucoup d'autres usurpations de biens d'Eglise ont dû se produire au début du principat de Robert, en particulier au détriment des évêchés de Rouen et de Bayeux, dont les titulaires étaient considérés comme rebelles[31]. Le jeune homme indocile devait encore se singulariser sur un autre point en refusant de se marier officiellement. Il entretenait en effet une relation avec une jeune femme de Falaise, qu'il avait certainement connue avant son avènement, Herleva. L'histoire de cette jeune femme relève de la légende autant que de l'histoire. Les faits certains sont peu nombreux. Ils nous sont fournis vers 1110 par Orderic Vital[32].

Lorsqu'il était comte d'Hiémois, sous le principat de Richard III, Robert aimait à résider dans la nouvelle forteresse de Falaise. C'est là qu'il a rencontré Herleva, que les auteurs du XIIe siècle appellent Arlot, en français moderne, Arlette. Elle était la fille d'un *polinctor*, c'est-à-dire d'un artisan du cuir (« tanneur » ou « embaumeur »)[33]. Herleva était d'un rang social bien inférieur à celui de Robert. Au siècle précédent, elle aurait été considérée comme une *frilla*, une concubine légale, et ses enfants auraient pu être légitimés sans problème. Ce n'était plus le cas à cette époque où l'Eglise tendait à contrôler de plus en plus le mariage, et surtout celui des rois et des princes[34]. N'oublions pas que Robert est lui-même issu d'un mariage tout à fait légal, contracté entre son père et la fille du duc de Bretagne, Judith. Sur ce plan, il n'était plus question de revenir en arrière.

Mais la légende s'est vite emparée de ces événements. Elle apparaît dans l'œuvre des auteurs du XIIe siècle, Wace[35] et Benoît[36]. Elle se développa par la suite dans des ouvrages plus tardifs et se diffusa jusqu'à nos jours. Naguère, les guides du château de Falaise racontaient comment le comte d'Hiémois avait remarqué Arlette de l'une des fenêtres du donjon, alors qu'elle lavait son linge dans la rivière de l'Ante[37]. Sans craindre l'anachronisme, ils n'hésitaient pas à montrer la fenêtre en question, dominant la « fontaine d'Arlette ». Or le donjon fut construit par Henri Ier Beauclerc, près d'un siècle plus tard ! Quoi qu'il en soit, Herleva donna naissance à Guillaume, dont le duc a fait son héritier, en dépit des conditions de sa naissance[38]. Bientôt, les ennemis du jeune Guillaume n'hésiteront pas à le stigmatiser comme un bâtard. Pourtant, Robert est resté très attentif au sort de la mère de son fils. Il s'efforça de régulariser sa situation quelques années après son avènement[39]. A cette époque, il allait changer radicalement d'attitude par rapport aux errements du début, en particulier vis-à-vis de l'Eglise. C'est ce qu'on peut appeler le tournant du principat.

Retour dans le droit chemin

L'archevêque et le duc, représentant les deux pouvoirs, avaient fini par comprendre qu'ils devaient trouver un terrain d'entente. Ils entamèrent donc des négociations. Pour obtenir la levée de l'excommunication et de l'interdit, le duc fut contraint de rappeler l'archevêque, de le rétablir dans toutes ses charges, spirituelles et temporelles, et de lui restituer tous ses biens. De son côté, l'archevêque sut tirer les leçons de ces événements. Il avait compris que son neveu ne se laisserait imposer aucune tutelle : par la suite, il allait lui demeurer fidèle[40].

Le changement d'attitude de Robert vis-à-vis de l'Eglise peut être appréhendé à travers ses chartes[41]. Ces actes sont rarement bien datés, si bien qu'il est difficile de savoir à quel moment précis remontent ces nouvelles dispositions. Selon Lucien Musset, la réconciliation entre les deux Robert serait intervenue dès 1028[42]. Elle eut lieu en tout cas avant 1030. Il s'agissait d'abord de reconstituer le patrimoine de l'archevêché de Rouen. De nombreux grands avaient profité des circonstances pour s'emparer de biens d'Eglise[43]. Dans deux actes pratiquement semblables[44], le duc et l'archevêque constatent l'état déplorable des possessions de la cathédrale de Rouen. Ils énumèrent d'abord celles qui sont encore tenues par l'archevêque : Pierreval, près de Rouen[45], plusieurs domaines dans le Talou et « Vy », dans le Vexin français[46]. Ils restituent ensuite de nombreuses terres dans les comtés de Rouen, de Talou et d'Hiémois, dans les pays de Caux et d'Evreux, dans le Vexin normand et dans le Beauvaisis. Cette restitution conjointe laisse supposer que l'archevêque avait participé lui aussi aux usurpations du patrimoine de son église. Après tout, ce n'est pas impossible. Cet archevêque était aussi un prince laïc, en tant que comte d'Evreux[47].

Dans les années suivantes, le duc Robert devait aller plus loin. Vers 1030, à l'âge de vingt ans environ, il semble qu'il ait manifesté une sincère volonté de réconciliation avec l'Eglise. Il a sans doute subi l'influence de grands seigneurs désireux de racheter leurs fautes en faisant d'importantes donations, et même en fondant de nouveaux établissements. L'exemple le plus probant est celui du vicomte d'Arques, Gosselin, et de son épouse, Emmeline. En 1030, quand ils fondent l'abbaye de la Trinité-du-Mont[48], le duc confirme leurs donations et affranchit le monastère de son pouvoir judiciaire[49]. Robert donne des biens ou des droits à de nombreuses abbayes normandes : Saint-Ouen de Rouen, Saint-Wandrille, Jumièges, le Mont-Saint-Michel, c'est-à-dire les principaux établissements qui existent en Normandie à cette époque[50]. Il s'intéresse évidemment de près à Fécamp.

L'abbaye de Fécamp était le principal monastère ducal, fondé par le père et le grand-père de Robert, Richard Ier et Richard II, qui y étaient enterrés. Avant 1034, le duc restitua les principaux domaines usurpés dans sa jeunesse : Heudebouville, Maromme et Argences[51]. Il n'est pas certain que les moines souhaitaient vraiment garder un domaine aussi excentrique que celui d'Argences, au diocèse de Bayeux. En revanche, l'évêque Hugues d'Ivry était intéressé. C'est ce qui explique le curieux arrangement conclu à Fécamp le 11 avril 1034, à l'instigation de l'évêque de Bayeux[52]. Hugues d'Ivry propose aux moines d'échanger la terre d'Argences à titre viager contre cent hôtes, c'est-à-dire des paysans non attachés à un domaine particulier[53]. Il donne en outre à l'abbaye trois églises, deux domaines et vingt « hommes francs ». Ceux-ci sont des hommes libres dépendant de l'évêque. Vers cette époque, en effet, le servage disparaît en Normandie, ce qui la distingue de beaucoup d'autres régions du royaume. A la mort de l'évêque, Argences reviendrait à Fécamp, qui garderait quand même les donations épiscopales. Cet accord est donc très intéressant pour l'abbaye. Le duc ratifie cette convention, qui représente peut-être le prix payé par l'évêque, ancien rebelle, pour son retour en grâce. Celui-ci va encore intervenir à l'occasion de la nouvelle fondation réalisée par Robert dans son diocèse.

L'acte de fondation de Cerisy est daté du 12 novembre 1032 et la présence de l'évêque y est expressément mentionnée[54]. Le duc accorde aux moines bénédictins le lieu où ils vont s'installer, sur le domaine ducal[55], ainsi que le bois du Molay[56], les dîmes du Bois-d'Elle[57] et du bois de Maupertuis[58], celles des forêts de Cerisy et de Lyons[59]. Il leur donne également des biens à Bayeux, Rouen, Caen, Epinay-sur-Odon[60] et Vienne-en-Bessin[61]. Notons au passage dans ces donations l'importance accordée à la forêt et aux vignes. Les moines reçoivent les vignobles du domaine ducal de Rouen et trois arpents à Argences, afin d'y planter une vigne[62]. Cette fondation permettait d'abord de reconstituer un ancien monastère du haut Moyen Age, détruit à l'époque des invasions scandinaves. Mais elle répondait à des objectifs politiques tout autant que religieux. Ce n'est pas un hasard si la fondation ducale est implantée dans le diocèse du turbulent évêque de Bayeux, qui venait de se réconcilier avec le duc. Il s'agissait d'abord de le surveiller. Le premier abbé du nouveau monastère, Durand, venait de la capitale normande, et plus précisément de la grande abbaye de Saint-Ouen de Rouen. Cerisy est la première fondation bénédictine implantée dans la partie occidentale de la Normandie, à l'extrémité du diocèse de Bayeux, tout près du Cotentin, dans une vaste zone forestière peu défrichée. A cette époque, le duc a compris que l'Eglise pouvait l'aider à renfoncer son pouvoir dans les régions excentriques de son duché. Il s'agit d'un établissement pionnier : il faudra attendre de nombreuses années pour que des laïcs suivent l'exemple ducal dans cette région[63]. La fondation répond aussi en premier lieu à un choix personnel de Robert. S'il voulait se repentir de ses erreurs de jeunesse, c'était le meilleur moyen, selon les critères du temps. Cette première fondation fut suivie par celle de Montivilliers.

La restauration de Montivilliers date de l'extrême fin du principat de Robert. Le diplôme officiel est précisément daté du 13 janvier 1035, à Fécamp[64]. Il fut donc rédigé au cours de l'assemblée que le duc convoqua juste avant son départ en pèlerinage. Là encore, il s'agissait d'abord d'une restitution. Dans sa jeunesse, Robert s'était emparé de deux dépendances de Montivilliers, les églises Saint-Aubin de Harfleur et Saint-Martin-du-Manoir[65]. La fondation est le résultat d'un processus qui se prolongea pendant quelques années. L'instigatrice en fut une certaine Béatrice, « tante » du duc[66]. Cette femme pieuse incita le duc à fonder le premier établissement féminin de Normandie[67]. Sur le site de Montivilliers, un premier monastère de femmes avait été fondé en 684. Il avait disparu avec les invasions scandinaves. Une précédente tentative de restauration avait eu lieu sous Richard II. Le duc avait donné le monastère à l'abbaye de Fécamp, qui en avait fait une simple dépendance occupée par des moines. Voulant le récupérer, Robert dédommagea Fécamp en lui donnant l'abbaye Saint-Taurin d'Evreux[68]. Dans la charte de fondation, le duc céda au monastère restauré toute une série de biens situés à proximité, dans le pays de Caux : les églises de Montivilliers et de Harfleur, le *suburbium* de Montivilliers et le port de Harfleur. Il s'agit d'un patrimoine exceptionnellement groupé. Tout au plus peut-on signaler quelques rares donations excentriques, comme Chiffreville[69] ou La Haye-du-Theil[70]. Le plus remarquable, c'est que le duc accorde à l'établissement l'exemption de toute coutume épiscopale, avec l'accord de l'archevêque Robert. Ainsi protégeait-il sa fondation contre l'autorité ou les usurpations de l'ordinaire. C'est le point de départ de l'exemption de Montivilliers, qui a constitué une enclave au sein du diocèse de Rouen jusqu'à la Révolution française.

L'exemple ducal fut suivi par un certain nombre de grands, et nous assistons à cette époque aux premières fondations aristocratiques : outre la Trinité-du-Mont, le Bec[71] et Saint-Pierre de Préaux. Nous avons plus de renseignements sur ce dernier établissement, fondé à la même époque par Onfroy de Vieilles[72]. En 1035, Robert apporte sa petite touche à la nouvelle abbaye, en lui donnant le domaine de Toutainville[73]. Il est vrai qu'il reçoit en échange quelques cadeaux : douze livres d'or, deux manteaux et deux chevaux. Onfroy payait ainsi la participation ducale à sa fondation, qui devait la protéger contre d'éventuelles usurpations. Selon une coutume du temps, il administra des soufflets à ses trois fils, Roger (de Beaumont), Robert et Guillaume, afin qu'ils gardent un vif souvenir de l'événement. Enfin, le duc chargea son jeune fils Guillaume de se rendre sur place, pour déposer le symbole de la donation sur l'autel de l'église de Préaux[74].

Avant de partir pour l'Orient, le duc Robert voulut régulariser la situation d'Herleva, mère de Guillaume. Il arrangea son mariage avec un seigneur de la vallée de la Risle, nommé Herluin[75]. Deux garçons devaient naître de cette union : Odon, futur évêque de Bayeux, et Robert, futur comte de Mortain. A partir des années 1028-1030, le duc Robert apparaît de plus en plus comme un prince respectueux des droits de l'Eglise. Ce faisant, il a restauré l'autorité ducale un moment ébranlée du fait de son immaturité. Après avoir rétabli son pouvoir à l'intérieur, Robert fut désormais en mesure de mener une véritable politique extérieure, au sein du royaume de France, et même à l'étranger.

Une politique extérieure audacieuse

Depuis longtemps, les ducs de Normandie avaient été les alliés privilégiés des rois de France. Sous Robert le Magnifique, cette alliance traditionnelle devait se relâcher. Par ailleurs, l'avènement de Robert correspond à une grave crise au sein de la famille royale. Le roi désirait naturellement que lui succédât son fils aîné, Henri, et il le fit couronner de son vivant, en 1027. Pourtant, la reine Constance de Provence intrigua pour que son second fils, Robert, ceignît la couronne. A la mort de Robert le Pieux, en 1031, Henri fut même obligé de s'enfuir : il trouva refuge à Fécamp, auprès de Robert le Magnifique. Le duc de Normandie lui fournit une aide décisive et lui assura le soutien de son oncle Mauger, comte de Corbeil[76]. Henri Ier put ainsi récupérer son trône, en battant son frère à la bataille de Villeneuve-Saint-Georges[77]. Il remercia le duc Robert en lui accordant la suzeraineté sur le Vexin français, qui faisait partie du diocèse de Rouen, mais non du duché de Normandie. L'influence normande s'étendait désormais jusqu'à Pontoise. En réalité, il s'agissait d'un cadeau empoisonné, qui allait devenir pendant près de deux siècles une pomme de discorde entre ducs de Normandie et rois de France.

Profitant de la faiblesse royale, Robert n'hésita pas à intervenir dans plusieurs grands fiefs du royaume, à commencer par la Flandre. Le comte Baudouin IV exerçait le pouvoir depuis plus de quarante ans. Sans doute lassé d'attendre la succession, son fils Baudouin (V) se révolta contre lui. Il se sentait renforcé dans ses ambitions par un mariage royal. Il avait en effet épousé en 1028 la princesse Adèle, fille de Robert le Pieux, l'ancienne fiancée de Richard III. Baudouin IV dut prendre la fuite et s'exila en Normandie[78]. Robert accepta de conduire une expédition en Flandre : il s'empara de la forteresse de Chocques[79] et put rétablir Baudouin IV dans ses pouvoirs[80]. Le vieux comte et le jeune duc devaient mourir à peu près en même temps (1035-1036).

Toutes ces interventions extérieures se situaient dans les limites du royaume de France[81], mais Robert s'intéressait aussi au royaume d'Angleterre. Depuis longtemps, les ducs suivaient de près la situation outre-Manche. Ils avaient noué une alliance étroite avec la famille royale anglo-saxonne[82]. Richard II avait toujours eu une politique prudente vis-à-vis du grand voisin du Nord. Il avait su maîtriser les ardeurs revanchardes des jeunes princes anglais, Edouard et Alfred, réfugiés en Normandie. Robert était plus proche d'eux par l'âge et se laissa sans doute convaincre d'intervenir. Nous ne connaissons ces événements que par le récit de Guillaume de Jumièges[83]. Le duc de Normandie rassembla une grande flotte à Fécamp, mais celle-ci fut détournée par la tempête. Elle ne parvint jamais en Angleterre et se retrouva dans les parages de Jersey[84]. Cet échec paraît bien curieux et l'on peut se demander si Robert avait vraiment l'intention de débarquer en Angleterre. N'aurait-il pas voulu faire un geste pour satisfaire ses cousins, les princes anglais, tout en nourrissant d'autres intentions ? En tout cas, il utilisa la flotte non contre les Anglais, mais contre les Bretons, avec lesquels il était alors en conflit.

Le duc de Bretagne, Alain III, était lui aussi un cousin de Robert le Magnifique, sa mère, Havoise, étant la sœur de Richard II. Pendant sa minorité, la Bretagne avait été placée sous la tutelle du duc de Normandie. Alain III tenta de profiter des troubles qui suivirent la mort de Richard II pour s'émanciper. Mais Robert réagit vigoureusement, dès que son pouvoir fut consolidé. Il construisit d'abord une puissante forteresse sur la frontière[85]. Puis il lança une attaque terrestre contre la Bretagne. Enfin, il profita de la présence de sa flotte dans les parages pour ravager les côtes. Alain III fut contraint de s'incliner et il aurait sollicité la médiation de l'archevêque Robert, l'oncle commun des deux ducs. Une rencontre eut lieu au Mont-Saint-Michel, et Alain se reconnut vassal de Robert. Le duc de Normandie avait donc rétabli, et même renforcé, sa tutelle sur le duché voisin[86].

A vingt-cinq ans environ, Robert le Magnifique apparaît comme l'un des princes les plus puissants du royaume de France, capable de s'imposer à ses voisins et même d'avoir une politique étrangère autonome. Evidemment, sa mystérieuse expédition en direction de l'Angleterre est surtout intéressante parce qu'elle préfigure celle de son fils Guillaume, trente ans plus tard. Ainsi fermement établi dans le duché et dans le royaume, Robert allait pourtant tout remettre en question en décidant de partir pour Jérusalem.

En route pour Jérusalem

Robert le Magnifique ne partit pas sur un coup de tête. C'était sans aucun doute une décision mûrement réfléchie, comme le précise Guillaume de Jumièges[87]. Une telle résolution nous étonne, surtout parce qu'elle aboutit à une conclusion tragique. Les pèlerinages étaient très fréquents au Moyen Age, en direction de Saint-Jacques-de-Compostelle, Rome ou Jérusalem. Le pèlerinage en Terre sainte restait évidemment le plus hasardeux. En ce premier tiers du XIe siècle, les lieux saints se trouvaient encore sous le contrôle des califes fatimides du Caire, qui ne mettaient pas trop d'obstacles aux pèlerins chrétiens[88]. En 1035, Robert est en pleine jeunesse. Son pèlerinage peut être motivé par la curiosité et le désir d'aventure, tout autant que par des considérations religieuses. Beaucoup de ses contemporains ont aussi effectué le voyage. Parmi eux, le turbulent Foulque Nerra, comte d'Anjou : il s'est rendu quatre fois à Jérusalem et en est toujours revenu.

Quelles que fussent les raisons qui motivaient son départ, le duc prit ses dispositions pour un si long voyage. Le principal problème concernait son éventuelle succession. Robert n'avait pas d'héritier légitime et son fils bâtard était encore très jeune : il avait sept ou huit ans. Depuis quelque temps, Robert s'était efforcé de l'associer au pouvoir. Guillaume avait souscrit plusieurs actes de son père et avait parfois ajouté ses propres donations aux siennes[89]. Le duc décida d'aller plus loin et d'impliquer ses vassaux dans le processus de succession en utilisant les moyens que lui fournissait le droit féodal. Le 13 janvier 1035, il réunit une grande assemblée à Fécamp, comprenant l'archevêque de Rouen et les autres évêques de la province, ainsi que les grands seigneurs laïcs. C'est au cours de cette réunion qu'a été officialisée la fondation de son abbaye de Montivilliers[90]. Puis le duc annonça son départ imminent et désigna le jeune Guillaume comme héritier. Les grands n'auraient fait aucune objection. Tous acceptèrent de prêter à l'héritier le serment de fidélité exigé par le duc[91]. Ils se trouvaient ainsi attachés à lui par un lien très fort. En se révoltant contre Guillaume, comme beaucoup d'entre eux le feront, ils vont rompre leur serment et devenir parjures.

Nous avons peu de précisions sur l'itinéraire suivi par Robert. Seul Wace, au siècle suivant, nous donne des détails[92]. Selon lui, le duc se dirigea vers la Bourgogne, franchit les Alpes au col du Grand-Saint-Bernard, et se rendit à Rome. Le pape régnant était Benoît IX, alors âgé d'environ quinze ans[93]. On ne sait si Robert est passé par l'Italie du Sud, où étaient déjà installés nombre de Normands. Il aurait ensuite traversé l'Empire byzantin, choisissant la voie terrestre. Bien que malade, Robert continua son voyage jusqu'à Jérusalem et put accomplir son pèlerinage. Il mourut au cours du voyage de retour, à Nicée, non loin du Bosphore[94].

Le duc Robert n'avait régné que durant huit ans. Malgré la brièveté de sa carrière, il reste un personnage exceptionnel. Compte tenu de son jeune âge, il a réussi à s'imposer de façon remarquable, dans son duché comme à l'extérieur. Mais ce fut assurément un homme tenté par l'aventure. Deux épisodes de sa vie méritent de retenir notre attention : l'expédition en Angleterre et le pèlerinage en Terre sainte. Le premier reste mystérieux. Il est surtout intéressant quand on pense à l'avenir. Le pèlerinage n'aurait pu être qu'une parenthèse dans le cours de son principat si Robert n'était mort au cours du voyage. En mourant prématurément, il laissait son duché dans une situation catastrophique. Le jeune Guillaume héritait du pouvoir à huit ans, ce qui allait entraîner une longue période de troubles. Il saurait pourtant surmonter les épreuves, affermir son pouvoir et se lancer dans la plus grande aventure de l'histoire de Normandie, la seule qui ait eu des conséquences vraiment durables : la conquête de l'Angleterre.

VI

Guillaume, le conquérant de l'Angleterre

Avec Guillaume, nous abordons le point culminant de l'aventure normande. Au cours de sa minorité, le jeune bâtard, contesté dans son pouvoir, est même menacé dans sa vie. Or il va triompher de tous les obstacles et se faire admettre comme le vrai chef de son duché. Il ira plus loin que son père, car il dispose du temps nécessaire. Dans une première phase de son principat, il s'impose vis-à-vis du roi de France et des grands féodaux voisins, devenant le prince le plus puissant du royaume. En 1066, il se montre capable de saisir une occasion favorable et de conquérir le royaume d'Angleterre. Il devient ainsi l'égal de son seigneur, le roi de France, ce qui est difficilement supportable pour celui-ci. Afin de parvenir à ce résultat surprenant, Guillaume a fait preuve d'un incontestable génie politique et militaire. Il est le grand homme de l'histoire de la Normandie, celui qui symbolise le mieux l'exceptionnelle réussite collective des Normands. L'expédition qu'il a conduite ne l'a pas mené loin, seulement de l'autre côté d'un étroit bras de mer. Mais c'est l'aventure la plus réussie, une aventure réfléchie et pensée, qui aboutit à une construction politique durable, et fait encore sentir ses effets de nos jours.

Une minorité troublée

En 1035, Guillaume le Bâtard est âgé de huit ans. La mort de son père aiguise de nombreux appétits. Le jeune duc est ballotté entre les factions qui se disputent le pouvoir. Dans un premier temps, c'est l'archevêque Robert qui détient l'autorité. Il était très bien placé en tant que doyen des Richardides et chef de l'Eglise de Normandie. Ce fils de Richard Ier était pourtant âgé et il mourut en 1037. C'est à cette date que les troubles éclatent à travers toute la province. Les rebelles visent d'abord l'entourage immédiat du prince. Trois personnages y figuraient en bonne place : Turold, « précepteur » de Guillaume, Gilbert de Brionne, son « tuteur », et le sénéchal Osbern de Crépon. Ils s'efforçaient de protéger le prince dans la mesure du possible et le sénéchal dormait même avec lui. Tous les trois furent assassinés, et le sénéchal dans le propre lit de Guillaume ! Notons que les assassins n'ont pas osé s'attaquer à la personne du jeune duc. Leurs commanditaires ne pouvaient oublier qu'ils lui avaient juré fidélité à Fécamp, quelque temps auparavant[1]. On connaît au moins deux de ces commanditaires : Raoul de Gacé et Guillaume de Montgommery. Raoul de Gacé, l'un des fils de l'archevêque Robert, se saisit du pouvoir et prend le titre de « tuteur ». Il se heurte pourtant à beaucoup d'autres puissants qui veulent profiter du climat d'anarchie pour faire avancer leurs propres intérêts.

Au premier rang de ces rebelles figure la famille de Montgommery. Roger Ier avait été l'un des proches compagnons de Robert le Magnifique[2]. Considéré comme rebelle, il fut contraint de s'enfuir et trouva refuge à la cour du roi de France, Henri Ier (1031-1060). Roger Ier avait de nombreux fils restés dans le duché : nous connaissons le cas de Guillaume, qui fut tué peu après avoir assassiné le sénéchal Osbern. Roger II allait nouer des liens avec une autre famille rebelle en épousant Mabile, fille de Guillaume II Talvas, seigneur de Bellême[3]. Ce dernier entendait profiter des circonstances pour créer sa propre principauté. Ses possessions étaient situées aux confins de la Normandie, du Maine et du Perche. Il échappait donc en grande partie au pouvoir ducal. Les autres princes de la région n'étaient pas non plus capables de lui imposer leur autorité. Or le seigneur de Bellême était réputé pour sa cruauté. Il avait assassiné sa première femme pour épouser la fille de Raoul de Beaumont, vicomte du Maine. Il s'agissait d'une union politique avec l'un des plus puissants seigneurs de la région. Au cours des festivités, il n'hésita pas à perpétrer une agression sauvage contre l'un de ses invités, son vassal Guillaume Giroie ! Celui-ci fut aveuglé, énasillé, essorillé et émasculé. Il survécut à cet horrible traitement et n'eut d'autre choix que de se faire moine, à l'abbaye du Bec. Ses proches voulurent évidemment le venger : ce fut le point de départ d'une vendetta familiale entre les Giroie et les Bellême.

Les événements de cette période d'anarchie ne sont pas racontés par les auteurs contemporains, Guillaume de Jumièges[4] et Guillaume de Poitiers, le biographe de Guillaume le Conquérant[5]. Ils devaient ménager les principaux fauteurs de troubles, qui étaient devenus par la suite des familiers du duc Guillaume. C'est le cas en particulier de Roger II de Montgommery et de Mabile de Bellême. Tous les renseignements qui précèdent nous sont donc donnés par un auteur plus tardif, Orderic Vital, moine de l'abbaye de Saint-Evroult[6], qui écrit après la mort de tous les protagonistes[7]. Cette abbaye fut l'une des victimes directes des Bellême. Orderic Vital était donc bien placé pour nous décrire leurs forfaits. Son œuvre constitue pour les historiens une source précieuse concernant la période allant des années 1040 aux années 1140[8].

Pendant la minorité de Guillaume, bon nombre de seigneurs normands ont édifié sans autorisation ducale des fortifications privées, prenant la forme de mottes castrales. Au siècle suivant, de telles fortifications sont appelées « adultérines » par l'abbé de Saint-Denis, Suger[9]. Cette expression imagée nous rappelle la situation particulière qu'avait connue jusqu'alors la Normandie au sein du royaume de France.

Depuis Richard Ier, les ducs de Normandie avaient été presque les seuls princes territoriaux à imposer leur autorité sur l'ensemble de leur territoire. Ils avaient interdit les fortifications privées et pris le contrôle des châteaux existants, en y plaçant des garnisons ducales, sous le commandement d'un gardien. Ce système permettait de tenir la frontière, protégée par une série de forteresses ducales. Ainsi, le sud-est du duché était verrouillé par le château de Tillières, sur l'Avre[10]. La garde en était confiée à Gilbert Crespin. Celui-ci devait se trouver mêlé aux événements de ces années d'anarchie, et le système lui-même allait être mis à l'épreuve.

Le roi de France, Henri Ier, voyait d'un mauvais œil cette forteresse, qui était érigée contre lui. Lors de la minorité de Guillaume le Bâtard, le roi ne joua guère le rôle d'un seigneur vis-à-vis de son vassal en difficulté. Selon les règles féodales, il aurait dû le protéger. Il chercha au contraire à profiter des circonstances, en exigeant la cession du château de Tillières. Raoul de Gacé et le jeune duc ordonnèrent donc à Gilbert Crespin de remettre le château au roi, qui s'engagea à le démanteler[11]. Henri commença la destruction de la forteresse. Puis il lança une chevauchée belliqueuse à travers le duché, qui le conduisit jusqu'à Argentan[12], et rétablit le château de Tillières à son profit[13] ! Peut-être encouragé par cet exemple royal, d'autres voisins du duché cherchèrent à tirer parti de la situation. Le duc de Bretagne, Alain III, prétendait que Robert le Magnifique lui avait confié la tutelle de son jeune cousin, Guillaume le Bâtard. Ne pouvant faire valoir ces prétendus droits, il envahit à son tour le duché, mais trouva la mort près de Vimoutiers[14]. Ces interventions extérieures encouragèrent certains représentants du pouvoir ducal à basculer eux aussi dans la rébellion. C'est le cas de Toustain Goz, vicomte d'Hiémois, qui s'empara vers 1042 du château de Falaise. Cette révolte échoua du fait de la détermination de Raoul de Gacé, qui assiégea le château, en présence du jeune duc. Toustain Goz dut se rendre et s'exiler[15].

En 1042, Guillaume le Bâtard est âgé de quatorze ou quinze ans. Il approche de l'âge adulte. Les rebelles sentent qu'il est temps pour eux de jouer leur va-tout. La sédition de Toustain Goz n'avait été qu'un acte individuel, mais elle apparaît comme le signe annonciateur de ce qui allait suivre. Toustain était l'un des vicomtes de l'ouest du duché, cette région encore mal contrôlée par le pouvoir ducal. C'est là que va être fomentée une rébellion beaucoup plus grave, quelques années plus tard, en 1046. Il s'agit cette fois d'un véritable complot, dont l'objectif est d'éliminer le Bâtard, qui approche les dix-neuf ans. Les principaux rebelles sont d'abord le vicomte du Cotentin, Néel de Saint-Sauveur, le vicomte de Bayeux, Renouf de Briquessart, et un certain nombre de seigneurs de la région, dont Hamon le Dentu, seigneur de Creully[16], Raoul Taisson, seigneur de Thury[17], et Grimoult, qui tient la vaste seigneurie du Plessis, dans le Cinglais[18]. Encore une fois, les auteurs du XIe siècle ne sont guère prolixes sur ces événements, la plupart des rebelles étant par la suite rentrés en grâce[19]. C'est Wace qui nous apporte de nombreux détails, d'autant plus convaincants qu'il connaissait bien la région[20]. Pour conduire une révolte de grande ampleur, il fallait un chef, si possible apparenté à la famille ducale. Ce fut Gui de Bourgogne, fils de Renaud, comte de Bourgogne, et d'Alice, fille de Richard II. Celui-ci avait reçu de son cousin, Guillaume le Bâtard, le château de Brionne, libéré par la mort de Gilbert : on l'appelle donc aussi Gui de Brionne.

Les rebelles organisèrent une véritable conjuration, prêtant serment de « férir Guillaume », selon l'expression rapportée par Wace[21]. « Férir », c'est frapper, et même frapper à mort. Les conjurés décidèrent de passer à l'action en profitant d'une partie de chasse dans les giboyeuses forêts du Cotentin[22]. Le duc devait résider au château de Valognes[23]. Selon Wace, Guillaume aurait été prévenu par un fou, un bouffon nommé Goles. Il se serait enfui à bride abattue en évitant les grandes routes et les villes, comme Bayeux. Il franchit la baie des Veys au gué de Saint-Clément[24] et se dirigea vers Ryes[25], où il fit étape. Le seigneur, Hubert de Ryes, lui fournit un cheval et l'escorte de ses trois fils[26]. Traversant l'Orne au gué de Foupendant, Guillaume parvint enfin à Falaise, sa ville natale, où il se sentait en sécurité dans le château[27].

La victoire du Val-ès-Dunes (1047)

Compte tenu de la gravité de cette rébellion, qui touchait la moitié de son duché, le duc lança un appel à son seigneur, le roi de France. Guillaume faisait ainsi jouer les règles du droit féodal. On peut s'étonner qu'il se soit adressé à celui qui avait envahi la Normandie quelques années auparavant, mais il n'avait guère le choix. Le roi lui non plus ne pouvait pas se dérober. En agissant ainsi, Guillaume faisait preuve d'une grande habileté politique. Le soutien royal, hautement symbolique, était en mesure de paralyser certains des rebelles. Guillaume rassembla une armée composée de contingents fidèles, venus pour l'essentiel de haute Normandie. Il fit sa jonction avec l'armée royale dans la plaine située à l'est de Caen. C'est là, entre Bellengreville[28] et l'Orne, que se déroula la bataille du « Val-ès-Dunes », au printemps ou à l'été 1047[29].

Un récit détaillé de la bataille se trouve dans le *Roman de Rou*, sous la plume de Wace[30]. Le duc et le roi venaient de l'est. Parti d'Argences, Guillaume fait sa jonction avec Henri à Valmeray[31]. Les rebelles venaient de l'ouest et tournaient le dos à l'Orne. On peut supposer que les forces étaient à peu près égales au moment où la bataille allait s'engager. Alors survient une troupe en provenance du sud. Ce sont les hommes du Cinglais, conduits par Raoul Taisson. Ils sont au nombre de 140 chevaliers, soit environ 400 combattants. Nous n'avons pas d'autres chiffres concernant la bataille. Il est certain que cette troupe pouvait constituer un renfort appréciable pour l'un ou l'autre camp. Raoul faisait partie de la conjuration. Comme les autres, il avait prêté serment de « férir » le duc, mais à l'instant décisif, il hésite. Il s'approche de Guillaume et le frappe de son gant, s'acquittant ainsi de son serment. Puis il se range aux côtés de son duc. Ce renfort appréciable bascule donc dans le camp ducal et va sans doute décider du sort de la bataille. Le duc et le roi sont en effet les vainqueurs de la journée. Les rebelles sont refoulés vers l'Orne où, alourdis par leur armement, beaucoup se noient.

Les principaux chefs sont en fuite ou sont faits prisonniers, comme Néel de Saint-Sauveur et Grimoult du Plessis. Gui se réfugie dans son château de Brionne, où il est assiégé par Guillaume. Il est bientôt contraint de s'exiler en Bourgogne. Les autres chefs eux aussi sont privés de leurs fiefs et condamnés à l'exil, comme Néel et sans doute Renouf de Briquessart. Il faut reconnaître que Guillaume n'applique pas le même traitement à tous les rebelles. Le duc est obligé de ménager ses grands vassaux. Les vicomtes, Néel et Renouf, sont bientôt pardonnés, récupèrent leurs biens et reviennent à la Cour. En revanche, le duc se montre impitoyable pour les rebelles de rang inférieur, tel Grimoult du Plessis. Celui-ci est enfermé dans la tour de Rouen, où il est bientôt tué, sans autre forme de procès[32]. Sa seigneurie est confisquée : elle fut plus tard donnée à l'église de Bayeux[33].

Après la bataille, Guillaume entend rétablir l'ordre dans son duché. En Normandie, le duc était traditionnellement garant de la « paix ducale ». Depuis la fin du Xe siècle, l'Eglise s'était partout intéressée à la question, en tentant d'imposer la « paix de Dieu ». Des religieux étaient venus prêcher la paix dans la province, comme Richard, abbé de Saint-Vanne de Verdun. Il s'agissait de protéger les clercs et les laïcs désarmés, et d'éviter les guerres entre chrétiens, surtout les guerres privées entre seigneurs féodaux. Pendant longtemps, ce type d'affrontement était resté très marginal en Normandie, en raison de l'efficacité du pouvoir ducal, mais ce n'était plus le cas depuis 1035. Guillaume voulut tirer parti de sa victoire. S'appuyant sur l'Eglise, il organisa un concile de paix dans la nouvelle ville de Caen[34].

Cette assemblée eut certainement lieu en plein air, sur la rive droite de l'Orne. Elle réunit des évêques, des clercs et des moines. Ceux de l'abbaye Saint-Ouen de Rouen avaient apporté les reliques de leur saint patron[35]. On note toutefois l'absence de l'évêque du diocèse, Hugues de Bayeux. Celui-ci avait sans doute partie liée avec les rebelles, puisque la conjuration avait été ourdie à Bayeux[36]. Au moment de la bataille (et du concile), il était ostensiblement absent. En 1047, on le trouve occupé à envahir avec une armée les terres de l'abbaye de Préaux ! Il n'agit pas en tant qu'évêque, mais en tant qu'héritier du comte d'Ivry, cherchant à protéger par tous les moyens ses terres familiales de la vallée de la Risle[37]. De toute façon, il apparaît comme la figure même du mauvais évêque, qui ne respecte ni la paix ducale ni la paix de Dieu. Le concile rassemble également de nombreux laïcs, « comtes… barons et… vavasseurs », selon Wace. Tous vont jurer sur les reliques de saint Ouen de respecter la « trêve de Dieu ». Il s'agit de la première attestation de cette pratique, qui consiste à limiter la guerre privée (interdite du mercredi soir au lundi matin). Par ailleurs, ceux qui s'attaqueraient aux personnes ou aux biens d'autrui seraient excommuniés et devraient verser à l'évêque une amende de neuf livres[38]. Pour conserver le souvenir de cet événement mémorable, on édifia par la suite une chapelle commémorative, dédiée à Sainte-Paix, qui subsiste encore de nos jours[39].

Ainsi, à l'âge de vingt ans, Guillaume le Bâtard avait rétabli le pouvoir ducal et instauré une nouvelle paix, garantie par l'Eglise. Il devait maintenant songer à se marier, afin de préserver l'avenir de la dynastie. Guillaume allait former un couple exceptionnel avec la princesse qu'il avait choisie, Mathilde de Flandre.

Mathilde pour la vie

Dans la haute aristocratie, les mariages sanctionnaient généralement des alliances politiques entre grandes familles. Les sentiments n'y entraient guère en ligne de compte. Le père et la mère du jeune homme s'occupaient habituellement de marier leur fils, ou à défaut ses proches parents, paternels ou maternels. Le mariage de Guillaume fit exception. Son père était mort et sa mère n'était pas en mesure d'exercer une quelconque influence à cet égard[40]. Guillaume fut donc l'un des rares grands seigneurs de son temps qui put choisir personnellement sa future épouse. Contrairement à son père, il voulait faire un mariage princier, béni par l'Eglise, ce que lui conseilla probablement son entourage. Guillaume de Poitiers le laisse entendre[41], tout comme Wace, qui écrit : « Sur le conseil de ses barons, Guillaume prit une femme de haut rang, en Flandre, la fille de Baudouin, petite-fille de Robert le roi de France, fille de sa fille qui était née de Constance[42]. »

Guillaume choisit donc de contracter une alliance avec l'autre grande principauté du nord de la France. Il s'agissait de renouer des liens anciens[43]. L'union projetée scellait la réconciliation entre Baudouin V et les Normands. Mathilde apparaissait en outre comme un excellent parti : fille d'Adèle de France, elle était de sang royal. On ne connaît pas l'âge exact de la princesse à l'époque du mariage, mais tout laisse à penser qu'il s'agissait d'une jeune fille nubile. Guillaume ne s'est pas marié avec une enfant, comme c'était souvent le cas. Il est fort probable que le duc a choisi une femme qui lui plaisait et qu'il en fut sincèrement « amoureux ». Par la suite, en tout cas, il lui demeura très fidèle : on ne lui connaît aucune concubine ni aucun bâtard, ce qui est rarissime chez les princes de cette époque. Le mariage de Guillaume fut donc, selon toute probabilité, un mariage d'amour, tout autant qu'une union politique.

Malgré ces auspices favorables, le projet de mariage souleva de graves difficultés. Encore une fois, les auteurs contemporains se montrent très discrets sur la question, et il faut attendre les explications données par Orderic Vital[44]. Il semble que le projet se soit heurté à un veto des autorités ecclésiastiques, et même du pape en personne. L'Eglise prohibait sévèrement les unions consanguines. Les mariages étaient interdits entre cousins jusqu'à la septième génération (septième degré). Mais Guillaume et Mathilde étaient cousins au cinquième degré[45] et l'on pouvait même trouver un lien de parenté beaucoup plus proche. Dans son enfance, Adèle avait été « mariée » à Richard III, le propre oncle de Guillaume le Bâtard. Or elle s'était « remariée » à Baudouin V de Flandre : c'était la mère de Mathilde. Bien entendu, le premier mariage d'Adèle de France n'avait jamais été consommé et il pouvait être considéré comme nul. Les autorités ecclésiastiques ne voulaient toutefois pas l'admettre, car elles étaient mal disposées vis-à-vis du duc de Normandie comme du comte de Flandre.

En d'autres temps, ce cousinage entre Guillaume et Mathilde n'aurait posé aucun problème. Les grandes familles, royales et princières, avaient l'habitude de marier leurs enfants entre eux. Une certaine consanguinité était inévitable, compte tenu des règles très strictes imposées par l'Eglise. Cependant, les autorités ecclésiastiques locales savaient fermer les yeux et accorder les dispenses nécessaires. Quant au pape, il ne se mêlait que rarement de ces questions. Or le projet de mariage coïncide avec les débuts de la réforme de l'Eglise. L'un de ses aspects les plus importants est la réforme des mœurs, celles des clercs, mais aussi celles des laïcs. Le mariage chrétien béni par l'Eglise est imposé, en particulier aux grands, qui doivent donner l'exemple à l'ensemble des fidèles. Le premier grand pape réformateur est précisément Léon IX (1048-1054). Ce pape alsacien ne peut pas oublier qu'il a été nommé par l'empereur Henri III (1039-1056), dont le comte de Flandre est alors l'ennemi[46]. Mais les griefs du pape contre le duc Guillaume sont d'un autre ordre. Léon IX est en conflit avec les Normands d'Italie du Sud, qui sont en train de conquérir le pays, notamment au détriment des territoires pontificaux. Quelques années plus tard, le pape prendra la tête d'une vaste coalition destinée à chasser les Normands de la péninsule. Dans son esprit, les Normands de Normandie ne sont guère différents des Normands d'Italie et, en tout cas, il n'éprouve aucune sympathie à leur égard.

En 1049, Léon IX entreprend un grand voyage à travers l'Occident, afin de promouvoir la réforme. Il réunit un concile à Mayence, en présence de l'empereur, et un autre à Reims, dans le royaume de France (2 et 3 octobre 1049). Cinq des sept évêques normands se sont déplacés. Le concile a pour objectif de promouvoir la paix et la réforme de l'Eglise. L'un des principaux sujets concerne la simonie, c'est-à-dire l'achat des charges ecclésiastiques. Le roi de France, Henri Ier, se sent visé au premier chef et multiplie les manœuvres dilatoires pour éviter la tenue du concile. En vain. Les évêques normands se trouvent eux aussi sur le banc des accusés. Mauger est réputé comme un archevêque concubinaire et simoniaque, ce qui explique son absence. Geoffroy de Montbray, évêque de Coutances, doit se défendre d'avoir acheté son évêché. Quant à Yves, évêque de Sées et seigneur de Bellême, il doit expliquer pourquoi il a incendié sa propre cathédrale, en attaquant *manu militari* des ennemis qui s'y étaient réfugiés[47]. La question du mariage de Guillaume et de Mathilde est également abordée et le concile interdit explicitement cette union.

Le mariage eut pourtant lieu vers 1050, à la frontière nord du duché, à Eu, où Baudouin V amena sa fille Mathilde[48]. On pourrait parler d'un mariage dans l'intimité. La mère de Guillaume, Herleva, y assista. En revanche, aucun des grands du duché ne fut présent, pas même le comte d'Eu, Robert, qui faisait partie des Richardides. Guillaume avait passé outre à l'interdiction pontificale. Y eut-il des sanctions ecclésiastiques graves contre le duc et le duché, excommunication et même interdit, comme l'affirme Milon Crespin, biographe de Lanfranc[49], et à sa suite Wace[50] ? Rien n'est moins sûr. Ce qui est possible, c'est que plusieurs dignitaires ecclésiastiques aient entrepris des démarches auprès du pape : Lanfranc, prieur et écolâtre du Bec, Robert de Jumièges, archevêque de Cantorbéry, et Jean de Ravenne, abbé de Fécamp. Mais Léon IX refusa de se laisser fléchir. Il préparait à cette époque son expédition militaire contre les Normands d'Italie. Or son armée fut battue en 1053.

Les relations entre la papauté et les Normands ne furent régularisées que plusieurs années après, sous le pontificat d'un autre pape, Nicolas II (1058-1061). C'est le même pape qui a reconnu le pouvoir des principaux chefs normands d'Italie et confirmé la validité du mariage de Guillaume. En contrepartie de cette reconnaissance, le pape aurait imposé au couple ducal une pénitence, qu'on ne connaît que par les auteurs du XIIe siècle. Selon Orderic Vital et Wace, Guillaume se serait engagé à instituer des établissements charitables dans les principales villes de Normandie et à fonder deux abbayes (avec Mathilde)[51]. Ces monastères allaient être construits à Caen. Il s'agit d'un choix mûrement réfléchi par Guillaume, qui voulait faire de cette ville nouvelle la capitale secondaire de son duché.

La fondation de Caen

Le site de Caen correspond au franchissement de l'Orne. Il était traversé par la voie romaine conduisant de Bayeux à Lisieux. Des fouilles archéologiques récentes ont permis de retrouver un habitat gallo-romain sur le coteau bordant la vallée au nord[52]. Durant le haut Moyen Age, toute une série de villages ruraux sont installés aux abords de l'Orne : Saint-Martin, correspondant à l'ancien site gallo-romain, Saint-Ouen-de-Villers, à l'ouest, Darnétal et Calix, à l'est, Saint-Michel-de-Vaucelles, au sud, de l'autre côté de la rivière. Au XIe siècle, tous ces villages vont fusionner pour former une ville nouvelle.

Le duc Guillaume n'est pas à proprement parler le fondateur de Caen. La localité est mentionnée pour la première fois sous Richard II, dans deux actes datant de 1025[53], puis sous Richard III, dans le douaire d'Adèle (1026-1027)[54]. Ces prédécesseurs de Guillaume ont probablement voulu créer un pôle urbain dans cette région de la Normandie occidentale, où leur autorité restait faible[55]. C'est pourtant Guillaume qui a donné l'impulsion décisive et propulsé la localité au rang des villes, et même des grandes villes du duché. Après la révolte des seigneurs de l'Ouest, il lui semblait indispensable d'installer un relais du pouvoir ducal en basse Normandie. Pendant tout le XIe siècle, la ville nouvelle dut toutefois cohabiter avec une rivale toute proche, Bayeux. Au début du XIIe siècle, Bayeux allait être détruit au cours de la guerre civile opposant les fils de Guillaume[56]. Dès lors, Caen l'emporterait et deviendrait sans conteste la capitale secondaire du duché.

Dans le domaine ecclésiastique cependant, Caen ne supplanta pas Bayeux, qui resta le siège de l'évêché. La ville nouvelle n'avait pas droit au nom de « cité », qui supposait la présence d'un évêque, mais seulement à celui de « bourg ». Cette fondation s'inscrit dans le grand mouvement de création de bourgs nouveaux qui caractérise alors tout l'ouest de la France. C'est l'une des manifestations les plus évidentes d'une croissance démographique et d'un essor urbain particulièrement vifs en Normandie. Guillaume dota Caen des éléments caractéristiques d'une ville médiévale. Profitant de la présence d'un éperon rocheux surplombant la vallée, il entama vers 1060 la construction d'un vaste château de pierre, couvrant cinq hectares, ce qui est exceptionnel. Le bourg lui-même fut entouré d'une enceinte, d'un intérêt plus symbolique que strictement militaire[57]. Ces constructions coïncident avec la fondation des abbayes. A défaut d'un évêché, la présence de deux grandes abbayes permettrait de donner à Caen l'empreinte ecclésiastique nécessaire à toute ville médiévale digne de ce nom.

L'abbaye aux Dames, dédiée à la Trinité, fut fondée d'abord, vers 1059, par la duchesse Mathilde[58]. La première abbesse était également nommée Mathilde : elle venait de Saint-Léger de Préaux. L'abbaye aux Hommes, dédiée à saint Etienne, suivit quelques années plus tard. Fondée vers 1063, elle fut confiée à Lanfranc, prieur du Bec, qui devint son premier abbé. L'édification des églises commença aussitôt, mais les travaux devaient traîner en longueur. L'abbatiale de la Trinité fut dédicacée la première, le 18 juin 1066[59]. L'édifice ne fut pourtant pas terminé avant le XIIe siècle. Commencée plus tard, l'abbatiale de Saint-Etienne fut construite plus rapidement. Les travaux étaient déjà bien avancés lors de sa dédicace, le 13 septembre 1077[60]. Ces deux églises figurent parmi les chefs-d'œuvre de l'art roman normand, qui s'épanouit à cette époque[61]. Elles apparaissent comme une manifestation éclatante de la puissance retrouvée du duc de Normandie.

Après 1047, Guillaume dut encore faire face à diverses rébellions, émanant le plus souvent de membres de la famille ducale. Les Richardides n'arrivaient décidemment pas à accepter le triomphe de ce duc bâtard. Gui de Bourgogne mis à part, ils n'avaient pourtant pas participé à la grande révolte de l'Ouest. Trois rebelles sont à signaler. Le premier était Guillaume Werlenc, comte de Mortain, arrière-petit-fils de Richard Ier : il fut contraint de s'exiler en Italie. Quant au deuxième, Guillaume Busac, comte d'Eu et petit-fils de Richard Ier, le duc vint l'assiéger dans son château d'Eu, vers 1050[62]. Exilé auprès du roi Henri Ier, il dut céder le comté à son frère, Robert[63]. Le troisième fut Guillaume, comte d'Arques, fils de Richard II et de sa concubine Papie. Il fallut deux ans au duc pour en venir à bout (1052-1054) : Guillaume d'Arques s'exila finalement lui aussi auprès d'Eustache, comte de Boulogne[64].

Ce dernier rebelle était le propre frère de Mauger, archevêque de Rouen[65]. Nous savons à quel point celui-ci était considéré comme un mauvais archevêque. Or l'Eglise était également un enjeu de pouvoir. En 1049-1050, le duc Guillaume avait remplacé l'évêque Hugues de Bayeux, un Richardide, par son demi-frère Odon de Conteville, à peine âgé de vingt ans. Cette nomination pouvait apparaître comme une provocation pour les autres Richardides. Ce fut l'une des causes de leur révolte. Il est vrai que Guillaume leur avait accordé une satisfaction en nommant évêque de Lisieux Hugues d'Eu, frère du comte rebelle (en 1050)[66]. Soucieux de promouvoir la réforme dans la province, le duc voulait se débarrasser de l'archevêque, son grand-oncle. En 1054 ou 1055, il réunit un concile à Lisieux, qui déposa Mauger. Celui-ci fut remplacé par un moine de Fécamp, Maurille. Le nouvel archevêque était évidemment acquis à la réforme de l'Eglise.

Au cours de ces années (1047-1054), Guillaume se sentait assez fort pour se tourner vers l'extérieur et y mener une politique active. La puissance montante était alors celle du comte d'Anjou, Geoffroy Martel (1040-1060). Celui-ci s'était emparé de la Touraine et sa progression inquiétait Henri Ier. Le roi capétien, maître d'un petit domaine royal autour de Paris, n'avait d'autre choix que de mener une politique de bascule entre ses principaux vassaux. Pour l'heure, il décida d'agir contre l'Anjou en mettant le siège devant la forteresse de Mouliherne (1049)[67]. Le duc Guillaume, vassal et débiteur du roi[68], accepta de participer au siège et s'illustra par sa compétence comme par son courage[69].

Le siège de Mouliherne n'avait pas abattu Geoffroy Martel. Ce dernier avait pris possession du comté du Maine, qui séparait l'Anjou de la Normandie. Guillaume pouvait se sentir directement menacé. De plus, Geoffroy sut tirer parti de la guerre civile qui déchirait la seigneurie de Bellême (vers 1045-1050). Guillaume II Talvas fut vaincu par son fils Arnoul, mais celui-ci ne jouit pas longtemps de sa victoire : il périt assassiné. La seigneurie revint alors à Yves de Bellême, frère de Guillaume Talvas et évêque de Sées[70]. Geoffroy Martel en profita pour prendre le contrôle de Domfront et d'Alençon, deux places fortes frontalières appartenant aux Bellême.

En pénétrant à son tour dans la région, le duc Guillaume s'attaqua à la fois au comte d'Anjou et aux seigneurs de Bellême, qui refusaient d'obéir à l'autorité ducale. Nous ignorons la chronologie exacte des événements qui se sont déroulés entre 1049 et 1051. Sans doute après la prise de Mouliherne, Guillaume entreprit le siège du château de Domfront. Le duc s'en empara et annexa définitivement le Passais[71]. C'est la dernière extension du duché, plus d'un siècle après les conquêtes de Rollon et de Guillaume Longue Epée. Le Passais ne fut pourtant pas intégré à la province ecclésiastique de Rouen : il continua de relever de l'évêché du Mans et de l'archevêché de Tours.

Après Domfront, Guillaume investit Alençon, créée par les seigneurs de Bellême, mais qui avait pris fait et cause pour le comte d'Anjou. La ville représentait un enjeu stratégique de premier ordre, car elle était située exactement sur la frontière normande[72]. Si l'on en croit

Guillaume de Poitiers, le duc de Normandie enleva le château et la ville, en faisant preuve de magnanimité et de grandeur d'âme à l'égard des défenseurs[73]. Tel n'est pas l'écho qui nous est transmis au XIIe siècle par Wace[74]. D'après lui, un groupe de défenseurs n'aurait pas hésité à se moquer de Guillaume en frappant les peaux de bêtes qui protégeaient le hourd. Ils se seraient écriés :

La pel, la pel al parmentier
ço apartient a son mestier[75*]

C'était une allusion non équivoque aux origines roturières de Guillaume, et au métier de son grand-père maternel. Il s'agissait d'un sujet très sensible. Le duc s'était montré sévère envers les grands qui contestaient son autorité pour les mêmes raisons. Il avait pourtant dû les ménager, ne leur infligeant que la peine de l'exil. Avec de simples gens du peuple, il n'eut pas de tels scrupules. Quand la ville fut prise, il fit couper les mains et les pieds de ceux qui l'avaient insulté[76]. Cet acte de cruauté ne nous est connu que par des textes tardifs. Il n'en est pas moins probable. Il nous permet d'évoquer l'un des traits de caractère de Guillaume. Le duc s'était forgé sa personnalité au cours d'une jeunesse très dure. Quand il pensait être dans son droit, il se montrait impitoyable envers ceux qui se mettaient en travers de son chemin. Nous avons ici un premier exemple de cette attitude, que nous retrouverons au cours de la conquête de l'Angleterre. En attendant, Guillaume avait rétabli l'autorité ducale dans les marges sud de son duché. La rivalité entre le duc de Normandie et le comte d'Anjou n'était pas pour autant terminée. Au cours des années suivantes, elle allait dégénérer en guerre ouverte, dont la province serait le théâtre d'opérations.

---

* « La peau, la peau du tanneur, cela appartient à son métier. »

L'invasion de la Normandie

Depuis le début du principat, la Normandie avait souvent été l'objet de révoltes internes et de rébellions, mais elle n'avait jamais été attaquée de l'extérieur, ce qui arriva pour la première fois en 1054. Cette nouvelle donne s'explique par le changement d'attitude du roi Henri Ier vis-à-vis du duc. Pratiquant toujours sa politique de bascule, Henri estimait désormais que son vassal le plus dangereux était Guillaume le Bâtard, et non plus Geoffroy Martel. Il conclut donc avec le comte d'Anjou une alliance en bonne et due forme, qui fut formalisée par un traité le 15 octobre 1052.

Les hostilités commencèrent de façon limitée ; le roi envoya une armée de secours à Guillaume d'Arques, puis réussit à se faire remettre le château de Moulins-la-Marche, au sud du duché[77]. Son ardeur antinormande était certainement attisée par les nombreux exilés qui s'étaient réfugiés à sa cour. Toujours est-il qu'il prépara des opérations d'envergure, conjointement avec le comte d'Anjou.

La première campagne eut lieu au début de l'année 1054. Le roi divisa ses forces en deux. Une première armée était placée sous la conduite de son frère, Eudes : elle franchit la frontière de la Bresle. La seconde armée réunissait les forces du roi et de Geoffroy Martel : elle pénétra dans la province par l'Avre. Les deux armées devaient faire leur jonction devant Rouen. Guillaume ne réagit pas de façon classique : il évita tout affrontement direct. Son armée fut elle aussi séparée en deux corps. Le duc lui-même progressa de la basse Normandie vers la Seine, en direction des forces royales. Deux grands vassaux, Robert d'Eu et Gautier Giffard, étaient chargés de suivre l'armée d'Eudes en haute Normandie. Ils surent profiter des négligences de l'adversaire. Un soir de février ou de mars, la troupe d'Eudes bivouaquait dans le village de Mortemer, sur l'Eaulne, en pays de

Bray[78]. Elle ne prit pas les précautions élémentaires. Les soldats français avaient trop bu et n'assuraient pas la garde du camp. Ils furent attaqués dans leur sommeil, tués ou faits prisonniers. Seul le frère du roi et quelques autres parvinrent à s'échapper. La nouvelle fut promptement annoncée à Henri Ier, qui décida d'évacuer la Normandie et de conclure une trêve avec le duc[79]. Il n'avait cependant pas renoncé et prépara une nouvelle invasion.

Une seconde campagne eut lieu trois ans plus tard, en 1057. Tirant les leçons de l'échec précédent, le roi et le comte d'Anjou décidèrent de former une seule armée. Celle-ci pénétra en Normandie par le sud et s'avança profondément dans l'intérieur, en descendant la vallée de l'Orne. Encore une fois, Guillaume ne riposta pas sur-le-champ, attendant le moment favorable. L'occasion se présenta lorsque l'armée d'invasion voulut traverser les marais de la Dives, en direction de l'est, à partir du village de Varaville[80]. L'un des rares itinéraires possibles était une route située sur une digue qui séparait le marais de la mer[81] et débouchait sur le « gué de la Dives ». Pour franchir cet étroit passage, l'armée franco-angevine fut obligée de s'étirer en longueur. Le roi et le comte étaient en tête et se trouvaient déjà sur le coteau surplombant le site lorsque Guillaume attaqua. Il avait attendu la marée haute pour se jeter sur l'arrière-garde. Les Français et les Angevins furent aisément battus et beaucoup d'entre eux se noyèrent dans la mer ou dans les marais[82]. Le roi ne put rien faire : il en était réduit à contempler le désastre du haut de la colline de Bassebourg[83].

Les deux batailles de Mortemer et de Varaville ont un point commun : ce ne sont pas des affrontements classiques de chevaliers, comme on les aimait à cette époque. Guillaume n'hésitait pas à utiliser la ruse, à guetter l'heure propice pour fondre sur l'adversaire, à lancer ses hommes contre des soldats au repos ou se trouvant en fâcheuse posture. Il se montrait ainsi fin tacticien et même véritable stratège. De plus, en agissant ainsi, il économisait ses forces, tout en épargnant la vie de ses hommes. En l'occurrence, sa cause était parfaitement juste, puisqu'il avait à défendre son territoire contre une invasion. En d'autres circonstances, il n'hésita pas à s'attaquer à des territoires extérieurs, comme le Maine ou la Bretagne.

Dans les années suivant la bataille de Varaville, la situation politique changea du tout au tout. Les adversaires de Guillaume, le roi Henri Ier et le comte Geoffroy Martel, moururent tous les deux la même année, en 1060. Leurs successeurs n'étaient pas en mesure de poursuivre la même politique antinormande. Le nouveau roi, Philippe Ier, n'avait que huit ans et son tuteur fut le comte Baudouin V de Flandre, le beau-père de Guillaume. Geoffroy Martel n'avait pas d'enfant et son héritage allait être disputé entre ses deux neveux, Geoffroy le Barbu et Foulque le Réchin, qui finit par l'emporter en 1068.

En attendant, Guillaume était libre d'agir comme il l'entendait dans le Maine : il entreprit la conquête de ce comté en 1063. Le dernier comte du Maine, Herbert II, était mort sans enfants en 1062, en léguant le comté au duc de Normandie. Il laissait toutefois une héritière potentielle, sa sœur Marguerite. Guillaume se hâta de la marier à son fils aîné, Robert Courteheuse, alors âgé d'une douzaine d'années[84]. Son principal adversaire dans le comté était Geoffroy, seigneur de Mayenne. Pour s'emparer de son château, le duc aurait encore employé des méthodes peu orthodoxes : il aurait demandé à deux enfants de s'introduire dans le château et d'y mettre le feu de l'intérieur[85].

Maître du Maine, Guillaume se tourna vers la Bretagne, qui cherchait à s'émanciper. Le duc Conan II voulait secouer la tutelle normande et il adressa un défi au duc Guillaume. Ce dernier lança donc une expédition en 1064. Ses objectifs étaient limités, puisqu'il s'agissait de soutenir un vassal rebelle de Conan, Ruallon, seigneur de Dol. Cet épisode est raconté par Guillaume de Poitiers[86], mais il est surtout connu par la tapisserie de Bayeux[87]. Guillaume emmena avec lui Harold, *earl* de Wessex, qui se trouvait alors en ambassade à la cour ducale. Le principal résultat de l'expédition fut la levée du siège de Dol. Conan dut s'enfuir à l'arrivée de la puissante armée normande. Celle-ci continua sa progression jusqu'à Dinan[88] et peut-être jusqu'à Rennes[89]. Conan n'était pas définitivement vaincu, mais il était suffisamment affaibli pour ne plus inquiéter Guillaume. Le duc de Normandie avait ses propres alliés en Bretagne, en particulier Eudes de Penthièvre (oncle de Conan). Ceux-ci devaient lui fournir d'importants contingents en vue de la conquête de l'Angleterre. Quant à Conan, il trouva la mort, opportunément pour Guillaume, le 11 décembre 1066, en assiégeant Château-Gontier[90].

Les deux expéditions du Maine et de Bretagne avaient permis au duc de Normandie d'assurer la tranquillité de ses frontières du Sud et du Sud-Ouest, au moment où il comptait se saisir du royaume d'Angleterre. Il se considérait comme l'héritier désigné du roi Edouard le Confesseur. Or celui-ci avait dépassé les soixante ans, il était vieux et malade, et sa succession ne tarderait pas à s'ouvrir. Guillaume avait envisagé toutes les éventualités. Il n'avait certainement pas écarté l'hypothèse d'une expédition militaire en vue de la conquête du royaume. Ce serait la grande aventure de sa vie.

Les circonstances de la conquête

Edouard le Confesseur régnait sur l'Angleterre depuis 1042. Fils du roi anglo-saxon Ethelred et de la reine Emma, il avait pu monter sur le trône après la mort de Cnut le Grand (1035), puis celles de ses deux fils, Harold Harefoot (1040) et Harthaknut (1042). Edouard avait vécu longtemps en exil en Normandie : il était très lié avec la famille ducale et il avait fait venir en Angleterre de nombreux Normands, entre autres, Raoul « le Timide », nommé *earl* de Herefordshire et chargé de défendre la frontière galloise, ainsi que trois évêques. Le plus connu est Robert Champart, ancien abbé de Jumièges, qui fut d'abord nommé évêque de Londres, en 1044, puis archevêque de Cantorbéry, en 1051. Ces Normands étaient souvent mal vus par les Anglais, et surtout par les grandes familles aristocratiques. A la tête de ce mouvement « antinormand » se trouvait Godwin, *earl* de Wessex et chef du « parti » anglo-danois[91]. Godwin avait de nombreux fils, dont plusieurs jouèrent un rôle fondamental dans les années suivantes : Sven, Harold et Tostig. Il avait également une fille, Edith, qu'il avait pu faire épouser en 1045 par le roi Edouard. Ce mariage était demeuré stérile.

Edouard apparaît donc comme un roi faible, ballotté entre des influences contradictoires. En 1051, poussé par le « parti normand », il décide de s'attaquer à la faction adverse. Godwin et ses fils sont contraints à l'exil. Ils trouvent presque tous refuge en Flandre, car Tostig avait épousé Judith, demi-sœur de Baudouin V[92]. Harold seul s'installe en Irlande. Quant à la reine Edith, elle est assignée à résidence dans l'abbaye de Wherwell (Hampshire). Edouard n'ayant pas d'enfants, le problème de la succession se pose. C'est à cette époque que le roi d'Angleterre désigne comme héritier son cousin, le duc Guillaume le Bâtard. La question est cependant loin d'être réglée définitivement, car Godwin et les siens reviennent en Angleterre dès 1052. Rentrés en grâce auprès de ce roi versatile, ils se saisissent à nouveau du pouvoir. Une assemblée réunie à l'instigation de Godwin ordonne l'expulsion de tous les Normands, y compris l'archevêque de Cantorbéry. Ce dernier est remplacé par Stigant, déjà évêque de Winchester, ce qui n'est pas accepté par le pape Léon IX, ni par ses successeurs. Aux yeux des autorités ecclésiastiques, Stigant reste un archevêque « intrus[93] ».

Godwin mourut dès 1053. L'essentiel de ses possessions revint à Harold, qui reçut l'immense *earldom* de Wessex et devint l'homme fort du royaume. Harold ne pouvait accepter Guillaume de Normandie comme héritier, même s'il ne songeait pas encore à s'emparer personnellement du trône. En 1057, on fit revenir de Hongrie l'*aetheling* Edouard, fils d'Edmond *Ironside* et neveu d'Edouard le Confesseur. Mais celui-ci ne survécut pas longtemps et ne laissa qu'un fils mineur, Edgar.

De son côté, le roi Edouard tenait toujours à léguer son royaume à Guillaume. Pour lui confirmer sa promesse, il lui envoya Harold en ambassade (1064). C'était fort habile, car Harold allait se trouver dans une situation très difficile, devant défendre en Normandie des positions qui étaient contraires à ses propres ambitions. Ce voyage nous est décrit en détail par Guillaume de Poitiers[94] et raconté en images par la tapisserie de Bayeux, qui lui consacre toute sa première partie[95]. Guillaume emmena Harold avec lui dans l'expédition de Bretagne. Selon la tapisserie, le prince anglais s'illustra au passage de la frontière, en sauvant des soldats des sables mouvants du Mont-Saint-Michel[96]. Puis le duc lui fit prêter « de multiples serments », selon l'expression de Guillaume de Jumièges[97]. La Tapisserie montre celui prêté sur les reliques de Bayeux[98]. Guillaume de Poitiers n'évoque que celui de Bonneville-sur-Touques[99], mais il nous éclaire sur leur contenu. Il en distingue deux, de natures différentes. Le premier est un serment de fidélité classique : Harold se constitue vassal de Guillaume, qui lui redonne ses propres terres en fief. Le second a trait à la succession. Harold promet à Guillaume « de lui assurer la possession du royaume d'Angleterre à la mort d'Edouard[100] ». En attendant, il serait le substitut de Guillaume à la cour du roi.

Le roi Edouard mourut un an après le retour d'Harold, le 5 janvier 1066. Harold ne respecta pas ses serments et se fit couronner roi d'Angleterre, avec l'accord des grands du *witanagemot*[101]. Ces derniers voulaient éviter que le royaume ne fût livré à un étranger. Harold apparaissait comme le seul capable de préserver l'indépendance anglaise et de faire face militairement aux attaques qui ne manqueraient pas de survenir. Le nouveau roi fut sacré par Stigant, archevêque illégitime de Cantorbéry[102].

Harold n'avait certes aucune légitimité pour s'emparer de la couronne d'Angleterre. Il n'appartenait ni à la famille royale anglaise ni à la famille royale danoise, qui avait longtemps régné sur le royaume. Sa sœur avait été reine d'Angleterre, ce qui n'était pas suffisant. Harold est un roi de circonstances. Guillaume, petit-neveu d'Emma, mère d'Edouard, était un parent plus proche du roi défunt. Il allait surtout mettre en avant la promesse incontestable d'Edouard, confirmée par Harold lui-même. Deux autres candidats au trône pouvaient encore faire valoir leurs droits. Personne ne songea sérieusement à proposer la couronne au jeune *aetheling* Edgar. En revanche, un « outsider » se présenta de lui-même, le roi de Norvège, Harald Hardrada[103]. Il mit en avant un vieil accord de succession mutuelle entre Magnus le Bon, son prédécesseur, et Harthaknut, roi de Danemark. C'était évidemment un prétexte, mais il avait les moyens militaires d'appuyer sa revendication. Harold devrait compter avec Harald Hardrada tout autant qu'avec Guillaume le Bâtard.

Les deux prétendants au trône d'Angleterre se préparèrent activement à envahir le royaume. Nous sommes surtout informés des préparatifs de Guillaume. Le duc de Normandie déploya tout d'abord une intense activité diplomatique. Il lui fallait s'assurer du maximum de concours au sein du royaume de France. Il pouvait compter sur l'appui de son beau-père, Baudouin V, également tuteur du roi Philippe Ier, ce qui lui permit d'engager des contingents flamands et français (d'Ile-de-France). Il fit aussi jouer son alliance avec la famille des comtes de Penthièvre, ce qui lui assura des contingents bretons. Certes, il pouvait se fier sans problème à l'armée féodale normande, qui avait souvent fait la preuve de son efficacité. Toutefois, celle-ci ne pouvait être mobilisée que pendant quarante jours. C'était notoirement insuffisant pour une telle expédition. Au-delà, Guillaume devrait payer les chevaliers et les fantassins normands, tout comme ceux des autres contingents. Le duché de Normandie était l'une des régions les plus prospères du royaume et le duc était assez riche pour financer la campagne. Cette armée ne serait pas « normande », mais « franque », comme l'indique nettement la tapisserie de Bayeux[104]. Toute la partie nord du royaume de France était mise à contribution.

Pour traverser la Manche, Guillaume avait besoin d'une flotte. On construisit de nouveaux bateaux, dont le navire amiral, le *Mora*, offert par Mathilde à son mari[105]. On réquisitionna aussi de nombreux vaisseaux de tout tonnage, magnifiquement représentés sur la tapisserie de Bayeux[106] : ce sont tous des navires de type viking. Wace nous donne le chiffre de 696 embarcations au total, ce qui n'a rien d'invraisemblable[107]. Guillaume s'appuyait évidemment sur ses barons, laïcs et ecclésiastiques. Ceux-ci lui amenaient des hommes, leurs propres vassaux, mais aussi des bateaux. Une liste contemporaine nous fournit les noms des plus gros contributeurs : Robert, comte de Mortain (120 navires), Odon, évêque de Bayeux (100), Richard, comte d'Evreux (80), Guillaume Fils Osbern, sénéchal, Robert, comte d'Eu, Hugues, vicomte d'Avranches, Roger de Montgommery et Roger de Beaumont (60 navires chacun), Hugues de Montfort (50 navires et 60 chevaliers), Gautier Giffard (30 navires et 100 chevaliers), l'abbé de Saint-Ouen de Rouen (15 navires et 100 chevaliers), l'abbé de Fécamp (1 navire et 20 chevaliers)[108]. Ce texte nous apprend incidemment à quel point les grands vassaux du duc de Normandie avaient été mis à contribution. Ils étaient les conseillers de Guillaume, qui pouvait compter sur eux[109]. Ils allaient devenir les principaux barons de la nouvelle Angleterre. La conquête serait donc une entreprise collective. Guillaume en restait le chef incontesté. Ses premiers soutiens étaient ses deux frères utérins, Robert de Mortain et Odon de Conteville. Tous deux étaient les premiers contributeurs en nombre de navires. Ils seraient constamment auprès du duc au cours de l'expédition, comme le montre clairement la tapisserie de Bayeux[110].

Les bateaux transportaient les hommes et les chevaux, indispensables à la cavalerie[111]. Les navires de type viking n'avaient pas besoin de ports : ils pouvaient accoster directement sur les plages et constituaient donc d'excellentes « péniches de débarquement ». Il fallait cependant un lieu abrité pour accueillir une grande quantité d'embarcations. De tels havres naturels n'étaient pas très nombreux. La baie de la Dives était l'un d'entre eux : elle convenait parfaitement, du fait de la proximité de Caen. Le duc profita des circonstances pour honorer sa promesse de fonder deux abbayes (avec Mathilde). L'église abbatiale de la Trinité fut dédicacée le 18 juin, alors que les travaux n'étaient guère avancés. C'était une manière de se préparer spirituellement aux combats à venir, tout en donnant satisfaction au pape Alexandre II [112]. Ce dernier avait en effet béni cette expédition visant un roi usurpateur sacré par un archevêque intrus : il avait envoyé un étendard et une relique de saint Pierre[113]. Le rassemblement commença au printemps et le départ fut fixé au 1er août.

La traversée fut pourtant retardée. Guillaume de Poitiers explique ce délai par des vents défavorables[114]. Cette interprétation n'est guère satisfaisante, même si la météorologie joue un rôle fondamental dans de telles circonstances[115]. L'attente se prolongea pendant près d'un mois et demi. Le 12 septembre, la flotte s'ébranla enfin, mais ne se dirigea pas vers l'Angleterre. Elle gagna un autre mouillage propice, Saint-Valéry, où l'estuaire de la Somme forme une baie comparable à celle de la Dives[116]. Guillaume attendit là encore quinze jours avant de lancer sa flotte à travers la Manche[117].

En réalité, cette attente n'est pas due au hasard et une explication très satisfaisante nous en a été fournie récemment par Pierre Bouet[118]. Guillaume a fait preuve d'un sens aigu de la stratégie, et même d'un certain machiavélisme. Il n'ignorait pas que l'armée d'Harold l'attendait sur les plages. Un débarquement direct aurait abouti à un massacre. Or Harold ne pouvait maintenir indéfiniment ses troupes sous les armes, et en particulier le *Fyrd*, qui était constitué par des paysans de la région. Le calcul était bon. Le 8 septembre, Harold renvoya sa flotte et licencia une partie de son armée. Il se replia sur Londres, laissant la côte sans défense. Sans doute était-il persuadé que Guillaume avait reporté l'invasion au printemps suivant (en 1067). Mais le duc attendait encore, car il savait qu'une autre invasion de l'Angleterre se préparait[119].

Les rapports entre le duc de Normandie et le roi de Norvège nous sont inconnus. Avaient-ils négocié un partage du royaume d'Angleterre ? Ce n'est pas impossible. Il est fort probable en tout cas que des contacts ont été noués entre les deux prétendants au trône. L'intermédiaire fut peut-être Tostig. Celui-ci avait rompu avec son frère, Harold, au point de collaborer avec ses pires ennemis, dont le roi de Norvège. Or nous savons que Tostig a effectué plusieurs déplacements au cours de cette période entre la Norvège et la Flandre (et peut-être la Normandie)[120]. De tels voyages par voie de mer pouvaient être très rapides. L'information circulait ainsi aisément entre les rives de la Manche et de la mer du Nord. Harald et Guillaume étaient deux vieux renards. Unis contre Harold, ils étaient concurrents pour la conquête du royaume. Tous les deux avaient intérêt à une attaque conjointe, qui obligerait Harold à diviser ses forces. Ils savaient aussi que celui qui attaquerait le premier serait désavantagé, car il devrait affronter les troupes fraîches d'Harold. Dans ce jeu, Guillaume possédait un atout non négligeable : le climat de la Normandie lui permettait d'attendre plus longtemps que son partenaire-adversaire. De fait, Harald Hardrada attaqua le premier[121].

L'armée norvégienne débarqua le 18 septembre sur les rives de la Humber, non loin d'York[122]. Aussitôt, le roi Harold se précipita vers le nord et engagea la bataille le 25 septembre, à Stamford Bridge[123]. Ce fut pour lui une victoire complète : le roi de Norvège et son frère Tostig périrent tous les deux dans le combat. Le duc Guillaume avait gagné sa course de lenteur. Son principal concurrent était éliminé et son adversaire se trouvait affaibli par une bataille éprouvante. Cet épisode capital n'est pas souligné à sa juste valeur dans les sources normandes contemporaines. Seul Guillaume de Poitiers l'évoque[124]. Guillaume de Jumièges et la tapisserie de Bayeux le passent complètement sous silence. Cette ruse normande ne correspondait guère à l'image flatteuse de Guillaume que les auteurs ecclésiastiques voulaient transmettre à la postérité.

Le duc de Normandie attendit de connaître l'issue de la bataille avant de prendre enfin sa décision. Il donna l'ordre du départ trois jours après et la traversée eut lieu dans la nuit du 28 au 29 septembre. Le débarquement put se faire sans encombre à Pevensey[125]. Guillaume eut le temps de s'installer, à proximité d'Hastings, et de prendre ses dispositions avant le retour d'Harold, qui revenait à marche forcée vers le sud. L'armée d'invasion se prépara tranquillement à l'affrontement décisif, qu'on appelle la bataille d'Hastings.

Hastings, 14 octobre 1066

La bataille d'Hastings fut l'une des grandes batailles de l'Histoire. Elle ne nous est connue qu'à travers la documentation normande. Guillaume de Jumièges ne donne presque aucun détail. Nos informations proviennent essentiellement de Guillaume de Poitiers, repris et amplifié par Wace, qui apporte quelques éléments originaux[126]. A ces sources classiques, il faut ajouter un poème contemporain des événements, le *Carmen de Hastingae Proelio* (« Chant de la bataille d'Hastings »), dont l'auteur est probablement Gui d'Amiens[127]. En revanche, les sources anglaises sont pratiquement muettes sur le sujet[128]. Dans le monde anglo-saxon, de nombreux historiens se sont penchés sur la question[129]. En France, mentionnons surtout Pierre Bouet, qui nous offre une nouvelle explication de la bataille en réinterprétant les textes latins (et français)[130].

Guillaume avait l'avantage d'être le premier sur le terrain. Il laissa pourtant les troupes anglaises s'installer sur une hauteur, la colline de Senlac, appelée depuis Battle[131]. On ignore pourquoi il a fait cette « faveur » à ses ennemis. L'armée anglaise avait intérêt à s'installer sur des positions fixes. Elle ne pouvait guère envisager une guerre de mouvement. Ses fantassins n'auraient pas tenu longtemps face à la cavalerie normande.

Nous n'avons pas de chiffres précis concernant les effectifs en présence. On estime généralement que les deux armées étaient d'importance équivalente et comptaient chacune de 7 000 à 8 000 hommes.

L'armée anglaise comprenait deux forces très différentes. D'une part, des soldats d'élite, souvent d'origine scandinave, les *housecarls*. Ils se déplaçaient à cheval, mais combattaient à pied. D'autre part, des paysans mobilisés pour l'occasion, constituant le *fyrd*. La tapisserie de Bayeux montre bien la différence des armements entre les deux catégories de combattants. Les *housecarls* sont équipés comme les Normands de casques à nasal, de hauberts et de boucliers[132]. Leurs armes offensives sont la lance, l'épée et la redoutable hache de guerre (« battle-axe »)[133]. Les membres du *fyrd* sont peu et mal armés, ne possédant généralement qu'une arme offensive (lance ou hache) et un bouclier[134].

L'armée de Guillaume était composée de contingents d'origines diverses, mais on y retrouvait trois éléments distincts : des chevaliers bien armés, qui constituaient la force principale, des fantassins et des archers. La présence de nombreux archers dans le camp normand est d'une importance capitale : ils jouèrent un rôle essentiel dans la bataille. De leur côté, les Anglais avaient très peu d'archers[135].

Dans la nuit du 13 au 14 septembre, Harold avait donc disposé ses troupes au sommet de la colline. Les *housecarls* se trouvaient au centre, protégeant le roi. Les gens du *fyrd* étaient répartis de part et d'autre. Face à ce dispositif, Guillaume avait divisé son armée en trois corps, correspondant aux différents contingents qui la composaient. Le centre était occupé par les Normands, qui faisaient face aux *housecarls*. Les deux ailes étaient tenues par les alliés : Français et Flamands à droite, Bretons à gauche. Les uns et les autres faisaient face aux gens du *fyrd*.

La bataille se déroula au cours de la journée, comme c'est classique au Moyen Age. Elle commença le matin, vers 9 heures, et se termina avant la nuit, qui survient assez tôt au mois d'octobre. Dans le passé, nous avons souvent vu Guillaume éviter les affrontements directs. La seule bataille véritable avait été celle du Val-ès-Dunes, en 1047. Près de vingt plus tard, alors qu'il approchait des quarante ans, le prudent duc de Normandie allait jouer son va-tout. Ce serait à nouveau le heurt frontal et sanglant de deux armées. Dans la conception du temps, il s'agissait d'un « jugement de Dieu », car Dieu seul pouvait accorder la victoire. Dans l'action, Guillaume allait s'efforcer de mettre toutes les chances de son côté.

Les hostilités commencèrent par des tirs nourris de flèches, des rangs normands vers les positions anglaises. Il s'agit d'un tir de couverture « en cloche[136] ». Les images de la tapisserie de Bayeux le montrent clairement : les flèches viennent se ficher par le haut dans les boucliers des Anglais, qui ont largement le temps de se protéger[137]. Les dégâts infligés sont minimes. Puis commence un assaut classique, d'abord des fantassins, puis de la cavalerie lourde. Ces attaques se heurtent au « mur de boucliers » des *housecarls* : elles sont parfaitement inefficaces. A vrai dire, les assaillants se trouvaient en position désavantageuse, car ils devaient gravir la colline pour atteindre les Anglais, bien retranchés au sommet. Le choc frontal ayant échoué, Guillaume décida d'utiliser la ruse. A l'aile gauche, les Bretons simulèrent une fuite. Les gens du *fyrd* ne résistèrent pas à la tentation de les poursuivre. Ils avaient pourtant reçu d'Harold l'ordre de garder leurs positions. Dévalant la colline, ils furent massacrés lors d'un retour offensif de la cavalerie normande. Cette manœuvre se répéta plusieurs fois avec succès. Chaque fois, les troupes d'Harold étaient décimées. En fin de journée, toutefois, les *housecarls* résistaient toujours, défendant efficacement le poste de commandement d'Harold.

Guillaume savait que le « jugement de Dieu » devait aboutir à la mort de l'un des deux prétendants au trône. Il décida de prendre de nouvelles dispositions pour atteindre Harold. C'est à ce moment de la bataille que les archers ont joué un rôle décisif. Le duc leur ordonna de s'approcher le plus près possible des rangs ennemis. Ils procédèrent alors à un « tir tendu », de bas en haut, plus meurtrier[138]. Beaucoup d'Anglais furent alors touchés au visage, mal protégé par les casques du temps. Harold lui-même reçut une flèche dans l'œil[139]. Les rangs anglais commençaient à se disloquer. Le duc en profita pour prendre la tête d'un commando de quatre hommes, dont l'objectif était d'éliminer le roi. Le petit groupe réussit à se glisser à travers les rangs ennemis jusqu'au poste de commandement. Le *Carmen de Hastingae Proelio* nous décrit précisément cette action finale : l'un des chevaliers toucha le roi à la tête, les autres à la poitrine, au ventre et à la cuisse[140]. Harold fut tué : le « jugement de Dieu » se montrait favorable à

Guillaume. Les Anglais vaincus s'enfuirent, poursuivis par les Normands et leurs alliés.

Guillaume avait gagné de façon incontestable. Une bonne partie des hommes de l'aristocratie anglaise étaient morts sur le champ de bataille. Rien ni personne ne pouvait plus s'opposer à la progression de l'armée victorieuse. Le duc de Normandie se dirigea vers Londres et le 25 décembre 1066, jour de Noël, se fit couronner et sacrer roi d'Angleterre à l'église abbatiale Saint-Pierre de Westminster[141]. Stigant, archevêque de Cantorbéry, ne pouvait décemment pas présider la cérémonie. Le prélat consécrateur fut donc l'archevêque d'York, Ealdred[142]. Une fois roi d'Angleterre, Guillaume devait encore faire reconnaître son autorité par les Anglais et pacifier le pays, ce qui ne fut pas facile.

Un vrai sens politique

Pour remporter une bataille décisive, il fallait être un excellent chef militaire, ce que Guillaume était sans conteste. Pour s'emparer effectivement du territoire et le conserver durablement, il fallait aussi faire preuve d'un grand sens politique. Guillaume n'en manquait pas : il l'avait prouvé par le passé. Mais, désormais, l'enjeu était d'une tout autre portée.

Dans un premier temps, le nouveau roi espéra qu'il pourrait réconcilier les adversaires d'hier. En conquérant le pays, il estimait être dans son bon droit, puisqu'il avait accompli la promesse du précédent roi, Edouard. Le « jugement de Dieu » lui ayant été favorable, il pensait que tous les Anglais se rallieraient sans problème. Nous connaissons une réaction anglaise par la chronique anglo-saxonne (version D). L'auteur anonyme du texte affirme que les Anglais ont été punis pour leurs péchés et semble se résigner à l'inévitable[143]. Dans un premier temps, Guillaume se présente donc comme le successeur des rois anglo-saxons, Edouard, mais aussi Harold. Il rédige quelques actes en vieil anglais et s'efforce d'apprendre la langue de son nouveau peuple[144]. Ces dispositions transparaissent à travers la tapisserie de Bayeux, qui est l'un des premiers témoignages que nous possédions sur les événements. Harold y est qualifié de « roi », tout comme dans un certain nombre de chartes[145]. Il est même mis en valeur et vanté pour sa bravoure[146]. Le commentaire latin, très neutre, peut être lu dans un sens proanglais ou pronormand[147]. Cette première politique ne dura que quelques années : elle se heurta à la dure réalité des révoltes anglo-saxonnes.

La première rébellion eut lieu dans le sud-ouest du royaume à Exeter, en 1067-1068[148] : elle fut facilement matée. La révolte la plus grave fut celle du Nord[149], qui se déroula en plusieurs épisodes, en 1069-1070. Elle fut très durement réprimée par le roi, qui ravagea systématiquement la région. Une dernière rébellion, en 1070-1071, eut pour théâtre la région marécageuse des Fens, autour de l'île d'Ely[150]. Compte tenu des bonnes dispositions initiales de Guillaume, on peut se demander quelles étaient les causes réelles de ces mouvements de résistance[151].

L'une des causes de la résistance fut certainement l'occupation militaire du pays par des étrangers. Les Normands et leurs alliés, Bretons et Français, ne représentaient qu'une faible minorité de la population. Pour assurer leur pouvoir, ils construisirent partout des châteaux sur motte, comme ils avaient appris à le faire sur le continent. Facilement édifiées, ces forteresses improvisées résistèrent à tous les assauts, comme ce fut le cas du château d'York en 1069. Les révoltes aboutirent à une multiplication de ces châteaux normands, ce qui n'était évidemment pas l'effet escompté par les rebelles. La ville de Londres en compta jusqu'à trois, y compris la fameuse Tour de Londres. A l'instar de cette dernière, les mottes de terre et de bois furent progressivement remplacées par les énormes châteaux de pierre que l'on peut encore admirer de nos jours[152].

Par ailleurs, l'encadrement aristocratique du pays avait changé du tout au tout. Beaucoup de nobles anglais étaient morts au combat. Ceux qui restaient furent souvent compromis dans les rébellions et éliminés, comme les derniers *earls* Edwin et Morcar (en 1071), et finalement Waltheof (en 1075)[153]. La nouvelle aristocratie était en grande partie normande, et accessoirement bretonne, flamande ou française. Les nouveaux seigneurs prirent possession sans ménagement des « manoirs » anglais[154], exerçant leur pouvoir d'une main de fer sur la paysannerie anglo-saxonne. Certains prirent femme dans le pays, mais la plupart avaient leur épouse sur le continent. Ils conservaient évidemment leurs seigneuries normandes et devaient se partager entre les deux rives de la Manche, ce qui n'était pas facile pour eux, comme pour le duc-roi.

L'un des problèmes qui se posaient à Guillaume était justement de gérer simultanément deux territoires séparés par la mer. Au Moyen Age, la présence effective du chef est indispensable au maintien de son autorité. C'était particulièrement vrai pour l'Angleterre, où le nouveau pouvoir royal restait encore mal assuré[155]. Les révoltes se produisaient en général durant les séjours du roi en Normandie. Sur le continent, en revanche, Guillaume n'eut aucune difficulté avec le duché lui-même. Celui-ci fut bien gouverné en son absence, notamment par la reine Mathilde. Il n'en était pas de même pour les dépendances extérieures. Le nouveau comte d'Anjou, Foulque le Réchin, profita de la situation et reprit possession du Maine. Pour le récupérer, Guillaume dut organiser une expédition en plein hiver, en 1073. Quelques années plus tard, en 1086, une ultime révolte allait être conduite par le seigneur de Sainte-Suzanne, Hubert. Cette fois-ci, Guillaume ne réussirait pas à s'emparer de sa puissante forteresse, malgré un siège en règle. C'est l'un de ses échecs les plus cuisants[156].

En Angleterre, Guillaume avait renoncé à s'appuyer sur les Anglo-Saxons. A cet égard, l'année 1070 marque le tournant du règne. Le roi décida d'abord de reprendre en main l'Eglise. Il ne pouvait certes procéder avec les clercs comme avec les laïcs et devait ménager les autorités ecclésiastiques : il réunit donc un concile de l'Eglise d'Angleterre à Winchester[157]. Présidé par lui, le concile prononça la déposition de quelques prélats notoirement indignes, et en premier lieu de Stigant, archevêque intrus de Cantorbéry. Puis il nomma aux sièges vacants des hommes à lui, clercs normands ou continentaux. Son ami Lanfranc, abbé de Saint-Etienne de Caen, devint ainsi archevêque de Cantorbéry et chef de l'Eglise anglaise. Les Normands Vauquelin et Herfast, deux clercs de la chapelle royale, obtinrent les sièges de Winchester et d'Elmham. Un autre Normand, Thomas de Bayeux, occupa l'archevêché d'York, rendu vacant par la mort de son titulaire, Ealdred[158]. Peu d'évêchés restaient entre les mains de prélats anglo-saxons. De même, dans les monastères, Guillaume remplaça progressivement les abbés. Les grands établissements normands fournirent ainsi de nombreux abbés à l'Angleterre et reçurent parallèlement des terres dans l'île. Par ailleurs, le roi normand n'hésita pas à modifier la carte ecclésiastique du royaume, transférant de nombreux sièges épiscopaux dans des villes plus importantes[159]. Il n'avait jamais osé procéder de la sorte en Normandie.

Guillaume réussit à établir solidement son pouvoir dans l'Angleterre conquise, où il régna pendant vingt et un ans. Il y exerçait une autorité sans partage, sans avoir pu, toutefois, instaurer le consensus qu'il espérait au départ. Le royaume était devenu une véritable colonie normande. Les seigneurs originaires d'outre-Manche possédaient désormais l'immense majorité des terres. Ils disposaient aussi de la seule force militaire tolérée dans l'île.

A la fin de son règne, le roi voulut connaître de façon précise l'état de son royaume. Tenant sa cour de Noël à Gloucester, il lança une grande enquête qui fut réalisée au cours de l'année 1086. Il s'agissait de connaître le nombre des habitants, la superficie des biens et le revenu qu'ils rapportaient. L'enquête était conduite dans une perspective historique, puisque la valeur des biens devait faire l'objet d'une triple évaluation : d'abord avant 1066, au temps du roi Edouard, puis après 1066, à la date de leur prise de possession par les nouveaux maîtres, et enfin en 1086. Des commissions, présidées par des évêques ou par de grands laïcs, étaient chargées de rassembler et de vérifier les informations recueillies localement[160]. L'ensemble devait être l'objet d'une synthèse, qui fut consignée dans un grand registre. Celui-ci allait être appelé *Domesday Book* (« Livre du Jugement dernier »)[161]. De même que le Christ, au Jugement dernier, examinerait les actions de tous les hommes, le roi d'Angleterre pourrait connaître tous les habitants et tous les biens de son royaume. Certes, il y a quelques manques. Londres et Winchester, les deux capitales, ne figurent pas dans le texte. Les terres du Nord, voisines de l'Ecosse, n'ont pas été inventoriées[162]. Par ailleurs, l'enquête de l'Est-Anglie (Norfolk, Suffolk et Essex) n'a pu être intégrée à temps dans la synthèse : elle constitue le *Little Domesday Book*[163]. Un tel recensement était unique à cette époque. Aucun autre document de ce type n'a été conservé, ni même réalisé, en Occident. C'est une mine de renseignements extraordinaire pour les historiens. Guillaume achevait son règne en fournissant à ses contemporains, et à la postérité, une preuve éclatante de sa bonne administration. De ce point de vue, la conquête est une véritable réussite.

Les dernières années sont marquées par une série d'épreuves. En 1082, Guillaume arrête et emprisonne son demi-frère Odon, évêque de Bayeux et comte du Kent. Celui-ci avait pourtant été son plus fidèle soutien : il avait souvent joué le rôle de vice-roi pendant les séjours de son frère dans le duché[164]. Les raisons de cette arrestation restent mystérieuses. Il semble que le comte évêque ait voulu organiser une expédition militaire à Rome, sans l'accord du duc-roi. En tout cas, Guillaume le considéra comme un traître et le maintint en prison jusqu'à sa mort[165]. En 1083, la reine Mathilde mourut et fut inhumée dans le chœur de l'abbatiale de la Trinité de Caen, qu'elle avait fondée[166]. Guillaume en fut profondément affecté, car elle avait été une femme aimante, une collaboratrice efficace et une mère attentive. Elle fut cependant déchirée entre ses devoirs d'épouse et de mère, lorsque son fils aîné, Robert Courteheuse, se rebella contre son père. Mathilde maintint des contacts secrets avec son fils, ce que Guillaume lui pardonna difficilement[167].

Philippe Ier était devenu l'ennemi de Guillaume le Conquérant, ce qui n'a rien d'étonnant. Le roi de France ne pouvait accepter l'extraordinaire montée en puissance de l'un de ses vassaux. Roi d'Angleterre, Guillaume était désormais son égal en dignité, même s'il restait son dépendant pour la Normandie (et le Maine). Philippe n'avait pas les moyens de lutter contre ce puissant adversaire. Il accueillit donc avec empressement Robert Courteheuse. Dans les années 1077-1078, Guillaume et Robert s'affrontèrent au cours du siège de Gerberoy[168]. Après une éphémère réconciliation, au cours des années 1080, le fils rebelle trouva à nouveau refuge auprès du roi de France.

Compte tenu du rapport de force, Philippe Ier était cantonné à des opérations militaires limitées aux confins de la Normandie. L'enjeu en était la situation du Vexin français, dont le roi était le seigneur direct depuis 1077 [169]. Guillaume n'envisageait certainement pas de prendre possession de ce territoire[170]. Néanmoins, les seigneurs locaux, vassaux du roi de France, multipliaient les incursions en Normandie. Le duc-roi décida donc d'organiser une expédition de représailles, au début du mois de septembre 1087. Les troupes normandes prirent et incendièrent la ville de Mantes, mais Guillaume fut gravement blessé[171]. Il fut ramené à Rouen, au prieuré Saint-Gervais. Au cours de sa longue agonie, il eut le temps de pardonner à son fils Robert, auquel il confirma la possession du duché de Normandie, ainsi qu'à son frère Odon, qu'il fit libérer (à contrecœur). Le royaume d'Angleterre devait revenir à son fils cadet, Guillaume le Roux[172]. Ainsi, le duc-roi ne prévoyait pas la survie du royaume anglo-normand. Il mourut le 9 septembre. Son corps fut emmené à l'église abbatiale Saint-Etienne de Caen, où il fut inhumé selon son vœu[173].

Guillaume le Conquérant reste la plus grande figure de l'histoire normande. Il créa un type d'Etat qui n'existait alors nulle part dans l'Occident chrétien : une monarchie féodale autoritaire. Ayant besoin de l'appui des seigneurs normands et continentaux qui l'avaient secondé dans la conquête, il les pourvut largement de terres tenues en fief. Il introduisit en Angleterre un système féodal inconnu jusqu'alors dans le royaume. Il s'agissait toutefois du « système féodal normand », qui avait fait ses preuves dans le duché. Le roi veilla à ce que les terres des principaux vassaux soient dispersées à travers le royaume, de façon à éviter la formation de principautés dangereuses pour son propre pouvoir. Il conserva un domaine royal très important et construisit de nombreux châteaux forts, qui servaient à le protéger contre d'éventuelles rébellions.

Après les soubresauts des premières années, les Anglais se montrèrent soumis au nouveau pouvoir. La population anglaise n'avait certes pas accepté de gaieté de cœur le nouveau régime. Il n'y eut guère de bouleversements pour les paysans, qui changèrent seulement de maîtres. L'ancienne aristocratie avait quasiment disparu, soit sur le champ de bataille, soit à la suite des révoltes des années 1067-1071. La population des bourgs, et surtout des villes, était désormais assez cosmopolite. Les habitants de diverses origines vivaient apparemment en bonne intelligence et la cohabitation était facilitée par de nombreux intermariages[174]. La bonne entente était favorisée par un essor économique incontestable et par de multiples échanges avec les villes de Normandie et du continent. L'Angleterre était devenue un pays bilingue. Les vainqueurs avaient imposé leur langue, qui allait évoluer pour donner l'anglo-normand, variante dialectale de la langue française. Ce dialecte devait être parlé par l'aristocratie du royaume pendant des siècles, jusqu'à la guerre de Cent Ans. La langue anglaise n'avait pas disparu pour autant : elle demeura la langue du peuple, mais subit durablement l'influence du français, dans son vocabulaire comme dans ses structures. L'anglais moderne est aussi le produit de la conquête normande.

Ce constat linguistique trouve des résonances dans beaucoup d'autres domaines. Finalement, l'Angleterre est le produit de la fusion entre deux civilisations, franque et anglo-saxonne, plutôt que normande et anglaise. Les influences ne s'exercèrent pas à sens unique. A beaucoup d'égards, l'Angleterre d'Edouard le Confesseur était un pays plus avancé que la Normandie de Guillaume. C'est le cas en particulier dans le domaine administratif. Guillaume reprit à son compte la chancellerie du royaume, sans pour autant en établir une en Normandie. Il put s'appuyer sur le réseau des shérifs, qui représentaient efficacement le roi dans les comtés. Quant à l'institution judiciaire et financière de l'Echiquier, elle naquit dans le contexte anglo-normand et se développa simultanément des deux côtés de la Manche[175].

Et pourtant, si Guillaume le Conquérant est glorifié en Normandie, il a laissé une mauvaise réputation auprès des Anglais. Certes, de nombreux historiens d'outre-Manche sont d'accord pour reconnaître l'apport fondamental des Normands à la civilisation anglaise. Mais la plupart des Anglais d'aujourd'hui s'identifient plus facilement avec les Anglo-Saxons vaincus qu'avec les vainqueurs normands, qui sont pourtant aussi leurs ancêtres[176]. En témoigne l'inscription qui fut gravée sur le fronton du cimetière militaire britannique de Bayeux, à la suite du débarquement allié de 1944 :

*Nos a Guillelmo victi, victoris patriam liberavimus**

Les mythes historiques ont la vie dure. Le grand héros de l'aventure normande n'est pas reconnu comme tel par les habitants du pays qu'il a conquis. Il n'en est pas de même dans une autre région de l'Occident qui fut soumise à la même époque par d'autres Normands, l'Italie du Sud. Dans ce Sud européen, souvent envahi par différents peuples, les Normands sont les seuls qui trouvent grâce aux yeux des Italiens actuels, et surtout des Siciliens. Contemporain de Guillaume, le principal conquérant de l'Italie du Sud est Robert Guiscard. C'est un autre héros de l'aventure normande.

* « Nous, vaincus par Guillaume, nous avons libéré la patrie du vainqueur. »

VII

La fabuleuse histoire des frères de Hauteville

Le XIe siècle a été le grand siècle de l'aventure normande. Alors que, au nord du monde occidental, le duc de Normandie réussissait à s'emparer du prestigieux royaume d'Angleterre, au sud, d'autres Normands, d'extraction beaucoup plus modeste, se lançaient dans la conquête de l'Italie méridionale, puis de la Sicile. Au XIIe siècle, leurs successeurs parvinrent même à créer de toutes pièces le royaume de Sicile, qui perdura jusqu'à l'unité italienne. Cette aventure étonnante a été menée de bout en bout par une poignée d'hommes audacieux et déterminés, venant du duché de Normandie, qui surent profiter de circonstances favorables. L'histoire des Normands d'Italie du Sud nous est connue à travers des auteurs contemporains, qui se sont fait les chroniqueurs des plus illustres d'entre eux.

Le premier auteur en date est Aimé du Mont-Cassin, moine de la célèbre abbaye fondée par saint Benoît. Il écrit à partir de 1080, à l'époque de l'abbé Didier, qui se montra toujours favorable à ces nouveaux venus. L'œuvre d'Aimé était écrite en latin, sous le titre d'*Historia Normannorum*, mais nous ne la connaissons qu'à travers une traduction française du XIVe siècle, intitulée *Ystoire de li Normant* (« Histoire des Normands »)[1].

Quelques années plus tard, à la fin du XIe siècle, Guillaume de Pouille consacra un long poème à la gloire du Normand le plus prestigieux de l'époque, Robert Guiscard[2]. Enfin, à peu près en même temps, Geoffroy Malaterra, lui aussi moine bénédictin, écrivit l'histoire de la conquête de la Sicile, et surtout celle du principal conquérant, Roger Ier, frère de Robert Guiscard[3].

Au XIe siècle, l'Italie dans son ensemble était loin d'être unifiée. Le Nord constituait le royaume d'Italie, dont le roi était l'empereur allemand du Saint Empire. Tout futur empereur devait venir au moins une fois à Rome, pour être couronné par le pape. Avant son couronnement, il n'avait droit qu'au titre de « roi des Romains ». Comme son autorité était peu respectée dans ce royaume (en particulier par les villes), il devait se frayer un chemin les armes à la main. Le centre de l'Italie appartenait au pape depuis la donation faite par Pépin le Bref, en 756, et confirmée par Charlemagne quand il eut détruit le royaume des Lombards en 774[4]. Le sud de la péninsule était encore plus morcelé que le Nord et le Centre. Une bonne partie se trouvait toujours sous la domination des empereurs byzantins : les « thèmes » de Longobardie[5] et de Calabre. Le reste était divisé en entités dirigées le plus souvent par des princes lombards : principautés de Salerne, de Capoue et de Bénévent, qui était d'ailleurs revendiqué par les papes. D'autres territoires étaient d'anciens duchés byzantins, comme Gaète et surtout Naples. Quant à Amalfi, c'était une ville autonome tournée vers le commerce maritime. Enfin, la Sicile était sous domination musulmane depuis le IXe siècle[6] et une bonne partie de la population grecque avait été remplacée par des émigrants venus d'Afrique du Nord. En outre, les localités côtières de l'Italie du Sud étaient constamment attaquées par des musulmans venus de Sicile. Elles subissaient des raids de pillage et se montraient le plus souvent incapables d'y faire face. C'est dans ces circonstances que les Normands ont été amenés à intervenir dans la région.

Les premiers arrivants

L'arrivée des premiers Normands reste obscure : elle a donné lieu à des récits qui confinent à la légende. Ce qui est certain, c'est que l'Italie du Sud se trouvait sur la route des grands pèlerinages du christianisme médiéval. Bien avant les croisades, les fidèles se rendaient en Terre sainte. La Palestine était gouvernée par les musulmans depuis le VIIe siècle. A partir de la fin du Xe siècle, elle fut rattachée à l'Empire fatimide (dont la capitale était Le Caire). Les pèlerins passaient par Rome et ensuite par le Mont-Gargan, célèbre sanctuaire dédié à saint Michel. On peut penser que les Normands, qui vénéraient l'archange sur le mont Tombe, éprouvaient un intérêt particulier pour ce grand sanctuaire michaélique (le premier en date de l'Occident)[7]. Ensuite, les pèlerins empruntaient souvent la voie de mer, plus rapide et plus sûre que la voie de terre, en dépit du danger représenté par la piraterie arabe.

Pour Aimé du Mont-Cassin, l'événement fondateur se situe en 999. Cette année-là, des pèlerins normands passaient par Salerne, au retour de la Terre sainte. Ils trouvèrent la ville assiégée par les Sarrasins et réussirent à la dégager, alors qu'ils n'étaient que quarante ! Ils repartirent vers la Normandie, mais revinrent par la suite, comme ils l'avaient promis aux habitants. Guillaume de Pouille nous propose une autre version de ces origines. Pour lui, l'événement fondateur aurait eu lieu quelques années plus tard, vers 1015. Des pèlerins, là encore, auraient été sollicités par un aristocrate lombard, Mélès, qui voulait libérer la Pouille de la domination byzantine. Une expédition militaire fut alors organisée, qui aboutit à la bataille de Canne, en octobre 1018.

Ce fut une défaite retentissante pour les Normands, qui ne quittèrent pas pour autant la région.

Ces deux exemples mettent en lumière l'une des raisons essentielles de la réussite normande. Les nouveaux venus étaient d'excellents combattants. Ils maîtrisaient en particulier la nouvelle technique du combat à cheval, qui allait devenir celle des chevaliers dans tout l'Occident. Celle-ci était encore inconnue dans ces régions périphériques. Les Normands étaient experts dans le maniement de la lance, savaient bien manœuvrer en groupe et excellaient dans la charge de cavalerie[8]. Par la suite, ils montrèrent aussi qu'ils étaient capables d'édifier très rapidement des châteaux. Ces châteaux étaient d'abord de simples mottes de terre, entourées de fossés et protégées par une palissade de bois. C'était une technique rudimentaire qui avait été expérimentée en Normandie, pendant les périodes d'affaiblissement du pouvoir ducal. Il s'agissait d'un excellent moyen pour contrôler une région conquise. Les Normands l'utilisèrent en Italie du Sud comme en Angleterre. Quand la situation était stabilisée, les palissades de bois étaient remplacées par des murailles de pierre, d'autant plus faciles à construire en Italie que la roche y était abondante[9].

Le premier Normand à s'installer est Rainolf (qu'on aurait appelé Renouf en Normandie). Il avait combattu comme mercenaire au service du duc de Naples. En récompense, il se fait concéder le comté d'Aversa, en 1029. A cette époque, cependant, le temps des mercenaires n'est pas encore terminé. Les Normands apparaissent souvent comme les adversaires des Byzantins, mais ils n'hésitent pas à s'enrôler dans leur armée, moyennant un bon prix lorsque l'occasion se présente. En 1038, ils participent ainsi à l'expédition menée par Georges Maniakès contre la Sicile musulmane. L'armée de Maniakès était fort composite. On y trouvait notamment des éléments de la « garde varangienne », comme Harald Hardrada, le futur roi de Norvège[10]. Du côté des

Normands, certains combattants se font remarquer. C'est le cas de deux membres de la famille de Hauteville, Guillaume Bras de Fer et son frère Dreu. L'expédition sicilienne se solde par un échec, en 1040, mais elle a permis à plusieurs Normands de faire leurs preuves, dans le cadre d'une véritable armée. Par ailleurs, ils se souviendront des faiblesses de la Sicile musulmane, ce qui les incitera à en entreprendre la conquête, vingt ans plus tard[11].

Après cette campagne, les Normands vont rompre leur alliance de circonstance avec les Byzantins. En 1040, les villes de la Pouille sont révoltées contre l'autorité impériale. La rébellion est menée successivement par Ardouin, Aténolf, puis Argyros. Les Lombards ont à nouveau besoin des Normands pour les défendre. Ceux-ci acceptent évidemment, mais ils sont bien décidés, cette fois-ci, à ne plus se laisser voler le fruit de leurs victoires. Ils entament donc la conquête systématique de la Pouille, qu'ils placent théoriquement sous l'autorité du prince de Salerne, Guaimar V (1027-1052). En réalité, ils viennent de créer le premier Etat normand d'Italie et partagent la région en douze comtés : Civitate, Siponto, Ascoli, Melfi, Lavello, Canne, Trani, Minervino, Venosa, Acerenza, Montepeloso et Monopoli. Le pouvoir byzantin ne conserve qu'une mince bande côtière autour de Bari, la capitale, et la péninsule d'Otrante, avec les villes de Brindisi et de Tarente, autrement dit le seul « talon » de la botte italienne[12].

En créant ces comtés, les Normands avaient reproduit un modèle féodal qui était dominant dans la France du Nord mais encore inconnu en Italie méridionale. Pourtant, ils n'ont pas installé dans la péninsule le « système féodal normand », alors en voie de constitution dans la « mère patrie ». Pour bien fonctionner, ce système nécessitait la présence d'un pouvoir central fort, qui existait en Normandie sous Richard II, entre 1001 et 1026, puis à nouveau sous Guillaume le Bâtard, après 1047. Or les différents chefs normands de la Pouille se considéraient comme des égaux et acceptaient difficilement une autorité supérieure, hormis celle du prince de Salerne qui restait purement honorifique. Ils durent pourtant admettre la nécessité d'avoir un chef, ne serait-ce que pour conduire les opérations militaires. Ce fut Guillaume Bras de Fer, qui prit le titre de comte en 1042[13]. Quand il mourut, en 1046, son frère Dreu lui succéda avec le titre de « comte des Normands de toute la Pouille et de toute la Calabre[14] ». Théoriquement, son pouvoir ne se limitait donc pas aux seuls territoires conquis : il s'étendait aussi sur toutes les terres que les Normands souhaitaient conquérir (comme la Calabre). Dreu était le chef d'un peuple, plutôt que le maître d'un territoire précis. En tout cas, avec cette désignation, on amorçait un mode de succession héréditaire. Désormais, les chefs seraient choisis de préférence dans la famille de Hauteville.

Cadets de famille

Les Normands d'Italie du Sud étaient d'abord des combattants ; ils appartenaient par conséquent à la petite aristocratie. En Normandie, tous les fils de ces familles ne pouvaient pas s'établir. L'aîné s'adjugeait la part du lion (les deux tiers), selon la coutume de Normandie[15]. Les cadets n'avaient d'autre choix que de partir chercher fortune ailleurs.

C'est ce qui est arrivé à la famille de Hauteville, sur laquelle nous sommes un peu mieux renseignés. Ses origines baignent toutefois dans une atmosphère de légende. Au départ, on connaît un petit aristocrate du diocèse de Coutances, Tancrède, seigneur de Hauteville. Il existe trois Hauteville dans l'actuel département de la Manche[16], mais, d'après la tradition, il s'agit de Hauteville-la-Guichard[17]. Ce seigneur avait douze fils, ce qui est évidemment un chiffre hautement symbolique. Un seul serait resté en Normandie, les autres s'expatriant en

Italie. Ils y sont d'ailleurs venus en plusieurs vagues, car il y avait de grandes différences d'âge entre ces enfants nés de deux mariages. Nous connaissons cinq fils du premier lit, arrivés dans les années 1030 : Guillaume Bras de Fer, Dreu et Onfroy, auxquels on peut ajouter Geoffroy et Serlon. Les fils du second lit ne semblent pas présents en Italie avant les années 1045. Le plus âgé est Robert, surnommé Guiscard (« le rusé »), suivi de Mauger, Guillaume, Alfred, Hubert, Tancrède et du petit dernier, Roger, qui fut appelé lui aussi à jouer un rôle majeur[18].

Tous les Normands ne sont pas venus, comme les Hauteville, à cause de cette faim de terre. Une bonne partie des émigrés étaient des nobles qui supportaient difficilement la montée en puissance du pouvoir ducal. Richard II mit en effet en place une administration régulière, dirigée par des vicomtes, qui ne laissait plus guère de pouvoirs aux seigneurs locaux. Certains étaient tentés de se révolter, mais ils savaient qu'ils risquaient d'être bannis sans jugement du duché, en vertu d'un droit d'origine scandinave appelé *ullac*[19]. Pour éviter la fureur ducale, quelques-uns préférèrent anticiper la sanction. Des Normands se retrouvèrent en Espagne, où ils participèrent à la Reconquista, et même jusqu'en Anatolie[20]. La plupart, toutefois, prirent la route de l'Italie, où beaucoup de leurs compatriotes étaient déjà installés. Parmi ces exilés, on peut citer Osmont Drengot, qui avait tué un ami du duc (vers 1015), Guillaume Werlenc, comte de Mortain, apparenté à la famille ducale (vers 1056), et Robert de Grandmesnil, abbé de Saint-Evroult, qui allait diriger plusieurs monastères en Italie (1061)[21].

Enfin, il faut aussi mettre en avant l'attrait de l'Italie, qui était déjà un pays riche, avec de magnifiques paysages et de beaux monuments antiques qui ont frappé les auteurs du temps. Ceux qui étaient passés par là pour aller en pèlerinage brossaient sans doute un tableau idyllique de la situation et suscitaient des vocations pour le grand départ. C'est ainsi que les premiers Normands sont venus et revenus. Grâce à l'anthroponymie et à la toponymie, nous savons que les arrivants provenaient surtout de la basse Normandie, des diocèses de Coutances et de Bayeux en particulier[22]. C'étaient des régions relativement pauvres et mal contrôlées par l'autorité ducale avant Guillaume le Conquérant. D'autres immigrants vinrent se mêler aux Normands, venant de diverses principautés : des Bretons, des Angevins, des Manceaux, etc. Tous parlaient des dialectes romans (sauf les bretonnants) et se comprenaient sans problème[23]. Ils sont d'ailleurs toujours appelés *Galli* ou *Franci* dans les textes rédigés en Italie[24].

Après quelques dizaines d'années, les Normands et assimilés étaient devenus assez nombreux pour susciter une réaction de rejet. Le pape et les princes lombards s'inquiétèrent de leur montée en puissance qui menaçait les équilibres traditionnels. Les populations locales supportaient de plus en plus mal d'être soumises à des étrangers. C'est dans ces circonstances difficiles que va se révéler un nouveau chef, issu lui aussi de la famille de Hauteville, Robert Guiscard.

Premier-né du second mariage de Tancrède de Hauteville, Robert est arrivé en Italie du Sud vers 1047-1048, alors que son frère Dreu était reconnu comme le chef des Normands. Sans doute le jeune homme espérait-il recevoir tout de suite un territoire, mais son frère le traita avec sévérité, l'envoyant « faire ses classes » dans la Calabre byzantine. Robert doit combattre durement, en alternant la force et la ruse, pour s'emparer une à une des nombreuses places fortifiées de la région. Utilisant la méthode qui avait si bien réussi à ses compatriotes, il construit un château sur motte à Scribla, fouillé par Anne-Marie Flambard Héricher[25], puis un autre à San Marco Argentano[26]. Ce théâtre d'opérations marginal ne suffit pas à Robert, qui ne manque pas d'ambition. Dès 1048, il participe à des combats dans la principauté de Bénévent.

En cette année 1048 a lieu l'avènement de Léon IX. Nommé par l'empereur Henri III, il est le premier pape réformateur[27]. Il n'accepte pas que la papauté et ses alliés traditionnels soient menacés par les Normands, dont le pouvoir paraît justement miné de l'intérieur. L'autorité exercée par les Hauteville est très mal acceptée par de nombreux barons. Dreu lui-même est assassiné en 1051[28], de même que Guaimar V en 1052. Or le prince de Salerne était le dernier soutien des Normands. Léon IX va donc s'efforcer de fédérer tous les mécontents et d'organiser une vaste coalition antinormande.

Le pape réussit à rassembler une grande armée composée par des hommes d'origines très diverses. Le gros de la troupe est formé par les Italiens, qui sont épaulés par deux contingents de soldats aguerris : des Grecs envoyés par Constantin IX, et des chevaliers allemands, recrutés grâce à l'appui d'Henri III. Le pape décide de diriger lui-même les opérations. La bataille a lieu dans le nord de la Pouille, à Civitate, le 17 juin 1053. Les Normands divisés se sont tous réunis pour cette rencontre décisive. Les Italiens et les Grecs sont rapidement mis en fuite par les Normands. Restent les chevaliers souabes, excellents combattants, qui vont résister jusqu'au dernier. Les Normands sortent vainqueur de cette terrible confrontation. Encore une fois, ils ont démontré avec éclat qu'ils maîtrisaient le combat à cheval, avec la lance et l'épée. Seuls les Allemands se battaient à armes égales[29]. Robert Guiscard avait évidemment participé de façon très active à cette grande bataille. La renommée qu'il y gagna allait se révéler fort utile par la suite.

Léon IX fut gravement affecté par cette défaite, qui marquait l'échec de l'un de ses plus grands desseins. Prisonnier des Normands, il fut traité avec honneur, mais n'eut d'autre choix que d'accepter leurs exigences. Il dut admettre la légitimité du pouvoir des Normands. En échange, ceux-ci se reconnurent comme ses fidèles. La victoire militaire des Normands débouchait donc sur un grand succès politique et diplomatique. Personnellement, Léon IX vécut très mal ces événements et il mourut quelques mois plus tard à Rome, le 19 avril 1054[30]. Ses successeurs furent encore nommés par l'empereur, mais ils ne vécurent pas assez longtemps pour s'imposer. Les choses allaient changer avec Nicolas II, qui eut comme interlocuteur direct Robert Guiscard.

Onfroy était mort en 1057 et son jeune frère Robert fut reconnu sans difficulté comme successeur. Les années suivant Civitate, les Normands eurent les mains libres pour se lancer dans de nouvelles conquêtes. Richard d'Aversa, fils de Rainolf, put s'emparer de la principauté de Capoue, en 1058, puis du duché de Gaète, en 1063. Il devint le protecteur attitré du grand monastère bénédictin du Mont-Cassin, dont l'abbé Didier fut un soutien précieux pour les Normands[31]. Robert Guiscard lui-même paracheva la conquête de la Calabre, avec l'aide de son jeune frère Roger, le dernier des Hauteville, récemment arrivé. Les places conquises étaient généralement partagées à parts égales entre les deux frères, qui en exerçaient la coseigneurie.

L'élection de Nicolas II, en 1058, ne se passa pas comme les précédentes, car l'empereur Henri III était mort en 1056 et son fils, Henri IV, n'était encore qu'un enfant. Elu « par le clergé et le peuple de Rome[32] », Nicolas II allait se montrer un grand réformateur. Son premier souci fut de faire échapper définitivement l'élection pontificale aux influences extérieures, laïques en particulier. Le choix du pape fut donc réservé au collège des cardinaux de la ville et de la province de Rome. C'était une décision de circonstance, qui eut une étonnante postérité, puisqu'elle est toujours en vigueur de nos jours. Par ailleurs, le pape fit déclarer par le synode romain[33] qu'aucune charge ecclésiastique ne pouvait être conférée par un laïc « ni gratuitement ni à prix d'or[34] ». La lutte contre la simonie reprenait donc de plus belle. Le pouvoir impérial était directement visé par ces mesures et Nicolas II avait besoin d'appui : il se tourna naturellement vers les Normands. C'était un revirement majeur. Le nouveau pape acceptait de bon gré une alliance qui avait été imposée par la force à Léon IX.

La nouvelle politique pontificale fut concrétisée en 1059 lors du synode de Melfi. Le pape se déplaça jusqu'à cette ville qui apparaissait comme la capitale de la Pouille normande. Richard de Capoue et Robert Guiscard lui prêtèrent serment de fidélité. Désormais, les princes normands entraient officiellement dans la vassalité pontificale. Ils défendraient militairement le pape contre ses ennemis (surtout allemands). En échange, ils bénéficieraient de sa haute protection spirituelle, dont la valeur était reconnue par tous les chrétiens d'Occident. De plus, le pape leur donnait l'investiture de leurs possessions. Richard fut reconnu comme prince de Capoue et Robert Guiscard comme « duc de Pouille et de Calabre, ainsi que de la Sicile à conquérir[35] ».

Mais Robert n'avait pas réussi à unifier toutes les possessions normandes et devait encore composer avec Richard de Capoue. Il avait cependant acquis le titre ducal, qui lui était conféré par le pape. Ainsi, ce fils d'un petit seigneur du Cotentin se hissait par ses seuls mérites au même rang que son contemporain le duc Guillaume le Bâtard qui, lui, était issu d'une lignée ducale déjà ancienne. En 1059 il y avait deux duchés normands, aux deux extrémités de l'Occident, et leurs deux chefs allaient s'illustrer dans des conquêtes extraordinaires : l'Angleterre pour l'un, l'Italie du Sud et la Sicile pour l'autre. De fait, Robert devait se lancer dès les années suivantes, avec son frère Roger, dans la conquête de la grande île.

La conquête de la Sicile

La conquête de la Sicile fut une œuvre de longue haleine, puisqu'elle se poursuivit pendant trente ans, de

1060 à 1091. Elle fut menée conjointement par Robert et Roger, qui se partagèrent les places conquises, comme ils l'avaient fait pour la Calabre. Les deux frères surent encore une fois profiter des circonstances, alors qu'ils étaient à la tête de troupes souvent peu nombreuses, presque toujours inférieures à celles de leurs adversaires musulmans. Il ne faut pas oublier que les princes normands, Robert surtout, ne limitaient pas leur activité à la Sicile, où ils ne faisaient que des apparitions ponctuelles. Ils se trouvaient souvent sur le continent pour effectuer de nouvelles conquêtes, pour mater les fréquentes révoltes de leurs vassaux indisciplinés, ou pour préparer des expéditions aventureuses en direction de l'Empire byzantin[36].

La Sicile avait naguère été soumise par les Fatimides, qui s'étaient emparés de Palerme en 917. Puis le pouvoir avait longtemps été exercé par les émirs kalbites, qui reconnaissaient l'autorité lointaine du calife fatimide. Mais le pouvoir des Kalbites était fortement contesté au XIe siècle, de l'extérieur et de l'intérieur[37]. Il avait été gravement ébranlé par la tentative de reconquête menée par Georges Maniakès (1038-1040). Depuis, l'île était la proie de forces centrifuges : elle était déchirée entre des émirs musulmans, arabes ou berbères, qui ne cessaient de se faire la guerre. On divise habituellement la Sicile en trois secteurs géographiques, autour des trois anciennes capitales : le Val di Mazara (ouest de l'île, avec Palerme), le Val Demone (nord-est, avec Messine) et le Val di Noto (sud-ouest, avec Syracuse). Ces trois secteurs relevaient d'autorités différentes. Le chef berbère Ibn Mankût occupait l'Ouest et contrôlait les villes de Trapani et Mazara. Ibn al-Hawwas, un autre Berbère, possédait l'essentiel du Val di Noto, avec Agrigente et Castrogiovanni, à l'exception de Catane, qui appartenait à l'émir Ibn al-Maqlâti. Le reste de l'île, au nord et à l'ouest, obéissait encore à l'émir de Palerme, le dernier fils de Yusuf al-Hasan. Or celui-ci est chassé de Palerme en 1052-1053. Un dernier émir, Ibn ath-Thumna, s'empare de Syracuse et bat l'émir de Catane. C'est lui qui va faire appel aux Normands, qu'il entend employer comme mercenaires afin de l'emporter sur ses adversaires. Ce personnage est bien connu de Geoffroy Malaterra, qui l'appelle Betumen[38].

En 1060, Robert et Roger venaient d'achever la conquête de la Calabre, en s'emparant de Reggio, la capitale, qui était aussi la place la plus méridionale, face à Messine. Ils vont répondre favorablement à l'appel de l'émir musulman et débarquer en Sicile, dès l'automne de cette année-là. La conquête de la Sicile est, officiellement du moins, l'œuvre des deux frères, qui établissent sur les régions soumises un véritable condominium. Ce curieux système posa souvent des problèmes : Robert et Roger passèrent beaucoup de temps à régler leurs conflits personnels.

Les étapes de cette conquête sont bien connues grâce à l'ouvrage de Geoffroy Malaterra. Aussi pouvons-nous suivre à ce sujet Marie-Agnès Lucas-Avenel, la meilleure spécialiste de cet auteur[39]. La première étape correspond à trois expéditions conduites au cours de l'année 1061, en février, en été et à Noël. Elles permirent aux troupes normandes de s'emparer de Messine et de pénétrer profondément à l'intérieur de l'île, jusqu'à Agrigente (aujourd'hui Girgenti). Les envahisseurs sont alors guidés par leur allié arabe, l'émir Ibn ath-Thumna, qui les conduit vers les terres de ses ennemis, et surtout d'Ibn al-Hawwas, qui possédait Enna et Agrigente. Roger finit par établir son quartier général à Troina, ville située sur un sommet, ce qui permettait d'inspecter facilement un vaste territoire alentour et d'éviter toute surprise. A la fin de cette première année, les Normands contrôlent tout le Val Demone.

La deuxième étape se déroule au cours des années 1062-1063. Les Normands commencent à être confrontés à de grandes difficultés. Considéré comme un traître, leur allié Ibn ath-Thumna est assassiné par des musulmans. Bientôt ce sont les Grecs de Troina qui se révoltent contre la domination normande, assiégeant Roger dans la citadelle au cours de l'hiver. Devant partir en Calabre pour chercher du ravitaillement, il confie la place à sa femme, Judith (appartenant à la famille des comtes d'Evreux)[40]. Pendant ce temps, les musulmans réunissent leurs forces en vue de battre les Normands une fois pour toutes. La rencontre a lieu à Cerami (près de Troina), au printemps 1063. Malgré un rapport de force très défavorable, Roger est à nouveau vainqueur.

La troisième étape a lieu au cours des années 1064-1070. Elle marque le retour de Robert Guiscard sur le théâtre sicilien. Les deux frères assiègent une première fois Palerme, la capitale arabe de l'île, mais c'est un échec. Roger reste à nouveau seul et remporte une nouvelle bataille contre les musulmans coalisés à Misilmeri (près de Palerme), en 1068.

La dernière étape commence en 1071. Cette année-là, Roger a quitté la Sicile pour rejoindre son frère et participer à la dernière phase du siège de Bari. La capitale byzantine de l'Italie du Sud, dernière place à résister aux Normands, tombe enfin le 16 avril 1071. Immédiatement, Robert et Roger retournent en Sicile. Tirant les leçons de ce qui s'est passé à Bari, ils bloquent la ville à la fois du côté de la terre et du côté de la mer. C'est Roger qui soutient le siège terrestre, pendant que Robert commande la flotte normande, qui empêche tout ravitaillement. Découragés et affamés, après un siège de dix mois, les Palermitains capitulent le 10 janvier 1072. Aussitôt, les deux frères discutent âprement du sort de leur nouvelle conquête. On ne sait pas s'ils ont encore une fois appliqué le fameux condominium (selon Aimé du Mont-Cassin) ou s'ils se sont réparti les villes, Robert gardant seulement Palerme (selon Geoffroy Malaterra). Ce qui est certain, c'est que Robert va se désintéresser désormais de l'île, laissant son frère parachever la conquête, ce qui lui prit encore dix ans. Le

Val di Mazara sera entièrement contrôlé en 1078, mais le Val di Noto seulement en 1091[41].

La conquête de la Sicile n'a été qu'une suite d'escarmouches, d'embuscades, de raids de pillage. L'armée normande, comprenant au plus quelques centaines de chevaliers, s'est montrée étonnamment mobile, parcourant l'île de part en part dès la première année, et à de multiples reprises. Mais, pour la contrôler, il fallait s'emparer d'innombrables *castra* fortifiés, et les sièges duraient toujours très longtemps. La fréquente mésentente des deux frères explique aussi largement les lenteurs de la conquête. Roger peut être considéré comme le véritable conquérant de l'île, et c'est ainsi que le présente son biographe, Geoffroy Malaterra, qui ne tarit pas d'éloges à son égard. Pour cet auteur, Roger est le bras de Dieu chargé de vaincre et de soumettre ceux qui sont considérés comme des païens. Il est vrai que Geoffroy écrit son œuvre alors que la première croisade a commencé. Il voit son héros comme un précurseur des croisés[42].

Roger devient comte de Sicile. Après la mort de son frère Robert (1085), il va récupérer l'ensemble des villes et des terres. C'est la fin du condominium. Les Siciliens d'aujourd'hui sont fiers de ce personnage, qu'ils appellent *il Gran Conte* (« le grand comte »). Après la prise de Palerme, dont il fait sa capitale, Roger Ier va encore gouverner la Sicile pendant trente ans.

La Sicile normande est alors peuplée par une grande majorité de musulmans et une minorité grecque. Celle-ci, peu nombreuse, est formée par des chrétiens qui, depuis 1054, ne reconnaissent plus l'autorité du pape de Rome. Elle reste fidèle à l'empereur byzantin et n'a pas considéré les Normands comme des libérateurs. Sur le plan religieux, elle est très affaiblie, puisqu'il ne subsiste qu'un seul évêque grec, à Palerme. Les Normands vont respecter les différentes religions de l'île. Les musulmans ne sont nullement persécutés. Robert et Roger se contentent de quelques actes symboliques.

Ainsi, aussitôt après la prise de la ville, la grande mosquée de Palerme est convertie en église et devient cathédrale. Au début, les chrétiens de rite latin sont peu nombreux. Ce sont les compagnons de Roger qui ont participé à la conquête : des Normands bien sûr, mais aussi, selon Geoffroy Malaterra, des Angevins, des Manceaux et des Français (d'Ile-de-France). De nombreux colons occidentaux viendront peupler l'île, en provenance de l'Italie (du Sud et du Nord). L'équilibre des populations changera peu à peu. Pendant longtemps toutefois, les musulmans restent majoritaires et l'arabe demeure la principale langue de communication (en même temps que la langue savante). L'arabe cohabite avec le latin et le grec dans les documents officiels. On entend aussi parler de nombreux dialectes français ou italiens. La Sicile s'affirme d'emblée comme un espace multilingue et multiculturel.

Roger Ier limite ses ambitions à la Sicile. Ce n'est pas le cas de son frère Robert Guiscard. Après le siège de Palerme, il poursuit ses conquêtes sur le continent. En 1076, avec Richard de Capoue, il peut s'emparer de la principauté de Salerne. L'année suivante, en 1077, les villes de Naples et de Bénévent tombent à leur tour en son pouvoir et la progression se poursuit vers le nord, dans les Abruzzes. Les Normands se rapprochent de Rome et empiètent déjà sur le territoire pontifical. Le pape est alors Grégoire VII, élu en 1073. Il symbolise la réforme de l'Eglise, à laquelle on a accolé son nom (« réforme grégorienne »). Grégoire envisage un moment de recourir à la force pour empêcher ces empiètements, mais il doit y renoncer, tant il a besoin de la force militaire des Normands pour se défendre contre l'empereur Henri IV. La « querelle des investitures » atteint en effet son paroxysme en cette année 1077, avec le célèbre épisode de Canossa[43]. En tout cas, en 1078, les Normands ont conquis la totalité de l'Italie du Sud. Richard est toujours maître de la principauté de Capoue, mais Robert Guiscard s'est adjugé la part du lion : il domine toute la Pouille, les principautés de Salerne et de Bénévent, ainsi que la Calabre et la Sicile (en partage avec son frère Roger). Ses ambitions ne s'arrêtent pas là. Il a laissé Roger s'occuper de ce qui reste de la Sicile musulmane. Lui regarde beaucoup plus loin et beaucoup plus haut, vers l'Empire byzantin.

Robert est un vieil adversaire des Byzantins : c'est contre eux qu'il a réalisé ses plus belles conquêtes, la Pouille et la Calabre. Il a beaucoup appris d'eux et notamment en ce qui concerne la guerre sur mer. Comme eux, il a programmé et réussi de remarquables opérations combinées, terre-mer, qui lui ont permis de s'emparer de Bari et de Palerme. Pour y parvenir, il a rassemblé une flotte formée en grande partie par des marins grecs (surtout calabrais). Il admire le faste et la richesse de l'empire et rêve de conduire une expédition vers Constantinople. Il sait que les armées terrestres de l'empereur ne sauraient résister à la cavalerie normande. Par ailleurs, il connaît bien les faiblesses récurrentes de l'empire, dues à la progression des Turcs en Anatolie[44], aux querelles de palais et aux crises de succession. Or, justement, à partir de 1078, l'empire est plongé dans l'une de ces crises et Robert Guiscard entend bien profiter de cette occasion favorable.

Le chef normand avait marié l'une de ses filles, Hélène, au prince Constantin, héritier de l'empereur Michel VII Doukas. Il était personnellement intéressé par la situation à Constantinople, car il espérait que sa fille accèderait au trône, en tant qu'impératrice. Or, en 1078, Michel VII est déposé et Robert prépare une expédition sur le territoire byzantin. Les préparatifs durèrent plusieurs années. Le pape Grégoire VII appuya le duc de Pouille. Il espérait grâce à lui ramener les Grecs dans l'obédience romaine. Robert et ses troupes débarquèrent en Illyrie au mois de mai 1081 et entreprirent aussitôt le siège de Durazzo (aujourd'hui Durrës, en Albanie). La ville tomba, mais Robert ne put poursuivre son avantage. Il n'avait plus affaire au faible Michel VII ni même à son successeur, Nicéphore III, mais au meilleur général grec du temps, qui s'était saisi du trône, Alexis Comnène (1081-1118). Celui-ci va rétablir le pouvoir impérial, stabiliser les frontières et fonder la dernière grande dynastie byzantine, qui se maintiendra pendant plus d'un siècle (de 1081 à 1185). Alexis est non seulement un excellent militaire, mais aussi un habile diplomate. A son tour, il a compris les faiblesses de Robert Guiscard. Il suscite une révolte des barons de Pouille et négocie avec l'empereur germanique, Henri IV.

Or Henri IV est au plus fort de son conflit avec le pape : la querelle des investitures a pris un tour dramatique. Il s'agit désormais d'un affrontement majeur entre les deux pouvoirs supérieurs du monde occidental : le pouvoir spirituel, incarné par le pape, et le pouvoir temporel, incarné par l'empereur. Le pape a délié les vassaux allemands de leur serment de fidélité et les a incités à élire un nouveau roi, Rodolphe de Rheinfelden, que l'on peut considérer comme un « antiroi ». De son côté, Henri IV ne reconnaît plus l'autorité de Grégoire VII et, en 1080, il nomme lui aussi un « antipape », Clément III. La même année, Rodolphe est tué sur le champ de bataille. Henri IV veut donc descendre jusqu'à Rome pour renverser Grégoire VII et installer son antipape à Saint-Pierre et au Latran. Les sollicitations d'Alexis Comnène, accompagnées d'importantes contributions financières, ne peuvent mieux tomber. De fait, Henri IV organise une première expédition en Italie en 1081, une deuxième en 1082. Au cours de la troisième, en 1083, il s'empare de la cité léonine (le Vatican)[45]. Il revient encore en mars 1084, à Pâques, et fait couronner Clément III à Saint-Pierre. A chaque expédition, Grégoire VII est obligé de se réfugier dans le château Saint-Ange.

Le pape est acculé. Il n'a d'autre solution que de se tourner vers les Normands. Dès 1081, il a lancé un appel au secours à Robert Guiscard. Celui-ci attend la prise de Durazzo, en février 1082, pour interrompre ses opérations en territoire byzantin. Sa première tâche est de mater la révolte des barons, ce qu'il réussit sans grande difficulté. Robert se dirige alors vers Rome, qu'il atteint au mois de mai 1084. Il pénètre sans problème dans la ville, mal protégée par son immense enceinte datant de l'empereur Aurélien (270-275). Henri IV est reparti, laissant une importante garnison allemande. Les combats se déroulent dans la ville même, qui est en partie incendiée. Les Romains ne le pardonneront pas à Robert Guiscard. En utilisant ces méthodes brutales, les Normands réussissent néanmoins à venir à bout de la garnison allemande et à l'expulser de la ville. Toujours enfermé dans le château Saint-Ange, le pape Grégoire VII est délivré. Néanmoins, devant son salut à ces alliés encombrants, il est contraint de les suivre sur leurs terres. Il achève sa vie à Salerne, où il meurt le 25 mai 1085. Son tombeau y existe encore dans la cathédrale.

Robert Guiscard était reparti dès 1084 afin de poursuivre la guerre contre l'Empire byzantin. Il était secondé par son fils Bohémond qui, pendant son absence, avait mené plusieurs campagnes en Macédoine et en Grèce, et vaincu par deux fois l'empereur Alexis. En 1085, Robert conduit à nouveau les opérations, de concert avec Bohémond. La flotte vénitienne, alliée d'Alexis, est battue et détruite au large de Corfou. Robert ne pourra pas exploiter ce succès, car il trouve la mort dans l'île de Céphalonie, le 17 juillet 1085[46].

La mort de Robert mit fin au « rêve impérial » caressé par le chef normand, pour reprendre l'expression de Pierre Bouet[47]. Son héritier n'eut pas l'envergure nécessaire pour reprendre à son compte ses projets aventureux. Sur ce plan, le véritable successeur de Robert fut son neveu, Roger II, fils de Roger Ier.

La succession de Robert et de Roger Ier

D'origine très modeste, les frères de Hauteville s'étaient taillé de vastes Etats à la pointe de l'épée. Ce droit de conquête ne suffisait pas à se faire admettre par les rois et les princes appartenant à de vieilles dynasties. Pour ce faire, ils surent conduire une habile politique matrimoniale. Rainolf d'Aversa avait donné l'exemple en épousant la sœur du duc Serge IV de Naples. Les Hauteville agirent de même. Guillaume Bras de Fer se maria avec la nièce du prince de Salerne, Guaimar V (1027-1052), et son frère Dreu avec une fille du même Guaimar. Robert Guiscard avait épousé une femme normande, Aubrée (Albereda)[48]. Elle lui avait donné au moins deux enfants : Bohémond et Emma, qui fut la mère de Tancrède, futur prince de Galilée. Quand Robert avait été promu au rang de chef des Normands de la Pouille (1057), cette épouse était devenue encombrante : elle contrariait ses ambitions. Robert fit donc annuler son mariage, sous prétexte de consanguinité. En 1058, il put alors s'unir, lui aussi, avec une femme digne de son rang, Sykelgaïte, fille de Guaimar V. Ce mariage allait se révéler politiquement très utile. Il permit de faire accepter beaucoup plus facilement la domination normande par les populations autochtones. Par ailleurs, Sykelgaïte fut une femme énergique, consciente de son illustre origine, et sut défendre bec et ongles les intérêts de ses enfants. Ceux-ci, au nombre de dix au moins, furent considérés comme les seuls descendants « légitimes » de Robert. Les sept filles furent mariées à des héritiers de grandes familles. Nous connaissons déjà l'union la plus prestigieuse, celle d'Hélène avec le fils de l'empereur byzantin. Une autre fille, Mathilde, épousa Raymond-Bérenger II, comte de Barcelone. Quant aux trois fils, ils assuraient la continuité de la dynastie. L'aîné, Roger Borsa, fut aisément reconnu comme héritier par les « Italiens », parce qu'il était à demi lombard. En revanche, il eut beaucoup de mal à se faire admettre par les barons parce qu'il n'était qu'à moitié normand ! Heureusement pour lui, le jeune Borsa trouva un protecteur efficace en la personne de son oncle, le « grand comte » de Sicile, qui réussit à l'imposer. Soutenu activement par sa mère, Roger Borsa gouverna donc le duché de Pouille jusqu'à sa mort, en 1111, et son fils, Guillaume, lui succéda jusqu'en 1127[49].

Roger Ier avait fait trois mariages successifs. Les deux premières épouses appartenaient à la haute aristocratie normande et étaient apparentées à la famille ducale. La première était Judith d'Evreux, qui l'avait bien secondé au début de la conquête sicilienne. La deuxième se nommait Eremburge et était la fille du comte Guillaume de Mortain (neveu de Guillaume le Conquérant). Ses deux femmes lui laissèrent surtout des filles, qui firent de beaux mariages. Les plus prestigieux sont ceux de Mathilde, fille de Judith, avec Raymond de Toulouse, qui fut l'un des principaux chefs de la croisade, de Constance avec Conrad, fils de l'empereur Henri IV, ou de Busilla avec Coloman, roi de Hongrie. Les héritiers mâles devaient naître du troisième mariage, avec Adélaïde del Vasto, qui appartenait à la famille piémontaise des « Aleramici[50] ». L'aîné, Simon, succéda à son père comme comte de Sicile, de 1101 à sa mort en 1105, puis à son frère, Roger II, à partir de 1105. Ces deux princes étaient très jeunes à leur avènement et Adélaïde exerça la réalité du pouvoir jusqu'à ce qu'elle quitte la Sicile, en 1113, après avoir épousé le roi de Jérusalem, Baudouin Ier (1100-1118)[51].

Roger II se trouvait désormais à la tête du comté de Sicile, mais aussi de la Calabre. Appartenant à la deuxième génération des Normands d'Italie, il a hérité de toutes les qualités des Hauteville. C'est un bon militaire et un excellent politique. En quelques années, il va réussir à unifier toutes les possessions normandes d'Italie méridionale et à se faire décerner le titre de roi.

Quelques décennies après Guillaume le Conquérant, un autre Normand accède ainsi à la royauté.

Roger II s'installe à Palerme, l'ancienne capitale musulmane, alors que sa mère avait préféré séjourner à Messine. Il va s'appuyer particulièrement sur des chrétiens orientaux et d'anciens musulmans convertis, auxquels il fait plus confiance qu'aux barons normands ou francs. Par ailleurs, il utilise en grand nombre les musulmans dans son armée. Ce sont des soldats bien utiles lorsqu'il s'agit de combattre des chrétiens, et surtout les troupes pontificales. Dès les premières années de son principat, Roger mène une politique extérieure active, en direction du monde musulman. Il lance plusieurs expéditions contre des villes d'Afrique du Nord et peut s'emparer de l'île de Malte en 1127. La même année, son cousin Guillaume, duc de Pouille, meurt sans héritier. Dernier rejeton de la famille Hauteville, Roger II se considère comme son successeur légitime et va désormais se consacrer en priorité à l'Italie du Sud. Il se rend à Salerne et l'évêque de Capaccio le couronne comme duc de Pouille[52]. Cependant, la plupart des comtes et des seigneurs normands du continent refusent de reconnaître son autorité, avec l'appui du pape Honorius II (1124-1130) qui prononce contre lui l'excommunication. En deux campagnes, 1128 et 1129, Roger vient à bout des barons rebelles, et Honorius est obligé de le reconnaître et de l'investir du duché de Pouille.

La situation va pourtant changer radicalement avec la mort d'Honorius, en 1130. Deux papes concurrents sont élus, chacun par une partie des cardinaux : Anaclet II et Innocent II. C'est le début d'un schisme qui va se prolonger pendant huit ans et déchirer tout l'Occident. Pour les contemporains, il était sûrement très difficile de faire un choix entre les deux papes, en connaissance de cause. La plupart des souverains ont donc choisi leur pape pour des raisons politiques plus que religieuses. Innocent était certainement le plus mal élu des deux, mais il allait obtenir un puissant soutien en la personne de Bernard, abbé de Clairvaux. Celui-ci réussit à rallier à sa cause la plupart des souverains occidentaux, et notamment le roi de France, Louis VI (1108-1137), et le roi des Romains (et futur empereur), Lothaire III (1125-1137). Aujourd'hui encore, l'Eglise catholique reconnaît Innocent II comme le seul pape légitime. Anaclet II est considéré comme un antipape.

Roger II va savoir tirer le maximum de bénéfices de cette situation. Seul contre tous, ou presque, il se prononce pour Anaclet II. Celui-ci lui en est évidemment reconnaissant et cherche à le récompenser. Roger demande le titre royal, qui lui est accordé le 27 septembre 1130. Le nouveau roi de Sicile est couronné dans la cathédrale de Palerme, le jour de Noël de la même année. Les habitants de la Sicile reconnaissent sans problème le nouveau roi. Sans doute sont-ils secrètement flattés d'abriter le cœur d'un royaume, pour la première fois de leur histoire. Jusqu'ici, ils avaient plutôt été soumis par des puissances extérieures. En revanche, cet accroissement soudain du pouvoir de Roger, au moins sur le plan symbolique, n'est pas facilement accepté par ses ennemis les barons de la Pouille et le pape Innocent II. Ce dernier fait appel à ses partisans d'Occident. Seul le roi des Romains lui répond.

Roger réussit sans aucun mal à battre une nouvelle fois ses barons rebelles, à Nocera, le 25 juillet 1132. L'expédition allemande annoncée est beaucoup plus dangereuse pour lui. Lothaire parvient à Rome à la fin du printemps 1133. Le 4 juin, il est couronné empereur par Innocent II à Saint-Jean-de-Latran, la cathédrale de Rome, alors qu'Anaclet II tient la basilique Saint-Pierre. Lothaire est grandement renforcé par ce titre d'empereur « romain » que seul le pape pouvait lui conférer. Cette fois-ci, il ne pénètre pas sur les terres du roi de Sicile, mais promet de revenir. En 1136-1137 a lieu une nouvelle expédition impériale. Lothaire envahit les possessions de Roger II et s'empare de la ville de Salerne. Les barons profitent de l'aubaine pour se révolter à nouveau. Le roi de Sicile se garde bien d'affronter directement la puissante armée allemande. Il refuse le combat, attendant que la chaleur du Midi italien sème la maladie et la mort dans les rangs germaniques. Il sait aussi que l'empereur ne peut pas s'attarder trop longtemps en Italie, car ses vassaux n'acceptent qu'un engagement limité dans le temps. De fait, Lothaire repart sans qu'aucune bataille décisive se soit déroulée. Roger n'a plus qu'à soumettre une nouvelle fois ses rebelles familiers.

Quelques mois plus tard, Anaclet II meurt et Innocent II reste le seul pape. Il en profite pour reprendre les hostilités, tout en lançant contre Roger une nouvelle sentence d'excommunication. Le roi de Sicile ne recherchait pas l'affrontement, mais il est bien obligé de résister à cette invasion. Ses troupes remportent une grande victoire sur l'armée pontificale, le 22 juillet 1139. La bataille a eu lieu sur le fleuve Garigliano, au sud de Gaète. Innocent II se retrouve dans la même situation que Léon IX trois quarts de siècle plus tôt. A l'instar de son prédécesseur, il est contraint de lever l'excommunication et de reconnaître Roger comme roi de Sicile, duc de Pouille et prince de Capoue[53]. Roger II accepte la suzeraineté pontificale sur ses Etats, qui sera symbolisée par le versement annuel d'une somme de 600 *schifati*. Autrement dit, Innocent II se voit obligé de confirmer, terme à terme, la concession qui avait été faite par Anaclet II neuf ans plus tôt. C'est évidemment une grande victoire morale pour le roi de Sicile, qui est désormais reconnu de façon incontestable par le seul pape légitime. De fait, son pouvoir ne sera plus contesté, ni à l'intérieur ni à l'extérieur, pendant les quinze ans qui lui restent à régner.

C'est à cette époque, en 1140, que le roi promulgue les célèbres « Assises de Roger », sans doute à l'occasion d'une assemblée tenue à Ariano Irpino[54]. Il établit un Etat centralisé, ce qui était tout à fait nouveau pour la région. Constamment rebelles jusqu'à présent, les barons ne sont pas associés au gouvernement. Le roi s'appuie sur des hommes compétents qu'il recrute souvent à l'étranger, tels Christodoulos, ancien musulman promu *protobilissime* puis *émir*, ou Georges d'Antioche, appelé tantôt *émir des émirs* (en arabe) ou *archonte des archontes* (en grec). Palerme devient une véritable capitale administrative, d'où le royaume est gouverné à partir de bureaux appelés dans un curieux sabir arabo-latin *dohana de secretis* (service financier) ou *dohana de baronum* (service contrôlant les justiciers et les chambriers qui représentent le roi dans les villes et les régions).

Innocent II, cependant, ne pardonnait pas au roi ses rapports avec les musulmans, alors que la croisade avait considérablement augmenté la méfiance et l'hostilité entre les fidèles des deux religions. A cet égard, la Sicile constituait une exception que nous pouvons considérer comme remarquable. Le roi n'hésitait pas, nous le savons, à lancer des troupes musulmanes contre les chrétiens. Par ailleurs, il faisait preuve d'une grande tolérance à l'égard de la religion de Mahomet, qui pouvait être pratiquée librement dans le royaume, et surtout en Sicile. En compensation, Roger II savait aussi se conduire en bon chrétien et donner des gages à l'Eglise. Il favorisait les monastères, grecs et latins, et encourageait les nouvelles fondations, en particulier celles des Cisterciens, alors en plein essor. Cette politique lui valut la reconnaissance de saint Bernard, qui changea d'attitude à son égard de façon spectaculaire. Tout n'était pas parfait cependant aux yeux des autorités ecclésiastiques. Le roi contrôlait étroitement les nominations des évêques et des abbés, ce qui contrevenait à l'une des prescriptions essentielles de la réforme grégorienne. Il bénéficiait du privilège extraordinaire de la « légation de Sicile » qui avait été accordé à son père, Roger Ier, par le pape Urbain II, en 1098. Au terme de cet accord, le pape ne pouvait envoyer de légats en Sicile et le comte (puis le roi) assurait lui-même les fonctions de légat. La légation ne concernait cependant pas les possessions continentales du roi. Cette mesure dérogatoire rendait plus difficile l'application de la réforme dans l'île. Constamment contesté par les papes, le privilège fut ardemment défendu par Roger II[55].

La morale sexuelle du roi laissait aussi à désirer. Certes Roger était marié légitimement à une reine chrétienne. Il avait épousé l'une après l'autre Elvire de Castille, Sybille de Bourgogne et Béatrice de Rethel. Mais, parallèlement, il entretenait dans son palais de Palerme un véritable harem, comparable à celui des sultans arabes. Ce dernier était gardé par des eunuques commandés par un ancien musulman, le « grand eunuque » Philippe de Mahdiyya. Dernier détail : le harem était uniquement composé de femmes musulmanes[56], qui étaient occupées à travailler dans l'atelier du palais, le *Tiraz*. C'est de cet atelier qu'est sorti le splendide manteau du couronnement de Roger, aujourd'hui conservé à Vienne[57].

Ainsi, après Guillaume le Conquérant, Roger II aura fondé un nouveau royaume normand. Les deux hommes étaient très différents, mais ils avaient des qualités communes. Bons guerriers et fins stratèges, ils sont surtout de grands politiques et de bons organisateurs. Tous deux ont été obligés de faire vivre ensemble des hommes d'origines diverses. En Italie du Sud, et surtout en Sicile, Roger II sut favoriser une cohabitation harmonieuse entre les communautés, latine, grecque, juive et musulmane, qui s'opposaient partout ailleurs en ces temps de croisade. Ces deux hommes apparaissent moins comme des aventuriers que comme des fondateurs d'Etat.

Après eux, s'ouvrait le temps des successeurs, qui reçurent ces deux royaumes normands sans avoir eu à les conquérir. Certains ne se sont pas montrés dignes de leurs ancêtres. D'autres, au contraire, ont su maintenir un héritage qui, souvent, du fait des mariages et des crises successorales, n'était plus uniquement normand. Les héritiers des rois normands furent aussi angevins, en

Angleterre et en Normandie, ou allemands en Italie du Sud. Les plus remarquables sont, d'un côté, Henri Ier Beauclerc ou Richard Cœur de Lion et, de l'autre, Guillaume Ier ou Frédéric II, roi de Sicile et empereur.

VIII

Grandeurs et décadences

Il est toujours difficile de succéder à un grand homme. Les Normands ne font pas exception. Les fils des fondateurs ont eu beaucoup de mal à se faire accepter par leurs nouveaux sujets, car leur pouvoir n'était pas fondé sur le mérite personnel mais seulement sur un droit d'héritage qui pouvait être contesté et qui le fut souvent. Dans bien des cas, les successions ont donné lieu à des crises, voire à des guerres civiles. C'est ce qui s'est passé en Normandie et en Angleterre après la mort de Guillaume le Conquérant (1087), puis après celle de son dernier fils, Henri Ier Beauclerc (1135). La période dite « de l'Anarchie » qui suivit (1135-1154) est due à une succession féminine, celle de Mathilde l'Emperesse. L'héritière ne réussit pas à recueillir l'ensemble de l'héritage. Cette crise a permis l'émergence d'une nouvelle dynastie, celle des Plantagenêts, qui a su dans une large mesure reprendre le flambeau de l'aventure normande, avec les rois Henri II et Richard Cœur de Lion.

En Italie du Sud également, les barons acceptent mal l'autorité du jeune Roger Borsa, qui succède à Robert Guiscard (1085). Exclu de la succession en Pouille, le fils aîné de Robert, Bohémond, dut conquérir sa propre principauté à l'occasion de la croisade, à Antioche, et y gagna une réputation qui s'étendit à tout l'Occident. Il est le véritable héritier spirituel de Robert Guiscard. En Italie même, nous savons que le pouvoir revint finalement à Roger II, fils du grand comte et premier roi de Sicile. Sa succession entraîna une période de troubles, mais son fils Guillaume Ier fut assez vite reconnu. Les vrais problèmes allaient se poser quelques décennies plus tard, là encore en raison d'une succession féminine. La seule héritière légitime du royaume de Sicile, Constance, était en effet mariée à l'empereur allemand du Saint Empire, Henri VI, ce qui se révéla catastrophique pour le royaume (1189-1194). Pourtant, du mariage d'Henri VI et de Constance allait naître Frédéric II, personnage hors du commun qui prolongea l'aventure des Normands jusqu'en plein cœur du XIIIe siècle.

A cette époque, la Normandie avait déjà été rattachée au domaine royal français (depuis 1204). Finalement, le royaume de Sicile, fondé par les Normands, perdura beaucoup plus longtemps que le « royaume anglo-normand » et son prolongement, l'Etat plantagenêt. Guillaume le Conquérant fut à l'origine d'une dynastie royale qui allait régner pendant des siècles sur l'Angleterre, mais l'union entre le royaume et le duché ne devait lui survivre que difficilement, car ses fils se disputèrent tout de suite l'héritage.

Un héritage disputé

Fils aîné du duc Guillaume, Robert fut fiancé très jeune à Marguerite, héritière du comté du Maine, qui mourut prématurément. Parvenu à l'âge adulte, il ne put cependant exercer aucun pouvoir sur ce territoire, dont il restait théoriquement le comte. Le Maine était maintenu fermement sous l'autorité de son père. C'est l'une des raisons, parmi beaucoup d'autres, qui ont amené Robert à se rebeller contre Guillaume[1].

Les relations n'avaient jamais été bonnes, semble-t-il, entre le père et le fils. Plus qu'un classique conflit de génération, il s'agit de l'opposition de deux personnalités fondamentalement différentes. Face à un père exigeant et austère, Robert revendiquait le droit de vivre dans le luxe et le plaisir. Il n'était pourtant pas dénué de qualités et sut se montrer bon chef de guerre quand l'occasion se présenta. En revanche, il fut un très médiocre administrateur de son duché. Au total, il apparaît plutôt comme un personnage instable et velléitaire, se laissant facilement influencer et se montrant incapable d'imposer son autorité.

En tant qu'aîné, Robert hérita du duché de Normandie, mais pas du royaume d'Angleterre, qui revint à son cadet, Guillaume II le Roux. Privé du royaume conquis par son père, et du titre de roi, il eut certainement le sentiment d'être spolié. A la mort de Guillaume, il éprouva le plus grand mal à s'imposer dans son duché. Les barons et les seigneurs chassèrent les garnisons ducales et mirent en défense leurs châteaux. Robert dut aussi compter avec les ambitions de ses deux frères qui, eux non plus, n'avaient pas accepté les conditions de la succession. Il entra très vite en conflit avec Guillaume le Roux. Bientôt à court d'argent, il en fut réduit à solliciter son plus jeune frère, Henri Beauclerc, qui avait reçu de son père une importante somme d'argent[2]. En compensation, ce dernier se fit accorder un vaste domaine en Normandie comprenant l'essentiel du Cotentin et de l'Avranchin. Henri fut pourtant rapidement considéré comme un traître, car il s'était rendu sans autorisation en Angleterre, auprès de Guillaume le Roux. A son retour, il fut emprisonné en même temps que Robert de Bellême, ce qui entraîna une véritable guerre civile (1088). La lutte contre Robert Courteheuse fut alors conduite par le vieux Roger de Montgommery, ancien compagnon du roi Guillaume et père de Robert de Bellême. A l'issue de la campagne militaire, on finit par négocier et les deux illustres prisonniers furent libérés. Par la suite, Robert Courteheuse allait se réconcilier avec Robert de Bellême : ils entreprirent de concert le siège du château de Courcy[3]. Quelques années plus tard, en 1091, le roi Guillaume II débarqua lui-même en Normandie, mais l'affrontement attendu n'eut pas lieu. Les deux frères aînés, Robert et Guillaume, s'entendirent contre le plus jeune, Henri, qui dut s'enfuir de Normandie[4].

Finalement, Robert ne réussit jamais à établir son autorité sur la Normandie. Au lieu de jouer son rôle d'arbitre, il prenait parti dans les conflits entre les barons et participait à leurs guerres privées. Le véritable arbitre était le roi d'Angleterre, qui intervenait de plus en plus souvent dans le duché. Robert allait cependant trouver son heure de gloire grâce à un événement extérieur au monde anglo-normand. Au mois de novembre 1095, le pape Urbain II prêcha la croisade au concile de Clermont. Parmi les présents figurait l'évêque de Bayeux, Odon de Conteville, oncle de Robert, qui revint en Normandie accompagné par Jarenton, abbé de Saint-Bénigne de Dijon. Partisan convaincu de la croisade et habile prédicateur, celui-ci sut convaincre l'oncle et le neveu de se croiser. Odon était âgé et il mourut en route, en passant par les territoires normands d'Italie. Il fut enterré à Palerme, la capitale du grand comte Roger Ier (en 1097)[5].

Le duc de Normandie négocia une nouvelle fois avec son frère, Guillaume le Roux. Il mit son duché en gage, pour cinq ans, contre la somme de dix mille marcs d'argent[6]. Robert Courteheuse allait dès lors apparaître comme l'un des chefs de la croisade, aux côtés de Godefroy de Bouillon et Raymond IV de Saint-Gilles, comte de Toulouse. Il s'y retrouverait en famille avec son cousin germain, Robert II, comte de Flandre[7] et son beau-frère, Etienne-Henri, comte de Blois[8]. Par ailleurs, Robert allait côtoyer de près les Normands d'Italie du Sud participant à l'expédition, et surtout le flamboyant Bohémond, déjà auréolé de ses exploits contre l'Empire byzantin. Parti en 1096, Robert Courteheuse est présent à tous les événements importants de la croisade. Passé par Rome, il a traversé le duché de Pouille pour embarquer à Brindisi, en compagnie du comte de Blois. Ils arrivent ensemble à Constantinople au mois de mai 1097 et acceptent de prêter le serment de fidélité exigé par l'empereur Alexis Comnène. Robert participe au siège d'Antioche (1097-1098), puis à la prise de Jérusalem (15 juillet 1099). Il revient par l'Italie et épouse la fille d'un comte normand de Pouille, Sibylle de Conversano. Il est de retour en Normandie au mois de septembre 1100.

Entre-temps, le duché a été dirigé d'une main de fer par Guillaume le Roux[9]. Ce roi n'a pas bonne réputation, en raison de ses mœurs supposées et de ses mauvaises relations avec l'Eglise. Il est vrai que nos principaux informateurs sont des clercs, comme toujours à cette époque, Guillaume de Malmesbury[10] ou Orderic Vital[11]. Ce dernier reproche à Guillaume de porter la barbe et les cheveux longs, ce qui était contraire aux prescriptions de l'apôtre saint Paul[12]. A vrai dire il n'était pas le seul. C'était la nouvelle mode adoptée par toute l'aristocratie anglo-normande, qui avait suivi sur ce point l'exemple donné par les nobles anglais. Il y avait plus grave. Orderic Vital écrit encore à son sujet : « Il n'eut point d'épouse légitime. Mais il se livra de façon insatiable à d'obscènes fornications et à de fréquents adultères. Souillé par ses péchés, il donna un coupable exemple de honteuse débauche à ses sujets[13]. » Orderic fait sans doute ici une allusion voilée à la probable homosexualité du roi ou, du moins, à sa bisexualité. Parmi ses compagnons de débauche, on trouve aussi de francs hétérosexuels, comme Renouf Flambard, peu digne évêque de Durham. Dans ces conditions, il n'est pas étonnant que Guillaume le Roux soit entré en conflit avec l'archevêque de Cantorbéry qu'il avait dû accepter comme successeur de Lanfranc, Anselme du Bec (le futur saint Anselme)[14].

La moralité du roi n'était pas le seul grief que nourrissaient à son encontre les autorités ecclésiastiques.

Guillaume usait également avec beaucoup de liberté des biens de l'Eglise. Il prolongeait fort longtemps les périodes de vacances, épiscopales ou abbatiales, pendant lesquelles il pouvait en jouir avec ses favoris[15]. Par ailleurs, il avait nommé à des charges ecclésiastiques importantes des personnages douteux, dont Renouf Flambard est l'archétype[16]. Le conflit avec l'archevêque éclata dès son élection et les relations ne cessèrent de se dégrader jusqu'à l'exil du prélat, en 1098[17].

Guillaume le Roux reste un des rares princes chrétiens qui ait refusé de se marier, et donc d'avoir une descendance. Il mourut en effet sans héritier, d'un accident de chasse dans la New Forest, le 2 août 1100. C'était trop tôt pour Robert Courteheuse, qui ne rentra de la croisade que le mois suivant. Entre-temps, son frère Henri Beauclerc s'était emparé du trône d'Angleterre[18].

Henri ne perdit pas de temps. Il eut la chance de se trouver dans l'île au moment de la mort de son frère. Aussitôt, il se fit remettre le Trésor royal entreposé à Winchester et, deux jours plus tard, le 5 août 1100, il était couronné roi d'Angleterre en l'église abbatiale de Westminster. A son retour, le mois suivant, Robert Courteheuse se trouva placé devant le fait accompli. Un nouveau conflit était inévitable entre les deux fils survivants du Conquérant[19].

Le nouveau roi devait son surnom de « beau clerc » au fait qu'il avait reçu une éducation littéraire. Une telle éducation n'était pas habituelle au XIe siècle pour les fils de rois et de princes, à moins qu'ils ne fussent destinés à une carrière ecclésiastique. C'était sûrement le cas pour Henri. Il était le troisième fils de Guillaume, et celui-ci n'avait aucun territoire à lui donner. A la mort de son père, il n'était âgé que de dix-neuf ans et n'avait pas encore été pourvu d'un bénéfice ecclésiastique. Cela lui permit le jour venu, en 1100, d'accéder sans problème au trône, ce qui aurait été beaucoup plus difficile, voire impossible, s'il avait été clerc.

Henri Beauclerc était bon chevalier : il sut combattre en bataille et mener ses armées à la victoire. Il se montra bien meilleur politique que son frère Robert et l'emporta sur lui tout autant par la diplomatie que par la guerre. Il sut également négocier habilement avec les différents papes (et surtout Callixte II[20]) comme avec le roi de France, son contemporain Louis VI le Gros (1108-1137). Henri était aussi capable de se montrer impitoyable vis-à-vis de ses ennemis, et en particulier de ceux qu'il considérait comme rebelles. Quand sa propre fille (bâtarde), Julienne, se révolta contre lui avec son mari, Eustache de Breteuil, Henri osa s'en prendre à ses petites-filles, qui furent mutilées à titre de représailles[21] ! Lorsqu'une ville refusait de se rendre, il n'hésitait pas à y mettre le feu, ce qui était un moyen très efficace sur le plan militaire, mais très cruel pour les habitants. De telles méthodes permirent à Henri de s'imposer face à des seigneurs normands constamment tentés par la rébellion, alors que sa légitimité était discutable. Henri possédait les qualités et les défauts de son père, Guillaume le Conquérant. C'était un véritable homme d'Etat et il put, comme lui, réunifier et maintenir sous un même pouvoir la Normandie et l'Angleterre. Il y parvint en écrasant son frère, Robert, qui n'aurait sans doute pas réussi aussi bien que lui. D'une certaine façon, il fut le digne successeur de Guillaume Ier, mais aussi de Guillaume II, qui était parvenu sans problème à diriger l'Angleterre et la Normandie pendant l'absence de Robert, entre 1096 et 1100.

Le retour de Robert Courteheuse entraîna des troubles en Angleterre. Bien des barons anglo-normands l'auraient préféré pour roi plutôt qu'Henri. De son côté, Robert, fils aîné du Conquérant, estimait qu'il avait une seconde fois été frustré de son légitime héritage. Il n'avait pas tout à fait tort. Répondant à l'appel des barons du royaume, il débarqua dans l'île en 1101. Henri n'était cependant pas encore prêt à en découdre et l'on trouva un accord. A nouveau gouvernée par Robert, la Normandie retomba cependant dans l'anarchie. A leur tour, un certain nombre de barons du duché demandèrent à Henri d'intervenir. Après une première tentative, en 1104, il se lança en 1105 dans une véritable campagne de conquête.

Débarquant à Barfleur en avril 1105, il s'empara de Bayeux, qui entendait rester fidèle à son duc, en brûlant la ville et sa cathédrale[22]. La plupart des autres places se rendirent sans combat, sauf l'abbaye de Saint-Pierre-sur-Dives, qui fut également incendiée (en 1106). A ce stade, seule une grande bataille (un « jugement de Dieu ») pouvait départager les deux frères. Elle eut lieu le 28 septembre 1106, à Tinchebray[23], et fut remportée par Henri[24]. Ce dernier épargna son frère, qui fut emprisonné en Angleterre, d'abord à Wareham (Dorset), puis à Cardiff (à la frontière du pays de Galles). Robert était toujours en vie. De plus, il avait un fils légitime, Guillaume Cliton, né en 1102 de son mariage avec Sibylle de Conversano. Pour beaucoup de seigneurs, il restait le duc légitime. Cette situation entraîna de nombreuses rébellions pendant une bonne partie du règne d'Henri.

Les années 1106-1113 furent consacrées au rétablissement de la paix. L'un des principaux rebelles, Robert de Bellême, fut arrêté, jugé et emprisonné en 1112[25]. Orderic Vital note, avec étonnement, que le royaume anglo-normand put jouir de cinq années de paix (1113-1118)[26]. Pourtant, les questions fondamentales n'étaient pas réglées, et surtout celle de la légitimité d'Henri comme duc de Normandie. De plus, le jeune Guillaume Cliton avait pu s'échapper[27] : il allait trouver refuge auprès du comte de Flandre, Baudouin VII, puis du roi de France, Louis VI. En 1119, à dix-sept ans, il approche de la majorité et de nombreux barons vont se rallier à lui[28].

La guerre civile reprend à l'occasion de la mort du comte Guillaume d'Evreux (en avril 1119). Comme il n'a pas d'héritier direct, Henri se saisit de ses terres. Il lèse ainsi le neveu de Guillaume, Amaury III de Montfort, un seigneur de l'Ile-de-France soutenu par Louis VI. Amaury réussit à se faire livrer la ville et Henri vient l'assiéger. Le duc-roi se retrouve devant le même problème qu'à Bayeux quelques années auparavant. Cette fois-ci, l'évêque d'Evreux, Audin, est à ses côtés. Henri demande à l'évêque l'autorisation d'incendier sa ville épiscopale (et sa cathédrale) ! Celui-ci accepte moyennant la promesse d'Henri et de tous les grands présents de participer financièrement à la reconstruction de la cathédrale[29]. Au cours du même été 1119, Louis VI veut intervenir pour soutenir les rebelles, mais il est battu par Henri à Brémule[30]. Le roi d'Angleterre pouvait croire qu'il avait réussi à s'imposer définitivement, mais il fut frappé par un grand malheur familial qui devait avoir des conséquences politiques fondamentales.

Contrairement à son frère Guillaume le Roux, Henri Ier aimait les femmes. Il eut de nombreuses maîtresses et on lui connaît au moins une douzaine d'enfants bâtards. L'un des plus célèbres est Robert de Caen[31] ou Robert de Gloucester[32]. Une fois devenu roi d'Angleterre, Henri épousa légitiment Edith, fille du roi d'Ecosse, Malcolm III. Celle-ci fut d'ailleurs rebaptisée Mathilde, le nom de la propre mère d'Henri. De ce mariage naquirent deux enfants, une fille, née en 1102, également nommée Mathilde, et un fils, Guillaume, né en 1103. La succession était donc assurée. Guillaume fut surnommé « Adelin » (du vieil anglais *aetheling*), ce qui signifie prince héritier. Tout fut néanmoins remis en cause par le naufrage de la *Blanche Nef*, en 1120. Au cours d'une banale traversée vers l'Angleterre, à partir de Barfleur, ce navire sombra avec Guillaume Adelin et Richard, un autre fils d'Henri Ier, de même que trois cents jeunes gens de l'aristocratie normande[33]. Cette catastrophe engendra une nouvelle rébellion d'un certain nombre de barons normands (1122-1124). Mais le plus grave était le problème de succession. Le roi était veuf et il se remaria avec Adelise, fille de Godefroy, duc de Brabant. Aucun fils ne naquit de cette nouvelle union[34]. Sa seule héritière restait donc sa fille Mathilde qui avait épousé l'empereur du Saint Empire, Henri V. Veuve en 1125, Mathilde « l'Emperesse » fut remariée en 1128 à Geoffroy Plantagenêt, l'héritier du comte d'Anjou, Foulque V[35].

Henri Ier fut somme toute un grand roi. Porté par la chance, mais aussi servi par une volonté de fer, il sut s'approprier l'ensemble de l'héritage paternel, qui ne lui était pas destiné : d'abord l'Angleterre, puis la Normandie. Il reconstitua ainsi le « royaume anglo-normand » fondé par Guillaume le Conquérant. Certes, il dut pour cela bafouer les droits de son frère aîné, Robert Courteheuse. Celui-ci resta emprisonné à Cardiff jusqu'à sa mort, en 1134. Quant à Guillaume Cliton, il trouva la mort en 1128 en combattant pour conquérir le comté de Flandre qui lui avait été attribué par le roi Louis VI[36]. Henri fit preuve d'une grande autorité : c'était la seule façon de maintenir l'ensemble anglo-normand. Au récit des événements, on peut avoir l'impression qu'il fut toujours en guerre contre des barons rebelles. Ce n'est pas tout à fait vrai. En premier lieu, ces rébellions ne concernaient que la Normandie. L'Angleterre lui resta presque toujours fidèle. Ensuite, les révoltes furent limitées à certaines régions (la seigneurie de Bellême, puis le comté d'Evreux, en particulier). Elles furent rapidement circonscrites et finalement matées par le roi. Au total, on peut considérer Henri Ier Beauclerc comme un digne successeur de son père, le Conquérant. Il a permis à l'aventure normande de se poursuivre en Angleterre, tout en ménageant les Anglais, beaucoup plus que ne l'avaient fait ses deux prédécesseurs. Il fut sans doute le premier roi normand réellement populaire dans l'île[37].

A la mort d'Henri, en 1135, l'absence d'un héritier mâle allait déclencher une période d'anarchie, dans le duché comme dans le royaume, en attendant que s'impose la nouvelle dynastie des Plantagenêts[38].

Mathilde ou Adèle ?

En 1127, Henri Ier avait fait prêter aux grands du royaume d'Angleterre un serment d'allégeance envers Mathilde. Pourtant, aussitôt après la mort du roi, un autre candidat se présenta, Etienne de Blois. Il était le fils d'Etienne-Henri, comte de Blois, et d'Adèle, fille de Guillaume le Conquérant[39]. Si l'on admettait la succession féminine, ses droits valaient bien ceux de Mathilde. Tous les deux étaient petits-enfants du Conquérant. Etienne réussit à se faire couronner très rapidement, dès le 22 décembre 1135[40]. Cette prise de pouvoir déclencha une guerre civile, qui devait durer neuf ans en Normandie et dix-huit en Angleterre. La cause de Mathilde fut soutenue militairement par son mari, Geoffroy Plantagenêt, désormais comte d'Anjou. De part et d'autre de la Manche, les barons se partagèrent en deux camps. Dans le royaume comme dans le duché, le plus ferme soutien de Mathilde vint de son demi-frère, Robert de Gloucester[41].

Dans l'ensemble, le roi Etienne réussit à obtenir l'avantage en Angleterre, sans pouvoir toutefois réduire les poches de résistance tenues par ses ennemis. Une seule grande bataille eut lieu, à Lincoln, le 2 avril 1141. Elle fut remportée par l'armée de Robert de Gloucester et perdue par le roi, qui fut capturé. Mais, le 14 septembre de la même année, Robert était à son tour fait prisonnier. On dut procéder à l'échange des deux illustres captifs. C'était un « match nul » et l'anarchie se poursuivit en Angleterre jusqu'à la mort d'Etienne[42].

En Normandie, la question fut réglée plus rapidement. Au cours des années 1136 et 1137, le roi Etienne et le comte Geoffroy d'Anjou pénétrèrent tour à tour dans la province, sans remporter aucun avantage décisif. Les troubles se poursuivirent jusqu'en 1141. A cette date, Geoffroy Plantagenêt se sentit assez fort pour entreprendre la conquête systématique du duché[43]. La situation lui était alors plus favorable. Le roi Etienne se trouvait affaibli après la bataille de Lincoln et Geoffroy mettait désormais en avant son fils, Henri, né en 1133. Ce dernier (le futur Henri II) était le petit-fils légitime d'Henri Ier et les Normands acceptaient plus volontiers de se rallier à lui qu'au comte d'Anjou, souvent considéré comme un « ennemi héréditaire ». La conquête s'acheva par la prise de Rouen, le 19 janvier 1144. En 1150, Geoffroy céda habilement le duché à son fils Henri, alors âgé de dix-sept ans, puis il mourut en 1151, avant ses quarante ans[44]. En 1153, le jeune duc de vingt ans se lança à son tour à la conquête de l'Angleterre. Etienne n'osa pas l'affronter directement et préféra négocier. Découragé par la mort prématurée de son fils aîné, Eustache, il accepta de considérer Henri Plantagenêt comme son fils adoptif et son héritier. Etienne mourut le 25 octobre 1154 [45] et Henri II fut couronné roi d'Angleterre dès le 19 décembre à Westminster[46]. Il avait vingt et un ans. Henri II était aussi duc de Normandie, comte d'Anjou et du Maine. En 1152, il eut la chance d'être choisi comme époux par la reine Aliénor, que venait de répudier le roi de France, Louis VII (1137-1180). A son domaine français, il ajoutait l'héritage de sa femme, la grande Aquitaine s'étendant des abords de la Loire aux Pyrénées. Le Plantagenêt contrôlait désormais près de la moitié du royaume de France. Pour tous ces fiefs français, Henri restait le vassal du roi de France, mais il était son égal en tant que roi d'Angleterre. Le conflit était inévitable entre les deux rois, et les deux dynasties des Capétiens et des Plantagenêts. Il allait se poursuivre pendant plusieurs générations[47].

L'Etat plantagenêt était vaste et disparate. Si le duc-roi contrôlait fermement l'Angleterre et la Normandie, il avait beaucoup plus de mal à faire respecter son autorité en Aquitaine, où bien des barons se montraient jaloux de leur autonomie. Henri devait également compter avec le roi de France, qui profitait de toutes les occasions possibles pour affaiblir son puissant vassal. Par ailleurs,

Henri II se heurta à l'Eglise, qu'il entendait maintenir sous sa coupe, comme l'avaient fait ses prédécesseurs anglo-normands. Une telle politique ecclésiastique devenait de plus en plus difficile à soutenir en ces temps où soufflait dans l'Eglise l'esprit de réforme. On connaît le célèbre conflit entre le roi et Thomas Becket, qu'il avait nommé archevêque de Cantorbéry. Le meurtre de l'archevêque, le 29 décembre 1170, n'avait sans doute pas été explicitement ordonné par le roi. Celui-ci ne dut pas moins en assumer les conséquences et se livrer à une humiliante pénitence publique, sur le parvis de la cathédrale d'Avranches, le 21 mai 1172[48].

Henri II était à moitié normand et sa politique se situe dans la droite ligne de celle de Guillaume le Conquérant et d'Henri Ier. La Normandie formait le pivot de son Etat. Pour aller d'Aquitaine en Angleterre, il fallait obligatoirement traverser la province et Rouen apparaissait comme la véritable capitale de l'ensemble plantagenêt. On s'en rendit compte lors de la révolte de 1173-1174. A cette époque, Henri II se trouva confronté à la rébellion de son fils aîné, Henri le Jeune, soutenu par sa mère, Aliénor, et par le roi Louis VII. Il réagit vigoureusement en menant une remarquable campagne dans le duché, entre juin 1173 et juillet 1174. Contre les barons rebelles, soutenus par Louis VII, il intervint avec une armée composée pour l'essentiel de mercenaires brabançons. Une fois la Normandie reconquise, tout le reste de l'Etat rentra dans l'obéissance[49].

Henri le Jeune fut pardonné, mais il mourut en 1183. Le nouvel héritier était l'impétueux Richard, qui avait été investi du duché d'Aquitaine. Celui-ci devait brandir à son tour le flambeau de la révolte, avec le soutien du nouveau roi de France, Philippe Auguste. Les dernières années d'Henri II furent éprouvantes. Vaincu par Philippe et Richard, il dut accepter l'humiliant traité d'Azay-le-Rideau et mourut deux jours plus tard, le 6 juillet 1189 [50]. Le nouveau roi d'Angleterre était Richard Cœur de Lion. Héritant de l'ensemble des Etats plantagenêts, il allait donner toute sa mesure à l'occasion de la troisième croisade.

Les derniers rois anglo-normands

Richard fut intronisé comme duc de Normandie, à Rouen, le 20 juillet 1189, et sacré roi d'Angleterre, à Westminster, le 3 septembre[51]. L'Occident était alors bouleversé en raison du désastre de Hattin et de la reprise de Jérusalem par les musulmans (1187). Philippe Auguste et Richard s'étaient croisés et se devaient d'accomplir au plus vite leur vœu, sous peine d'encourir les censures ecclésiastiques. On a appelé cette troisième croisade la « croisade des rois ». Bons amis, les deux rois décidèrent de partir ensemble. L'entente ne dura guère et le conflit éclata dès l'hiver 1190-1191, qu'ils passèrent à Messine, dans le royaume normand de Sicile[52]. Au printemps, ils firent voile vers la Terre sainte et Richard s'empara au passage de l'île de Chypre. Les deux rois se retrouvèrent au siège de Saint-Jean-d'Acre. La prise de la ville, le 12 juillet 1190, fut le principal fait d'arme de la croisade[53].

Philippe était alors âgé de vingt-cinq ans et Richard de trente-trois ans. Richard allait se révéler au cours de cette croisade comme un roi chevaleresque, faisant l'admiration de ses alliés, et souvent même de ses ennemis musulmans. Philippe Auguste ne bénéficia pas de la même aura, mais se montra bien meilleur politique. Aussitôt après la prise de Saint-Jean-d'Acre, il rentra en France, estimant que son vœu de croisade était accompli. Il laissait Richard seul, qui continua à guerroyer, sans pouvoir néanmoins reprendre Jérusalem. Outre Philippe Auguste, le roi d'Angleterre s'était fait beaucoup d'ennemis parmi les croisés, et surtout le duc Léopold d'Autriche, qu'il avait gravement offensé[54]. Or il commit l'imprudence de rentrer par voie de terre, en passant par l'Allemagne. En décembre 1192, il fut fait prisonnier par le duc d'Autriche, qui le livra à l'empereur, Henri VI [55].

Entre-temps, Philippe Auguste avait profité de la situation. Au mépris de la protection due aux croisés, il s'était emparé de nombreuses places frontalières (à l'est de la Normandie), en s'abouchant avec le frère de Richard, Jean sans Terre. Par ailleurs, il envoya à l'empereur plusieurs ambassades chargées de cadeaux pour le dissuader de libérer son illustre prisonnier. Ces efforts se révélèrent vains. La vieille reine Aliénor mit tout en œuvre pour faire libérer son fils. Les sujets du royaume d'Angleterre et de tous les Etats plantagenêts furent taxés pour payer l'énorme rançon exigée par les Allemands (100 000 marcs d'argent, soit 34 tonnes). Grâce à Aliénor, Richard recouvra la liberté et rentra en Angleterre le 20 mars 1194. Aussitôt, il reprit l'avantage sur le roi de France et put récupérer sans peine tous les territoires perdus. Jean sans Terre se hâta de faire amende honorable. Les deux anciens alliés devenus ennemis se firent la guerre : Richard fut vainqueur à deux reprises de Philippe, à Fréteval (1194) et Courcelles (1198). Afin de verrouiller la frontière normande, le roi d'Angleterre entreprit la construction de la redoutable forteresse de Château-Gaillard, réalisée en un temps record (1197-1198)[56].

Richard Cœur de Lion, au sommet de son prestige, avait réussi à maintenir l'Etat plantagenêt constitué par son père. Il se heurtait pourtant toujours, lui aussi, à l'indiscipline de ses vassaux aquitains. Il trouva la mort le 6 avril 1199, en faisant le siège d'une petite forteresse appartenant à l'un de ces barons rebelles, le château de Châlus[57]. Cette mort inopinée fut une grande chance pour le roi capétien, qui allait se trouver désormais face à un successeur bien médiocre.

Dernier fils d'Henri II[58], Jean sans Terre était âgé de trente-deux ans au moment de son avènement. A vrai dire, pour succéder à Richard, il écarta son neveu Arthur de Bretagne, âgé de douze ans, qui était pourtant mieux placé que lui dans l'ordre de succession[59]. Quelques années plus tard, quand Arthur devint vraiment menaçant pour lui, il réussit à le faire prisonnier (en août 1202) et l'assassina, peut-être de ses propres mains (en avril 1203).

Jean n'était pas en mesure de s'imposer face à l'habile politique qu'était Philippe Auguste. Ce dernier sut utiliser contre lui toutes les ressources fournies par le droit féodal. Comme ses prédécesseurs, Jean avait du mal à contrôler ses barons aquitains. Il était inquiet à la perspective du mariage entre Isabelle, héritière du comté d'Angoulême, et Hugues IX de Lusignan, nouveau comte de la Marche. Cette union aurait pu aboutir à la constitution d'une puissante principauté au cœur de l'Aquitaine. Pour résoudre ce problème, Jean n'hésita pas à se lancer dans une opération spectaculaire, mais risquée. Il venait de faire annuler son mariage avec Isabelle de Gloucester, qui ne lui avait pas donné d'enfants[60]. Hôte d'Hugues IX à Lusignan[61], le 5 juillet 1200, il comprit le danger, alla enlever à Angoulême la jeune Isabelle, âgée de douze ans, et l'épousa peu après[62]. Ce coup d'audace eut des conséquences désastreuses pour lui.

Philippe Auguste tenait là l'occasion qu'il attendait. Il ne réagit cependant pas immédiatement et chercha d'abord à négocier. Il fut poussé à agir par l'attitude des Lusignan, qui se révoltèrent contre Jean en 1201. Hugues de Lusignan et son frère, Raoul d'Exoudun, comte d'Eu, s'estimaient déliés de leurs obligations féodales vis-à-vis de leur seigneur, Jean sans Terre, et firent appel à leur suzerain, le roi de France. Philippe attendit encore un an, puis convoqua Jean à comparaître devant la cour royale, qui se réunit à Paris le 28 avril 1202[63]. Ne s'étant pas présenté, Jean fut condamné par défaut à la commise, c'est-à-dire la confiscation de tous ses fiefs français.

Encore fallait-il exécuter le jugement, le roi d'Angleterre ayant largement les moyens de se défendre. Philippe Auguste devait s'emparer de nombreuses places fortifiées, à commencer par Château-Gaillard. Le siège débuta au mois de septembre 1203 et se poursuivit pendant cinq mois. Jean ne réagit en aucune façon, abandonnant les défenseurs à leur sort. Le 6 mars, la forteresse symbole était prise. Dès lors, la Normandie fut conquise en moins de quatre mois par l'armée du roi et celle de son allié, le comte de Bretagne, Gui de Thouars[64]. Le 24 juin 1204, c'était la capitulation de Rouen, la capitale. La conquête de la Normandie fut suivie par celle du Maine, de l'Anjou, de la Touraine et du Poitou (occupé provisoirement). Philippe Auguste n'eut toutefois pas les moyens de poursuivre son avantage jusqu'au bout : l'essentiel de l'Aquitaine resta au roi d'Angleterre[65].

En attendant, Jean sans Terre avait bel et bien perdu la Normandie. Il est le dernier roi d'Angleterre qu'on peut considérer comme normand[66]. Mais il n'avait rien entrepris de sérieux pour défendre l'un des plus beaux fleurons de ses Etats. Avec lui s'achève donc l'aventure normande en direction de l'Angleterre. A la même époque, ou presque, les rois normands disparaissent aussi de la scène italienne.

Des rêves inachevés

En Italie du Sud, seul le fils né du second mariage de Robert Guiscard avait été reconnu comme héritier. Roger Borsa devint donc duc de Pouille et de Calabre, en 1085, puis son fils Guillaume à sa mort, en 1111. En 1127, la principauté fut récupérée par Roger II[67]. Les successeurs légitimes de Robert Guiscard ne se sont pas fait remarquer par leur personnalité ou par leurs exploits. Il n'en fut pas de même pour son autre fils, Bohémond, ou pour son petit-fils, Tancrède.

Bohémond, né du premier mariage de Robert Guiscard, avait été baptisé sous le nom de Marc, mais la postérité le désigna par le surnom que lui avait donné son père dans son enfance[68]. Son destin est associé de très près à celui de son neveu, Tancrède, fils de sa sœur Emma et d'Eudes le Bon Marquis[69]. Bohémond est l'un des rares personnages de cette époque dont nous avons un portrait ressemblant. Il fut brossé par Anne Comnène, fille de l'empereur, qui ne l'aimait pas mais qui l'a vu de près, à Constantinople. Bohémond était grand et fort. Ses cheveux blonds étaient coupés court, ce qui n'était déjà plus la mode parmi les chevaliers occidentaux. De même, il ne portait pas la barbe. « Ses yeux bleus exprimaient en même temps le courage et la dignité[70]. » Après la mort de son père, Bohémond dut négocier avec son frère Roger Borsa la constitution d'une seigneurie centrée sur le talon de la botte italienne, autour de Tarente et d'Otrante[71]. Réduit au statut de vassal d'un frère médiocre, Bohémond se morfondait en Italie. La croisade allait lui fournir l'occasion de manifester ses qualités militaires et de réaliser ses ambitions, du moins l'espérait-il.

Le prince normand avait pris la tête d'un contingent modeste, mais bien entraîné et habitué à combattre les Byzantins comme les Sarrasins. Bohémond s'imposa bientôt comme l'un des chefs de la croisade. Il possédait une bonne expérience de la navigation et de la guerre navale en Méditerranée, expérience qui faisait défaut aux autres croisés. La troupe des Italiens du Sud arriva à Constantinople le 9 avril 1097. Dans les jours suivants, Bohémond accepta sans difficulté de prêter à Alexis Comnène le serment de fidélité exigé. Il n'avait certainement pas l'intention de le respecter et l'empereur le savait, lui qui le considérait comme « un individu des plus scélérats[72] ». Son neveu Tancrède, plus honnête, s'abstint de passer par Constantinople, ce qui lui évita de prêter serment[73].

En réalité, l'intention de Bohémond n'était pas de libérer Jérusalem, mais de se constituer une principauté ou un royaume, au détriment des Sarrasins ou des

Byzantins. L'occasion lui en fut fournie par le siège d'Antioche, conduit par les croisés à partir du mois d'octobre 1097. Antioche était une grande ville grecque, récemment conquise par les Turcs[74]. Bohémond joua un rôle essentiel au cours du siège et dans la bataille finale du 28 juin 1098. Aussitôt la ville prise, il décida de ne pas continuer avec les autres vers Jérusalem. Il resterait à Antioche, dont il ferait la capitale de la principauté tant espérée. Bien entendu, il refusa toujours de la restituer à l'empereur byzantin. Tancrède, quant à lui, accomplit jusqu'au bout son vœu de croisade et participa à la prise de Jérusalem (juillet 1099)[75]. Il reçut la Galilée avec la ville de Tibériade, tout en restant l'indispensable second de Bohémond à Antioche.

Les premières années, Bohémond tenta de s'imposer dans la région et dut affronter des ennemis déterminés, byzantins ou musulmans. En 1100, il fut fait prisonnier par l'émir Malik Ghâzi et resta près de trois ans en captivité. La régence de la principauté d'Antioche fut alors assurée par le fidèle Tancrède, qui réussit à reprendre de nombreuses places sur les Byzantins[76]. Bohémond se rendait compte que lui-même et les autres princes francs ne pourraient conserver leurs possessions sans une nouvelle intervention des Occidentaux. En 1104, il part donc pour l'Europe alors qu'il est au sommet de son prestige. Le message qu'il veut faire passer est le suivant : les principaux ennemis des Francs ne sont pas les Sarrasins, mais les Byzantins. Il est bien reçu par le pape Pascal II (1099-1118) et par le roi de France, Philippe Ier (1060-1108). Ce dernier donne en mariage à Bohémond sa fille légitime Constance[77], et à Tancrède sa fille naturelle Cécile[78]. C'est une magnifique reconnaissance par le roi capétien des deux héros normands, qui ont su profiter de l'aventure collective de la croisade.

De retour en Méditerranée, Bohémond attaque l'Empire byzantin, et s'en prend une nouvelle fois à la forteresse symbole de Durazzo. Mais c'est un échec : il doit se rendre à Alexis Comnène et accepter un humiliant traité. Bohémond paraît alors profondément découragé, constatant que tous ses espoirs sont anéantis. Il ne pourra jamais vaincre Alexis, ni s'emparer de l'empire. Laissant la principauté d'Antioche à Tancrède, il se retire en Pouille et y meurt en 1111. Il est enterré dans la cathédrale de Canosa[79]. Tancrède devient prince d'Antioche en titre, mais il meurt peu après, en 1112[80]. De son mariage avec Constance, Bohémond avait eu un fils, encore très jeune à cette date, Bohémond II. Il est à l'origine d'une dynastie qui se maintint en Orient jusqu'en 1287[81].

Bohémond et Tancrède constituent de brillantes exceptions. La descendance de Robert Guiscard en Italie s'éteint en 1127. La dynastie des rois normands de Sicile est issue du grand comte Roger Ier. Pendant la plus grande partie du XIIe siècle, ce sont les successeurs de Roger II qui vont régner sur le royaume.

Les derniers feux de la Sicile normande

Le fils et successeur de Roger II portait le nom de Guillaume (1154-1166), illustre parmi les Normands depuis le Conquérant. Il est traditionnellement appelé « le Mauvais », surnom qu'il doit au chroniqueur Hugues Falcand, qui le considérait comme indolent et adonné aux femmes[82]. Guillaume Ier s'appuya sur un favori, Maion de Bari, qui reçut le titre d'émir des émirs. Le pouvoir de celui-ci, jugé excessif par de nombreux barons, et même par des clercs, suscita plusieurs révoltes et Maion finit par être assassiné en 1161. Guillaume renonça à la politique aventureuse de son père vis-à-vis des Byzantins et abandonna ses conquêtes africaines. Parallèlement, il s'efforça de maintenir un difficile équilibre entre les deux puissances qui menaçaient son royaume : l'Empire byzantin et le Saint Empire de Frédéric Barberousse. En 1158, il put signer une paix de trente ans avec l'empereur Manuel Comnène (1143-1180). En 1165, il repoussa l'expédition allemande conduite par Christian de Mayence et réinstalla à Rome le pape légitime, Alexandre III (1159-1181). Son règne se terminait ainsi sur un beau succès diplomatique[83].

A sa mort, en 1166, son fils Guillaume II n'était âgé que de treize ans. La régence fut exercée par sa mère, Marguerite de Navarre. Ce fut une période de troubles. Une fois parvenu à l'âge adulte, le jeune roi ne fut pas contesté. La paix intérieure perdura dans le royaume, ce qui lui valut son surnom de Guillaume « le Bon ». Le roi de Sicile fut confronté, comme son père, au problème posé par la grande querelle entre le pape Alexandre et l'empereur Frédéric. Il joua un rôle essentiel dans l'établissement de la « paix de Venise » (1177). Une trêve de quinze ans fut alors décrétée entre l'empire et le royaume de Sicile. Cette paix fut scellée par les fiançailles du prince Henri, héritier de l'empire, et de Constance de Sicile, fille posthume de Roger II et tante de Guillaume II[84]. Nul ne pouvait prévoir les conséquences désastreuses de ce mariage pour le royaume. Le roi de Sicile eut dès lors les mains libres pour reprendre l'audacieuse politique étrangère qui avait été celle de son grand-père. Possédant une flotte efficace, il lança des expéditions contre des puissances musulmanes, l'Egypte ayyoubide (1174) ou les Baléares almohades (1180-1182). Mais, surtout, il s'attaqua à nouveau à l'Empire byzantin. Débarquant à Durazzo, son armée pénétra profondément dans l'empire, alors que sa flotte se présentait devant Constantinople. Cette belle aventure se termina par un fiasco, lorsque les Normands furent battus par les Grecs sur le Strymon (1185)[85]. La prise de Jérusalem incita Guillaume II à s'impliquer dans la préparation de la croisade, mais il ne put y participer en raison de sa mort prématurée, le 18 novembre 1189, à l'âge de trente-six ans. Guillaume II était mort sans enfants, ce qui ouvrit une grave crise de succession[86].

Désormais, la seule héritière légitime de Guillaume II était Constance, la femme du prince allemand Henri. Les barons du royaume ne pouvaient accepter cette succession et ils élirent comme roi Tancrède, comte de Lecce, fils bâtard de Roger, duc de Pouille[87]. Tancrède accueillit au cours de l'hiver 1190-1191 les rois de France et d'Angleterre, en route pour la croisade. Peu de temps auparavant, l'empereur Frédéric Barberousse était parti lui aussi, en empruntant la route terrestre, à travers l'Anatolie. Il y trouva la mort accidentellement, le 10 juin 1190. Dès lors, le mari de Constance devenait roi des Romains. Couronné empereur à Rome en 1191, Henri VI n'était pas décidé à laisser échapper l'héritage sicilien de sa femme. Lorsqu'il apprit la mort de Tancrède, qui avait eu lieu le 20 février 1194[88], il décida d'intervenir immédiatement. Il n'eut aucune difficulté à se faire reconnaître et fut couronné roi de Sicile à la cathédrale de Palerme, au cours des fêtes de Noël de l'année 1194. Le jeune Guillaume III, fils de Tancrède et de Sibylle d'Acerra, renonça au trône. Dès le lendemain, 26 décembre, Henri VI fit arrêter la plupart des barons du royaume, qui étaient venus dans la capitale pour la cérémonie. Beaucoup d'entre eux furent torturés et exécutés à Palerme. D'autres furent déportés en Allemagne, y compris Guillaume III, qui avait été aveuglé et châtré ! Le convoi des prisonniers emportait aussi un butin considérable, comprenant le célèbre manteau du couronnement de Roger II[89].

Quelques années plus tard, en 1197, éclata une nouvelle révolte contre la domination allemande, menée par les seigneurs qui avaient pu échapper à la rafle de 1194. Furieux, Henri se vengea sur ses prisonniers, auxquels il fit crever les yeux. Maître de l'Allemagne et du royaume de Sicile, Henri VI avait des ambitions en direction de l'orient. Il était prêt à s'embarquer, sous couvert de croisade, quand il mourut le 28 septembre

1197[90]. De son mariage avec Constance un fils était né, le 26 décembre 1194. Agé de trois ans, Frédéric-Roger héritait des immenses territoires de son père : c'est le futur Frédéric II.

Après la mort d'Henri VI, le jeune Frédéric fut emmené par sa mère à Palerme. Mais Constance mourut à son tour en 1198, en plaçant son fils sous la tutelle du nouveau pape, l'énergique Innocent III (1198-1216). Celui-ci allait exercer de loin cette protection et considérer le jeune prince comme un pion dans le grand jeu politique occidental. Orphelin, Frédéric fut élevé très librement à Palerme. Il devait pourtant recevoir une solide éducation littéraire et serait capable de s'exprimer dans toutes les langues pratiquées dans cette île polyglotte. Il parlait notamment le latin, le grec et l'arabe, ainsi que le provençal. En revanche, il n'est pas sûr qu'il ait bien parlé l'allemand, lui qui était appelé à devenir empereur[91].

Frédéric avait une personnalité étonnante. Il faisait montre d'une grande curiosité intellectuelle dans les domaines les plus divers, comme la médecine ou la chasse[92]. C'était aussi un homme dur qui pouvait traiter impitoyablement ses ennemis. Excellent arabisant, capable de composer des poèmes dans la langue du Prophète, il n'en déporta pas moins massivement les musulmans de Sicile qui s'étaient révoltés, en 1224-1225[93]. Il eut une haute conscience de sa fonction, surtout lorsqu'il accéda à l'empire, et n'hésita pas à entrer en conflit avec les papes successifs, Honorius III (1216-1227), Grégoire IX (1227-1241) et Innocent IV (1243-1254). Il reprit et porta à son comble la « lutte du sacerdoce et de l'empire », qui envenimait les rapports des empereurs et des papes depuis plus d'un siècle[94].

Ce prince hors norme fut aussi un véritable aventurier. Dès 1211, à l'âge de dix-sept ans, il quitte la Sicile avec une faible escorte pour un voyage hasardeux vers Allemagne, en vue de se faire reconnaître comme roi des Romains[95]. Or le trône impérial est alors occupé par

Otton IV de Brunswick, qu'Innocent III n'avait pas hésité à couronner en 1209. Otton appartenait à la famille des Welf, la grande rivale des Hohenstaufen. Son audace fut récompensée. Dès 1212, il fut couronné roi à Mayence, puis à nouveau en 1215, à Aix-la-Chapelle (la ville du sacre). Battu à Bouvines par Philippe Auguste (en 1214), Otton fut contraint de lui céder la place. Frédéric II reçut finalement la couronne impériale des mains du pape Honorius III, en 1220. Mais, dans l'enthousiasme du couronnement royal de 1215, il avait fait vœu de croisade. Le pape le pressait d'accomplir son engagement, à un moment où la situation des possessions chrétiennes de Terre sainte était très préoccupante[96].

Frédéric tarda tellement qu'il fut excommunié par le pape Grégoire IX, en 1227. Il n'en réalisa pas moins son étrange croisade, en 1228-1229. Au lieu de combattre les musulmans, il négocia avec le sultan ayyoubide du Caire, Malik al-Khamîl. Les deux princes avaient beaucoup de points communs et ils pouvaient discuter de poésie et de philosophie arabes. Par ces moyens peu orthodoxes, l'empereur réussit là où tous ses prédécesseurs avaient échoué depuis 1187. Il obtint pacifiquement la restitution de Jérusalem aux chrétiens, ainsi qu'un couloir permettant d'y accéder, à partir de Jaffa. De plus, une trêve de dix ans était décrétée entre Francs et Sarrasins[97].

Quelques années plus tard, Frédéric put se réconcilier avec Grégoire IX et signa le traité de San Germano (1230). Ce retour en grâce ne dura pas et l'empereur fut à nouveau excommunié en 1239. Le conflit se durcit encore avec Innocent IV, qui fit condamner et déposer l'empereur par le concile de Lyon, en 1245. Un antiroi fut élu en Allemagne et des révoltes se produisirent jusqu'en Sicile. Frédéric commençait à rétablir la situation de ses Etats, du moins en Italie, lorsqu'il mourut, le 7 décembre 1250, à l'âge de cinquante-six ans[98].

Innocent IV et ses successeurs ne voulaient plus voir régner aucun des Hohenstaufen. Conrad IV, fils légitime de Frédéric II, lui succéda, mais il mourut en 1254. Manfred, son fils bâtard, réussit à s'imposer temporairement dans le royaume. Cependant, les papes cherchaient un prince qui voudrait bien accepter la couronne de Sicile, à charge pour lui de conquérir le pays. Le choix se porta finalement sur Charles d'Anjou, frère du roi de France Louis IX (Saint Louis). Celui-ci réussit à battre et à tuer Manfred à la bataille de Bénévent (1266). Deux ans plus tard, en 1268, il était également vainqueur de Conradin, le fils de Conrad, âgé de dix-sept ans, à la bataille de Tagliacozzo[99]. Le jeune prince fut exécuté sur la place du marché de Naples. C'en était fini de la dynastie des Hohenstaufen[100]. Manfred fut donc le dernier roi de Sicile d'ascendance normande, ou plutôt normanno-souabe. Avec lui s'achève l'aventure normande en Italie du Sud.

Ainsi, après le temps des fondateurs, et surtout des fondateurs de royaume, le temps des successeurs nous laisse une image contrastée. Les Normands devaient marquer l'Angleterre d'une empreinte durable, mais, dès le début, la coexistence entre le royaume et le duché de Normandie s'avéra problématique. L'ensemble ainsi créé ne put se maintenir que grâce à des personnalités exceptionnelles, celles d'Henri Ier Beauclerc, d'Henri II Plantagenêt et de Richard Cœur de Lion. Il suffit d'un roi faible, Jean sans Terre, pour anéantir la belle construction héritée de Guillaume le Conquérant et d'Henri II. Ce fut chose faite en 1204. En Italie du Sud et en Sicile, le royaume fondé par Roger II échappa aux rois normands dès 1194. Dans ce cas, ce n'est pas dû à leur personnalité, mais tout simplement à l'absence d'un héritier en âge de régner. Quand Frédéric II fut parvenu à l'âge adulte, il donna néanmoins pour la dernière fois un vif éclat au royaume normand de Sicile, jusqu'en plein cœur du XIIIe siècle.

Nombre de ces princes d'origine normande auront joué un rôle important dans la grande aventure collective de la croisade. C'est le cas de Bohémond de Tarente, qui en profita pour constituer l'Etat qui lui manquait. C'est le cas de Robert Courteheuse, duc de Normandie, qui put s'y faire reconnaître comme un véritable chef de guerre. C'est le cas enfin de rois passés dans la légende, tels que Richard Cœur de Lion et Frédéric II.

Postlude

Défier le temps

Qu'y a-t-il de commun entre un chef viking, un roi de la mer danois ou norvégien, et Guillaume, duc d'une principauté du royaume de France et conquérant de l'Angleterre, ou Roger II, créateur d'un nouveau royaume méditerranéen, celui de Sicile ? Il n'est pas sérieux d'envisager une quelconque explication d'ordre physique. Il n'y a guère de continuité biologique entre les Scandinaves du VIIIe siècle et les Normands du XIe siècle. Bien sûr, un certain nombre de Scandinaves se sont installés en Normandie, mais on sait maintenant, grâce aux fouilles archéologiques, qu'ils ont été peu nombreux. Ils se sont fondus dans la population locale, en épousant les femmes du pays, et ont été rapidement « francisés », abandonnant l'usage de leur langue d'origine dès le milieu du Xe siècle.

Il ne faut pas perdre de vue la chronologie. Cette aventure se déroule sur plus de quatre siècles. Nous en avons souligné les moments phares. Ils sont séparés par de longues pauses, au cours desquelles ne se déroule aucune aventure particulière. C'est déjà le cas pendant la période des migrations vikings. Cinquante ans (presque deux générations) séparent les deux vagues du mouvement viking (930-980). La seconde vague se déroule au cours du XIe siècle et elle précède de peu la conquête de l'Angleterre par les Normands de Normandie. Bien entendu, il y a un lien entre les deux conquêtes de l'Angleterre, la danoise (1014-1016) et la normande (1066-1069). Pourtant, ce sont deux peuples différents qui s'emparent successivement du royaume. La conquête normande était une conquête « franque » : les témoins contemporains ne s'y sont pas trompés.

A l'autre extrémité de l'Occident, la conquête de l'Italie du Sud se déroule sur une période nettement plus longue, tout au long du XIe siècle. A partir de 1066, l'Angleterre va absorber beaucoup de Normands, en tout cas ceux qui étaient prêts à l'aventure. Ils seront dès lors moins nombreux à choisir le chemin plus exotique, mais plus lointain, des terres méridionales. En Italie, le pouvoir est saisi par des hommes ordinaires, qui n'ont aucune ascendance royale ou princière, mais se sont imposés par leurs propres mérites. Une famille de toute petite noblesse en Normandie, celle des Hauteville, se distingue avec éclat. Illustrée par Guillaume Bras de Fer, Robert Guiscard ou le grand comte Roger, elle va engendrer une nouvelle dynastie royale. Ici, il n'y a évidemment aucun rapport direct avec la Scandinavie, si ce n'est purement ponctuel. Nous avons rappelé l'étrange rencontre entre Harald Hardrada et les Normands d'Italie, au service de l'empereur byzantin, dans la Sicile des années 1040. Ce même Harald, devenu roi de Norvège, fut le complice et le concurrent de Guillaume de Normandie dans l'Angleterre de 1066. Il perdit et Guillaume l'emporta. C'est un hasard de l'Histoire. Il démontre cependant l'ampleur des perspectives ouvertes par les Vikings et par leurs successeurs, qui se sont étendues à l'ensemble du monde alors connu, et même au-delà.

Ce qui peut rassembler ces acteurs « normands », au sens large, c'est plutôt l'esprit d'aventure. Il fallait de l'audace aux premiers Vikings pour se lancer dans des expéditions hasardeuses. Celles-ci avaient des causes multiples, mais la principale était sans doute le désir de se procurer des richesses. C'est un désir fort partagé dans toute l'humanité. Les moyens utilisés n'étaient pas classiques et ils ont permis aux Scandinaves de vivre une extraordinaire aventure collective.

Les Vikings n'ont pas été seulement des pillards, mais aussi de bons organisateurs. Eux qui n'avaient pas de villes, ils en ont créé là où elles leur étaient utiles, en Russie comme en Irlande. Ils ont été aussi des fondateurs d'Etats, en Angleterre ou en Germanie, mais leur seule réussite durable est la Normandie. Or cette principauté fut longtemps la mieux gérée du royaume de France. Elle le doit sans aucun doute à ses ducs d'origine scandinave. Et pourtant, afin d'établir un pouvoir fort, ces derniers ont utilisé des moyens empruntés aux Francs.

La conquête de l'Angleterre est d'abord l'aventure personnelle d'un homme, Guillaume le Bâtard. De son enfance difficile, où sa vie même a été plusieurs fois menacée, celui-ci a retiré une énergie hors du commun. Il a conçu une folle ambition : celle de conquérir un royaume. Le plus étonnant, c'est qu'il a réussi à la communiquer à tout son peuple, ou du moins à son aristocratie. De même, il a su faire jouer un réseau d'alliances étendues à la moitié nord du royaume de France. L'Angleterre est prise en main par des Bretons, des Flamands et des Français, tout autant que par des Normands de souche.

Une fois conquise et matée, l'Angleterre a été remarquablement bien administrée, comme l'était le duché. Il en est de même pour le royaume normand de Sicile, dont Roger II et ses successeurs vont faire l'Etat le plus fort d'Italie. Ce fut encore le cas jusqu'au milieu du XIIIe siècle sous Frédéric II. Ce « bon gouvernement » reste sans doute l'un des héritages les plus durables des Normands. Il s'est transmis à de nombreux Etats. Le modèle du duché de Normandie a servi d'abord à l'Angleterre conquise, même si les influences furent réciproques. Ensuite, il s'est diffusé à l'Etat plantagenêt et a fini par inspirer le domaine royal français. Dès avant 1204, mais surtout après sa conquête de la Normandie, le roi Philippe Auguste s'inspira largement de l'exemple normand. Le relais fut donc pris par le royaume de France, qui apparaît au XIIIe siècle comme le mieux administré de tout l'Occident. Paradoxalement, ce modèle français va être appliqué à son tour dans les royaumes scandinaves, tout comme dans le royaume de Sicile conquis par Charles d'Anjou.

Les Normands qui ont conquis les deux royaumes d'Angleterre et de Sicile n'étaient plus que de lointains descendants des Vikings. Certes, ils restaient sans doute fiers de ces origines prestigieuses. Mais ils ne se sont jamais considérés comme une « race supérieure ». Ils ont tenu à respecter les populations conquises. Guillaume se voulait d'abord le roi de tous, Anglais et Francs. Il n'a établi une domination brutale sur les Saxons qu'après les multiples révoltes des premières années. Telle n'était certainement pas sa volonté initiale. Malgré tout, au fil des années et des décennies, bien des rapprochements se sont opérés entre Normands et Anglais. Dès les années 1070, Guillaume recrute des Anglais dans son armée quand il vient combattre la rébellion du Maine. Sur le plan institutionnel, le roi se sert volontiers des rouages plus perfectionnés de l'administration anglaise, comme la chancellerie royale. Des institutions communes vont bientôt apparaître des deux côtés de la Manche, comme l'Echiquier. Les liens économiques se développent rapidement, entre Londres et Rouen notamment. Mais c'est surtout sur le plan culturel que les rapprochements sont frappants. Certes, les conquérants gardent leur langue, un dialecte français (l'anglo-normand), sans pouvoir toutefois l'imposer au peuple. Après plusieurs siècles, c'est l'anglais qui triomphera, mais c'est alors une langue complètement transformée par son long contact avec le français des Normands. La langue anglaise actuelle est le fruit de cette cohabitation.

En Italie, les Normands n'avaient pas les moyens de s'imposer par la force, comme ce fut le cas en Angleterre. D'emblée, ils ménagèrent les populations locales, qui étaient d'origines très diverses : Grecs, Arabes et Berbères, Lombards et Italiens du Nord. Il est frappant de constater que le royaume de Sicile avait trois langues officielles, le grec, l'arabe et le latin. Peu nombreux et loin de leurs bases, les Normands d'Italie se sont parfaitement intégrés au milieu local. Ils ont souvent épousé des femmes du pays. Robert Guiscard a donné l'exemple en répudiant la Normande Aubrée pour se marier avec la Lombarde Sykelgaïte.

Au fond, la réussite normande, en Angleterre comme en Italie, est sans doute le fruit d'un métissage, beaucoup plus culturel que purement physique. La civilisation anglaise actuelle est largement le résultat d'une fusion entre les apports normands et anglo-saxons. Beaucoup d'Anglais d'aujourd'hui ne sont pas prêts à admettre cette réalité, eux qui se considèrent comme les héritiers des seuls Saxons vaincus en 1066 ! En Italie du Sud, le succès des Normands s'explique aussi par le métissage. L'héritage normand paraît moins évident, car il fut en quelque sorte recouvert par de multiples apports postérieurs : il est cependant resté vivace dans les esprits. Les Normands sont les seuls envahisseurs qui ont été bien acceptés par les populations locales d'Italie du Sud et de Sicile. Ce n'est pas le cas des autres. Pour s'en convaincre, il suffit de comparer avec ce qui s'est passé pour les Français de Charles d'Anjou, qui ont eux aussi conquis le royaume de Sicile en 1266. Ils étaient si détestés par la population qu'ils ont été massacrés lors des « Vêpres siciliennes », en 1282.

Une simple aventure ne peut avoir de conséquences durables. L'un des principaux mérites des Normands est d'avoir tiré le meilleur parti de leurs aventures militaires, qui ont débouché sur la constitution d'Etats forts et bien administrés. C'est ainsi qu'ils ont marqué profondément de leur empreinte de vastes régions de l'Occident, de l'Angleterre à l'Italie du Sud. Plus que des aventuriers, ils se sont révélés des bâtisseurs, édifiant sur le roc des constructions qui ont défié le temps.

Notes

Prélude

1. D'après les Premières Annales de Fontenelle : *Annales Fontanellensenses priores* (ou *Chronicon Fontanellense*), éd. J. Laporte, Rouen/Paris, Société de l'histoire de Normandie, Mélanges, 15e série, 1951, p. 63-91. Cf. P. Bauduin, *in* E Deniaux et C. Lorren *et alii*, *La Normandie avant les Normands*, p. 372.

2. C'est par ces mots que le commentaire de la tapisserie de Bayeux illustre la scène 51, qui montre le duc haranguant ses troupes et le début de la bataille : *Hic Willelmus dux alloquitur suis militibus ut preparent se viriliter et sapienter ad prelium contra Anglorum exercitum* (« Le duc Guillaume parla à ses soldats afin qu'ils se préparent virilement et sagement au combat contre l'armée des Anglais »).

3. Telle est la substance de la harangue que Guillaume de Poitiers place dans la bouche de Guillaume. Cf. Guillaume de Poitiers, II, 15, éd. R. Foreville, Paris, Les Belles Lettres, 1952, p. 182-185.

I

1. Nous nous situons ainsi dans la tradition inaugurée par le grand spécialiste français Lucien Musset, décédé en 2004. Cf. L. Musset, *Les Invasions. Le second assaut contre l'Europe chrétienne*, Paris, PUF, 3e édition, 1984, p. 107-146 et 253-261.

2. Cf. P. BAUDUIN, *Les Vikings*, Paris, PUF, « Que sais-je ? », 2004, p. 3 *sq*.

3. Cf. L. MUSSET, *Introduction à la runologie*, Paris, Aubier-Montaigne,

4. Cf. R. BOYER, *Les Vikings*, Paris, Plon, 1992, p. 369 *sq* et *passim*.

5. *Ibid.*, p. 31.

6. Snorri STURLUSON, *L'Histoire des rois de Norvège*, traduction française de François-Xavier Dielmann, Paris, Gallimard, 2000.

7. *La Saga de saint Olaf*, traduction française de Régis Boyer, Paris, Payot, 2ᵉ éd. 1992.

8. Cf. R. BOYER, *op. cit.*, p. 33.

9. *Ibid.*

10. P. BAUDUIN, *Les Vikings*, *op. cit.*, p. 5-6.

11. E. RIDEL, dir., *L'Héritage maritime des Vikings en Europe de l'Ouest*, Caen, Presses universitaires de Caen, 2002. Cf. en particulier : Chr. LEMÉE, « L'évolution du bateau en Scandinavie, de l'âge de pierre aux Vikings », p. 173-198 ; T. DÅMGARD-SØRENSEN, « Les bateaux de Skuldelev (Roskilde) et leurs répliques modernes », p. 199-227.

12. Citons en premier lieu Hedeby, à la frontière sud du Danemark, au contact avec le monde franc, Kaupang en Norvège (au sud d'Oslo), Birka, puis Sigtuna et Helgö, en Suède.

13. Cf. O. CRUMLIN-PEDERSEN, *Ships and Boats of the North*, t. II, *Viking-Age Ships and Shipbuilding in Hedeby/Haithabu and Schleswig*, Schleswig-Roskilde, Vikingeskibshallen, 1997.

14. Cf. A. NISSEN-JAUBERT, « Peuplement et structures d'habitat en Danemark durant les IIIᵉ-XIIᵉ siècles dans leur contexte nord-ouest européen », thèse de l'EHESS (dactylographiée), Paris, 1996, t. I, p. 128-212 ; *Id.*, « Les finages et leurs rendements : l'exemple danois », in *Le Village médiéval et son environnement. Etudes offertes en l'honneur de Jean-Marie Pesez*, Paris, Publications de la Sorbonne, 1998, p. 551-570.

15. R. BOYER, *Les Vikings*, *op. cit.*, p. 23-25. Cf. L. MUSSET, « Les apports anglais en Normandie de Rollon à Guillaume le Conquérant », in *Nordica et Normannica*, Paris, Société des études nordiques, 1997, p. 447-466.

16. R. BOYER, *Les Vikings*, *op. cit.*, p. 70-72.

17. *Ibid.*, p. 70. P. BAUDUIN, *Les Vikings*, p. 13.

18. Cf. R. Boyer, *Les Vikings*, *op. cit.*, p. 281-287 ; M. Gravier, *Les Scandinaves*, Paris-Turnhout, Editions Lidis-Brepols, 1984, p. 187-191 ; P. Bauduin, *Les Vikings*, *op. cit.*, p. 15-16.

19. Comme on l'a souvent affirmé.

20. P. Bauduin, *Les Vikings*, *op. cit.*, p. 17.

21. L. Musset, Les Invasions. Le second assaut..., op. cit., p. 133. P. Bauduin, Les Vikings, op. cit., p. 19-21.

22. L. Musset, *Ibid.*, p. 133 et 236-237.

23. R. Boyer, *Les Vikings*, *op. cit.*, p. 374-383.

24. Cf. C. J. Clover et J. Lindow, *Old Norse-Icelandic Literature. A critical Guide*, Londres, Ithaca, 1985, p. 94-97 ; R. Boyer, *Les Vikings*, p. 256.

25. R. Boyer, *Les Vikings*, p. 255 *sq.*

26. *Ibid.*, p. 260-264.

27. *Ibid.*, p. 263.

28. *Ibid.*, p. 194-195 et 266.

29. *Ibid.*, p. 267-268.

30. Les premiers ducs de Normandie eurent cependant le plus grand mal à se conformer à cette monogamie. Cf. *infra.*

31. *Ibid.*, p. 270-271.

32. *Ibid.*, p. 269.

33. *Ibid.*, p. 194-200. Les Islandais reconnaissent cependant la lointaine tutelle du roi de Norvège.

34. *Ibid.*, p. 273-279. P. Bauduin, *Les Vikings*, *op. cit.*, p. 23-26.

35. Dans les années 1014-1016, des rois de la mer auraient pris part aux combats qui ont entraîné la conquête de l'Angleterre. Parmi eux, on comptait un certain Lacman, jarl des Orcades (?), et le futur roi de Norvège (et saint) Olaf. Cf. F. Neveux, *La Normandie des ducs aux rois*, Rennes, Editions Ouest-France, 1998, p. 69-71.

36. R. Boyer, *Les Vikings*, *op. cit.*, p. 274.

37. *La Saga de saint Olaf*, *op. cit.* Cf. R. Boyer, *op. cit.*, *Les Vikings*, p. 275.

38. E. Kantorowicz, *Les Deux Corps du roi*, 1957, traduction française, Paris, Gallimard, 1989, rééd. 2000 (*in* Kantorowicz, *Œuvres*, Gallimard, « Quarto », p. 643-1222).

39. R. Boyer, *Les Vikings*, *op. cit.*, p. 276-277.

40. P. Bauduin, *Les Vikings*, *op. cit.*, p. 27.

41. Le Vestfold est situé le long de la côte ouest du fjord d'Oslo.

42. Cette bataille eut lieu vers 885 (?), non loin de Stavenger, dans le Rogaland, au sud-ouest de la Norvège.

43. P. Bauduin, *Les Vikings*, *op. cit.*, p. 28-29.

44. R. Boyer, *Les Vikings*, *op. cit.*, p. 374-383. Cf. *supra*.

45. J. Renaud, *Les Dieux des Vikings*, Rennes, Editions Ouest-France, 1996. R. Boyer, *Les Vikings*, *op. cit.*, p. 334-352.

46. R. Boyer, *Les Vikings*, *op. cit.*, p. 353-356.

47. P. Bauduin, *Les Vikings*, *op. cit.*, p. 34-35.

48. Ibn Fadlân, *Voyage chez les Bulgares de la Volga*, traduction française M. Canard, Paris, Sindbad, 1988, p. 80.

49. R. Boyer, *Les Vikings*, *op. cit.*, p. 354-355.

II

1. Sur ce point, on peut commencer par la bonne mise au point de Lucien Musset : L. Musset, *Les Invasions. Le second assaut...*, *op. cit.*, p. 206-209.

2. Jordanès, *Getica*, éd. Th. Mommsen, Berlin, MGH, 1882.

3. Cf. R. Boyer, *Les Vikings*, *op. cit.*, p. 77.

4. P. Bauduin, *Les Vikings*, *op. cit.*, p. 48. Cf. A. Nissen-Jaubert, « Habitats ruraux et communautés rurales », *Ruralia*, II, Prague, 1998, p. 213-225.

5. Cf. L. Musset, *Les Invasions...*, *op. cit.*, p. 206 ; R. Boyer, *Les Vikings*, *op. cit.*, p. 76-77.

6. Cf. *infra*.

7. Cf. L. Musset, *Les Invasions...*, *op. cit.*, p. 160 et 219.

8. Saucourt-en-Vimeu, commune de Nibas, canton de Friville-Escarbotin, arrondissement d'Abbeville, Somme.

9. *Rithmus Teutonicus de piae memoriae Hluduico rege filio Hluduici aeque regis* [Ludwigslied], in *Althochdeustches Lesebuch*, éd. W. Braune et E.A. Ebbinghaus, Tübingen, 1979, p. 136-138. Cf. J. Schneider, « Les *Northmanni* en Francie occidentale au IXe siècle, le Chant de Louis », *Annales de Normandie*, 53e année, n° 4, septembre 2003, p. 291-315.

10. Cf. L. Musset, *Les Invasions...*, *op. cit.*, p. 119-120 et 246-248. Les sources concernant Alfred le Grand sont disponi-

bles en traduction anglaise dans l'édition de poche Penguin : S. KEYNES et M. LAPIDGE, éd., *Alfred the Great. Asser's* Life of King Alfred *and other contemporary sources*, Londres, Penguin Books, 1983, rééd. 2004.

11. Cf. *L'Héritage maritime des Vikings en Europe de l'Ouest, op. cit.*, et en particulier la seconde partie intitulée : « Le navire viking et les traditions navales d'Europe » (p. 171-359).

12. Le navire de Gokstad fut découvert en 1880 et celui d'Oseberg en 1904.

13. Ce site proche de Schleswig était autrefois danois. Depuis 1864, il se trouve en Allemagne (aujourd'hui dans le land de Schleswig-Holstein).

14. Cf. *L'Héritage maritime des Vikings en Europe de l'Ouest, op. cit.*, et en particulier la contribution de Tinna Damgard-Sörensen, directrice du musée des Bateaux vikings de Roskilde : « Les bateaux de Skuldelev (Roskilde) et leurs répliques modernes » (p. 199-227). Dans le cadre de ce musée, des spécialistes procèdent depuis des années à des reconstitutions de navires vikings selon les techniques anciennes, très utiles pour les historiens.

15. Cf. Chr. LEMÉE, « L'évolution du bateau en Scandinavie : de l'âge de pierre aux Vikings », in *L'Héritage maritime des Vikings en Europe de l'Ouest, op. cit.*, p. 173-198 (p. 178). La découverte date de 1921-1922.

16. *Ibid.*, p. 180-181. Pour les explications techniques, cf. *infra*.

17. *Ibid.*, p. 184-186 et T. DAMGARD-SÖRENSEN, « Les bateaux de Skuldelev (Roskilde) et leurs répliques modernes », p. 214-215.

18. Cf. E. RIDEL, « Bateaux de type scandinave en Normandie (Xe-XIIIe siècle) », in *L'Héritage maritime des Vikings, op. cit.*, p. 289-320 (p. 300-309).

19. *Ibid.*, p. 290 et 297. La première mention du mot *isnechia* en Normandie se trouve dans *Les Miracles de saint Vulfran* : cf. *Miracula sancti Vulfranni episcopi*, in *Acta Sanctorum*, mars, III, vol. IX, p. 152.

20. Cf. notamment J. RENAUD, « La mer et les bateaux dans les sagas », in *L'Héritage maritime des Vikings…, op. cit.*, p. 229-246.

21. E. RIDEL, « Bateaux de type scandinave en Normandie (Xe-XIIIe siècle) », *op. cit.*, p. 297.

22. J. RENAUD, « La mer et les bateaux dans les sagas », *op. cit.*, p. 230-231.

23. L. MUSSET, *Les Invasions…*, *op. cit.*, p. 210.

24. *Ibid.* On voit une excellente représentation des haches et de leurs effets sur la tapisserie de Bayeux, lors de la bataille d'Hastings, où combattent du côté anglais des guerriers d'origine scandinave, les *housecarls* (*huskarlar*), cf. les scènes 51 à 57.

25. P. BAUDUIN, *Les Vikings*, *op. cit.*, p. 44-47.

26. *Ibid.*, p. 45.

27. Cf. J. RENAUD, *Les Vikings et les Celtes*, Rennes, Éditions Ouest-France, 1992.

28. L. MUSSET, *Les Invasions…*, *op. cit.*, p. 121-124.

29. P. BAUDUIN, *Les Vikings*, *op. cit.*, p. 77-83 ; R. BOYER, *Les Vikings*, *op. cit.*, p. 186-200.

30. L. MUSSET, *Les Invasions…*, *op. cit.*, p. 137-138, 146 et 208.

31. R. BOYER, *Les Vikings*, *op. cit.*, p. 224-228 ; F. DURAND, « L'Anse aux Meadows, porte océane de l'Amérique norroise », *Proxima Thulé*, t. IV, printemps 2000, p. 9-33 ; P. BAUDUIN, *Les Vikings*, *op. cit.*, p. 84-86.

32. S. LEBECQ, « Aux origines du phénomène viking. Quelques réflexions sur la part de responsabilité des Occidentaux (VIIIe-début IXe siècle) », in *La Progression des Vikings, des raids à la colonisation*, textes rassemblés et publiés sous la direction d'Anne-Marie FLAMBARD-HÉRICHER, Rouen, Publications de l'université de Rouen, 2003, p. 15-25 (p. 15 et note 3).

33. *Ibid.*, p. 15 et note 1.

34. *Ibid.*, p. 21-22.

35. P. BAUDUIN, *Les Vikings*, *op. cit.*, p. 50-55.

36. *Ibid.*, p. 45.

37. Il y a pourtant des exceptions, dont la plus notable est celle du royaume de Wessex sous le roi Alfred le Grand (871-899). Cf. S. KEYNES et M. LAPIDGE, « Introduction », in *Alfred the Great*, Londres, Penguin Books, 2004, p. 9-58.

38. L. MUSSET, *Les Invasions…*, *op. cit.*, p. 127-129.

39. « Miracles de saint Philibert », in *Monuments de l'histoire des abbayes de saint Philibert*, éd. R. POUPARDIN, Paris, 1905, Livre II, p. 60-63.

40. Saint-Philibert-de-Grand-Lieu, chef-lieu de canton de Loire-Atlantique.

41. Cunault, canton de Gennes, Maine-et-Loire. De nos jours encore subsiste à Cunault une belle église priorale des XIe et XIIe siècles.

42. Messais, canton de Moncontour, Vienne.

43. Tournus, chef-lieu de canton de Saône-et-Loire. Cette région n'allait pas tarder cependant à être victime des invasions hongroises ! Les religieux de Noirmoutier n'en sont pas moins restés et Tournus conserve aujourd'hui une magnifique église abbatiale romane.

44. L. MUSSET, *Les Invasions…*, *op. cit.*, p. 127-128.

45. *Ibid.*, p. 129 ; P. BAUDUIN, *Les Vikings*, *op. cit.*, p. 56.

46. Le bénéfice est l'équivalent du fief, à l'époque carolingienne. L'apanage est un territoire laissé à un cadet par le roi, en compensation de son exclusion du trône. Ce terme apparaît en France au XIVe siècle.

47. P. BAUDUIN, *Les Vikings*, *op. cit.*, p. 59-60.

48. *Ibid.*, p. 67-68.

49. R. BOYER, *Les Vikings*, *op. cit.*, p. 156-159. Cf. *Alfred the Great*, *op. cit.*

50. P. BAUDUIN, *Les Vikings*, *op. cit.*, p. 57.

51. Nous y reviendrons dans le chapitre suivant.

52. P. BAUDUIN, *Les Vikings*, *op. cit.*, p. 59 ; L. MUSSET, *Les Invasions…*, *op. cit.*, p. 129 et 166-167.

53. L. MUSSET, *Les Invasions…*, *op. cit.*, p. 59-72 et 147-157.

III

1. Cf. L. HALPHEN, *Charlemagne et l'Empire carolingien*, Paris, Albin Michel, 1947, rééd. 1968 ; P. RICHER, *Les Carolingiens, une famille qui fit l'Europe*, Paris, Hachette, 1983 ; J. FAVIER, *Charlemagne*, Paris, Fayard, 1999.

2. L'abbaye de Fontenelle avait été fondée en 649 par saint Wandrille. On l'appelle donc aussi Saint-Wandrille.

3. L'abbaye de Jumièges avait été fondée en 654 par saint Philibert.

4. ÉGINHARD, *Vie de Charlemagne*, éd. et trad. L. HALPHEN, Paris, Les Belles Lettres, 1947. Éginhard demeura abbé de Fontenelle de 816 à 823.

5. Le terme de *missus dominicus* (« envoyé du seigneur », au singulier) est plus souvent utilisé au pluriel (*missi dominici*), car les *missi* étaient envoyés en tournée d'inspection par équipes de deux ou plus. Cf. *infra*.

6. L. MUSSET, in M. DE BOÜARD, *Histoire de la Normandie*, Toulouse, Privat, 1970, p. 88. C. LORREN, *in* É. DENIAUX, C. LORREN *et alii*, *La Normandie avant les Normands*, Rennes, Éditions Ouest-France, 2002, p. 284-286.

7. Fulda est situé dans l'actuel land de Hesse, en Allemagne. Raban Maur vécut de 780 environ à 856. Il termina sa carrière comme archevêque de Mayence.

8. Cf. *Écrire l'histoire au Moyen Âge. 1- Autour de Fréculf de Lisieux*, Actes de la table ronde tenue à Lisieux, le 26 avril 2003, *Tabularia*, *« Études »*, n° 4, 2004 (contributions de P. BOUET, Ph. DEPREUX, J. LE MAHO, C. MANEUVRIER, fr. P. PRADIÉ) ; M. I. ALLEN, *A Past for the Present : Frechulf's Histories in Context and Medieval Alterlife*, thèse soutenue à Toronto en 1994 (à paraître) ; Ph. DEPREUX, *Prosopographie de l'entourage de Louis le Pieux (781-840)*, Sigmaringen, Thorbecke, 1997.

9. *Pagi* est le pluriel de *pagus*. Ce terme latin a donné en français le mot « pays ».

10. Le *pagus* d'Hiémois était alors très vaste : il s'étendait du sud de l'actuel département de l'Orne jusqu'à la mer de la Manche (entre les estuaires de l'Orne et de la Dives). Il avait pour capitale Exmes, actuellement chef-lieu de canton de l'Orne.

11. Le terme de Cotentin a aujourd'hui changé de sens. Il ne désigne plus le « pays de Coutances », mais seulement la presqu'île du Cotentin, c'est-à-dire le nord de l'actuel département de la Manche.

12. C. LORREN, *in* É. DENIAUX, C. LORREN *et alii*, *La Normandie avant les Normands*, *op. cit.*, p. 288 ; P. BAUDUIN, *ibid.*, p. 388 *sq*.

13. C. LORREN, *in* É. DENIAUX, C. LORREN *et alii*, *La Normandie avant les Normands*, *op. cit.*, p. 276-280 et 288-290 ; P. BAUDUIN, *ibid.*, p. 366.

14. A. Chédeville et H. Guillotel, *La Bretagne des saints et des rois, V^e-Xe siècle*, Rennes, Éditions Ouest-France, 1984, p. 21-49.

15. *Ibid.*, p. 224-278.

16. *Ibid.*, p. 313-321.

17. À cette époque, les rois bretons sont en conflit avec la papauté. Le contentieux porte sur la question de la déposition des évêques simoniaques et sur l'«affaire du schisme breton ». Les Bretons, en effet, ne reconnaissaient plus la primauté de l'archevêque de Tours et voulaient créer un archevêché à Dol. Soumise au pape Nicolas Ier (858-867), cette affaire ne fut résolue que trois siècles plus tard, en 1199, sous Innocent III ! Dans ces conditions, il n'est pas étonnant que le roi carolingien ait voulu maintenir l'évêché de Coutances (et celui d'Avranches) sous la houlette de l'archevêque de Rouen.

18. L. Musset, *in* M. de Boüard, *Histoire de la Normandie*, *op. cit.*, p. 96.

19. P. Bauduin, *in* É. Deniaux, C. Lorren *et alii*, *La Normandie avant les Normands*, *op. cit.*, p. 367-370.

20. *Annales Regni Francorum*, éd. F. Kurze, MGH, Scriptores rerum germanicarum, t. VI ; *Annales de Saint-Bertin*, éd. F. Grat, J. Viellard, S. Clémencet, Paris, Société de l'Histoire de France, 1964 ; *The Annals of St. Bertin*, trad. angl. J. Nelson, Manchester, Manchester University Press, 1991 ; *Annales Fontanellensenses priores*, *op. cit.*, p. 63-91.

21. P. Bauduin, *in* É. Deniaux, C. Lorren *et alii*, *La Normandie avant les Normands*, *op. cit.*, p. 372.

22. Hoseri était déjà célèbre pour des exploits antérieurs. C'est lui qui, à la tête de ses troupes, aurait pris et brûlé Rouen en 841, selon les Premières Annales de Fontenelles : *Annales Fontanellenses priores*, *op. cit.*, p. 86-88.

23. Saint-Germer-de-Fly, canton du Coudray-Saint-Germer, Oise.

24. P. Bauduin, *in* É. Deniaux, C. Lorren *et alii*, *La Normandie avant les Normands*, *op. cit.*, p. 373.

25. Sans doute à Port-Villez (canton de Bonnières-sur-Seine, Yvelines), non loin de Vernon.

26. Jeufosse, canton de Bonnières-sur-Seine, Yvelines.

27. P. Bauduin, *in* É. Deniaux, C. Lorren *et alii*, *La Normandie avant les Normands*, *op. cit.*, p. 374.

28. Saint-Maur-des-Fossés, chef-lieu de canton du Val-de-Marne.

29. LOT (Ferdinand), « La grande invasion normande de 856-862 », *Bibliothèque de l'École des Chartes*, t. LXIX, 1908, p. 1-62 ; P. BAUDUIN, *in* É. DENIAUX, C. LORREN *et alii*, *La Normandie avant les Normands*, p. 374-375.

30. Trilbardou, arrondissement de Meaux, Seine-et-Marne.

31. Charenton-le-Pont, chef-lieu de canton du Val-de-Marne. Auvers-sur-Oise, chef-lieu de canton du Val-d'Oise.

32. Pîtres, canton de Pont-de-l'Arche, Eure.

33. B. DEARDEN, « Charles the Bald's Fortified Bridge at Pîtres (Seine) : Recent archaeological Investigations », *Anglo-Norman Studies*, XI, 1988, Woodbridge, 1989, p. 107-112 ; C. GILLMORE, « The Logistic of Fortified Bridge Building on the Seine under Charles the Bald », *Ibid.*, p. 87-106.

34. Igoville, canton de Pont-de-l'Arche, Eure.

35. P. BAUDUIN, *La Première Normandie*, Caen, Presses universitaires de Caen, 2004, p. 107-109 ; *Id.*, *in* É. DENIAUX, C. LORREN *et alii*, *La Normandie avant les Normands*, *op. cit.*, p. 383-386.

36. Ce démantèlement est dû en particulier aux évêques et aux chapitres, désireux de remodeler leur cathédrale et son quartier.

37. P. BAUDUIN, *in* É. DENIAUX, C. LORREN *et alii*, *La Normandie avant les Normands*, *op. cit.*, p. 386.

38. FLODOARD, *Annales*, éd. Ph. Lauer, Paris, Picard, 1905 (pour l'année 925).

39. J. LE MAHO, « Châteaux d'époque franque en Normandie », *Archéologie médiévale*, t. X, 1980, p. 153-165. Quettehou, chef-lieu de canton de la Manche ; Radicatel, commune de Saint-Jean-de-Folleville, canton de Lillebonne, Seine-Maritime ; Beaubec-la-Rosière, canton de Forges-les-Eaux, Seine-Maritime.

40. J.-P. BRUNTERC'H, « Le duché du Maine et la marche de Bretagne », in *La Neustrie...*, 1989, t. I, p. 29-127.

41. *Ibid.*, p. 82-87.

42. P. BAUDUIN, *in* É. DENIAUX, C. LORREN *et alii*, *La Normandie avant les Normands*, *op. cit.*, p. 387-388.

43. J.-P. BRUNTERC'H, « Le duché du Maine et la marche de Bretagne », *op. cit.*, p. 42-49.

44. P. BAUDUIN, *La Première Normandie*, *op. cit.*, p. 103.

45. En 856-866.

46. Brissarthe, canton de Châteauneuf-sur-Sarthe, Maine-et-Loire.

47. F. LOT, « La Loire, l'Aquitaine et la Seine, Robert le Fort », *Bibliothèque de l'École des chartes*, t. LXXVI, 1915, p. 473-510.

48. En 867 ; cf. *supra*.

49. J. SCHNEIDER, « Les *Northmanni* en Francie occidentale au IXe siècle, le Chant de Louis », *Annales de Normandie*, 53e année, n° 4, septembre 2003, p. 291-315. Cf. *supra*.

50. P. BAUDUIN, *La Première Normandie*, *op. cit.*, p. 104. Renaud est tué en défendant la vallée de la Seine, en 885 ; quant à Henri, il est tué près de Paris, à l'époque du siège (en 886).

51. Comme les Nivelonides, qui tiennent les comtés de Vexin et de Madrie. Cf. P. BAUDUIN, *La Première Normandie*, *op. cit.*, p. 119-121.

52. J. LE MAHO, « Les premières installations normandes dans la basse vallée de la Seine (fin du IXe siècle) », in *La Progression des Vikings, des raids à la colonisation*, *Cahiers du GRHIS*, Rouen, 2003, p. 153-169 ; *Id.*, « Les Normands de la Seine à la fin du IXe siècle », in *Les Fondations scandinaves en Occident*..., p. 161-179.

53. L'abbaye de Saint-Ouen est alors située à l'extérieur des murailles de la ville.

54. Cf. *supra*.

55. Boulogne et Montreuil-sur-Mer, sous-préfectures du Pas-de-Calais.

56. Saint-Riquier, canton d'Ailly-le-Haut-Clocher, arrondissement d'Abbeville, Somme.

57. Haspres, arrondissement de Cambrai, Nord.

58. Gasny, canton d'Ecos, Eure.

59. Condé-sur-Aisne, canton de Vailly-sur-Aisne, arrondissement de Soissons, Aisne.

60. J. LE MAHO, « Les premières installations normandes dans la basse vallée de la Seine (fin du IXe siècle) », *op. cit.*, p. 156-157.

61. Les Andelys, sous-préfecture de l'Eure (dans le Vexin).

62. Braine, chef-lieu de canton, arrondissement de Soissons, Aisne (tout près de Condé-sur-Aisne, refuge des moines de Saint-Ouen).

63. Deux-Jumeaux, canton d'Isigny-sur-Mer, arrondissement de Bayeux, Calvados.

64. Aujourd'hui Saint-Marcouf, canton de Montebourg, Manche.

65. Émendreville ou Émentruville, ancienne localité aujourd'hui incluse dans la commune de Rouen, dans le quartier de Saint-Sever.

66. J. LE MAHO, « Les premières installations normandes dans la basse vallée de la Seine (fin du IXe siècle) », *op. cit.*, p. 157-159 ; *id.*, « Les Normands de la Seine à la fin du IXe siècle », p. 169-173 ; *id.* « Coup d'œil sur la ville de Rouen autour de l'an mil », in *La Normandie, vers l'an mil*, Rouen, Société de l'histoire de Normandie, 2000, p. 175-178, et « Regard archéologique sur l'habitat rouennais vers l'an mil : le quartier de la cathédrale », *ibid.*, p. 179-184.

67. Il n'en était pas de même pour les autres villes mentionnées.

68. J. LE MAHO, « Les premières installations normandes dans la basse vallée de la Seine (fin du IXe siècle) », *op. cit.*, p. 159-161

69. Saint-Paul, lieu-dit, commune de Duclair, chef-lieu de canton de la Seine-Maritime.

70. Saint-Vaast, lieu-dit, commune d'Heurteauville, canton de Duclair, Seine-Maritime.

71. J. LE MAHO, « Les premières installations normandes dans la basse vallée de la Seine (fin du IXe siècle) », *op. cit.*, p. 161-162.

72. L. MUSSET, « Les problèmes de la colonisation normande sur l'estuaire de la Seine », *Annuaire des cinq départements de la Normandie*, t. CXXXVIII, 1980 (paru en 1981), p. 75-78.

73. Cf. J. LE MAHO, « Les Normands de la Seine à la fin du IXe siècle », *op. cit.*, p. 175 (carte des noms de lieux scandinaves de la vallée de la Seine) ; J. RENAUD, *Les Vikings et la Normandie*, Rennes, Éditions Ouest-France, 1989, p. 185 (Les noms de lieux scandinaves en pays de Caux et en Basse-Seine).

74. J. RENAUD, *Les Vikings et la Normandie*, *op. cit.*, p. 157-198.

75. Nous écrivons en italique les toponymes scandinaves en question. Cf. R. LEPELLEY, *Dictionnaire étymologique des*

noms de communes de Normandie, Caen/Condé-sur-Noireau, Presses universitaires de Caen/Corlet, 1993.

76. Sanvic, commune du Havre, Seine-Maritime.

77. Harfleur, canton de Gonfréville-l'Orcher ; Montivilliers, chef-lieu de canton, Seine-Maritime.

78. Villequier, canton de Caudebec-en-Caux, Seine-Maritime.

79. Conihout, commune de Jumièges, canton de Duclair, Seine-Maritime.

80. Sahurs, canton de Grand-Couronne, Seine-Maritime. Ce domaine n'est attesté comme possession de l'église de Bayeux qu'au XIe siècle, mais il lui appartenait sans doute bien avant.

81. Crémanfleur, canton de Honfleur, Calvados ; Fiquefleur, canton de Beuzeville, Eure.

82. Risleclif, commune de Saint-Samson-de-la-Roque, canton de Quillebeuf, Eure.

83. Quillebeuf, chef-lieu de canton de l'Eure. Ce domaine fut restitué à l'abbaye de Jumièges en 940.

84. Vieux-Port, canton de Pont-Audemer, Eure.

85. Bliquetuit, commune de Notre-Dame et Saint-Nicolas de Bliquetuit, canton de Caudebec-en-Caux, Seine-Maritime.

86. Brotonne, commune de Vatteville-la-Rue, canton de Caudebec-en-Caux ; Couronne, commune de Grand-Couronne, chef-lieu de canton ; Caudebec-lès-Elbeuf, canton d'Elbeuf, Seine-Maritime.

87. D. BATES, *Normandy before 1066*, Londres/New York, Longman, 1982, p. 18.

88. J. LE MAHO, « Les premières installations normandes dans la basse vallée de la Seine (fin du IXe siècle) », *op. cit.*, p. 162-164.

89. Sous Richard II, Dudon fut nommé chapelain ducal.

90. Ce sont les livres I, II, III et IV de son œuvre.

91. P. BAUDUIN, *La Première Normandie*, *op. cit.*, p. 63-68.

92. Cf. surtout H. PRENTOUT, *Étude critique sur Dudon de Saint-Quentin et son histoire des premiers ducs de Normandie*, Paris, Picard, 1916.

93. Selon l'expression de Pierre Bauduin : cf. P. BAUDUIN, *La Première Normandie*, *op. cit.*, p. 63.

94. Cf. P. BOUET, « Dudon de Saint-Quentin et Virgile : l'*Énéide* au service de la cause normande », in *Recueil d'études en hommage à Lucien Musset*, *Cahier des Annales de Nor-*

mandie, n° 23, Caen, 1990, p. 215-236 ; *Id.*, « Dudon de Saint-Quentin et le martyre de Guillaume Longue Épée », in *Les Saints dans la Normandie médiévale*, éd. P. Bouet et F. Neveux, Caen, Presses universitaires de Caen, p. 237-258. Pierre Bouet prépare également une nouvelle édition et une traduction française de Dudon de Saint-Quentin.

95. Cf. L. Musset, « L'origine de Rollon » (1981), réédité in *Nordica et Normannica*, *op. cit.*, p. 383-387.

96. Rollon lui-même a peut-être participé au siège de Saint-Lô avec sa troupe.

97. P. Bauduin, *La Première Normandie*, *op. cit.*, p. 128-129 ; *id.*, *in* É. Deniaux, C. Lorren *et alii*, *La Normandie avant les Normands*, *op. cit.*, p. 375-376.

98. P. Bauduin, *La Première Normandie*, *op. cit.*, p. 99 et 111 ; *id.*, *in* É. Deniaux, C. Lorren *et alii*, *La Normandie avant les Normands*, *op. cit.*, p. 375-376.

99. Dudon de Saint-Quentin, éd. J. Lair, II, 11, p. 151-153.

100. J. Le Maho, « Les premières installations normandes dans la basse vallée de la Seine (fin du IXe siècle) », *op. cit.*, p. 164-167 ; *id.*, « Les Normands de la Seine à la fin du IXe siècle », p. 176-179.

101. Corbény, canton de Craonne, Aisne.

102. P. Bauduin, *La Première Normandie*, *op. cit.*, p. 129-132 (« Autour des origines de Popa ») ; *id.*, « L'insertion des Normands dans le monde franc, fin IXe-Xe siècles : l'exemple des pratiques matrimoniales », in *La Progression des Vikings…*, *op. cit.*, p. 105-117 ; *Id.*, « Chefs normands et élites franques, fin IXe-début Xe siècle », in *Les Fondations scandinaves en Occident…*, p. 181-194.

103. Dudon de Saint-Quentin, p. 157. Cf. F. Neveux, « La fondation de la Normandie et les Bretons (911-933) », in *Mondes de l'Ouest et villes du monde…*, p. 297-309 (p. 303).

104. R. Merlet, « Origines de la famille des Bérenger, comtes de Rennes et ducs de Bretagne », in *Mélanges d'histoire offerts à M. Ferdinand Lot*, 1925, p. 549-556 ; A. Chédeville et H. Guillotel, *La Bretagne des saints et des rois, V^e^-Xe siècle*, Rennes, Éditions Ouest-France, 1984, p. 393-395 ; F. Neveux, « La fondation de la Normandie et les Bretons (911-933) », *op. cit.*, p. 304.

105. Selon Katharine Keats-Rohan : K. KEATS-ROHAN, « Poppa de Bayeux et sa famille », in *Onomastique et Parenté dans l'Occident médiéval*, éd. K. KEATS-ROHAN et C. SETTIPANI, Oxford, Occasional Publications of the Unit for Prosopographical Research, Linacre College, 2000, p. 140-153.

106. A. CHÉDEVILLE et H. GUILLOTEL, *La Bretagne des saints et des rois, V^{e}-Xe siècle, op. cit.*, p. 391-395 ; H. GUILLOTEL, « Une autre marche de Neustrie », in *Onomastique et Parenté dans l'Occident médiéval, op. cit.*, p. 7-13.

107. *Annales de l'abbaye Saint-Pierre de Jumièges. Chronique universelle des origines au* XIIIe *siècle*, éd. Jean LAPORTE, Rouen, Lecerf, 1954, p. 51. Cf. P. BAUDUIN, *La Première Normandie, op. cit.*, p. 130.

108. DUDON DE SAINT-QUENTIN, p. 187 et 189.

109. Cette expression fut employée par plusieurs membres du jury lors de la soutenance de la thèse de Pierre Bauduin, en 1998, à l'université de Caen.

110. K. KEATS-ROHAN, « Poppa of Bayeux and her family », *The American Genealogist*, vol. 92, juillet-octobre 1997, p. 187-204 ; *Id.*, « Poppa de Bayeux et sa famille », in *Onomastique et Parenté dans l'Occident médiéval..., op. cit.*, p. 140-153

111. C'est ce qu'affirme la *Complainte de la mort de Guillaume Longue Épée* : cf. H. PRENTOUT. *Étude critique sur Dudon de Saint-Quentin*, Paris, Picard, 1916, p. 178-179.

112. J. LE MAHO, « Les premières installations normandes dans la basse vallée de la Seine (fin du IXe siècle) », *op. cit.*, p. 164-167 ; *id.*, « Les Normands de la Seine à la fin du IXe siècle », *op. cit.*, p. 176-179. La date de 906 a été retenue par Jacques Le Maho, car en cette année est encore mentionné un comte à Rouen, ce qui montre que l'autorité royale n'avait pas complètement disparu dans la région. Sur le « pacte de Jumièges », cf. *supra*.

113. DUDON DE SAINT-QUENTIN, p. 162-165.

114. P. BAUDUIN, *La Première Normandie, op. cit.*, p. 132-135 (« L'énigme de Chartres »).

115. Cf. *supra*.

116. L. MUSSET, « Pour l'étude comparative de deux fondations politiques des Vikings : le royaume d'York et le duché de Rouen » (1975), réédité in *Nordica et Normannica, op. cit.*, p. 157-172.

117. P. BAUDUIN, *La Première Normandie*, *op. cit.*, p. 133 et note 171.

118. DUDON DE SAINT-QUENTIN, II, 25-30, p. 165-171 (récit des négociations et de la conclusion du « traité » de Saint-Clair-sur-Epte). Lire aussi P. BOUET, « Les négociations du traité de Saint-Clair-sur-Epte selon Dudon de Saint-Quentin », in *La Progression des Vikings*..., *op. cit.*, p. 83-103.

119. L'Andelle est un affluent de la Seine, sur la rive droite, qui coule des environs de Forges-les-Eaux (Seine-Maritime) à Pîtres (Eure), où il conflue avec le fleuve. Cette rivière marque à peu près la limite occidentale de l'ancien comté du Vexin.

120. P. BOUET, « Les négociations du traité de Saint-Clair-sur-Epte selon Dudon de Saint-Quentin », *op. cit.*, p. 92.

121. DUDON DE SAINT-QUENTIN, II, 25-27, p. 165-168.

122. Saint-Clair-sur-Epte, canton de Magny-en-Vexin, Val-d'Oise.

123. L'Epte est un affluent de la Seine, sur la rive droite, qui coule des environs de Gournay-en-Bray (Seine-Maritime) à Limetz-Villez (Yvelines), où il conflue avec la Seine. Cette rivière passait à travers l'ancien comté du Vexin. Après 911, elle devient la frontière de la nouvelle Normandie : elle va désormais séparer le Vexin normand du Vexin français (et aujourd'hui l'Eure de l'Oise et du Val-d'Oise, c'est-à-dire la Haute-Normandie de la Picardie et de l'Île-de-France).

124. DUDON DE SAINT-QUENTIN, II, 29, p. 168-169.

125. *Ibid.*, p. 169.

126. *Ibid.*

127. *Ibid.*, p. 170. La date du baptême de Rollon est l'une des rares que nous fournit Dudon de Saint-Quentin. Cf. *supra*.

128. DUDON DE SAINT-QUENTIN, II, 30, p. 170-171.

129. M. FAUROUX, *Recueil des actes des ducs de Normandie*, Mémoires de la Société des antiquaires de Normandie, t. XXXVI, Caen, Caron, 1961, p. 20, n. 5. Longpaon était situé dans la banlieue de Rouen (aujourd'hui Darnétal, chef-lieu de canton de la Seine-Maritime).

130. *Ibid.*, p. 20, n. 6. Berneval-le-Grand, canton de Dieppe, Seine-Maritime.

131. P. BAUDUIN, *La Première Normandie*, *op. cit.*, p. 135-141 (« Le territoire concédé à Rollon »).

132. Fondée par saint Leufroy, l'abbaye de la Croix-Saint-Ouen fut restaurée au XIe siècle sous le nom de La Croix-Saint-

Leufroy. La commune de La Croix-Saint-Leufroy est aujourd'hui située dans le canton de Gaillon (Eure).

133. Ph. LAUER, *Recueil des actes de Charles III le Simple...*, n° 92, t. I, p. 209-212.

134. *Ibid.*, n° 94, t. I, p. 214-216.

135. Suresnes, chef-lieu de canton des Hauts-de-Seine.

136. Bouafle, canton d'Aubergenville, Yvelines.

137. Thiverny, canton de Montataire, Oise.

138. Sérifontaine, canton du Coudray-Saint-Germer, Oise.

139. On appelle « honneur » un ensemble de fiefs détenu par un grand du royaume.

140. P. BAUDUIN, *La Première Normandie, op. cit.*, p. 137.

141. FLODOARD, *Annales*, année 923, p. 16.

142. *Ibid.*, année 925, p. 31.

143. FLODOARD, *Historia Ecclesiae Remensis*, p. 577.

144. FLODOARD, *Annales*, année 924, p. 24. Cf. P. BAUDUIN, *La Première Normandie, op. cit.*, p. 140-141. Nous reviendrons sur cette question dans le chapitre suivant.

IV

1. P. BAUDUIN, *La Première Normandie, op. cit.*, p. 112-113.

2. K. F. WERNER, « Quelques observations au sujet des débuts du "duché" de Normandie. Droit privé et institutions régionales », in *Études historiques offertes à Jean Yver*, Paris, PUF, 1976, p. 691-709. Le point de vue de K. F. Werner a été critiqué par R. Helmerichs : R. HELMERICHS, « Princeps, Comes, Dux Normannorum : Early Rollonid Designators and their Significance », *Haskins Society Journal*, t. IX, 1997, p. 57-77. Cf. P. BAUDUIN, *La Première Normandie, op. cit.*, p. 192-193.

3. Cf. *infra*.

4. DUDON DE SAINT-QUENTIN, II, 31, p. 171.

5. Ces apports sont particulièrement importants en matière de droit maritime. Cf. F. NEVEUX, « L'héritage maritime des Vikings dans la Normandie ducale », in *L'Héritage maritime des Vikings en Europe de l'Ouest...*, Caen, Presses universitaires de Caen, 2002, p. 101-118.

6. Longpaon était un domaine rural situé sur l'actuelle commune de Darnétal (chef-lieu de canton de Seine-Maritime).

Située dans la banlieue de Rouen, cette commune est aujourd'hui largement urbanisée.

7. DUDON DE SAINT-QUENTIN, II, 32, p. 172.

8. Cf. *infra*.

9. DUDON DE SAINT-QUENTIN, III, 39-46, p. 182-191.

10. ORDERIC VITAL, éd. CHIBNALL, t. I, p. 154.

11. P. BAUDUIN, *La Première Normandie*, *op. cit.*, p. 162-173.

12. L. MUSSET, *in* M. DE BOÜARD, *Histoire de la Normandie*, *op. cit.*, p. 109.

13. P. BAUDUIN, *La Première Normandie*, p. 145.

14. Longueville était situé sur les bords de la Seine. Coudres, canton de Saint-André de l'Eure ; Illiers-l'Évêque, canton de Nonancourt, Eure.

15. Cf. L. MUSSET, « Actes inédits du XIe siècle, III... », p. 23 et 29. Pour Lucien Musset, les trois domaines ont été reçus en douaire par Liégarde, mais Pierre Bauduin fait remarquer que l'acte faisant expressément référence au douaire ne mentionne que Longueville (*La Première Normandie*, *op. cit.*, p. 163 et note 93). Sur la frontière de l'Avre, cf. A. LEMOINE-DESCOURTIEUX, « La frontière normande de l'Avre de la fin du Xe siècle au début du XIIIe siècle : la défense et les structures de peuplement », thèse d'histoire préparée sous la direction de F. NEVEUX, université de Caen, 2003.

16. Montreuil-sur-Mer, sous-préfecture du Pas-de-Calais. Cf. *infra*.

17. Picquigny, chef-lieu de canton de la Somme, près d'Amiens. Cf. DUDON DE SAINT-QUENTIN, III, 59-64, p. 203-209. Cf. *infra*.

18. DUDON DE SAINT-QUENTIN, IV, 68, p. 221-222.

19. P. BAUDUIN, *La Première Normandie*, *op. cit.*, p. 166-172. Cf. *infra*.

20. Cf. *infra*.

21. M. FAUROUX, n° 3, p. 70-72 (968). Nous ignorons la date de l'hommage, mais il n'eut peut-être pas lieu aussitôt après la mort d'Hugues le Grand, qui fut suivie d'une période de troubles. Hugues Capet était en effet mineur et il ne fut mis en possession des honneurs paternels qu'en 960. En 968, Richard restitue à l'abbaye de Saint-Denis le domaine de Berneval « avec l'accord de [son] seigneur, Hugues, prince des Francs ».

22. M. ARNOUX, « Classe agricole, pouvoir seigneurial et autorité ducale. L'évolution de la Normandie féodale d'après le témoignage des chroniqueurs (Xe-XIIe siècle) », *Le Moyen Âge*, t. XCVIII, n° 1, 1992, p. 35-60 ; *id.*, « Les paysans et le duc : autour de la révolte de 996 », in *La Normandie vers l'an mil*, Rouen, 2000, Société de l'histoire de Normandie, p. 105-111.

23. P. BAUDUIN, *La Première Normandie*, *op. cit.*, p. 197-210.

24. Et notamment vers le sud, avec la conquête du Passais, qui faisait partie du diocèse du Mans.

25. Nous savons que ces limites romaines avaient été consacrées par l'Église sous la forme de la province ecclésiastique de Rouen. Notons que le Passais ne fut jamais intégré dans cette province ecclésiastique.

26. P. BAUDUIN, *La Première Normandie*, *op. cit.*

27. M. ARNOUX, « Disparition ou conservation des sources et abandon de l'acte écrit : quelques observations sur les actes de Jumièges », *Tabularia, Études*, n° 1, 2001, p. 1-10.

28. DUDON DE SAINT-QUENTIN, II, 28, p. 168.

29. FLODOARD, *Annales*, année 924, p. 24.

30. L. MUSSET, *in* M. DE BOÜARD, *op. cit.*, *Histoire de la Normandie*, p. 98.

31. A. CHÉDEVILLE et H. GUILLOTEL, *La Bretagne des saints et des rois*, *op. cit.*, p. 393-395. Cf. *supra*.

32. R. FOSSIER, *La Terre et les hommes en Picardie jusqu'à la fin du XIIIe siècle*, 2 volumes, Paris/Louvain, Nauwelaerts, 1968, t. 1, p. 176-178, t. II, p. 477-480. Cf. P. BAUDUIN, *La Première Normandie*, *op. cit.*, p. 147.

33. P. BAUDUIN, *La Première Normandie*, *op. cit.*, p. 145-161.

34. FLODOARD, *Annales*, année 923, p. 16-17.

35. FLODOARD, *Annales*, année 925, p. 29-30. Cf. P. BAUDUIN, *La Première Normandie*, *op. cit.*, p. 146.

36. Eu, chef-lieu de canton de la Seine-Maritime. Situé sur la Bresle, Eu constitue la place de Normandie la plus septentrionale. Pour Montreuil, cf. *supra*.

37. RICHER, *Histoire de France*, I, 50, t. I, p. 100-102. Cf. P. BAUDUIN, *La Première Normandie*, *op. cit.*, p. 155.

38. P. BAUDUIN, *La Première Normandie*, *op. cit.*, p. 155-156.

39. FLODOARD, *Annales*, année 931, p. 50. Cette rébellion bretonne s'ajoute à celle du Normand Riouf et met un moment en grande difficulté le pouvoir du comte de Rouen. Cf. *supra*.

40. A. CHÉDEVILLE et H. GUILLOTEL, *La Bretagne des saints et des rois*, *op. cit.*, p. 393-395. Cf. *supra*.

41. *Ibid.*, p. 395-396. Texte latin : *Willeim[us] Dux Bri[tonum]*. Cf. L. MUSSET, « Considérations sur la genèse et le tracé des frontières de la Normandie » (1989), in *Nordica et Normannica*, *op. cit.*, p. 403-413 (p. 410).

42. FLODOARD, *Annales*, année 927, p. 39-40.

43. FLODOARD, *Annales*, année 933, p. 55.

44. P. BAUDUIN, *La Première Normandie*, *op. cit.*, p. 161.

45. *Ibid.*, p. 157-158. Cf. DUDON DE SAINT-QUENTIN, III, 59-62, p. 203-208.

46. Cf. G. LOUISE, *La Seigneurie de Bellême (X^e-XIIe siècle)*, 2 volumes, Flers, Le Pays Bas-Normand, n° 199-202, 1990-1991, t. I, p. 139 et 150. Les seigneurs de Bellême ont constitué une vaste seigneurie à cheval sur la frontière de la Normandie et du Maine. Ils ne furent définitivement matés que par le roi d'Angleterre Henri Ier Beauclerc, au XIIe siècle. Notons que certains toponymes gardent le souvenir de la situation frontalière de la région, comme Moulins-la-Marche (chef-lieu de canton de l'Orne).

47. P. BAUDUIN, *La Première Normandie*, *op. cit.*, p. 163.

48. *Ibid.*, p. 166-172.

49. C. MANEUVRIER, « Paysages et sociétés rurales au Moyen Âge : le pays d'Auge jusqu'à la fin du XIIIe siècle », thèse de doctorat sous la direction d'André DEBORD puis de Claude LORREN, 3 volumes (dactyl.), 1999-2000, t. I, p. 89. Pour Christophe Maneuvrier, la date de l'intégration du *pagus* de Lisieux dans la Normandie « reste impossible à préciser ».

50. N'oublions pas que ces provinces ecclésiastiques étaient fondées sur des provinces romaines du Bas-Empire, qui ne correspondaient plus depuis longtemps à une quelconque réalité politique.

51. Cf. F. LIFSHITZ, « La Normandie carolingienne. Essai sur la continuité, avec utilisation de sources négligées », *Annales de Normandie*, t. 48, n° 5, décembre 1998, p. 505-524. Pour Felice Lifshitz, les Normands de la Seine, Rollon en tête, furent baptisés plusieurs fois, à la fin des années 880 par Francon de Rouen, puis plusieurs fois encore après 892, par Witton

de Rouen et Hervé de Reims. Chaque fois, ils retournèrent au paganisme. C'est une question difficile et les textes ne sont pas parfaitement clairs. À notre avis, il convient de rester très prudent sur ce point.

52. DUDON DE SAINT-QUENTIN, II, 30, p. 170-171.

53. Nous connaissons un évêque de Bayeux en 927, mais aucun autre depuis 876. Le siège aurait donc été rétabli après une interruption de près d'un demi-siècle. C'est moins cependant que pour la plupart des autres diocèses normands (Rouen et Évreux mis à part). Cf. *infra*.

54. ADHÉMAR DE CHABANNES, *Chronicon*, éd. J. CHAVANON, Paris, Les Belles Lettres, 1897, p. 139.

55. Robert était devenu par la suite le roi Robert Ier (922-923). Cf. P. BAUDUIN, *La Première Normandie, op. cit.*, p. 145.

56. DUDON DE SAINT-QUENTIN, III, 58, p. 200-203.

57. DUDON DE SAINT-QUENTIN, III, 42-46, p. 185-191.

58. FLODOARD, *Annales*, année 943, p. 88. Cf. P. BAUDUIN, *La Première Normandie, op. cit.*, p. 164.

59. J. RENAUD, *Les Vikings et la Normandie, op. cit.*, p. 120-122. Réville, canton de Quettehou, Manche.

60. *Ibid.*, p. 123. La tombe de l'île de Groix date de la seconde moitié du Xe siècle.

61. P. BOUET, « Dudon de Saint-Quentin et le martyre de Guillaume Longue Épée », in *Les Saints dans la Normandie médiévale*, éd. P. BOUET et F. NEVEUX, Caen, Presses universitaires de Caen, 2000, p. 237-258. Cf. DUDON DE SAINT-QUENTIN, III, 59-64, p. 203-209.

62. J. LE MAHO, « Les premières installations normandes dans la basse vallée de la Seine… », *op. cit.*, p. 157 et 166. Cf. *supra*, chapitre III.

63. *Les Évêques normands du XIe siècle*, Colloque de Cerisy-la-Salle (1993), éd. P. BOUET et F. NEVEUX, Caen, Presses universitaires de Caen, 1995, et notamment : P. BOUET et M. DOSDAT, « Les évêques normands de 985 à 1150 », p. 19-35.

64. J. DECAËNS, « L'évêque Yves de Sées », in *Les Évêques normands du XIe siècle, op. cit.*, p. 117-137.

65. L. MUSSET, « La satiriste Garnier de Rouen et son milieu (début du XIe siècle) », *Revue du Moyen Âge latin*, t. X, 1954, p. 237-266.

66. L'archevêque Robert mourut en 1037. Le relais fut pris notamment par son fils Raoul de Gacé. Cf. *infra*, chapitre VI.

67. Cf. D. BATES, « Notes sur l'aristocratie normande. I. – Hugues de Bayeux (1011-v. 1049) », *Annales de Normandie*, t. 23, n° 1, 1973, p. 7-21 ; V. GAZEAU, « Le patrimoine d'Hugues de Bayeux (c. 1011-1049) », in *Les Évêques normands du XIe siècle*, *op. cit.*, p. 139-147.

68. P. BOUET et M. DOSDAT, « Les évêques normands de 985 à 1150 », p. 19, 20, 23, 24 et 25.

69. GUILLAUME DE JUMIÈGES, *Gesta Normannorum Ducum*, éd. J. MARX, Rouen/Paris, Lestringant/Picard, 1914. Interpolations d'Orderic Vital, p. 168. Cf. J. DECAËNS, « L'évêque Yves de Sées », in *Les Évêques normands du XIe siècle*, *op. cit.*, p. 125-129.

70. M. CHIBNALL, « La carrière de Geoffroi de Montbray », in *Les Évêques normands du XIe siècle*, *op. cit.*, p. 179-193.

71. Ce dernier « mal » est évidemment très relatif. Il n'est devenu tel que parce que les papes réformateurs du XIe et du XIIe siècle ont réussi à faire prévaloir dans le clergé séculier le modèle monastique du célibat ecclésiastique. Ce ne fut pas le cas dans l'Église orientale, dite « orthodoxe », qui se sépare précisément de l'Église romaine à cette époque (1054), mais pas à cause de cette question du célibat des prêtres.

72. L'abbaye de Saint-Vanne était située dans la ville de Verdun.

73. Cf. L. MUSSET, *in* M. DE BOÜARD, *Histoire de Normandie*, *op. cit.*, p. 111.

74. GUILLAUME DE JUMIÈGES, *Gesta Normannorum Ducum*, VII, 10, éd. J. MARX, p. 129. Cf. O. GUILLOT, « La libération de l'Église par le duc Guillaume avant la conquête », in *Histoire religieuse de la Normandie*, éd. N.-J. Chaline, Chambray, CLD, 1981, p. 77 et 84 (n. 20). Olivier Guillot date le concile de Lisieux de 1054.

75. V. GAZEAU, *Recherches sur l'histoire de la principauté normande*, thèse, Paris-I, 2002, t. II, p. 193.

76. P. BOUET, « Le premier millénaire », in *Le Mont-Saint-Michel, Histoire et Imaginaire*, Paris, Anthèse/Éditions du Patrimoine, 1998, p. 21-26 ; *Id.*, « La *reuelatio* et les origines du culte à saint Michel sur le mont Tombe », in *Culte et pèlerinages à saint Michel en Occident. Les trois monts dédiés à l'archange*, Rome, École française de Rome, 2003, p. 65-90. K. KEATS-ROHAN, « L'histoire secrète d'un sanctuaire célèbre.

La réforme du Mont-Saint-Michel d'après l'analyse de son cartulaire et de ses nécrologes », *Ibid.*, p. 139-159.

77. Cf. K. KEATS-ROHAN, *Ibid.*, p. 146-147. Katharine Keats-Rohan réfute la tradition historique qui fait de Mainard Ier un disciple du réformateur flamand Gérard de Brogne. Pour elle, il s'agit sans aucun doute d'un noble de Neustrie. Plus généralement elle considère l'*Introductio monachorum*, l'un des textes fondateurs du Mont-Saint-Michel (datant du milieu du XIe siècle), comme une reconstruction de l'Histoire destinée à soutenir les prétentions des réformateurs monastiques venus de Fécamp.

78. F. NEVEUX, « L'abbaye bénédictine à la période ducale (966-1024) », in *Le Mont-Saint-Michel, histoire et imaginaire*, *op. cit.*, p. 30-34 (p. 31).

79. Cf. A. RENOUX, *Fécamp : du palais ducal au palais de Dieu*, Paris, Éditions du CNRS, 1991.

80. P. BOUET, « Dudon de Saint-Quentin. Construction de la nouvelle collégiale de Fécamp (990) », in *La Normandie vers l'an mil*, *op. cit.*, p. 123-129.

81. L'abbé de Cluny exigeait du duc la cession du droit de panage dans toutes les forêts de Normandie. Ces conditions étaient inacceptables pour le duc. Cf. la note suivante pour la référence.

82. V. GAZEAU, « Guillaume de Volpiano et le monachisme normand. Vie de saint Guillaume abbé de Dijon », in *La Normandie vers l'an mil*, *op. cit.*, p. 132-136.

83. Cf. L. MUSSET, « La contribution de Fécamp à la reconquête monastique de la Basse-Normandie (990-1066) », in *L'Abbaye bénédictine de Fécamp, ouvrage scientifique du XIIIe centenaire*, Fécamp, 1959-1960, t. I, p. 57-66 et 341-343.

84. *Ibid.* Cf. aussi V. GAZEAU, *Recherches sur l'histoire de la principauté normande*, *op. cit.*, t. II, p. 25-26 (Bernay), p. 122-123 (Jumièges), p. 166-168 (Mont-Saint-Michel).

85. Cf. V. GAZEAU, *Recherches sur l'histoire de la principauté normande*, *op. cit.*, t. II, p. 84-87.

86. *Ibid.*, p. 107. M. FAUROUX, n° 61, p. 185-187.

87. Cf. V. GAZEAU, *Recherches sur l'histoire de la principauté normande*, *op. cit.*, t. II, p. 184 (Saint-Pierre de Préaux). Saint-Pierre était une abbaye d'hommes et Saint-Léger une abbaye de femmes. Toutes les deux étaient situées sur Les Préaux, commune du canton de Pont-Audemer, Eure.

88. *Ibid.*, p. 233-237. L'abbaye féminine fut remplacée à Saint-Pierre-sur-Dives par une abbaye d'hommes. L'abbaye Notre-Dame-du-Pré de Lisieux, fondée vers 1050, subsista jusqu'en 1994, date à laquelle les bénédictines partirent pour Valmont (chef-lieu de canton de la Seine-Maritime).

89. *Ibid.*, p. 64 (Cormeilles) et p. 149 (Lyre). Cormeilles, chef-lieu de canton de l'Eure ; Lyre, commune de la Vieille-Lyre, canton de Rugles, Eure.

90. *Ibid.*, p. 8-12. Lanfranc devint abbé de Saint-Étienne de Caen (1063-1070), puis archevêque de Cantorbéry (1070-1089). Anselme fut abbé du Bec (1078-1093), puis succéda à Lanfranc comme archevêque de Cantorbéry (1093-1109). Considéré comme un saint, il est aussi l'un des grands philosophes du Moyen Âge.

91. P. BAUDUIN, *La Première Normandie*, *op. cit.*, p. 145 et 167.

92. La mort d'Herbert II de Vermandois entraîna l'éclatement de sa grande principauté.

93. La primauté d'Hugues le Grand s'exerce pour l'essentiel sous le règne de Louis IV d'Outremer (936-954).

94. P. BAUDUIN, *La Première Normandie*, *op. cit.*, p. 166-170.

95. *Ibid.*, p. 169.

96. *Ibid.*, p. 180-185. GUILLAUME DE JUMIÈGES, V, 9-12, éd. J. MARX, p. 82-87. Le texte évoque *medietatem Dorcassini castri* (p. 83), « la moitié du château de Dreux », ce que Lucien Musset propose de traduire par « la moitié de la châtellenie de Dreux ». Cf. L. MUSSET, « Actes inédits du XIe siècle, III… », *op. cit.*, p. 44 et n. 138.

97. P. BAUDUIN, *La Première Normandie*, *op. cit.*, p. 181-185.

98. D. BARTHÉLEMY, *L'Ordre seigneurial*, Paris, Seuil, 1990, appendice 2, tableau n° 8.

99. GUILLAUME DE JUMIÈGES, II, 6 (Popa), III, 2 (Sprota), éd. J. MARX, p. 24 et 33.

100. P. BAUDUIN, *La Première Normandie*, *op. cit.*, p. 20-21 (tableau généalogique de la famille ducale).

101. C'est sans doute pour cette raison qu'il a tenu à faire désigner son fils aîné, Hugues, comme évêque de Bayeux, vers 1011.

102. P. BAUDUIN, *La Première Normandie*, *op. cit.*, p. 197-210.

103. *Ibid.*, p. 20-21 et 292 (n. 37). Le comte d'Eu exerçait son pouvoir sur la partie frontalière du Talou, celui d'Avranches sur la zone frontalière avec la Bretagne et celui d'Exmes sur la région proche de la frontière sud. Le comté de Brionne n'était pas vraiment frontalier, mais il s'agissait d'un secteur mal contrôlé par l'autorité ducale.

104. Le comté d'Exmes (l'Hiémois) fut confié à Guillaume, fils de Richard Ier, puis à Robert (le Magnifique), second fils de Richard II, et le comté de Mortain à Robert, frère utérin de Guillaume le Bâtard.

105. GUILLAUME DE JUMIÈGES, V, 13, éd. J. MARX, p. 88.

106. P. BAUDUIN, *La Première Normandie*, *op. cit.*, p. 152-154.

107. *Ibid.*, p. 153 et 156.

108. Dudon désigne à vrai dire sous ce nom unique tous les rois anglo-saxons. On peut donc identifier *Alstemus*, selon le contexte, à Alfred le Grand (871-899), Édouard l'Ancien (899-925) ou Athelstan (925-939).

109. DUDON DE SAINT-QUENTIN, II, 17-18, p. 158-159. Cf. P. BAUDUIN, *La Première Normandie*, *op. cit.*, p. 154 et n. 53. Dudon nous propose une vision idyllique des événements, où Alstemus va jusqu'à promettre à Rollon la moitié de son royaume.

110. D'après la *Complainte de Guillaume Longue Épée*, éd. Philippe LAUER, in *Le Règne de Louis IV d'Outremer*, Paris, Bouillon, 1900, p. 319-323.

111. Cf. P. BAUDUIN, *La Première Normandie*, *op. cit.*, p. 153-154.

112. Cf. F. NEVEUX, *La Normandie des ducs aux rois*, Rennes, Éditions Ouest-France, 1998, p. 51-52.

113. L. MUSSET, *Les Invasions*, *op. cit.*, t. II, p. 134-135.

114. Cette situation s'explique en partie par l'affaiblissement normand dû à la minorité de Richard II.

115. GUILLAUME DE JUMIÈGES, V, 4, éd. J. MARX, p. 76-77. D'après cet auteur, l'objectif d'Ethelred aurait été de s'emparer de la personne du duc Richard II, ce qui paraît difficile à croire, étant donné que les Anglais débarquèrent dans le Val-de-Saire, aussi loin qu'il était possible de Rouen et de Fécamp !

116. GUILLAUME DE JUMIÈGES, IV, 18, éd. J. MARX, p. 68-69.

117. GUILLAUME DE JUMIÈGES, V, 7-9, éd. J. MARX, p. 79-83.

118. GUILLAUME DE JUMIÈGES, V, 8, éd. J. MARX, p. 80-82. Pour Guillaume de Jumièges, Lacman et Olaf sont venus en aide au nouveau roi Cnut. C'est extrêmement douteux, car Olaf II Haraldsson apparaît comme un ennemi des Danois, au moins à partir de son avènement au trône de Norvège, en 1015. Il fut en tout cas vaincu en combattant des aristocrates norvégiens, soutenus par le roi Cnut, en 1030, à Stiklestad (près de Trondheim). Censé avoir été tué dans un combat contre les païens (ce qui était faux), il fut considéré par les Norvégiens comme un saint, et même comme un martyr. Cf. L. MUSSET, *Les Peuples scandinaves au Moyen Âge*, Paris, PUF, 1951, p. 128-129 et 159-160.

119. Ethelred meurt le 23 avril 1016, à Londres, et son fils Edmond *Ironside* lui succède. Il doit accepter un partage de l'Angleterre avec Cnut, mais il est convenu que le survivant héritera de l'ensemble du royaume. Peu de temps après cet accord, Edmond meurt dans des circonstances mystérieuses, probablement assassiné (le 30 novembre 1016).

V

1. GUILLAUME DE JUMIÈGES, *Gesta Normannorum Ducum*, éd. Jean MARX, *op. cit.* ; éd. Elisabeth VAN HOUTS, 2 volumes, Oxford, Clarendon Press, 1992-1995.

2. WACE, *Le Roman de Rou*, éd. A.J. HOLDEN, Paris, Picard, 3 volumes, 1970-1973. Le terme de « roman » n'a pas du tout le sens qu'on lui connaît aujourd'hui. Il s'agit d'un texte écrit en langue romane, c'est-à-dire en ancien français.

3. BENOÎT DE SAINTE-MAURE, *Chronique des ducs de Normandie*, éd. Carin FAHLIN, t. I et II (Texte), Uppsala, 1951-1954 ; t. III (Glossaire), par Östen SÖDERGARD, Uppsala, 1967 ; t. IV (Notes), par Sven SANDQVIST, Stockholm, 1979.

4. Un seul autre duc portera ce nom : Robert II Courteheuse, duc de Normandie de 1087 à 1106. Il était quant à lui le fils aîné de Guillaume le Bâtard, qui rendit ainsi hommage à son père, Robert le Magnifique.

5. Robert le Diable est mentionné par des prédicateurs du XIIIe siècle comme un aventurier débauché. La confusion entre ce personnage légendaire n'eut pas lieu avant la fin du Moyen Âge. Elle est encore propagée de nos jours par certains auteurs, y compris dans des publications très sérieuses, telles que l'*Encyclopaedia Britannica*. Cf. M. DE BOÜARD, *Guillaume le Conquérant*, Paris, Fayard, 1984, p. 77-78.

6. Si Richard (III) exerça le commandement effectif de l'armée normande, il faut situer cette campagne dans les années 1025-1026. Richard avait en effet dix-huit ans en 1026.

7. Le comté de Bourgogne correspond à l'actuelle Franche-Comté. Il faisait alors partie du royaume de Bourgogne, qui fut bientôt inclus dans le Saint Empire (en 1032). Il y a environ quatre cents kilomètres à vol d'oiseau de Rouen à la frontière occidentale du comté de Bourgogne.

8. Chalon-sur-Saône, préfecture de Saône-et-Loire.

9. Mimande, canton de Chagny, Saône-et-Loire.

10. M. FAUROUX, n° 58, p. 180-182.

11. Ce texte est particulièrement important pour l'histoire de la ville, dont c'est l'une des premières mentions écrites.

12. Le texte ne fut pas appliqué du fait de la mort prématurée du duc et du remariage de la princesse Adèle avec le fils du comte de Flandre (le futur Baudouin V). De ce mariage naquit Mathilde, qui épousa Guillaume le Bâtard. Il y avait là pour l'Église un lien de parenté putatif, même si le mariage de Richard III et d'Adèle n'avait pas été consommé. Cf. *infra*, chapitre VI.

13. Le comté d'Hiémois se trouvait à cheval sur les actuels départements de l'Orne et du Calvados.

14. Exmes, chef-lieu de canton de l'Orne.

15. Le terme d'apanage n'est pas encore couramment utilisé à cette époque : il apparaîtra au cours du XIIIe siècle. Il désigne alors un territoire accordé aux fils cadets du roi en compensation de leur exclusion du trône. Cette réalité existe dès le XIe siècle dans le royaume et dans les principautés. Nous en avons ici un exemple en Normandie.

16. À la génération précédente, le comté d'Hiémois avait été donné à un frère de Richard II, Guillaume, qui s'était déjà révolté, avec l'aide des seigneurs locaux (cf. *supra*). On a l'impression d'une réédition des mêmes événements trente ans plus tard.

17. Falaise, chef-lieu de canton du Calvados, à trente-cinq kilomètres au nord-est d'Exmes.

18. La rébellion de Robert est allée en tout cas beaucoup moins loin que celle de son oncle Guillaume, également comte d'Hiémois, qui avait su entraîner derrière lui la plupart des seigneurs locaux.

19. Trente ans plutôt, Guillaume avait été privé du comté d'Hiémois mais, quelque temps après, il avait reçu en compensation le comté d'Eu.

20. GUILLAUME DE JUMIÈGES, VI, 2, éd. J. MARX, p. 99-100 : « Le susdit comte Richard, après avoir fait la paix avec son frère et licencié son armée, retourna à Rouen avec plusieurs des siens, en 1028 de l'incarnation du Seigneur [en réalité 1027]. Là, comme le racontèrent beaucoup de gens, il mourut par le poison, laissant le duché à son frère Robert. »

21. GUILLAUME DE MALMESBURY, *Gesta regum Anglorum*, II, 178, t. I, p. 304-309.

22. GUILLAUME DE JUMIÈGES, VI, 5, éd. J. MARX, p. 102-103.

23. Fulbert, évêque de Chartres (1006-1028), était un élève de Gerbert d'Aurillac. Célèbre savant et théologien, il ouvrit une école où il forma de nombreux élèves, parmi lesquels on peut signaler Bérenger de Tours, Bernard et Thierry de Chartres, et le Normand Guillaume de Conches. Sa réputation lui permit de jouer un rôle important dans les débats théologiques comme dans les affaires politiques de son temps.

24. GUILLAUME DE JUMIÈGES, VI, 3, éd. J. MARX, p. 100.

25. Argences, canton de Troarn, Calvados (près de Caen).

26. Heudebouville, canton de Louviers, Eure (sur la Seine).

27. Maromme, chef-lieu de canton de Seine-Maritime (près de Rouen).

28. M. FAUROUX, n° 70, p. 206-207 : restitution par le duc Robert à l'abbaye de Fécamp des domaines d'Argences, d'Heudebouville et de Maromme et d'autres biens à l'abbaye de Montivilliers.

29. L'ancien domaine de Montgommery, appartenant à cette puissante famille, était situé sur deux communes actuelles : Sainte-Foy-de-Mongommery et Saint-Germain-de-Montgommery (canton de Livarot, Calvados). Ces localités sont très proches de Vimoutiers.

30. Vimoutiers, chef-lieu de canton de l'Orne. Cf. M. FAUROUX, n° 74, p. 214-216 : Robert le Magnifique confirme l'autorisation donnée par l'abbaye de Jumièges à Roger de Montgommery de restaurer un marché que celui-ci avait détruit, « induit par les conseils pernicieux » du duc, pour le transférer dans son propre domaine.

31. Cf. M. FAUROUX, nos 66-67, p. 197-203 (confirmation des biens de la cathédrale de Rouen) et no 71, p. 207-209 (arrangement entre l'abbaye de Fécamp et l'évêque de Bayeux concernant la terre d'Argences). Cf. *infra*.

32. ORDERIC VITAL, Interpolations à GUILLAUME DE JUMIÈGES, VII, 3, éd. J. MARX, p. 157-158.

33. On enterrait en effet souvent les morts dans un linceul de cuir.

34. Bientôt, l'Église voudra contrôler beaucoup plus sévèrement la sexualité des clercs, comme celle des laïcs : ce sera l'un des aspects essentiels de la « réforme grégorienne ». Du temps de Robert le Magnifique, celle-ci n'en est qu'à ses premiers balbutiements, mais le duc va devoir se plier à ses nouveaux impératifs.

35. WACE, *Le Roman de Rou*, éd. A.J. HOLDEN, 3e partie, v. 2823-2922, t. I, p. 266-270, trad. R. LEPELLEY, *Guillaume le Duc, Guillaume le Roi*, p. 65-66.

36. BENOÎT DE SAINTE-MAURE, éd. C. FAHLIN, v. 33445-34008, trad. P. FICHET, p. 15-22. L'ajout d'éléments légendaires chez Wace et Benoît n'est pas étonnant, car ces auteurs écrivent des épopées, autant que des livres d'histoire. De plus, ils rédigent leurs livres au XIIe siècle (après 1170), à une époque où il est question d'exalter les origines glorieuses d'Henri II, et en particulier son ancêtre le plus illustre, Guillaume le Conquérant.

37. L'Ante est un affluent de la Dives qui coule au pied du château de Falaise.

38. Nous connaissons aussi une fille de Robert le Magnifique, sans doute née d'une autre concubine : Adélaïde, qui deviendra plus tard comtesse d'Aumale. Cf. P. BAUDUIN, *La Première Normandie*, *op. cit.*, p. 20-21, 288, 304 et 306, n. 118. Cette information nous est donnée par Robert de Torigni (*Chronique*, t. I, p. 34).

39. Il donna un mari à Herleva. Cf. *infra*.

40. GUILLAUME DE JUMIÈGES, VI, 3, éd. J. MARX, p. 100-101.

41. Marie Fauroux a édité une trentaine de chartes de Robert le Magnifique. Cf. M. FAUROUX, n° 60 à n° 91, p. 184-242.

42. Cf. L. MUSSET, « Actes inédits du XIe siècle. II. Une nouvelle charte de Robert le Magnifique pour Fécamp », *op. cit.*, p. 144-145.

43. Il en était toujours ainsi à cette époque dans de pareilles circonstances, comme on pourra le constater au cours de la minorité de Guillaume le Bâtard, dans tout le duché, ou encore lors de la disgrâce d'Odon (1082), en ce qui concerne le diocèse de Bayeux. Cf. *infra*.

44. M. FAUROUX, n° 66-67, p. 197-203.

45. Pierreval, canton de Buchy, Seine-Maritime.

46. Selon Marie Fauroux, il s'agirait de Vicq, canton de Montfort-l'Amaury, Yvelines. Mais cette localité est située au sud de la Seine : elle ne se trouve donc pas dans le Vexin français, alors que le texte l'indique explicitement : *in Vilcassino Francico, unam villam Vy vocitatam* (cf. M. FAUROUX, n° 66, p. 200).

47. Notons à cet égard qu'un certain nombre de restitutions ont lieu précisément dans le *pagus* d'Évreux. Cf. M. FAUROUX, n° 66, p. 197-201.

48. Cette abbaye d'hommes, dédiée à la Trinité, était située sur le « Mont-Sainte-Catherine », dans la banlieue de Rouen. Plus tard, en 1042, Gosselin et Emmeline restaurèrent également une abbaye de femmes, Saint-Amand, en plein cœur de la cité de Rouen.

49. M. FAUROUX, n° 60-61 (1030), p. 184-187.

50. M. FAUROUX, n° 63, p. 189-192 (Jumièges), n° 65, p. 195-197 et n° 73, p. 210-214 (Mont-Saint-Michel), n° 69, p. 205-206 et n° 80, p. 219-220 (Saint-Wandrille), n° 78-79, p. 218 (Saint-Ouen), etc.

51. M. FAUROUX, n° 70, p. 206-207. Cf. *supra*.

52. M. FAUROUX, n° 71, p. 207-209.

53. Les hôtes sont des tenanciers au statut précaire, qui pourraient être installés par exemple sur des terres à défricher.

54. M. FAUROUX, n° 64, p. 192-195.

55. Cerisy-la-Forêt, canton de Saint-Clair-sur-l'Elle, Manche.

56. Le Molay-Littry, canton de Balleroy, Calvados.

57. Le Bois-d'Elle, ancien bois situé sur la commune de Cerisy-la-Forêt.

58. Maupertuis, commune de Torteval, canton de Caumont-l'Éventé, Calvados.

59. Lyons-la-Forêt, chef-lieu de canton de l'Eure, dans le Vexin normand.

60. Épinay-sur-Odon, canton de Villers-Bocage, Calvados.

61. Vienne-en-Bessin, canton de Bayeux, Calvados.

62. Le vignoble d'Argences (canton de Troarn, Calvados) était situé sur les coteaux surplombant la Muance, affluent de la Dives. Il était célèbre au Moyen Âge et fut exploité jusqu'au XIXe siècle.

63. Des abbayes ne seront fondées par des laïcs dans le Cotentin qu'après 1050 : Saint-Sauveur-le-Vicomte (1054), Lessay (1056) et Montebourg (1080). Par ailleurs, le duc Guillaume et la duchesse Mathilde fonderont les abbayes caennaises en 1059-1063. Cf. *infra*.

64. M. FAUROUX, n° 90, p. 231-235. Cf. L. MUSSET, « Les premiers temps de l'abbaye de Montivilliers (VIIIe-XIIIe siècle) », in *Histoire d'une ville et de son abbaye*, p. 8-12.

65. Harfleur, canton de Gonfréville-l'Orcher ; Saint-Martin-du-Manoir, canton de Montivilliers, Seine-Maritime. L. MUSSET, « Les premiers temps de l'abbaye de Montivilliers (VIIIe-XIIIe siècle) », *op. cit.*, p. 9.

66. Nous ne savons rien de sa place précise dans la généalogie ducale. Plutôt fille de Richard Ier que de Richard II, elle serait donc à proprement parler la grand-tante de Robert.

67. Montivilliers fut fondé avant Saint-Amand de Rouen (1042) et Saint-Léger de Préaux (1050).

68. M. FAUROUX, n° 87, p. 228-229. L'abbaye de Fécamp ne perdait pas au change.

69. Chiffreville, commune de Sévigny, canton d'Argentan, Orne.

70. La Haye-du-Theil, canton d'Amfreville-la-Campagne, Eure.

71. Le Bec-Hellouin, canton de Brionne, Eure. Cette abbaye fut fondée par Herluin, simple chevalier, vassal du comte Gilbert de Brionne. Cf. *supra*.

72. *Gallia Christiana*, t. XI, *instrumenta*, col. 199 E.

73. Toutainville, canton de Pont-Audemer, Eure.

74. M. FAUROUX, n° 89, p. 230-231.

75. Herluin de Conteville.

76. Guillaume de Jumièges, VI, 7, éd. J. Marx, p. 104-105. Mauger était le fils de Richard Ier et de Gonnor. Le duc de Normandie apparaît donc comme le principal soutien d'Henri Ier. En revanche, les prétentions au trône du prince Robert étaient soutenues par Eudes II, comte de Blois.

77. Villeneuve-Saint-Georges, chef-lieu de canton du Val-de-Marne.

78. Baudouin IV, qui était veuf, épousa en secondes noces la sœur de Robert le Magnifique, Aliénor, scellant ainsi leur alliance.

79. Chocques, canton de Béthune, Pas-de-Calais.

80. Guillaume de Jumièges, VI, 6, éd. J. Marx, p. 103-105.

81. Nous verrons encore comment Robert le Magnifique est intervenu en Bretagne. Cf. *infra*.

82. Cf. *supra*, chapitre IV.

83. Guillaume de Jumièges, VI, 9, éd. J. Marx, p. 109-110.

84. Bien entendu, Jersey était alors une île normande, qui ne dépendait en rien du royaume d'Angleterre.

85. Guillaume de Jumièges, VI, 8, éd. J. Marx, p. 105-106. Guillaume de Jumièges nous explique que cette forteresse, située non loin du Couesnon, s'appelle Carrucae. Dans ses interpolations, Robert de Torigni précise qu'il s'agit de Carrues (éd. J. Marx, p. 235). Sa localisation est incertaine. On le situe soit en Bretagne, à Cherrueix (canton de Dol-de-Bretagne, Ille-et-Vilaine), soit en Normandie, à Chéruel (commune de Sacey, canton de Pontorson, Manche).

86. Guillaume de Jumièges, VI, 10, éd. J. Marx, p. 110.

87. Guillaume de Jumièges, VI, 11, éd. J. Marx, p. 111 : « Considérant que cette vie était courte et fragile, méditant dans son cœur, avec joie et piété, les paroles du Seigneur adressées aux riches, "malheur à vous, qui avez votre consolation", il choisit de se faire un pauvre du Christ, plutôt que de brûler dans les flammes de l'enfer. »

88. La situation de la Terre sainte allait changer par la suite avec l'arrivée des Turcs seldjoukides : c'est l'origine du mouvement des croisades.

89. M. Fauroux, n° 60, p. 184, n° 66, p. 197-201, n° 68, p. 204 et n° 88, p. 229-230.

90. *Ibid.*, n° 90, p. 231-235.

91. GUILLAUME DE JUMIÈGES, VI, 11, éd. J. MARX, p. 111-112.

92. WACE, *Le Roman de Rou*, éd. A.J. HOLDEN, t. I, 3e partie, v. 2987-3240, p. 272-281.

93. Benoît IX jouit d'une très mauvaise réputation. Il appartenait à la grande famille romaine des Théophylactes. Il fut installé sur le trône pontifical en 1032-1033, à l'âge de douze ans, déposé en 1036, rétabli, puis à nouveau déposé en 1044.

94. Wace ajoute de nombreux autres détails, plus ou moins légendaires, que nous ne pouvons rapporter ici.

VI

1. Au cours de l'assemblée du 13 janvier 1035, avant le départ de Robert le Magnifique. Cf. *supra*, chapitre V.

2. Rappelons qu'il s'était attaqué à des biens d'Eglise, en suivant l'exemple du duc : il avait notamment détruit le marché des religieux de Jumièges à Vimoutiers. Cf. *supra*, chapitre V.

3. Cf. G. LOUISE, *La Seigneurie de Bellême (X[e]-XIIe siècle)*, 2 volumes, Flers, Le Pays Bas-Normand, 1990-1991. Le mariage de Roger et de Mabile eut lieu vers 1050.

4. GUILLAUME DE JUMIÈGES, *Gesta Normannorum Ducum*, éd. Jean MARX, *op. cit.* ; éd. Elisabeth VAN HOUTS, *op. cit.*

5. GUILLAUME DE POITIERS, *Gesta Guillelmi ducis Normannorum et regis Anglorum*, éd. R. FOREVILLE, Paris, Les Belles Lettres, 1952 ; éd. R.C.H. DAVIS et M. CHIBNALL, Oxford, Clarendon Press, 1998.

6. Saint-Evroult-Notre-Dame-des-Bois, canton de La Ferté-Frênel, Orne. On appelait aussi cette abbaye l'abbaye d'Ouche.

7. ORDERIC VITAL, interpolations à GUILLAUME DE JUMIÈGES, éd. J. MARX, p. 151-198 (on y trouve notamment le récit du guet-apens tendu à Guillaume Giroie, p. 161-162). ORDERIC VITAL, *Historia ecclesiastica*, éd. Marjorie CHIBNALL, 6 volumes, Oxford, Clarendon Press, 1969-1980.

8. Orderic Vital est mort après 1142.

9. SUGER, *Vita Ludovici Grossi Regis*, éd. H. WAQUET, Paris, Les Belles Lettres, 1964, p. 178-179. Suger évoque bien entendu les châteaux construits sans autorisation dans le

domaine royal, sous Louis VI (1108-1137) ; mais l'expression vaut tout aussi bien pour le principat du jeune Guillaume au siècle précédent.

10. Tillières-sur-Avre, canton de Verneuil-sur-Avre, Eure.

11. Gilbert Crespin n'accepta qu'à contrecœur de livrer le château sans combat.

12. Argentan fut incendié par l'armée royale.

13. GUILLAUME DE JUMIÈGES, éd. Jean MARX, VII, 2, p. 117-118.

14. Cf. A. CHÉDEVILLE et Y.-N. TONNERRE, *La Bretagne féodale, XIe-XIIIe siècle*, Rennes, Editions Ouest-France, 1987, p. 41. Vimoutiers, chef-lieu de canton de l'Orne.

15. GUILLAUME DE JUMIÈGES, éd. Jean MARX, VII, 3, p. 118 et Interpolations d'Orderic Vital, *ibidem*, p. 160.

16. Creully, chef-lieu de canton du Calvados.

17. Aujourd'hui Thury-Harcourt, chef-lieu de canton du Calvados.

18. Le Plessis-Grimoult, canton d'Aunay-sur-Odon, Calvados. La seigneurie de Grimoult du Plessis était très vaste, couvrant presque dix mille hectares d'un seul tenant, ce qui était exceptionnel en Normandie. Cf. M. DE BOÜARD, *Guillaume le Conquérant*, *op. cit.*, p. 122.

19. GUILLAUME DE JUMIÈGES, éd. Jean MARX, VII, 7, p. 122-124. GUILLAUME DE POITIERS, I, 7-9, éd. R. FOREVILLE, p. 14-21. Grimoult du Plessis est le seul rebelle auquel Guillaume n'accorda pas son pardon.

20. WACE, 3e partie, v. 3585-4226, éd. A.J. HOLDEN, t. II, p. 19-44 ; trad. partielle, M. DE BOÜARD, in *Documents de l'Histoire de la Normandie*, p. 102-107 et R. LEPELLEY, *Guillaume le Duc, Guillaume le Roi*, *op. cit.*, p. 69-74.

21. WACE, 3e partie, v. 3881-3886, éd. A.J. HOLDEN, t. II, p. 31 : *Li viescomte... il aveit asseüré, / a Baieues sor sainz juré, / que Guilliame sempres ferreit / ou qu'il onques le trovereit* (« Il avait assuré aux vicomtes, et à Bayeux, il l'avait juré sur les reliques des saints, qu'il frapperait Guillaume sur-le-champ, où qu'il le trouvât »).

22. A cette époque, une vaste forêt, la forêt de Brix, occupait une grande partie du Nord-Cotentin. Elle fut très largement défrichée, surtout aux XVIIIe et XIXe siècles.

23. Il ne reste rien aujourd'hui du château médiéval de Valognes.

24. Saint-Clément, commune d'Osmanville, canton d'Isigny-sur-Mer, Calvados.

25. Ryes, chef-lieu de canton du Calvados.

26. Les fils d'Hubert de Ryes furent par la suite récompensés par Guillaume : l'un d'entre eux, Eudes, devint sénéchal ducal et un autre, Robert, évêque de Sées (v. 1070-v. 1081).

27. WACE, 3e partie, v. 3641-3736, éd. A.J. HOLDEN, t. II, p. 22-25.

28. Bellengreville, canton de Bourguébus, Calvados.

29. Deux monuments rappellent le souvenir de cette bataille : le premier sur la N 13 à Vimont, placé par Léopold Delisle au XIXe siècle, et l'autre sur la D 41, installé après 1945.

30. WACE, 3e partie, v. 3801-4162, éd. A.J. HOLDEN, t. II, p. 28-42.

31. Henri Ier avait entendu la messe à Valmeray (ancienne paroisse, commune d'Airan, canton de Bourguébus, Calvados).

32. WACE, 3e partie, v. 4203-4220, éd. A.J. HOLDEN, t. II, p. 43-44.

33. WACE, 3e partie, v. 4221-4225, éd. A.J. HOLDEN, t. II, p. 44. L'évêque de Bayeux était alors Odon de Conteville, demi-frère du duc. En 1074, Guillaume le Conquérant lui donne la terre du Plessis, avec ses dépendances : cf. *Antiquus Cartularius Ecclesie Baiocensis*, éd. abbé Victor BOURIENNE, t. I, n° 3 (1074).

34. WACE, 3e partie, v. 5343-5396, éd. A.J. HOLDEN, t. II, p. 85-87 ; trad. R. LEPELLEY, *Guillaume le Duc, Guillaume le Roi*, *op. cit.*, p. 74-75. La date du concile a été discutée. Elle a souvent été mise en rapport avec la venue de Richard de Saint-Vanne, qui se trouve en Normandie en 1042, mais c'était la période de troubles et Richard mourut en juin 1046. Il faut plutôt la situer juste après la bataille du Val-ès-Dunes, en 1047, comme le fait Michel de Boüard : cf. M. DE BOÜARD, *Guillaume le Conquérant*, *op. cit.*, p. 136-139.

35. L'abbé de Saint-Ouen de Rouen est alors Nicolas, fils naturel de Richard III, qui est encore jeune en 1047. Il va diriger l'abbaye pendant plus de cinquante ans, jusqu'à sa mort, en 1092. Cf. V. GAZEAU, *Recherches sur l'histoire de la principauté normande*, *op. cit.*, t. II, p. 195-198.

36. Il est probable, cependant, qu'Hugues de Bayeux ne comptait pas au nombre des conjurés.

37. Cf. V. GAZEAU, « Le patrimoine d'Hugues de Bayeux (c. 1011-1049) », in *Les Evêques normands du XIe siècle*, *op. cit.*, p. 141-142.

38. WACE, 3e partie, v. 5357-5372, éd. A.J. HOLDEN, t. II, p. 85-86.

39. La chapelle romane de Sainte-Paix est située sur la rive droite de l'Orne, dans le quartier de Vaucelles. Autrefois placée en zone semi-rurale, elle se trouve aujourd'hui près de la gare, entourée par des établissements industriels.

40. Bien que mariée à Herluin de Conteville (au demeurant petit seigneur), Herleva n'a jamais été vraiment reconnue par la haute aristocratie du duché, et en particulier par les Richardides.

41. GUILLAUME DE POITIERS, I, 21, éd. R. FOREVILLE, p. 44-47.

42. WACE, 3e partie, v. 4496-4500, éd. A.J. HOLDEN, t. II, p. 54 ; trad. R. LEPELLEY, *Guillaume le Duc, Guillaume le Roi*, *op. cit.*, p. 75.

43. Cf. *supra*, chapitre V.

44. ORDERIC VITAL, interpolations à GUILLAUME DE JUMIÈGES, éd. J. MARX, p. 181-183.

45. La sœur du duc Guillaume Longue Epée, Gerloc, était l'aïeule de Mathilde (par les femmes).

46. Le comte de Flandre est vassal de l'empereur pour quelques fiefs. A cette époque, il est en conflit avec lui et, en 1047, il va même incendier le palais impérial de Nimègue. En 1049, Baudouin V conclut une paix avantageuse avec Henri III par le traité d'Aix-la-Chapelle.

47. ORDERIC VITAL, interpolations à GUILLAUME DE JUMIÈGES, éd. J. MARX, p. 165-168. Cf. J. DECAËNS, « L'évêque Yves de Sées », p. 125-129. Cet épisode s'explique sans doute par des luttes internes à la famille de Bellême. En ces années, l'évêque assume lui-même les fonctions de seigneur de Bellême, mais il rencontre de très vives oppositions. Ses ennemis se sont emparés de la ville de Sées et de la cathédrale, qu'ils ont transformée en lupanar et en repaire de brigands. En les chassant par les armes, l'évêque a par inadvertance mis le feu à sa cathédrale.

48. GUILLAUME DE JUMIÈGES, VII, 9, éd. MARX, p. 127-128.

49. *Vita Lanfranci*, in J.-P. MIGNE, *Patrologie latine*, t. CL, col. 29-58.

50. WACE, 3ᵉ partie, v. 4519-4524, éd. A.J. HOLDEN, t. II, p. 55 ; trad. R. LEPELLEY, *Guillaume le Duc, Guillaume le Roi*, *op. cit.*, p. 75. Selon Wace, l'archevêque Mauger aurait excommunié Guillaume et Mathilde, et aurait jeté l'interdit sur le duché.

51. ORDERIC VITAL, interpolations à GUILLAUME DE JUMIÈGES, éd. J. MARX, p. 181-183 ; WACE, 3ᵉ partie, v. 4525-4540, éd. A.J. HOLDEN, t. II, p. 55 ; trad. R. LEPELLEY, *Guillaume le Duc, Guillaume le Roi*, *op. cit.*, p. 75-76. Selon Wace, outre les deux abbayes, Guillaume aurait fondé cent prébendes pour les pauvres et les malades à Rouen, Caen, Bayeux et Cherbourg.

52. C. COLLET, P. LEROUX et J.-Y. MARIN, *Caen, cité médiévale. Bilan d'archéologie et d'histoire*, Caen, Service départemental d'Archéologie du Calvados, 1996, n° 32-62, p. 26-31. Ce site s'étend en particulier sur l'emplacement de l'ancienne Abbaye-aux-Hommes, aujourd'hui hôtel de ville de Caen.

53. M. FAUROUX, n° 32, p. 120-122 (1021-1025) : Richard II donne à l'abbaye Saint-Père de Chartres une maison à Caen. *Ibid.*, n° 34, p. 124-131 (1025) : le même duc donne à l'abbaye de Fécamp les dîmes du tonlieu de Caen, avec un hôte. Sur Caen, cf. L. JEAN-MARIE, *Caen aux XIᵉ et XIIᵉ siècles. Espace urbain, pouvoirs et société*, Caen, Editions La Mandragore, 2000 (chap. I, « L'émergence de la ville », p. 27-36).

54. M. FAUROUX, n° 58, p. 180-182. Cf. *supra*, chapitre V.

55. Robert le Magnifique agit dans le même sens en fondant l'abbaye de Cerisy (1032). Celle-ci reçut d'ailleurs des droits à Caen, à l'instar des autres grands établissements de la province, Montivilliers, Saint-Wandrille et surtout Fécamp.

56. En 1105, Bayeux reste fidèle à Robert Courteheuse, duc de Normandie. Elle est donc incendiée et prise par Henri Iᵉʳ Beauclerc, roi d'Angleterre. Cf. *infra*, chapitre VIII.

57. Cette muraille semble assez faible sur le plan défensif, contrairement au château qui est dès le début une forteresse d'un grand intérêt militaire. Cf. L. JEAN-MARIE, *Caen aux XIᵉ et XIIᵉ siècles*, *op. cit.*, p. 103-111.

58. M. FAUROUX, n° 231, p. 442-446 (1066) : donations de Guillaume et Mathilde à l'Abbaye-aux-Dames, à l'occasion de sa dédicace.

59. *Ibid.* Guillaume choisit cette date en profitant du grand rassemblement des seigneurs normands et de leurs hommes dans la région en vue de la conquête de l'Angleterre. Cf. *infra*.

60. Les ressources procurées par la conquête de l'Angleterre avaient alors permis d'avancer rapidement les travaux.

61. Cf. L. MUSSET, *Normandie romane*, t. I, La Pierre-Qui-Vire, Zodiaque, 1967, p. 49-104.

62. C'est-à-dire à peu près au moment de son mariage (célébré au même endroit).

63. ORDERIC VITAL, interpolations à GUILLAUME DE JUMIÈGES, éd. J. MARX, p. 171-173.

64. GUILLAUME DE JUMIÈGES, VII, 4, éd. MARX, p. 119-120. GUILLAUME DE POITIERS, I, 23-25, éd. R. FOREVILLE, p. 50-59.

65. L'archevêque Mauger était lui aussi fils de Richard II et de *Papia*.

66. Cette nomination coïncide avec le transfert à Lisieux de l'abbaye féminine fondée quelques années auparavant à Saint-Pierre-sur-Dives par Lesceline, veuve du comte d'Eu et mère de Guillaume Busac, de Robert et d'Hugues, le nouvel évêque.

67. Mouliherne, canton de Longué, Maine-et-Loire.

68. Pour l'aide qu'Henri Ier lui avait apportée au Val-ès-Dunes.

69. GUILLAUME DE POITIERS, I, 11-12, éd. R. FOREVILLE, p. 22-27. Le château fut finalement pris par les assiégeants.

70. ORDERIC VITAL, interpolations à GUILLAUME DE JUMIÈGES, éd. J. MARX, p. 161-165.

71. GUILLAUME DE POITIERS, I, 16-19, éd. R. FOREVILLE, p. 34-45.

72. Dans ce secteur, la frontière entre la Normandie et le Maine est matérialisée par la Sarthe, qui baigne la ville d'Alençon.

73. GUILLAUME DE POITIERS, I, 19, éd. R. FOREVILLE, p. 42-43.

74. WACE, 3e partie, v. 4227-4371, éd. A.J. HOLDEN, t. II, p. 44-49.

75. WACE, 3e partie, v. 4319-4320, éd. A.J. HOLDEN, t. II, p. 47.

76. ORDERIC VITAL, interpolations à GUILLAUME DE JUMIÈGES, éd. J. MARX, p. 171 ; WACE, 3e partie, v. 4347-4354, éd. A.J. HOLDEN, t. II, p. 49.

77. GUILLAUME DE POITIERS, I, 26-28, éd. R. FOREVILLE, p. 58-65. Moulins-la-Marche, chef-lieu de canton de l'Orne. C'est le seigneur de Moulins lui-même, Guimond, qui remit la

forteresse au roi. Celui-ci y plaça une garnison, qui s'enfuit à l'annonce de la reddition du château d'Arques (1054).

78. Mortemer, canton de Neufchâtel-en-Bray, Seine-Maritime.

79. GUILLAUME DE JUMIÈGES, VII, 10, éd. J. MARX, p. 129-130 ; GUILLAUME DE POITIERS, I, 30-31, éd. R. FOREVILLE, p. 68-75.

80. Varaville, canton de Cabourg, Calvados.

81. Il existait alors une large baie à l'estuaire de la Dives, qui a disparu de nos jours. La route actuelle (D 27) suit le même trajet que l'ancienne, mais elle se trouve à l'intérieur des terres.

82. GUILLAUME DE JUMIÈGES, VII, 12, éd. J. MARX, p. 131-132 ; GUILLAUME DE POITIERS, I, 34, éd. R. FOREVILLE, p. 80-83.

83. Bassebourg, commune de Brucourt, canton de Dozulé, Calvados.

84. Ce mariage de deux enfants ne fut jamais consommé, car Marguerite mourut à son tour vers 1063. Guillaume n'en conserva pas moins le Maine, qu'il était en train de conquérir.

85. GUILLAUME DE POITIERS, I, 39-40, éd. R. FOREVILLE, p. 92-101. Guillaume de Poitiers évoque un « astucieux expédient » utilisé par Guillaume pour mettre le feu au château de Mayenne. C'est Orderic Vital qui nous dévoile la nature de cet expédient (le recours à deux enfants) : ORDERIC VITAL, interpolations à GUILLAUME DE JUMIÈGES, éd. J. MARX, p. 184.

86. GUILLAUME DE POITIERS, I, 43-45, éd. R. FOREVILLE, p. 106-113.

87. Tapisserie de Bayeux, scènes 16-20.

88. L'attaque contre Dinan n'est signalée que par la tapisserie de Bayeux (scène 19).

89. Rennes était alors la capitale du duché de Bretagne. Il est représenté sur la tapisserie de Bayeux après la scène évoquant la fuite de Conan (scène 18).

90. A. CHÉDEVILLE et N.-Y. TONNERRE, *La Bretagne féodale*, p. 45. Château-Gontier, sous-préfecture de la Mayenne (c'est-à-dire une ville du Maine).

91. Ce « parti » rassemblait les nombreux aristocrates d'origine scandinave établis dans le royaume du temps de Cnut.

92. Judith était donc la tante de Mathilde.

93. Stigant ne put recevoir le *pallium*, symbole de sa charge d'archevêque, que de l'antipape Benoît X (1058-1059).

94. GUILLAUME DE POITIERS, I, 41-42, éd. R. FOREVILLE, p. 101-107.

95. Tapisserie de Bayeux, scènes 1-24.

96. Tapisserie de Bayeux, scène 17.

97. GUILLAUME DE JUMIÈGES, VII, 13, éd. J. MARX, p. 132-133.

98. Scène 23.

99. GUILLAUME DE POITIERS, I, 42, éd. R. FOREVILLE, p. 103-105. Bonneville-sur-Touques, canton de Pont-l'Evêque, Calvados.

100. *Ibid.*

101. Sur le couronnement de Harold, cf. B. ENGLISH, « Le couronnement d'Harold dans la Tapisserie de Bayeux », in *La Tapisserie de Bayeux : l'art de broder l'histoire*, Caen, Presses universitaires de Caen, 2004, p. 347-381. La date du couronnement est incertaine : il pourrait avoir eu lieu dès le 6 janvier ou au mois d'avril. Pâques tombait en effet le 16 avril et la comète de Halley apparut en Angleterre le 24 avril. Or l'apparition de la comète est liée au couronnement sur la tapisserie de Bayeux (scènes 29-32).

102. GUILLAUME DE POITIERS, II, 1, éd. R. FOREVILLE, p. 146-147. Tapisserie de Bayeux, scène 30.

103. Harald Hardrada (le Sévère ou l'Impitoyable), roi de Norvège de 1047 à 1066. C'est un véritable « baroudeur », qui fréquenta les routes empruntées par les Varègues, de Constantinople à la Sicile. Cf. *infra*, chapitre VII.

104. Tapisserie de Bayeux, scène 53, représentant un épisode de la bataille avec la légende suivante : *Hic ceciderunt simul Angli et Franci in prelio* (« Ici moururent ensemble dans le combat les Anglais et les Francs »).

105. Cf. E.M.C. VAN HOUTS, « L'écho de la conquête dans les sources latines : la duchesse Mathilde, ses filles et l'énigme de l'enfant doré », in *La Tapisserie de Bayeux : l'art de broder l'histoire*, *op. cit.*, p. 135-154 (p. 152-153).

106. Cf. notamment la tapisserie de Bayeux, scène 38.

107. WACE, 3e partie, v. 6423-6432, éd. A.J. HOLDEN, t. II, p. 123. Wace met en avant ici le témoignage de son père. En revanche, Guillaume de Jumièges avance le chiffre de 3 000 navires, qui paraît très exagéré et que Wace lui-même met en

doute. Cf. GUILLAUME DE JUMIÈGES, VII, 14, éd. J. MARX, p. 134 ; WACE, *Ibid.*

108. Liste des navires, Oxford, Bodleian Library. Cf. E.M.C. VAN HOUTS, « The Ship List of William the Conqueror », *Anglo-Norman Studies*, X, 1987, Woodbridge, Boydell Press, 1988, p. 159-183.

109. GUILLAUME DE POITIERS, II, 1, éd. R. FOREVILLE, p. 148-149.

110. Tapisserie de Bayeux, scène 44. Odon est aussi sans aucun doute le commanditaire de cette œuvre.

111. Ces chevaux embarqués sont également représentés de façon très vivante par le dessinateur (anonyme) de la tapisserie. On a dit que c'était un passionné de chevaux (et de bateaux). Cf. tapisserie de Bayeux, scènes 38-39.

112. Pape de 1061 à 1073, Alexandre II était un ancien élève de Lanfranc à l'école du Bec. Favorable à la réforme, il fut en conflit avec l'empereur Henri IV, mais se montra favorable aux Normands, aussi bien en Italie du Sud qu'en Normandie et en Angleterre.

113. GUILLAUME DE POITIERS, II, 3, éd. R. FOREVILLE, p. 152-155.

114. GUILLAUME DE POITIERS, II, 6, éd. R. FOREVILLE, p. 158-160.

115. A titre de comparaison, rappelons que le débarquement allié en Normandie, en juin 1944 (qui avait lieu en sens inverse), fut retardé de vingt-quatre heures en raison des mauvaises conditions météorologiques.

116. La baie de Somme a conservé jusqu'à nos jours son caractère semi-maritime, alors que la baie de la Dives a disparu. Saint-Valéry-sur-Somme, chef-lieu de canton de la Somme, arrondissement d'Abbeville.

117. GUILLAUME DE POITIERS, II, 7, éd. R. FOREVILLE, p. 160-165.

118. P. BOUET, « Hastings, le triomphe de la ruse normande », in *L'Invasion de l'Angleterre. Guillaume le Conquérant*, p. 46-57.

119. *Ibid.*, p. 54-55.

120. Cf. M.W. CAMPBELL, « Note sur les déplacements de Tostig Godwinson en 1066 », *Annales de Normandie*, t. 22, n° 1, mars 1972, p. 3-9.

121. P. Bouet, « Hastings, le triomphe de la ruse normande », in *L'Invasion de l'Angleterre. Guillaume le Conquérant*, *op. cit.*, p. 54-55.

122. Sur l'invasion norvégienne de l'Angleterre, cf. K. De Vries, *The Norwegian Invasion of England in 1066*, Woodbridge, Boydell Press, 1999.

123. Stamford Bridge est situé sur la Derwent River, affluent de la Humber, à la limite entre le Yorkshire et le Humberside, à une douzaine de kilomètres à l'est d'York. Cf. K. De Vries, *The Norwegian Invasion of England in 1066*, *op. cit.*, p. 262-291.

124. Guillaume de Poitiers, II, 8, éd. R. Foreville, p. 164-169.

125. Pevensey, dans l'East Sussex, entre Eastbourne et Bexhill. Sur le site se trouvait une ancienne forteresse romaine, qui fut plus tard utilisée par les Normands. Au XIe siècle, la forteresse était baignée par la mer. Ce n'est plus le cas aujourd'hui, car la mer a reculé dans ce secteur.

126. Guillaume de Jumièges, VII, 14-15, éd. J. Marx, p. 134-135 (récit très succinct, complété par Orderic Vital dans ses interpolations, p. 196-197) ; Guillaume de Poitiers, II, 15-25, éd. R. Foreville, p. 182-209 (récit beaucoup plus détaillé) ; Wace, 3e partie, v. 7699-8972, éd. A.J. Holden, t. II, p. 171-219 (récit de style épique). Ajoutons le récit, assez sobre, d'Orderic Vital dans son *Histoire ecclésiastique* : Orderic Vital, *Historia ecclesiastica*, III, éd. Marjorie Chibnall, t. II, p. 172-179.

127. *Carmen de Hastingae Proelio*, éd. C. Morton et H. Muntz (Oxford medieval Texts), Oxford, Clarendon Press, 1972.

128. La chronique anglo-saxonne (version D) consacre seulement une dizaine de lignes à la bataille. Cf. *The Anglo-Saxon Chronicles*, trad. M. Swanton, p. 199.

129. Cf. par exemple : C.H. Lemmon, *The Battle of Hastings*, St. Leonard-on-Sea, 1964 ; R. Allen Brown, « The battle of Hastings », *Anglo-Norman Studies*, III, 1980, Woodbridge, Boydell Press, 1981, p. 1-21 et 197-201 ; S. Morillo, « Warfare under the Anglo-Norman Kings, 1066-1135 », *Anglo-Norman Studies*, XIV, 1993, 1994, p. 150-163 ; M Strickland, « Military technology and conquest : the anomaly of Anglo-Saxon England », *Anglo-Norman Studies*, XIX,

1996, 1997, p. 353-382 ; J. FRANCE, « L'apport de la Tapisserie de Bayeux à l'histoire de la guerre », in *La Tapisserie de Bayeux : l'art de broder l'histoire*, *op. cit.*, p. 289-300.

130. P. BOUET ET F. NEVEUX, « La bataille d'Hastings », in *Guillaume le Conquérant et son temps*, catalogue d'exposition, *Art de Basse-Normandie*, n° 97, p. 38-49 ; P. BOUET, « Hastings, le triomphe de la ruse normande », in *L'Invasion de l'Angleterre. Guillaume le Conquérant*, *op. cit.*, p. 46-57 ; P. BOUET, *Guillaume le Conquérant et les Normands au XIe siècle*, CRDP de Basse-Normandie/Editions Corlet, 2003, p. 39-46.

131. C'est Orderic Vital qui nous donne ce nom de lieu (*Senlac*). f. ORDERIC VITAL, *Historia ecclesiastica*, III, éd. Marjorie CHIBNALL, t. II, p. 172-173. En 1067, Guillaume fonda sur le site de la bataille l'abbaye de « Battle ».

132. Tapisserie de Bayeux, scènes 51-52. Les boucliers des Anglais sont parfois ronds et parfois oblongs. Ceux des Normands ont toujours cette forme oblongue, qui convenait très bien aux cavaliers.

133. Les Anglais, et surtout les *housecarls*, sont les seuls à utiliser la grande hache, arme d'origine scandinave.

134. Tapisserie de Bayeux, scène 53.

135. Remarquons que la situation est très différente de celle qui prévalut au cours de la guerre de Cent Ans (1337-1453). A cette époque, les Anglais remportèrent de nombreuses batailles contre les Français grâce à l'efficacité de leurs archers (souvent gallois).

136. P. BOUET, « Hastings... », *op. cit.*, p. 57.

137. Tapisserie de Bayeux, scène 51.

138. Ce changement de tactique est nettement visible sur la tapisserie de Bayeux (cf. scènes 56-57). Cf. P. BOUET, *Guillaume le Conquérant et les Normands au XIe siècle*, *op. cit.*, p. 44 ; *Id.*, « Hastings... », p. 57.

139. Tapisserie de Bayeux, scène 57. La blessure d'Harold à l'œil est en outre mentionnée par Aimé du Mont-Cassin (vers 1080), par Baudri de Bourgueil (au tournant du XIIe siècle) et, bien sûr, par Wace (vers 1170), qui a certainement vu la tapisserie à Bayeux.

140. *Carmen de Hastingae Proelio*, éd. C. MORTON et H. MUNTZ, v. 532-551. Cf. P. BOUET, *Guillaume le Conqué-*

rant et les Normands au XIe siècle, *op. cit.*, p. 45 (traduction française du passage du *Carmen* racontant la mort d'Harold).

141. GUILLAUME DE JUMIÈGES, VII, 16, éd. J. MARX, p. 135-136 ; GUILLAUME DE POITIERS, II, 30, éd. R. FOREVILLE, p. 220-223. ORDERIC VITAL, *Historia ecclesiastica*, III, éd. Marjorie CHIBNALL, t. II, p. 182-185.

142. C'est l'origine d'une longue controverse entre les sièges archiépiscopaux de Cantorbéry et d'York, concernant la primauté sur l'Eglise d'Angleterre.

143. *The Anglo-Saxon Chronicles*, trad. M. SWANTON, p. 199.

144. D. BATES, éd., *Regesta Regum Anglo-Normannorum. The Acta of William I (1066-1087)*, Oxford, Clarendon Press, 1998, Introduction, p. 44-50, et *passim*. Nous connaissons trente-deux actes de Guillaume en vieil anglais. ORDERIC VITAL, *Historia ecclesiastica*, IV, éd. Marjorie CHIBNALL, t. II, p. 256-257 : « Guillaume s'efforça d'apprendre l'anglais, afin de pouvoir comprendre sans interprète les plaids du peuple soumis. »

145. Tapisserie de Bayeux, scènes 30, 50 et 57. D. BATES, éd., *Regesta Regum Anglo-Normannorum. The Acta of William I*, n° 223, p. 710 (1066-1067), n° 286, p. 863-865 (1068). Dans ces deux actes, Harold est qualifié de roi (*rex*). Dans tous les autres où il est cité, il est généralement qualifié de comte (*comes*) : n° 290, 291, 300, 317, 320, 322 et 324.

146. Tapisserie de Bayeux, scène 17 : Harold sauve un Normand et un Anglais des sables mouvants de la baie du Mont-Saint-Michel, avec le commentaire suivant : *Hic Harold dux trahebat eos de arena* (« Ici, Harold, duc, les tirait du sable »).

147. Cf. P. BOUET, « La Tapisserie de Bayeux, une œuvre pro-anglaise ? », in *La Tapisserie de Bayeux : l'art de broder l'histoire*, *op. cit.*, p. 197-215.

148. Exeter, chef-lieu du Devon, dans le sud-ouest de l'Angleterre.

149. Cette révolte eut lieu en particulier dans le Yorkshire.

150. Cette île est entourée par plusieurs bras du fleuve Ouse. Ely est situé dans le Cambridgeshire, au nord de Cambridge.

151. Concernant ces rébellions, cf. M. DE BOÜARD, *Guillaume le Conquérant*, *op. cit.*, p. 359-376.

152. Citons, à titre d'exemple, ceux de Rochester, Norwich, York, etc.

153. Waltheof fut maintenu en fonction jusqu'en 1075, mais à cette date il participa au complot des *earls* (surtout normands et bretons). Jugé et reconnu coupable, il fut décapité en 1076. Cf. M. DE BOÜARD, *Guillaume le Conquérant*, *op. cit.*, p. 374-376 et 392-402.

154. Dans l'Angleterre anglo-normande, le terme de « manoir » signifie résidence seigneuriale, mais aussi « seigneurie ».

155. Michel de Boüard a qualifié à juste titre cette situation par une formule frappante : « Roi et duc : l'impossible ubiquité ». Cf. M. DE BOÜARD, *Guillaume le Conquérant*, *op. cit.*, p. 386.

156. *Ibid.*, p. 386-392 et 423-424. Sainte-Suzanne, chef-lieu de canton de la Mayenne.

157. La ville de Winchester faisait figure de capitale, autant que Londres. C'est là que se trouvait le Trésor royal.

158. ORDERIC VITAL, *Historia ecclesiastica*, IV, éd. Marjorie CHIBNALL, t. II, p. 236-239.

159. Ainsi, le siège d'Old Sarum fut transféré à Salisbury, celui de Selsey à Chichester et celui d'Elmham à Norwich.

160. Ces commissions étaient au nombre de sept, ou peut-être de neuf.

161. *Domesday Book*, 4 volumes, éd. A. FARLEY, 1783 (t. I et II) et E. ELLIS, Londres, 1816 (t. III et IV). Cf. M. DE BOÜARD, *Guillaume le Conquérant*, *op. cit.*, p. 424-429.

162. Il s'agit des terres au nord de la Tees, autrement dit les comtés de Durham, de Northumberland et de Cambria.

163. On trouve cependant dans le *Little Domesday* des rapports plus détaillés, qui n'ont pas été remaniés. Il en est de même pour l'*Exon Domesday*, relatif à cinq comtés du Sud-Ouest.

164. ORDERIC VITAL, *Historia ecclesiastica*, IV, éd. Marjorie CHIBNALL, t. II, p. 202-203.

165. ORDERIC VITAL, *Historia ecclesiastica*, VII, 8, éd. Marjorie CHIBNALL, t. IV, p. 38-45. Cf. M. DE BOÜARD, *Guillaume le Conquérant*, *op. cit.*, p. 416-420.

166. Sa pierre tombale en marbre noir, ornée d'une belle épitaphe, existe encore de nos jours. Le corps de Mathilde est selon toute vraisemblance conservé dans la tombe, où il a pu

être reconnu naguère par les professeurs Dastugue et de Boüard.

167. M. DE BOÜARD, *Guillaume le Conquérant*, *op. cit.*, p. 405-412.

168. Philippe Ier avait confié à Robert Courteheuse le commandement de la forteresse de Gerberoy (canton de Songeons, Oise). Guillaume vint l'assiéger et la garnison effectua une sortie. Le duc-roi fut blessé, peut-être de la main même de son fils.

169. Le comte du Vexin, Simon de Crépy, avait cédé son comté au roi Philippe Ier en 1077.

170. Rappelons pourtant qu'Henri Ier avait abandonné à Robert le Magnifique la suzeraineté sur le Vexin (Cf. *supra*, chapitre V). Cet abandon s'était avéré sans lendemain, en raison des troubles de la minorité et du conflit entre Guillaume et le roi de France.

171. C'était plus un accident qu'une blessure de guerre : il se serait blessé au ventre avec le pommeau de sa selle.

172. Le troisième fils, Henri Beauclerc, ne reçut qu'une somme de cinq mille livres en argent, sur le Trésor royal.

173. *De obitu Willelmi, ducis Normannorum regisque Anglorum, qui sanctam Ecclesiam in pace vivere fecit*, in GUILLAUME DE JUMIÈGES, éd. J. MARX, *op. cit.*, p. 145-149. Cf. M. DE BOÜARD, *Guillaume le Conquérant*, *op. cit.*, p. 429-439. La tombe de Guillaume a été profanée au XVIe siècle. De son corps, il ne reste qu'un seul os.

174. Signalons qu'Orderic Vital lui-même est issu d'un mariage mixte. Son père était français (de l'Orléanais) et sa mère anglaise.

175. L'Echiquier d'Angleterre siégea à Winchester et celui de Normandie à Caen, dans le château, où subsiste encore la salle de l'Echiquier, datant du XIIe siècle.

176. Des Normands sont en tout cas les ancêtres de la famille royale et d'une bonne partie de l'aristocratie. Contrairement à la majorité des Anglais, les aristocrates contemporains sont souvent fiers de leurs origines normandes.

VII

1. AIMÉ DU MONT-CASSIN, *Historia Normannorum*, éd. V. DE BARTHOLOMAEIS, *Storia de Normanni di Amato di Montecassino, volgarizata in antico francese*, Rome, Tipografia del Senato, 1935.

2. GUILLAUME DE POUILLE, *Gesta Robert Wiscardi*, éd. et trad. Marguerite MATHIEU, *Guillaume de Pouille : la Geste de Robert Guiscard*, Palerme, Istituto Siciliano di Studi Bizantini et Neoellenici, 1961.

3. GEOFFROY MALATERRA, *Historia sicula* ou *De rebus gestis Rogerii Calabriae et Siciliae comitis et Roberti Guiscardi ducis, fratris eius*, éd. E. PONTIERI, 2 volumes, Bologne, Nicola Zanichelli, 1927-1928.

4. L'Etat pontifical n'existait donc pas avant 756. On fabriqua cependant à Rome au début du IXe siècle (dans l'entourage du pape Léon III) un faux célèbre, la donation de Constantin, selon laquelle l'empereur Constantin aurait donné l'Italie et tout l'Occident au pape, en 330, au moment où il établissait sa nouvelle capitale à Constantinople.

5. La Longobardie, ou Langobardie, correspondait à la Pouille.

6. La conquête a duré une cinquantaine d'années, de 827 à 878 (date de la prise de Syracuse, la capitale byzantine). Une dernière révolte des Grecs eut lieu en 910.

7. D'après la tradition, les apparitions de l'archange ont eu lieu dans une grotte au flan du Monte Gargano en 490, 492 et 493, sous le pape Gélase Ier (492-496). En remontant au ciel, saint Michel aurait laissé un voile rouge et la trace de ses pieds sur le rocher. Le « voile de Paradis » et le rocher devinrent des reliques insignes au Moyen Age. Cf. G. OTRANTO, « Genesi, caratteri e diffusione del culto micaelico del Gargano », in *Culte et pèlerinages à saint Michel en Occident*..., p. 43-64.

8. Cf. F. NEVEUX, « Quelques aspects de l'impérialisme normand au XIe siècle en Italie et en Angleterre », in *Les Normands en Méditerranée*, colloque de Cerisy, p. 51-62 (cf.p. 58-59 « Le combat à cheval »).

9. Cf. H. BRESC, « Les Normands, constructeurs de châteaux », in *Les Normands en Méditerranée*, colloque de Cerisy, *op. cit.*, p. 63-77.

10. Harald Hardrada devint roi de Norvège en 1046-1047 et trouva la mort en envahissant l'Angleterre, le 25 septembre 1066, à Stamford Bridge. Cf. *supra*, chapitre VI.

11. A partir de 1060.

12. Cf. J.-M. MARTIN, *La Pouille du VIe au XIIe siècle*, Rome, Ecole française de Rome, 1993.

13. Cf. J.-M. MARTIN, *Italies normandes*, Paris, Hachette, 1994, p. 57.

14. *Comes Normannorum totius Apuliae et Calabriae*. Cf. P. BOUET, « 1000-1100 : la conquête », in *Les Normands en Méditerranée*, colloque de Cerisy, p. 11-23 (p. 18).

15. La coutume de Normandie était déjà appliquée à cette époque, mais elle n'était pas encore formalisée. Elle ne fut mise par écrit qu'à la fin du XIIe et au début du XIIIe siècle (*Très Ancien Coutumier de Normandie*).

16. Hauteville-sur-Mer, canton de Montmartin-sur-Mer ; Hautteville-Bocage, canton de Saint-Sauveur-le-Vicomte ; Hauteville-la-Guichard, canton de Saint-Sauveur-Lendelin.

17. On a souvent pensé que l'appellation de « Guichard » renvoyait à Robert « Guiscard ». Ce n'est pas sûr. En tout cas, dès le XIXe siècle, Léopold Delisle faisait appliquer dans l'église une plaque commémorative et, aujourd'hui, la commune de Hauteville-la-Guichard est considérée par les autorités locales et régionales comme l'authentique Hauteville des sources médiévales. Depuis quelques années, un musée consacré à l'expansion normande en Méditerranée a été installé dans l'ancien presbytère.

18. Cf. P. BOUET, « Généalogie des descendants de Tancrède », in *Les Normands en Méditerranée*, colloque de Cerisy, p. 36-37.

19. Cf. L. MUSSET, « Origine et nature du pouvoir ducal en Normandie jusqu'au milieu du XIe siècle », in *Nordica et Normannica*, *op. cit.*, p. 263-277 (p. 269-270). Le mot *ullac* est une transposition du scandinave occidental *utlagi*, « hors-la-loi », qui a donné également l'anglais *outlaw*.

20. Dès 1020, Roger de Tosny est présent en Espagne. En 1064-1065, un contingent normand commandé par Robert Crespin participe à la prise de Barbastro. D'autres Normands furent également présents en Espagne au XIIe siècle, notamment Rotrou du Perche et Robert Burdet, qui se tailla un Etat autour de Tarragone. Par ailleurs, Roussel de Bailleul se constitua une

principauté en 1073 autour d'Ankara, mais il fut finalement battu par l'empereur Alexis Comnène, avec l'aide des Turcs ! Cf. F. NEVEUX, « L'espansione in Europa », in *I Normanni, popolo d'Europa*, Venise, Marsilio, 1994, p. 98-105.

21. Robert de Grandmesnil fonda l'abbaye de Sant'Eufemia, en Calabre (1061-1062). Robert Guiscard lui confia l'abbaye de Venosa, vers 1063, puis l'église Saint-Michel de Mileto, en Calabre, vers 1080. Cf. V. GAZEAU, *Recherches sur l'histoire de la principauté normande*, t. II, p. 216-218. Par la suite, il devint évêque de Troina et de Messine, en Sicile. Cf. P. AUBÉ, *Les Empires normands d'Orient*, p. 63.

22. Les Normands d'Italie viennent principalement de l'actuelle Basse-Normandie (65 %), surtout des départements de la Manche et du Calvados (et à un moindre degré de l'Orne). Cf. L.-R. MÉNAGER, « Inventaire des familles normandes et franques émigrées en Italie méridionale et en Sicile (XIe-XIIe siècles) », in *Roberto il Guiscardo e il suo tempo*, Rome, Il Centro di Ricerca Editore, 1975, p. 259-390.

23. Cf. P. BOUET, « Pour quelles raisons les Normands ont-ils émigré en Italie du Sud aux XIe et XIIe siècles ? », in *Les Normands en Méditerranée*, Dossiers d'archéologie, p. 6-10.

24. On a observé le même phénomène en Angleterre après la conquête.

25. L'ancien château de Scribla est aujourd'hui nommé « Il Torrione » sur la commune de Spezzano Albanese, à l'entrée de la vallée du Crati, au confluent du Cosile et de l'Esaro. Cf. A.-M. FLAMBARD HÉRICHER, « Un instrument de la conquête et du pouvoir : les châteaux normands de Calabre. L'exemple de Scribla », in *Les Normands en Méditerranée*, colloque de Cerisy, p. 89-109 ; *Id.*, « Le château de Scribla, une forteresse pour conquérir la Calabre », in *Les Normands en Méditerranée*, Dossiers d'archéologie, p. 38-43.

26. San Marco Argentano est situé en amont de Scribla, dans la même vallée, qu'il domine. De ce château subsiste aujourd'hui la motte, surmontée d'une tour circulaire en pierre, sans doute postérieure à Robert Guiscard.

27. Cf. *supra*, chapitre VI.

28. Mais il est aussitôt remplacé par son frère Onfroi.

29. F. CHALANDON, *Histoire de la domination normande et Italie et en Sicile*, Paris, Picard, 1907, rééd. New York, Burt Franklin, 1960, t. I, p. 136-137.

30. Rappelons que le pontificat de Léon IX fut marqué par un autre drame, dont les conséquences furent beaucoup plus durables : la rupture définitive entre l'Eglise d'Occident et l'Eglise d'Orient, qui sera appelée « orthodoxe » (1054). Le schisme entre les Eglises catholique et orthodoxe dure encore de nos jours.

31. Didier fut abbé du Mont-Cassin de 1058 à 1086, date à laquelle il devint pape sous le nom de Victor III (1086-1087). Cf. J.-M. MARTIN, *Italies normandes*, *op. cit.*, p. 246.

32. C'est la formule traditionnelle de l'élection pontificale depuis l'époque romaine, qui va être utilisée pour la dernière fois.

33. Le synode est une assemblée ecclésiastique. Les papes de cette époque réunissaient tous les ans en synode le clergé de leur province de Rome.

34. *Nec gratis nec pretio*, selon la formule latine du texte synodal.

35. Cf. P. BOUET, « Les étapes d'une longue et difficile conquête », *op. cit.*, p. 16-20 (p. 18).

36. Cf. *infra*.

37. Cf. H. BRESC, « Une culture solide, un Etat faible », in *Palerme, 1070-1492*, Paris, Editions Autrement, 1993, p. 34-39.

38. Cf. M.-A. LUCAS-AVENEL, « Les populations de Sicile et les conquérants normands vus par Geoffroi Malaterra », in *De la Normandie à la Sicile : réalités, représentations, mythes*, Saint-Lô, Archives départementales de la Manche, 2004, p. 49-66 (p. 50-51).

39. Cf. M.-A. LUCAS-AVENEL, « Les mouvements militaires du comte Roger en Sicile de 1061 à 1072 », in *Les Normands en Méditerranée*, Dossiers d'archéologie, p. 44-49.

40. Judith était la fille du comte Guillaume d'Evreux, descendant du duc de Normandie, Richard Ier, et d'Havoise, qu'il avait épousée en secondes noces. Havoise appartenait à la famille Giroie et elle avait épousé en premières noces Robert Ier de Grandmesnil : elle était la mère de Robert de Grandmesnil, abbé de Saint-Evroult, exilé en Italie du Sud en 1061. Judith était donc la demi-sœur de l'abbé Robert et elle l'avait accompagné dans son exil. Roger en aurait été déjà amoureux alors qu'il vivait encore en Normandie et se trouvait à l'école monastique de Saint-Evroult. En tout cas, il l'épousa

sans languir, dès la fin de l'année 1061. Cf. P. AUBÉ, *Les Empires normands d'Orient*, *op. cit.*, p. 63-64. Pour Pierre Bouet, Judith d'Evreux n'est que la cousine de Robert de Grandmesnil : cf. P. BOUET, « Les Grandmesnil : une famille européenne », in *Les Normands en Méditerranée*, Dossiers d'archéologie, p. 33.

41. F. CHALANDON, *Histoire de la domination normande et Italie et en Sicile*, *op. cit.*, t. I, p. 186-190 (siège de Bari) et p. 206-208 (siège de Palerme). M.-A. LUCAS-AVENEL, « Les mouvements militaires du comte Roger en Sicile de 1061 à 1072 », in *Les Normands en Méditerranée*, Dossiers d'archéologie, p. 49.

42. M.-A. LUCAS-AVENEL, « Les populations de Sicile et les conquérants normands vus par Geoffroi Malaterra », in *De la Normandie à la Sicile*, *op. cit.*, p. 60-66.

43. Le pape est alors réfugié dans le château de Canossa, dans les Apennins, qui appartient à la comtesse Mathilde de Toscane. L'année précédente (1076), Henri IV l'a fait déposer par le concile de Worms. Aussitôt, Grégoire VII excommunie et dépose à son tour l'empereur. En janvier 1077, en plein hiver, Henri IV vient à Canossa solliciter son pardon et finit par l'obtenir. Mais il ne va pas tarder à se révolter à nouveau contre le pape, qui cherchera dès lors à le faire renverser, par tous les moyens possibles.

44. Le 19 août 1071, l'empereur Romain IV Diogène avait été battu et fait prisonnier à Manzikert, à l'est de l'actuelle Turquie (près du lac de Van, dans un territoire qui faisait alors partie de l'Arménie). Le vainqueur était le chef turc Alp Arslan. Lui-même et les hommes de son clan, les Seldjoukides, allaient conquérir l'Anatolie byzantine (au centre de l'actuelle Turquie) et bientôt dominer le Proche-Orient arabe (y compris la Palestine).

45. La cité léonine, construite par le pape Léon IV (847-855), correspond à peu près à l'actuelle cité du Vatican, autour de la basilique Saint-Pierre.

46. F. CHALANDON, *Histoire de la domination normande et Italie et en Sicile*, t. I, p. 258-284.

47. P. BOUET, « 1000-1100 : la conquête », in *Les Normands en Méditerranée*, colloque de Cerisy, p. 20 (« Le temps du rêve impérial »).

48. Aubrée de Buonalbergo était la fille d'un Normand établi en Italie.

49. F. CHALANDON, *Histoire de la domination normande et Italie et en Sicile*, *op. cit.*, t. I, p. 285-326. Cf. P. BOUET, « La politique d'intégration par les femmes », in *Les Normands en Méditerranée*, Dossiers d'archéologie, p. 35.

50. Cf. P. BOUET, « Généalogie des descendants de Tancrède », in *Les Normands en Méditerranée*, colloque de Cerisy, p. 36-37. F. NEVEUX, « Histoire du royaume de Sicile au XIIe siècle », in *Les Normands en Méditerranée*, Dossiers d'archéologie, p. 50-57 (p. 51).

51. J.-M. MARTIN, *Italies normandes*, *op. cit.*, p. 69.

52. *Ibid.* Les princes lombards étaient en effet couronnés par l'évêque de Capaccio.

53. Le dernier prince normand de Capoue, Robert II, était mort en 1129. Roger II avait recueilli la succession.

54. O. ZECCHINO, « Les assises de Roger II », in *Les Normands en Méditerranée*, colloque de Cerisy, p. 143-149 ; *id.*, « Les assises des rois normands de Sicile », in *Les Normands en Méditerranée*, Dossiers d'archéologie, p. 106-111.

55. S. FODALE, « L'Eglise et les Normands en Italie du Sud et en Sicile », in *Les Normands en Méditerranée*, colloque de Cerisy, p. 171-178 ; *Id.*, « L'alliance de Normands avec la papauté réformatrice », in *Les Normands en Méditerranée*, Dossiers d'archéologie, p. 98-105.

56. Nous connaissons ce détail par Ibn Djubayr, qui visita l'île en 1184. Il nous décrit la situation des musulmans qui, sur ce plan, n'avait sans doute guère changé depuis Roger II. Cf. Ibn Djubayr, « Illusions et découverte de la vérité », in *Palerme, 1070-1492*, *op. cit.*, p. 77-80.

57. Le manteau de Roger II est aujourd'hui conservé à la Schatzkammer de Vienne. Sur Roger II et le royaume de Sicile, cf. P. AUBÉ, *Roger II de Sicile. Un Normand en Méditerranée*, Paris, Payot, 2001. Concernant les événements politiques et militaires, cf. F. CHALANDON, *Histoire de la domination normande et Italie et en Sicile*, *op. cit.*, t. I, p. 355-403, t. II, p. 1-165.

VIII

1. Concernant les fils de Guillaume, notre principale source est l'œuvre d'Orderic Vital, moine de Saint-Evroult : ORDERIC VITAL, *Historia ecclesiastica*, éd. Marjorie CHIBNALL, 6 volumes (Oxford Medieval Texts), Oxford, Clarendon Press, 1969-1980.

2. Henri avait reçu de Guillaume cinq mille livres d'argent, mais aucun territoire. Cf. *supra*, chapitre VI.

3. Courcy, canton de Morteaux-Coulibœuf, Calvados. Ce château appartenait à Richard de Courcy, qui était alors en conflit avec Robert de Bellême.

4. ORDERIC VITAL, VIII, 1-5, éd. M. CHIBNALL, t. IV, p. 110-163. Les deux frères réconciliés rédigèrent ensemble à Caen un texte célèbre, les *Consuetudines et Justitie*, où ils rappelaient les droits du duc de Normandie au temps de leur père, Guillaume le Conquérant. Ces droits avaient été bafoués depuis l'avènement de Robert Courteheuse.

5. ORDERIC VITAL, IX, 2-4, éd. M. CHIBNALL, t. V, p. 8-37 ; X, 4, t. V, p. 206-213.

6. *Ibid.*, IX, 3, t. V, p. 26-27, X, 4, p. 206-213. Cf. J. RICHARD, *Histoire des croisades*, Paris, Fayard, 1996, p. 42. Guillaume le Roux se procura cette somme considérable en prélevant une aide sur les habitants de son royaume. La croisade est l'un des « quatre cas » dans lesquels les vassaux doivent une aide à leur seigneur.

7. Robert II, comte de Flandre (1093-1111), était le fils de Robert Ier le Frison et le neveu de la reine Mathilde. Il était donc le cousin germain de Robert Courteheuse.

8. Etienne-Henri, comte de Blois (1089-1102), avait épousé Adèle, fille de Guillaume le Conquérant et sœur de Robert Courteheuse.

9. ORDERIC VITAL, X, 17, éd. M. CHIBNALL, t. V, p. 300-303.

10. GUILLAUME DE MALMESBURY, *Gesta regum Anglorum* (The History of the English Kings), IV, 312, éd. et trad. angl. R.A.B. MINOR, R.M. THOMPSON et M. WINTERBOTTOM, t. I, p. 554-557.

11. ORDERIC VITAL, X, 2-15, éd. M. CHIBNALL, t. V, p. 200-295.

12. Saint Paul, 1re Epitre aux Corinthiens, XI, 14-15 : « La nature elle-même ne vous enseigne-t-elle pas que c'est une honte pour l'homme de porter les cheveux longs, tandis que c'est gloire pour la femme de les porter ainsi ? »

13. ORDERIC VITAL, X, 2, éd. M. CHIBNALL, t. V, p. 202-203.

14. La nomination d'Anselme traîna en longueur. Il ne fut finalement confirmé comme archevêque qu'en 1092 ou 1093, trois ou quatre ans après la mort de Lanfranc.

15. Le droit de régale permettait au roi de jouir des revenus de l'évêché ou de l'abbaye pendant le temps de vacance épiscopale ou abbatiale. Guillaume le Roux en abusait manifestement.

16. Cf. ORDERIC VITAL, X, 2, éd. M. CHIBNALL, t. V, p. 202-203.

17. ORDERIC VITAL, X, 3, éd. M. CHIBNALL, t. V, p. 204-207.

18. ORDERIC VITAL, X, 14-15, éd. M. CHIBNALL, t. V, p. 282-295.

19. *Ibid.*

20. Callixte II, pape de 1119 à 1124.

21. Elles eurent les yeux crevés et le bout du nez coupé. Mais leur père avait fait subir le même sort à son jeune otage, fils du comte d'Ivry. Cf. ORDERIC VITAL, XII, 10, éd. M. CHIBNALL, t. VI, p. 210-215.

22. Nous possédons un récit contemporain de cet événement en vers latins par Serlon, chanoine de Bayeux : SERLON, « Versus Serlonis de capta Baiocensium civitate », *Recueil des Historiens des Gaules et de la France*, t. XIX, p. XCI *sq.*

23. Tinchebray, chef-lieu de canton de l'Orne. Un colloque international est organisé en septembre 2006 à Tinchebray par la municipalité pour commémorer le 9e centenaire de l'événement (sous la direction scientifique de Véronique Gazeau, professeur d'histoire du Moyen Age à l'université de Caen).

24. ORDERIC VITAL, XI, 17-20, éd. M. CHIBNALL, t. VI, p. 78-93.

25. Robert de Bellême resta en prison depuis son procès, en 1112, jusqu'à sa mort, peu après 1130.

26. ORDERIC VITAL, XI, 45, éd. M. CHIBNALL, t. VI, p. 182-183.

27. Le tuteur de Guillaume Cliton, Hélie de Saint-Saëns, avait préféré s'exiler plutôt que de livrer son pupille à Henri. Cf. la référence à la note suivante.

28. ORDERIC VITAL, XI, 37, éd. M. CHIBNALL, t. VI, p. 162-167.

29. ORDERIC VITAL, XII, 17, éd. M. CHIBNALL, t. VI, p. 228-235.

30. ORDERIC VITAL, XII, 18, éd. M. CHIBNALL, t. VI, p. 234-243. Brémule, commune de Gaillardbois-Cressenville, canton de Fleury-sur-Andelle, Eure.

31. On l'appelle parfois Robert de Caen, car il était le fils d'Henri et d'une Caennaise. Cf. L. MUSSET, *in* G. DÉSERT, dir., *Histoire de Caen*, Toulouse, Privat, 1981, p. 30.

32. Robert reçut en effet le comté de Gloucester, en Angleterre.

33. ORDERIC VITAL, XII, 26, éd. M. CHIBNALL, t. VI, p. 294-307.

34. ORDERIC VITAL, XII, 28, éd. M. CHIBNALL, t. VI, p. 308-309. Le duché de Brabant fut constitué au début du XIIe siècle par le comte de Louvain. Il fut agrandi en 1106 de la Basse-Lorraine.

35. ORDERIC VITAL, XII, 48, éd. M. CHIBNALL, t. VI, p. 390-391.

36. ORDERIC VITAL, XII, 45-46, éd. M. CHIBNALL, t. VI, p. 368-381.

37. Pour autant qu'on puisse le savoir à travers nos sources, essentiellement ecclésiastiques.

38. Sur les Plantagenêts, cf. M. AURELL, *L'Empire des Plantagenêt*, Paris, Perrin, 2003, collection « Tempus », 2004 ; J. FAVIER, *Les Plantagenêts. Origine et destin d'un empire, XIe-XIVe siècles*, Paris, Fayard, 2004.

39. Adèle était une femme énergique. Au cours de la première croisade, son mari, Etienne-Henri, comte de Blois, s'était enfui pendant le siège d'Antioche et était revenu auprès de sa femme. Celle-ci sut le persuader de repartir et d'aller jusqu'à Jérusalem. Cf. ORDERIC VITAL, X, 20, éd. M. CHIBNALL, t. V, p. 324-325.

40. Il n'attendit même pas le 25 décembre, jour anniversaire du couronnement de Guillaume le Conquérant (le jour de Noël de l'année 1066).

41. Au début, Robert se montra hésitant, car il craignait de perdre ses fiefs en Angleterre. Mais, en 1138, il choisit clairement le camp de Mathilde (et de Geoffroy Plantagenêt). Il

demeura le meilleur allié de sa demi-sœur jusqu'à sa mort, en 1147.

42. ORDERIC VITAL, XIII, 43, éd. M. CHIBNALL, t. VI, p. 538-547.

43. ORDERIC VITAL, XIII, 44, éd. M. CHIBNALL, t. VI, p. 546-551. C'est l'avant-dernier chapitre de l'œuvre d'Orderic, qui arrête d'écrire, car il est fatigué en raison des infirmités dues à son âge (soixante-sept ans). Cf. XIII, 45, éd. M. CHIBNALL, t. VI, p. 550-557.

44. Geoffroy Plantagenêt mourut à l'âge de quarante ans.

45. Etienne de Blois mourut à l'âge de cinquante-sept ans environ.

46. Comme Etienne de Blois, dix-neuf ans plus tôt, Henri II n'attendit pas le 25 décembre. Cf. F. NEVEUX, *La Normandie des ducs aux rois*, *op. cit.*, p. 513-524.

47. Sur Henri II, cf. J. BOUSSARD, *Le Gouvernement d'Henri II Plantagenêt*, Paris, Librairie d'Argences, 1956.

48. Cf. R. FOREVILLE, *L'Eglise et la royauté en Angleterre sous Henri Plantagenêt (1154-1189)*, Paris, 1943 ; P. AUBÉ, *Thomas Becket*, Paris, Fayard, 1988 ; M. AURELL, *L'Empire des Plantagenêt*, *op. cit.*, p. 240-286 ; J. FAVIER, *Les Plantagenêts*, *op. cit.*, p. 261-283.

49. J. BOUSSARD, *Le Gouvernement d'Henri II Plantagenêt*, *op. cit.*, p. 471-488.

50. *Ibid.*, p. 569-581.

51. Sur Richard Cœur de Lion, cf. notamment R. PERNOUD, *Richard Cœur de Lion*, Paris, Fayard, 1988 ; J. FLORI, *Richard Cœur de Lion, le roi-chevalier*, Paris, Payot, 1999.

52. Le roi de Sicile était alors Tancrède de Lecce : cf. *infra*.

53. J. FLORI, *Richard Cœur de Lion*, *op. cit.*, p. 131-152.

54. *Ibid.*, p. 145-146. Lors de la prise d'Acre, Richard avait fait enlever et jeter par-dessus les murailles l'étendard de Léopold. Le duc d'Autriche avait, en effet, placé son étendard à côté de celui des trois rois (de France, d'Angleterre et de Jérusalem). N'ayant pu obtenir de réparation, Léopold avait abandonné la croisade et était rentré chez lui, plein de rancœur envers Richard.

55. *Ibid.*, p. 181-188.

56. *Ibid.*, p. 188-204 et 205-230.

57. *Ibid.*, p. 201-255. Châlus, chef-lieu de canton de la Haute-Vienne, dans le Limousin. Le château de Châlus-Chabrol appartenait à Aimar de Limoges.

58. Sur Jean sans Terre et la Normandie, cf. notamment M. POWICKE, *The Loss of Normandy (1189-1204). Studies in the History of the Angevin Empire*, Manchester, Manchester University Press, 1913, rééd. 1961.

59. Né en 1187, Arthur était le fils posthume de Geoffroy, troisième fils d'Henri II, alors que Jean sans Terre n'était que son quatrième fils.

60. Isabelle était la petite-fille et l'héritière de Robert de Gloucester, fils naturel d'Henri Ier. Jean sans Terre et Isabelle étaient donc tous deux arrière-petits-enfants d'Henri Ier. Il y avait entre eux une consanguinité que Jean sut mettre en avant pour faire annuler son mariage.

61. Lusignan, chef-lieu de canton de la Vienne.

62. J. FAVIER, *Les Plantagenêts*, *op. cit.*, p. 662-663. Le mariage eut lieu le 26 août 1200 et fut célébré par Hélie de Malemort, archevêque de Bordeaux.

63. *Ibid.*, p. 664. On peut considérer cette réunion comme la première manifestation de la Cour des pairs, institution appelée à se développer au cours du XIIIe siècle.

64. Guy de Thouars était le second mari de Constance, héritière de la Bretagne et veuve de Geoffroy. Il gouvernait le duché au nom de sa femme et de sa fille, Alix.

65. J. BALDWIN, *Philippe Auguste*, Paris, Fayard, 1991, p. 250-255. Le maintien de l'Aquitaine sous l'autorité des rois d'Angleterre posera par la suite de très gros problèmes aux rois de France.

66. Avant son avènement, il avait en effet possédé de nombreuses terres en Normandie, et notamment le comté de Mortain. Au cours de son règne, il avait également souvent séjourné en Normandie et avait parcouru la province en tous sens.

67. Guillaume, duc de Pouille, était en effet mort sans héritiers : cf. *supra*.

68. Sur Bohémond, cf. C. CAHEN, *La Syrie du Nord à l'époque des croisades et la principauté franque d'Antioche*, Paris, 1940 ; G. COPPOLA, « Bohémond Ier, prince d'Antioche », in *Les Normands en Méditerranée*, Dossiers d'archéologie, p. 88-97.

69. Cf. P. BOUET, « Généalogie des descendants de Tancrède », in *Les Normands en Méditerranée dans le sillage des Tancrède*, p. 36-37.

70. Cf. ANNE COMNÈNE, *Alexiade*, éd. B. Leib, Paris, Les Belles Lettres, 1967.

71. F. CHALANDON, *Histoire de la domination normande en Italie et en Sicile*, *op. cit.*, t. I, p. 285-326. Les rapports entre les deux frères furent toujours difficiles. Ils se firent la guerre à deux reprises, en 1085-1086 et en 1087-1090.

72. Cf. G. COPPOLA, « Bohémond Ier, prince d'Antioche », p. 92.

73. J. RICHARD, *Histoire des croisades*, *op. cit.*, p. 59.

74. Antioche avait été conquis une première fois par les Arabes en 636, puis repris par les Byzantins en 969. Il fut reconquis par les Turcs seldjoukides en 1084, treize ans seulement avant l'arrivée des croisés. C'est aujourd'hui la ville turque d'Antakya.

75. J. RICHARD, *Histoire des croisades*, *op. cit.*, p. 63-84.

76. *Ibid.*, p. 140.

77. ORDERIC VITAL, XI, 12, éd. M. CHIBNALL, t. VI, p. 68-73. Le mariage eut lieu en 1106.

78. Cf. G. COPPOLA, « Bohémond Ier, prince d'Antioche », p. 95. Cécile était la fille de Philippe Ier et de Bertrade de Monfort, l'épouse de Foulques IV le Réchin, comte d'Anjou (1060-1109), que le roi avait enlevée.

79. G. COPPOLA, « Bohémond Ier, prince d'Antioche », p. 96-97. Bohémond meurt la même année que son demi-frère Roger Borsa. Son mausolée, en forme d'église byzantine, est accolé à l'extérieur du bras droit du transept de la cathédrale Saint-Sabine, à Canosa di Puglia, dans le nord-est de la Pouille (entre Bari et Foggia).

80. ORDERIC VITAL, XI, 25, éd. M. CHIBNALL, t. VI, p. 104-107.

81. Cf. P. BOUET, « Généalogie des descendants de Tancrède », in *Les Normands en Méditerranée dans le sillage des Tancrède*, p. 36-37 ; J. RICHARD, *Histoire des croisades*, *op. cit.*, p. 391 et 502-507. La principauté d'Antioche fut réunie au comté de Tripoli sous Bohémond IV (1201-1233). Antioche fut repris par les Mamelouks en 1268, sous Bohémond VI (1251-1275). Le dernier représentant de la dynastie, Bohémond VII, mourut en 1287. Tripoli tomba enfin aux mains des

musulmans en 1289 (deux ans avant Saint-Jean-d'Acre, dernière place chrétienne de Terre sainte).

82. HUGUES FALCAND, *The History of the Tyrants of Sicily by Hugo Falcandus (1154-1169)*, éd. et trad. angl. G.A. LOUD et Th. WIEDEMAN, Manchester/New York, Manchester University Press, 1998.

83. F. CHALANDON, *Histoire de la domination normande en Italie et en Sicile*, *op. cit.*, t. II, p. 167-304.

84. Constance était née en 1154, la même année que son neveu, Guillaume II. Le mariage d'Henri et de Constance eut lieu en 1186. Henri avait alors vingt et un ans et Constance trente-deux ans.

85. Le Strymon se jette dans la mer Egée en Grèce du Nord, non loin de Thessalonique, dont s'étaient emparés les Normands. Parallèlement à l'expédition terrestre, une flotte normande s'était dirigée vers Constantinople. Elle put se retirer sans dommage après la défaite du Strymon.

86. F. CHALANDON, *Histoire de la domination normande en Italie et en Sicile*, *op. cit.*, t. II, p. 305-418.

87. Roger, duc de Pouille, avait eu Tancrède d'une concubine. Il était mort avant son père, Roger II.

88. . CHALANDON, *Histoire de la domination normande en Italie et en Sicile*, t. II, *op. cit.*, p. 419-438.

89. *Ibid.*, t. II, p. 439-491. P. AUBÉ, *Les Empires normands d'Orient*, *op. cit.*, p. 258-263.

90. *Ibid.*

91. Sur Frédéric II, cf. E. KANTOROWICZ, *Kaiser Friedrich der Zweite*, Suttgart, 1927, trad. fr. *L'Empereur Frédéric II*, Paris, Gallimard, 1987, rééd. *In* KANTOROWICZ, *Œuvres*, Paris, Gallimard, « Quarto », 2000, p. 9-641. *Frédéric II (1194-1250) et l'héritage normand de Sicile*, Actes du colloque de Cerisy-la-Salle (1997), éd. Anne-Marie FLAMBARD HÉRICHER, Caen, Presses universitaires de Caen, 2000. Cf. notamment, Anne-Marie FLAMBARD HÉRICHER, « Du "gamin d'Apulie" à la "splendeur du monde", les grandes étapes du règne de Frédéric II », in *Frédéric II (1194-1250) et l'héritage normand de Sicile*, *op. cit.*, p. 15-28. Sur l'enfance de Frédéric, cf. E. KANTOROWICZ, *op. cit.*, p. 11-40.

92. Il écrivit un traité de vénerie : *De arte venandi cum avibus* (« De l'art de chasser avec les oiseaux »). Cf. S. FODALE,

« Frédéric II, savant et empereur », in *Frédéric II (1194-1250) et l'héritage normand de Sicile*, *op. cit.*, p. 147-156.

93. Les musulmans furent déportés à Lucera, en Pouille (près de Foggia), où l'empereur possédait un palais et entreposait sa ménagerie. Cf. E. KANTOROWICZ, *op. cit.*, p. 121-127.

94. *Ibid.*, p. 74-155, 412-480 et 561-639.

95. *Ibid.*, p. 41-73. Le jeune Frédéric avait déjà été élu roi des Romains par les princes allemands en 1196, à l'âge de deux ans.

96. *Ibid.*, p. 74-104.

97. *Ibid.*, p. 156-196. Cf. H. BRESC, « Frédéric II et l'Islam », in *Frédéric II (1194-1250) et l'héritage normand de Sicile*, *op. cit.*, p. 79-92.

98. Cf. E. KANTOROWICZ, *op. cit.*, p. 412-480 et 561-639.

99. Tagliacozzo est situé à l'est de Rome, dans les Abruzzes.

100. H. BRESC, « La chute des Hohenstaufen et l'installation de Charles Ier d'Anjou », in *Les Princes angevins du XIIIe au XVe siècle. Un destin européen*, p. 61-83. S. PALMIERI, « De l'Anjou à la Sicile », in *L'Europe des Anjou. Aventure des princes angevins du XIIIe au XVe siècle*, p. 23-35. E. G. LÉONARD, *Les Angevins de Naples*, Paris, Presses universitaires de France, 1959.

Chronologie

I. LE MOUVEMENT VIKING, LA NORMANDIE
ET L'ANGLETERRE

Les Vikings en Angleterre et en Neustrie (790-911)[*]

790-800	Premiers raids vikings dans le royaume franc.
820	Première incursion dans l'estuaire de la Seine (repoussée par les gardes du rivage).
841	Seconde incursion. Jumièges et Rouen sont incendiés.
845	Première expédition vers Paris (rééditée ensuite presque chaque année). Premier tribut (*Danegeld*).
851	Premier hivernage d'une troupe viking dans la Basse-Seine.
852	Second hivernage dans la Basse-Seine.
853	Nouvelles invasions scandinaves sur la Seine (et sur la Loire).
856-862	Installation d'une « grande armée » scandinave dans l'estuaire de la Seine. Raids dans l'intérieur du royaume (notamment sur Paris).
860-861	Réaction du roi Charles le Chauve. Paiement d'un *Danegeld.* Nomination de Robert le Fort à la tête d'un grand

* Les passages en italique concernent l'Angleterre.

	commandement en Neustrie (défense contre les Vikings et les Bretons).
862	Edification d'un pont fortifié à Pîtres (Pont-de-l'Arche).
866	Mort de Robert le Fort dans un combat contre les Vikings.
876	Arrivée du chef viking Rollon dans l'embouchure de la Seine (selon Dudon de Saint-Quentin).
876	*Conquête de la moitié nord-est de l'Angleterre par les Vikings (Danelaw). Fondation de plusieurs Etats, dont le royaume d'York (876-954).*
878-899	*Résistance efficace du roi anglo-saxon de Wessex, Alfred le Grand (871-899).*
885-886	Siège de Paris par les Vikings. La ville est défendue par le comte Eudes, fils de Robert le Fort. L'empereur Charles le Gros achète leur départ.
886-890	Rollon s'empare de Bayeux. Mariage *more danico* avec Popa (d'où naîtra probablement Guillaume Longue Epée).
888-898	Eudes, roi de France (premier roi de la famille des Robertiens, futurs Capétiens).
898-923	Charles le Simple, roi de France (carolingien).

Les premiers ducs de Normandie (911-1035)

911 (20 juillet)	Bataille de Chartres. Rollon est battu par le marquis de Neustrie (Robert, frère d'Eudes), le duc de Bourgogne (Richard le Justicier) et le comte de Dijon (Manassès).
911	Traité de Saint-Clair-sur-Epte. Le roi de France, Charles le Simple, cède à Rollon le comté de Rouen. Naissance de la Normandie.
912	Rollon est baptisé par l'archevêque de Rouen.
924	Rollon obtient le Bessin et le Maine (selon Flodoard).
927	Guillaume Longue Epée succède à Rollon († vers 932).

933 — Guillaume Longue Epée obtient le Cotentin et l'Avranchin (au détriment des Bretons).

937 — Bataille de Brunanburh remportée contre les Scandinaves par le roi saxon Athelstan (924-939), qui domine toute l'Angleterre.

942 (17 décembre) — Assassinat de Guillaume Longue Epée à Picquigny, sur la Somme, par les hommes d'Arnoul, comte de Flandre.

942-946 — Minorité difficile de Richard Ier. Le roi carolingien, Louis d'Outremer, tente en vain de récupérer la Normandie.

946-996 — Richard Ier établit un pouvoir fort sur la Normandie. Alliance avec les Capétiens.

954 — Fin du royaume scandinave d'York.

978-1016 — Règne d'Ethelred II, roi d'Angleterre. Il doit lutter contre de nouvelles invasions danoises.

989-990 — Rétablissement des évêchés normands (Lisieux, Sées et Avranches).

991 — Traité d'alliance entre Richard Ier, duc de Normandie, et Ethelred II, roi d'Angleterre.

996-1001 — Minorité du duc Richard II. Troubles.

996 — Soulèvement des paysans normands, durement réprimé par le comte Raoul d'Ivry.

996-1026 — Principat de Richard II. Alliance avec le roi de France Robert le Pieux (996-1031).

1001 — Fondation de l'abbaye de Fécamp. Le premier abbé est Guillaume de Volpiano, originaire du Piémont, déjà abbé de Saint-Bénigne de Dijon.

1002 — Emma, sœur de Richard II, épouse le roi d'Angleterre, Ethelred II. Naissance d'Edouard (le Confesseur), puis d'Alfred.

1014-1016 — Conquête de l'Angleterre par les Danois (Sven à la Barbe fourchue, puis son fils Cnut).

1016 — Cnut le Grand, roi de Danemak et d'Angleterre (1016-1035). Il épouse Emma, veuve d'Ethelred.

1026-1027	Principat de Richard III († 1027, peut-être assassiné).
1027	Rencontre à Falaise de Robert le Magnifique et Herleva (Arlette). Naissance de Guillaume le Bâtard.
1027-1035	Principat de Robert le Magnifique. Expédition manquée contre l'Angleterre.
1031	Mort du roi de France, Robert le Pieux. Avènement d'Henri Ier (1031-1060).
1035	Mort de Robert le Magnifique au retour d'un voyage en Terre sainte. Guillaume le Bâtard devient duc de Normandie (à huit ans).

Guillaume le Conquérant (1035-1087)

1. La minorité de Guillaume le Bâtard (1035-1047)

1035-1047	Minorité difficile de Guillaume le Bâtard. Troubles et rébellions.
1036	*Expédition d'Edouard et d'Alfred en Angleterre, après la mort de Cnut le Grand. Alfred est tué.*
1046	Conjuration et tentative d'assassinat contre Guillaume le Bâtard (à Valognes).
1047	Bataille du Val-ès-Dunes. Victoire de Guillaume sur les rebelles, avec l'aide du roi de France Henri Ier.

2. La reconstruction de l'Etat normand (1047-1066)

1049	Concile de Reims. Condamnation du projet de mariage de Guillaume avec Mathilde de Flandre (lointaine cousine), par le pape Léon IX (1048-1054).
1050	Mariage de Guillaume avec Mathilde de Flandre.
1051	Campagne au sud de la Normandie contre le comte d'Anjou (Geoffroy Martel). Reprise d'Alençon. Conquête du Passais (Domfront).
1054	Bataille de Mortemer. Défaite française. Echec de l'invasion de la Normandie

	par les armées du roi Henri Ier et du comte d'Anjou, Geoffroy Martel.
1057	Bataille de Varaville. Défaite des franco-angevins. Echec d'une nouvelle invasion de la Normandie.
1060	Mort de Geoffroy Martel et d'Henri Ier. Avènement du roi de France Philippe Ier, alors âgé de huit ans.

3. La conquête de l'Angleterre

1042-1066	*Règne d'Edouard le Confesseur, roi d'Angleterre. Marié à Edith, fille de Godwin, Edouard n'a pas d'héritier.*
1051	*Edouard désigne comme successeur le duc Guillaume le Bâtard, son cousin.*
1064	Edouard envoie en Normandie Harold, fils de Godwin, *earl* de Wessex, pour confirmer à Guillaume la promesse de succession.
1066 (5 janvier)	*Mort d'Edouard le Confesseur.*
1066 (janvier-avril)	*Harold se fait couronner roi d'Angleterre.*
1066 (20 septembre)	*Débarquement d'Harald Hardrada, roi de Norvège, au nord de l'Angleterre.*
1066 (25 septembre)	*Bataille de Stamford Bridge. Victoire d'Harold. Défaite et mort d'Harald Hardrada.*
1066 (29 septembre)	*Débarquement de l'armée de Guillaume à Pevensey, au sud de l'Angleterre.*
1066 (14 octobre)	*Bataille d'Hastings. Victoire de Guillaume le Conquérant. Défaite et mort du roi Harold.*

4. Guillaume le Conquérant, roi d'Angleterre (1066-1087)

1066 (25 décembre)	*Couronnement de Guillaume le Conquérant, roi d'Angleterre, à l'abbatiale de Westminster.*
1067-1068	*Soulèvement d'Exeter.*
1068 (11 mai)	*Couronnement de Mathilde, reine d'Angleterre, à Westminster.*
1069	*Soulèvement du Yorkshire. Reprise d'York par Guillaume et répression très sévère.*

1070	*Concile de Winchester. Déposition de Stigant. Lanfranc devient archevêque de Cantorbéry.*
1075-1076	*Révolte des* earls. *Exécution de Waltheof,* earl *anglo-saxon de Northampton. Raoul de Gaël,* earl *d'Estanglie se réfugie en Bretagne et s'empare de Dol. Echec de la dernière invasion danoise dans le Yorkshire.*
1076	Echec de l'expédition de Guillaume en Bretagne (siège de Dol).
1077	Rébellion de Robert Courteheuse, fils aîné de Guillaume, avec l'appui de Philippe Ier, roi de France.
1080	Concile de Lillebonne. Guillaume réaffirme son contrôle sur les évêques, notamment en ce qui concerne la justice ecclésiastique.
1082	Emprisonnement d'Odon de Conteville, demi-frère du duc-roi, évêque de Bayeux et *earl* du Kent.
1083 (1er novembre)	Mort de la reine Mathilde, enterrée à la Trinité de Caen.
1086	*Rédaction du « Domesday Book ».*
1087 (9 septembre)	Mort de Guillaume le Conquérant, à Rouen. Enterrement à Saint-Etienne de Caen.

La succession de Guillaume (1087-1106)

1087	Robert Courteheuse devient duc de Normandie et Guillaume le Roux, roi d'Angleterre.
1088-1091	Lutte entre les deux frères.
1091	Réconciliation (provisoire). Rédaction à Caen des *Constitutiones et Justitie*, texte rappelant les droits du duc au temps du Conquérant.
1096	Départ de Robert Courteheuse pour la croisade. Le duché est confié à Guillaume le Roux, roi d'Angleterre.
1100 (2 août)	*Mort accidentelle de Guillaume le Roux dans la New Forest. Henri Ier Beauclerc s'empare du trône d'Angleterre.*
1100 (septembre)	Retour de la croisade de Robert Courteheuse.

1105	Henri Ier débarque en Normandie (à Barfleur). Incendie et prise de Bayeux.
1106	Bataille de Tinchebray. Défaite de Robert Courteheuse.
(28 septembre)	Henri Ier, roi d'Angleterre, devient duc de Normandie. Reconstitution du « royaume anglo-normand ».

Henri Ier, roi d'Angleterre et duc de Normandie (1106-1135)

1106	Robert Courteheuse est emprisonné en Angleterre. Son fils, le jeune Guillaume Cliton, trouve refuge auprès du roi de France.
1106-1113	Rétablissement de la paix en Normandie.
1108	Mort de Philippe Ier, roi de France. Avènement de Louis VI (1108-1137).
1112	Arrestation de Robert de Bellême.
1114	Mariage de Mathilde, fille d'Henri Ier Beauclerc, avec l'empereur Henri V. On l'appelle désormais « Mathilde l'Emperesse ».
1118-1119	Rébellion des barons normands, soutenus par le roi Louis VI.
1119 (été)	Siège et incendie d'Evreux, principale place tenue par les rebelles.
1119 (été)	Bataille de Brémule. Victoire d'Henri Ier sur Louis VI, roi de France.
1119 (octobre)	Concile de Reims. Rencontre entre le roi Henri Ier et le pape Callixte II.
1120 (novembre)	Naufrage de la *Blanche Nef*, 300 victimes, dont Guillaume Adelin, unique fils légitime d'Henri Ier.
1122-1124	Nouvelle rébellion des barons normands.
1125	Mort de l'empereur Henri V.
1128	Mariage de Mathilde l'Emperesse avec Geoffroy Plantagenêt, héritier du comte d'Anjou.
1128 (28 juillet)	Guillaume Cliton est tué à Alost (Flandre).
1131	Geoffroy Plantegenêt devient comte d'Anjou.
1133 (5 mars)	Naissance d'Henri Plantagenêt (futur Henri II).

1133 (2 août)	Les barons reconnaissent par serment Mathilde l'Emperesse et son fils Henri Plantagenêt comme héritiers d'Henri Ier.
1135 (1er décembre)	Mort d'Henri Ier à Lyons-la-Forêt.

La guerre entre Etienne et Mathilde (1135-1154)

1135 (22 décembre)	*Etienne de Blois est couronné roi d'Angleterre. Mathilde l'Emperesse revendique également la succession.*
1136-1138	Troubles en Normandie.
1137	Mort du roi de France, Louis VI. Avènement de Louis VII, qui épouse Aliénor d'Aquitaine.
1139-1141	*Mathilde passe en Angleterre. Elle est soutenue par son demi-frère (bâtard) Robert de Gloucester.*
1141 (2 février)	*Bataille de Lincoln. Etienne est vaincu et fait prisonnier.*
1141 (14 septembre)	*Robert de Gloucester est fait prisonnier à Winchester.*
1141 (1er-3 novembre)	*Echange des prisonniers. Libération d'Etienne et de Robert.*
1141-1144	Conquête de la Normandie par Geoffroy Plantagenêt.
1144	Capitulation de Rouen. Geoffroy Plantagenêt, duc de Normandie (et d'Anjou).
1147 (30 octobre)	*Mort de Robert de Gloucester.*
1147-1149	*Expéditions d'Henri Plantagenêt en Angleterre.*
1150	Geoffroy Plantagenêt cède le titre de duc de Normandie à son fils Henri (II).
1151 (7 septembre)	Mort de Geoffroy Plantagenêt.
1152 (21 mars)	Concile de Beaugency. Annulation du mariage de Louis VII et d'Aliénor.
1152 (18 mai)	Mariage d'Henri Plantagenêt et d'Aliénor d'Aquitaine, à Poitiers.
1153	*Henri Plantagenêt débarque en Angleterre. Etienne de Blois le reconnaît comme héritier.*
1154 (25 octobre)	*Mort d'Etienne de Blois, roi d'Angleterre.*

Henri II (1154-1189)

1154 (19 décembre)	*Couronnement d'Henri II, roi d'Angleterre, à Westminster.* Constitution du vaste Etat plantagenêt s'étendant de l'Ecosse aux Pyrénées et comprenant l'Angleterre, la Normandie, le Maine, l'Anjou et l'Aquitaine.
1158 (automne)	Campagne d'Henri II en Bretagne.
1159 (printemps)	Campagne d'Henri II contre le comte de Toulouse.
1159 (septembre)	Campagne dans le Beauvaisis.
1159 (décembre)	Conclusion d'une trêve avec le roi de France, Louis VII.
1160 (mai)	Paix entre Henri II et Louis VII.
1162	*Thomas Becket est élu archevêque de Cantorbéry, grâce à Henri II.*
1164 (30 janvier)	Constitutions de Clarendon, *qui réaffirment les droits du roi sur l'Eglise, notamment en ce qui concerne les élections épiscopales et abbatiales.*
1164	*Thomas Becket refuse les* Constitutions de Clarendon *et se réfugie en France.*
1166	Conquête de la Bretagne par Henri II. Geoffroy, fils d'Henri, est fiancé à Constance, fille de Conan IV, duc de Bretagne.
1167	Conan IV est contraint d'abdiquer en faveur d'Henri II.
1170 (14 juin)	*Couronnement d'Henri le Jeune, roi d'Angleterre (qui reste sous la tutelle de son père).*
1170 (10 août)	*Testament d'Henri II, qui organise sa succession.*
1170 (novembre)	*Thomas Becket est autorisé à rentrer en Angleterre.*
1170 (29 décembre)	*Meurtre de Thomas Becket dans la cathédrale de Cantorbéry.*
1171-1172	*Campagne d'Henri II en Irlande.*
1172 (21 mai)	Pénitence publique d'Henri II à la cathédrale d'Avranches.
1173 (21 février)	Canonisation de Thomas Becket par le pape Alexandre III.
1173	Révolte des fils d'Henri II contre leur père (avec le soutien de Louis VII).

1173-1174	Brillante campagne d'Henri II en Normandie. La rébellion est matée.
1180 (18 septembre)	Mort de Louis VII, roi de France. Avènement de Philippe II Auguste.
1183 (11 juin)	*Mort d'Henri le Jeune. Richard Cœur de Lion devient prince héritier du royaume d'Angleterre.*
1184	*Rébellion de Richard Cœur de Lion contre son père.*
1186 (août)	Mort de Geoffroy, fils d'Henri II et duc de Bretagne.
1187	Nouvelle rébellion de Richard, qui s'allie à Philippe Auguste.
1187 (2 octobre)	Reprise de Jérusalem par les musulmans de Saladin.
1188 (janvier)	Henri II, Philippe Auguste et Richard Cœur de Lion se croisent.
1189 (juin)	Henri II est battu au Mans par Philippe Auguste et Richard.
1189 (4 juillet)	Traité d'Azay-le-Rideau imposé à Henri II par Philippe Auguste et Richard.
1189 (6 juillet)	*Mort d'Henri II. Avènement de Richard Cœur de Lion.*

Richard Cœur de Lion (1189-1199)

1189 (3 septembre)	*Couronnement de Richard Cœur de Lion à Westminster.*
1190 (4 juillet)	Vézelay. Départ de Philippe Auguste et de Richard pour la 3e croisade.
1190-1191	Hivernage des deux rois dans le royaume normand de Sicile (près de Messine).
1191 (mai)	Richard Cœur de Lion s'empare de l'île de Chypre.
1191 (12 mai)	Mariage de Richard Cœur de Lion et de Bérengère de Navarre, à Limassol.
1191 (12 juillet)	Reprise de Saint-Jean-d'Acre par les croisés.
1191 (31 juillet)	Philippe Auguste quitte la Terre sainte.
1192 (9 octobre)	Richard quitte la Terre sainte.
1192 (décembre)	Richard est fait prisonnier par le duc d'Autriche.
1192-1194	Captivité de Richard en Allemagne.
1194 (20 mars)	*Retour de Richard en Angleterre.*

1194 (3 juillet)	Victoire de Richard sur Philippe Auguste à Fréteval (Loir-et-Cher).
1197-1198	Construction de Château-Gaillard.
1198 (28 septembre)	Victoire de Richard sur Philippe Auguste à Courcelles (près de Gisors).
1199 (6 avril)	Mort de Richard Cœur de Lion à Châlus, en Limousin. Avènement de Jean sans Terre.

Jean sans Terre (1199-1216)

1199 (27 mai)	*Couronnement de Jean sans Terre à Westminster.*
1200 (26 août)	Mariage de Jean sans Terre et d'Isabelle d'Angoulême.
1202 (28 avril)	Commise des fiefs français de Jean sans Terre.
1202 (1er août)	Arthur de Bretagne est fait prisonnier par Jean sans Terre à Mirebeau-en-Poitou.
1203-1204	Siège de Château-Gaillard par l'armée de Philippe Auguste.
1204 (6 mars)	Chute de Château-Gaillard.
1204 (printemps)	Conquête de la Normandie par Philippe Auguste.
1204 (24 juin)	Capitulation de Rouen.
1214 (2 juillet)	Bataille de la Roche-aux-Moines (près d'Angers). Victoire du prince Louis, fils de Philippe Auguste, sur Jean sans Terre.
1214 (27 juillet)	Bataille de Bouvines (près de Lille). Victoire de Philippe Auguste sur l'empereur Otton de Brunswick et les autres alliés de Jean sans Terre.
1215	*Révolte des barons anglais contre Jean sans Terre, qui doit accorder la Grande Charte.*
1216-1217	Expédition du prince Louis en Angleterre.
1216 (19 octobre)	*Mort de Jean sans Terre. Avènement d'Henri III (1216-1272).*
1217 (20 mai)	*Bataille de Lincoln. Défaite du prince Louis, qui doit quitter l'Angleterre.*
1223 (14 juillet)	Mort de Philippe Auguste. Avènement de Louis VIII (1223-1226).

1226 (8 novembre)	Mort de Louis VIII. Avènement de Louis IX (1226-1270).

II. LA CONQUÊTE DE L'ITALIE DU SUD
ET LE ROYAUME NORMAND DE SICILE

Les premières conquêtes

999	Quarante pèlerins normands mettent en fuite les Sarrasins qui assiégeaient Salerne.
1009-1010	Echec de la révolte de l'aristocrate lombard Mélès contre les Byzantins.
1015-1016	Des pèlerins normands sont recrutés par Mélès.
1017-1018	Campagne en Pouille par les Normands conduits par Mélès.
1018 (octobre)	Bataille de Canne. Les Normands sont vaincus.
1029	Le Normand Rainolf reçoit le comté d'Aversa (dans le duché de Naples).
1038-1040	Tentative de reconquête de la Sicile musulmane par les Byzantins, conduits par Georges Maniakès. Son armée comprend un contingent normand (avec Guillaume Bras de Fer).
1040-1043	Les Normands conquièrent la Pouille byzantine, sous la conduite de Guillaume Bras de Fer, fils aîné de Tancrède de Hauteville.
1045	Mort de Rainolf Ier, comte d'Aversa. Ascletin lui succède, puis Rainolf II (1045-1048).
1046	Mort de Guillaume Bras de Fer. Son frère Dreu devient comte de Pouille.
1048	Robert Guiscard, jeune frère de Guillaume Bras de Fer et de Dreu, commence la conquête de la Calabre.
1048	Accession au trône pontifical du pape Léon IX (1048-1054).
1048	Richard Ier, comte d'Aversa.
1051 (10 août)	Assassinat de Dreu, comte de Pouille. Son frère Onfroi lui succède.

1053 (17 juin)	Bataille de Civitate. Les Normands sont vainqueurs des forces coalisées rassemblées par le pape Léon IX.
1054 (19 avril)	Mort du pape Léon IX.
1057 (août)	Mort d'Onfroi. Robert Guiscard, son demi-frère, lui succède à la tête de la Pouille.
1057	Richard Ier d'Aversa devient prince de Capoue.

L'alliance avec la papauté

1058	Accession au trône pontifical du pape Nicolas II (1058-1061). Nouveau mode d'élection des papes (par les cardinaux).
1059	Synode de Melfi. Le pape Nicolas II reconnaît le pouvoir de Richard Ier, prince de Capoue, et de Robert Guiscard, duc de Pouille, qui deviennent ses vassaux.
1061	Election du pape Alexandre II (1061-1073).
1061	Début de la conquête de la Sicile par Robert Guiscard et son jeune frère Roger.
1063	Bataille de Cerami (Sicile). Victoire normande.
1068	Bataille de Misilmeri (Sicile). Victoire normande.
1071 (16 avril)	Les Normands s'emparent de Bari.
1072 (10 janvier)	Les Normands s'emparent de Palerme.
1073	Election du pape Grégoire VII (1073-1085).
1076	Siège de Salerne par les Normands. Robert Guiscard devient prince de Salerne.
1077	Robert Guiscard devient prince de Bénévent.
1078	Mort de Richard Ier, prince de Capoue. Jourdain Ier lui succède.
1081	Expédition des Normands contre l'Empire byzantin. Conquête de Durazzo (Durrës, en Albanie). Avènement d'Alexis Comnène, empereur byzantin, qui repousse les Normands.

1082	Nouvelle expédition des Normands dans l'Empire byzantin, conduite par Bohémond, fils de Robert Guiscard et de sa première femme (Aubrée).
1083	Expédition de l'empereur allemand Henri IV contre Rome. Le pape Grégoire VII fait appel aux Normands.
1084 (mai)	Les Normands livrent bataille dans Rome. Les Allemands se retirent. Le pape doit s'exiler (à Salerne).
1084-1085	Nouvelle expédition des Normands contre l'Empire byzantin.
1085 (25 mai)	Mort de Grégoire VII à Salerne.
1085 (17 juillet)	Mort de Robert Guiscard à Céphalonie. Son successeur est Roger Borsa, fils qu'il a eu de sa deuxième femme lombarde (Sykelgaïte).
1085-1086	Guerre entre Roger Borsa, duc de Pouille, et Bohémond, prince de Tarente.
1090	Mort de Jourdain Ier, prince de Capoue. Avènement de Richard II (1090-1106).
1091	Achèvement de la conquête de la Sicile par les Normands. Roger Ier de Hauteville, « grand comte » de Sicile.
1096-1099	Première croisade. Participation de Bohémond et de son neveu Tancrède. Bohémond devient prince d'Antioche et Tancrède prince de Galilée.
1101	Mort du « grand comte », Roger Ier de Sicile. Son jeune fils Simon devient comte de Sicile et de Calabre.

Roger II, « grand comte » de Sicile

1101-1107	Adélaïde, veuve de Roger Ier, assure la régence des comtés de Sicile et de Calabre.
1105	Mort de Simon, comte de Sicile et de Calabre. Son frère Roger II lui succède. Il établit sa capitale à Palerme.
1106	Mort de Richard II, prince de Capoue. Avènement de Robert Ier (1106-1119).
1111	Mort de Bohémond, prince d'Antioche.

1111	Mort de Roger Borsa, duc de Pouille. Avènement de Guillaume II (1111-1127).
1112 (12 décembre)	Mort de Tancrède, prince de Galilée et d'Antioche.
1118	Expédition des Normands de Sicile contre Gabès (Tunisie).
1123	Expédition des Normands de Sicile contre Mahdiyya (Tunisie).
1127	Roger II s'empare de l'île de Malte.
1127	Mort de Guillaume II. Roger II s'empare de ses possessions (en particulier le duché de Pouille).
1128-1129	Révolte des seigneurs normands de la Pouille contre Roger II.
1130	Election de deux papes concurrents, Anaclet II et Innocent II. Soutenu par saint Bernard, Innocent II est reconnu par le roi de France et par l'empereur.

Roger II, roi de Sicile

1130 (27 septembre)	Roger II est reconnu comme roi de Sicile par le pape Anaclet II.
1130 (Noël)	Couronnement royal de Roger II, dans la cathédrale de Palerme.
1131-1132	Nouvelle révolte des vassaux normands de Roger II.
1132	Georges d'Antioche reçoit le titre d'*émir des émirs*.
1132 (25 juillet)	Bataille de Nocera. Victoire de Roger II sur ses vassaux rebelles.
1133 (4 juin)	Couronnement de l'empereur Lothaire III par Innocent II, à Saint-Jean-de-Latran.
1136-1137	Expédition de Lothaire III en Italie du Sud. Prise de Salerne.
1138 (25 janvier)	Mort d'Anaclet II. Roger II est excommunié par Innocent II.
1139 (22 juillet)	Bataille du Garigliano. Victoire de Roger II sur les troupes pontificales. Innocent II lève l'excommunication et reconnaît Roger II comme roi de Sicile.
1140	Assises d'Ariano. Etablissement d'un Etat centralisé.
1143 (24 septembre)	Mort du pape Innocent II.

1146	Prise de Tripoli (Libye) par les troupes de Roger II.
1147-1148	Prise de Gabès, Sousse et Mahdiyya (Tunisie) par les Normands de Sicile.
1147-1149	Deuxième croisade.
1147	Prise de Corfou par la flotte de Roger II. Attaques contre les côtes de la Grèce.
1149	Expédition navale des Normands contre Constantinople, sous le commandement de Georges d'Antioche.
1151	Mort de Georges d'Antioche.
1153	Prise d'Annaba (Algérie) par les troupes de Roger II.
1154 (26 février)	Mort de Roger II, roi de Sicile.

Guillaume Ier (1154-1166)

1154	Avènement de Guillaume Ier, dit « le Mauvais », fils de Roger II. Maion de Bari devient *émir des émirs*.
1155-1156	Révolte des vassaux de Guillaume Ier.
1156-1160	Perte des possessions africaines du royaume de Sicile.
1157	Expédition contre l'Empire byzantin.
1158	Paix de trente ans conclue entre Guillaume Ier et l'empereur Manuel Comnène (1143-1180).
1159	Election du pape Alexandre III (1159-1181). Conflit entre le pape et l'empereur Frédéric Barberousse (appartenant à la dynastie des Hohenstaufen). Le roi de Sicile soutient le pape.
1160	Assassinat de Maion de Bari. Troubles dans le royaume.
1161 (avril)	Guillaume Ier rétablit son autorité.
1165	Expédition en Campanie de Christian de Mayence, repoussée par le roi de Sicile. Le pape Alexandre III est rétabli sur le trône pontifical.
1166 (7 mai)	Mort de Guillaume Ier.

Guillaume II (1166-1189)

1166	Avènement, à l'âge de treize ans, de Guillaume II, dit « le Bon », fils de Guillaume Ier.
1166-1171	Minorité de Guillaume II. Régence de Marguerite de Navarre, mère du roi.
1166 (novembre)	Etienne du Perche est nommé chancelier. Il assure le gouvernement du royaume.
1166-1167	Expédition de Frédéric Barberousse en Italie. Défaite normande.
1167	Etienne du Perche devient archevêque de Palerme.
1167	Constitution de la ligue lombarde, contre Frédéric Barberousse, avec le soutien du royaume de Sicile.
1168 (été)	Révolte des Palermitains. Etienne du Perche doit s'enfuir.
1169	Le nouvel archevêque de Palerme, Gautier Ophamil, s'empare du pouvoir.
1171	Majorité de Guillaume II (à dix-huit ans).
1174	Expédition normande contre l'Egypte (échec).
1174	Accord de Guillaume II avec Venise.
1175	Accord de Guillaume II avec Gênes.
1176	Campagne de Frédéric Barberousse en Italie. Défaite normande, mais victoire de la ligue lombarde (Legnano).
1177 (13 février)	Mariage de Guillaume II avec Jeanne, fille du roi d'Angleterre, Henri II.
1177 (1er août)	Paix de Venise. Frédéric Barberousse se réconcilie avec le pape Alexandre III et avec l'empereur byzantin, Manuel Comnène. Trêve de quinze ans entre l'empire et la Sicile.
1180-1182	Attaques de la flotte de Guillaume II contre les Baléares (alors sous la domination des Almohades).
1181 (30 août)	Mort du pape Alexandre III.
1185	Expédition normande contre l'Empire byzantin. Débarquement à Durazzo. Prise de Thessalonique. Raid naval contre Constantinople. Défaite terrestre sur le Strymon.

1186	Mariage de Constance de Hauteville, fille posthume de Roger II, avec le fils de Frédéric Barberousse, le futur empereur Henri VI.
1187	Bataille de Hattin. Défaite des Francs. Reprise de Jérusalem par les troupes de Saladin. Guillaume II fait vœu de croisade.
1189 (18 novembre)	Mort de Guillaume II (à trente-six ans). Il n'a pas d'héritier.

Tancrède de Lecce et Henri VI

1189	Les barons normands choisissent comme roi Tancrède de Lecce, petit-fils illégitime de Roger II.
1190-1192	Troisième croisade, dite « croisade des rois ».
1190 (10 juin)	Mort de l'empereur Frédéric Barberousse en Asie Mineure, sur la route de la croisade. Avènement d'Henri VI (1190-1197).
1190-1191	Hivernage en Sicile de Richard Cœur de Lion, roi d'Angleterre, et de Philippe Auguste, roi de France, en route pour la croisade.
1191	Couronnement impérial d'Henri VI et de Constance, à Saint-Pierre de Rome, par le pape Célestin III (1191-1198). Première expédition d'Henri VI contre la Sicile (échec).
1194 (20 février)	Mort du roi Tancrède de Lecce. Avènement du jeune Guillaume III, le fils qu'il a eu de la reine Sibylle d'Acerra.
1194	Nouvelle expédition d'Henri VI en Sicile.
1194 (Noël)	Couronnement de l'empereur Henri VI comme roi de Sicile, à Palerme.
1194 (26 décembre)	Naissance de Frédéric (II), fils de l'empereur et de Constance, à Iesi, dans la marche d'Ancône.
1194-1195	Arrestation et déportation en Allemagne des principaux barons du royaume de Sicile et du jeune Guillaume III.
1196	Le jeune Frédéric II est élu « roi des Romains » par les princes allemands.

1197	Nouvelle révolte des barons. Nouvelle répression.
1197 (28 septembre)	Mort d'Henri VI. Avènement de Frédéric II (1197-1250).

Frédéric II, roi de Sicile et empereur

1. La jeunesse difficile du roi de Sicile

1197	Frédéric II, nouveau roi de Sicile, est âgé de trois ans.
1198 (8 janvier)	Election du pape Innocent III (1198-1216).
1198 (17 mai)	Couronnement royal de Frédéric II à Palerme.
1198 (27 novembre)	Mort de Constance de Hauteville, mère de Frédéric II. Dans son testament, elle a désigné Innocent III comme régent du royaume et tuteur de Frédéric.
1200	Markward d'Anweiler, marquis d'Ancône et duc de Romagne, s'empare de la Sicile.
1201 (novembre)	Markward d'Anweiler se saisit du jeune Frédéric et gouverne en son nom.
1201-1205	Gautier de Brienne, second époux de Sibylle d'Acerra, veuve de Tancrède de Lecce, tente de s'emparer de la Sicile.
1202 (septembre)	Mort de Markward d'Anweiler.
1202-1206	Le capitaine allemand Guillaume « Capparone » contrôle Frédéric et gouverne à Palerme en son nom. L'anarchie se répand dans le royaume de Sicile.
1206	Frédéric se trouve sous la garde du chancelier Gautier de Paléar, évêque de Troia.
1208 (25 décembre)	Innocent III déclare Frédéric majeur (à la veille de ses quinze ans). Restauration de l'autorité royale en Sicile.
1209-1210	Révolte des vassaux siciliens et calabrais, matée par Frédéric II.
1209 (19 août)	Mariage de Frédéric II avec Constance d'Aragon, à Palerme.
1209 (4 octobre)	Couronnement impérial d'Othon IV, prétendant de la famille Welf, par le pape Innocent III, à Saint-Pierre de Rome (au mépris des droits de Frédé-

	ric II, héritier des Hohenstaufen). En Italie, les partisans des dynasties impériales concurrentes, Welf et Hohenstaufen, sont appelés « guelfes » et « gibelins ».
1210 (octobre)	Les barons rebelles de la partie continentale du royaume de Sicile font appel à l'empereur Othon IV, qui occupe Capoue, Aversa, Naples et Salerne.
1210 (18 novembre)	Excommunication d'Othon IV par le pape Innocent III, sanctionnant l'invasion du royaume de Sicile par l'empereur.
1211	Othon IV envahit la Pouille et la Calabre et s'apprête à passer en Sicile.

2. Frédéric II à la conquête de l'empire

1211 (septembre)	Assemblée de Nuremberg. Les princes allemands élisent (à nouveau) Frédéric II comme « roi des Romains ».
1212 (janvier)	Des envoyés des princes allemands viennent à Palerme pour offrir la couronne impériale à Frédéric II. Celui-ci accepte.
1212 (janvier-mars)	Othon IV renonce à envahir la Sicile et retourne précipitamment en Allemagne.
1212 (février)	Frédéric II fait couronner roi de Sicile son fils, le jeune Henri (âgé de un an).
1212 (mars)	Frédéric II s'embarque à Messine en direction de Rome.
1212 (mars-avril)	A Rome, Frédéric II prête serment de fidélité au pape Innocent III pour le royaume de Sicile.
1212 (juillet-août)	Frédéric II traverse l'Italie du Nord. Il est bien accueilli dans les villes gibelines (comme Gênes), mais doit éviter des villes guelfes hostiles (comme Milan).
1212 (fin août)	Frédéric II rattrape Othon IV, et réussit à le devancer dans Constance.
1212 (9 décembre)	Premier couronnement royal de Frédéric II, à Mayence.
1212-1213	Frédéric II est reconnu en Allemagne du Sud (traditionnellement favorable aux Hohenstaufen). L'Allemagne du

	Nord reste favorable à Othon IV (et aux Welf). Frédéric II est soutenu par Philippe Auguste, roi de France, et Othon IV par Jean sans Terre, roi d'Angleterre.
1214 (27 juillet)	Bataille de Bouvines. Othon IV est vaincu par Philippe Auguste.
1215 (25 juillet)	Second couronnement royal de Frédéric II, à Aix-la-Chapelle. Frédéric fait vœu de croisade.
1215 (novembre)	Quatrième concile du Latran. Confirmation de l'accession de Frédéric II à l'empire.
1216 (16 juin)	Mort du pape Innocent III.
1216 (18 juillet)	Election du pape Honorius III (1216-1227).
1218 (13 mai)	Mort d'Othon IV.
1220 (23 avril)	Assemblée de Francfort. Les princes allemands élisent Henri (âgé de neuf ans) comme « roi des Romains ».
1220 (22 novembre)	Couronnement impérial de Frédéric II par le pape Honorius III, à Saint-Pierre de Rome.
1220 (décembre)	Assises de Capoue. Abolition de tous les droits, coutumes et biens acquis après 1198. Reprise en main et réorganisation du royaume de Sicile.
1221	Frédéric II entreprend la réorganisation du tribunal de la cour royale.
1222	Mort de Constance d'Aragon, impératrice et reine de Sicile.
1223-1224	Campagnes de répression contre les vassaux révoltés.
1224-1225	Campagnes contre les musulmans de Sicile, qui sont déportés à Lucera, en Pouille.
1224	Fondation de l'université de Naples.
1225 (25 février)	Premier traité de San Germano entre Honorius III et Frédéric II, qui s'engage à partir en croisade pour le 15 août 1227, avec 1000 chevaliers.
1225 (9 novembre)	Frédéric II épouse en secondes noces Isabelle de Brienne (dite aussi Yolande), héritière du royaume de Jérusalem (âgée de quatorze ans).

1227 (18 mars)	Mort du pape Honorius III. Election de Grégoire IX (1227-1241).

3. La croisade et le conflit avec la papauté

1227 (15 août)	Départ de Brindisi d'une grande partie de l'armée impériale.
1227 (8 septembre)	Départ de Frédéric II, et retour rapide pour cause de maladie.
1227 (29 septembre)	Le pape Grégoire IX excommunie Frédéric II pour n'avoir pas accompli son vœu de croisade.
1228 (28 juin)	Frédéric II part pour la croisade, toujours sous le coup de la sentence d'excommunication (avec une centaine de chevaliers).
1228	Frédéric II passe par l'île de Chypre, où il restaure l'autorité impériale sur le « royaume de Chypre ».
1228-1229	Croisade de Frédéric II.
1229 (février)	Traité de Jaffa avec le sultan d'Egypte Al-Khamil. Trêve de dix ans et restitution de Jérusalem aux chrétiens.
1229 (17 mars)	Frédéric II est couronné roi de Jérusalem, au Saint-Sépulcre.
1229	La rumeur de la mort de Frédéric II court en Sicile. Rébellion et invasion de l'armée pontificale.
1229	Frédéric II rentre de Terre sainte, en passant par Chypre.
1230	Frédéric II rétablit son pouvoir sur le royaume de Sicile.
1230 (23 juillet)	Deuxième traité de San Germano entre Grégoire IX et Frédéric II.
1230 (28 août)	Le pape lève l'excommunication qui pesait sur Frédéric II.
1231	Le pape reconnaît Frédéric II comme roi de Jérusalem.
1231 (août)	Constitutions de Melfi. Rétablissement de l'Etat dans le royaume de Sicile.
1232 (Pâques)	Diète d'Aquilée. Conflit entre Frédéric II et son fils Henri (VII).
1235 (mai)	Henri (VII) est contraint de renoncer à la couronne et déchu de tous ses droits.

1235 (juillet)	Troisième mariage de Frédéric II avec Isabelle, sœur du roi d'Angleterre, Henri III.
1237 (février)	Election comme « roi des Romains » de Conrad, fils de Frédéric II et d'Isabelle de Brienne, âgé de neuf ans (à Vienne).
1237-1238	Frédéric II tente de mater les villes lombardes.
1239 (jeudi saint)	Nouvelle excommunication de Frédéric II par le pape Grégoire IX.
1239-1240	Frédéric II envahit les Etats pontificaux.
1241 (Pâques)	Le pape convoque un concile à Rome.
1241 (4 mai)	La flotte de Pise, alliée de Frédéric II, attaque les navires génois transportant les pères du concile. Trois légats pontificaux et 100 évêques sont faits prisonniers.
1241 (21 août)	Mort du pape Grégoire IX.
1241 (octobre-novembre)	Election et mort du pape Célestin IV. Vacance pontificale.
1242	Mort en captivité d'Henri (VII), fils de Frédéric II.
1243 (25 juin)	Election du pape Innocent IV, à Anagni.
1244 (24 mars)	Paix de Saint-Jean-de-Latran. Restitution par Frédéric II des territoires qu'il occupait dans les Etats pontificaux. Echec des négociations sur les autres questions en suspens.
1244 (juin)	Le pape Innocent IV s'enfuit de Rome avec l'aide de ses compatriotes génois.
1244 (décembre)	Le pape trouve refuge à Lyon.
1245 (28 juin-17 juillet)	Concile de Lyon.
1245 (17 juillet)	Excommunication et déposition de l'empereur Frédéric II.
1246-1247	Conjuration contre Frédéric II dans le royaume de Sicile. Révolte de Capaccio (Campanie), durement réprimée.
1246	Election par les princes allemands d'Henri Raspe comme « roi des Romains ».
1247	Mort d'Henri Raspe.
1248	Election par les princes allemands de Guillaume de Hollande comme « roi des Romains ».

1249	Retour de Frédéric II dans le royaume de Sicile.
1250 (13 décembre)	Mort de Frédéric II à Castel Fiorentino (en Pouille), à l'âge de cinquante-six ans. Inhumation dans la cathédrale de Palerme.

Les derniers rois normano-souabes

1252 (janvier)	Descente de Conrad IV, fils légitime de Frédéric II, en Italie du Sud.
1254 (21 mai)	Mort de Conrad IV, à vingt-six ans.
1258 (10 août)	Manfred, fils naturel de Frédéric II, est couronné roi de Sicile à Palerme.
1264-1265	La couronne de Sicile est offerte à Charles d'Anjou, frère de Louis IX (Saint Louis) par les papes Urbain IV (1261-1264) et Clément IV (1265-1268).
1266 (6 janvier)	Couronnement de Charles d'Anjou comme roi de Sicile, à Saint-Pierre de Rome.
1266 (26 février)	Bataille de Bénévent. Manfred est battu et tué par Charles d'Anjou.
1268	Descente en Italie de Conradin, fils de Conrad IV, âgé de seize ans.
1268 (23 août)	Bataille de Tagliacozzo. L'armée de Conradin est battue par Charles d'Anjou.
1268 (29 octobre)	Exécution de Conradin sur le marché de Naples.

Bibliographie

Nous ne présentons ici que les principales sources, ainsi qu'une bibliographie sélective. Il s'agit pour l'essentiel des documents et des ouvrages que nous avons directement utilisés.

Sources concernant la Normandie et le mouvement viking

ADHÉMAR DE CHABANNES, *Chronicon*, éd. J. CHAVANON, Paris, Les Belles Lettres, 1897.

Annales de l'abbaye Saint-Pierre de Jumièges. Chronique universelle des origines au XIIIe siècle, éd. Jean LAPORTE, Rouen, Lecerf, 1954.

Annales de Saint-Bertin, éd. F. GRAT, J. VIELLIARD, S. CLÉMENCET, Paris, Société de l'Histoire de France, 1964 ; *The Annals of St. Bertin*, trad. angl. J. NELSON, Manchester, Manchester University Press, 1991.

Annales Fontanellensenses priores (ou *Chronicon Fontanellense*), éd. J. LAPORTE, Rouen/Paris, Société de l'histoire de Normandie, Mélanges, 15e série, 1951, p. 63-91.

Annales Regni Francorum, éd. F. KURZE, MGH, *Scriptores rerum germanicarum*, t. VI.

Antiquus Cartularius Ecclesie Baiocensis, éd. abbé Victor BOURIENNE, 2 volumes, Rouen, Société de l'histoire de Normandie, 1902-1903.

BENOÎT DE SAINTE-MAURE, *Chronique des ducs de Normandie*, éd. Carin FAHLIN, t. I et II (Texte), Uppsala, 1951-1954 ;

t. III (Glossaire), par Osten SÖDERGARD, Uppsala, 1967 ; t. IV (Notes), par Sven SANDQVIST, Stockholm, 1979. Traduction partielle de Paul FICHET, *Vie de Guillaume le Conquérant*, Bayeux, Editions Heimdal, 1976.

Complainte de Guillaume Longue Epée, éd. Jules LAIR, in *Etude sur la vie et la mort de Guillaume Longue Epée*, Paris, Picard, 1893, p. 61-68 ; éd. Philippe LAUER, in *Le Règne de Louis IV d'Outremer*, Paris, Bouillon, 1900, p. 319-323.

De obitu Willelmi, ducis Normannorum regisque Anglorum, qui sanctam Ecclesiam in pace vivere fecit, éd. J. MARX, *in* GUILLAUME DE JUMIÈGES, *Gesta Normannorum Ducum*, Rouen/Paris, Lestringant/Picard, 1914, p. 145-149.

DUDON DE SAINT-QUENTIN, *De moribus et actis primorum Normanniae ducum*, éd. Jules LAIR, Mémoires de la Société des antiquaires de Normandie, t. XXIII, Caen, Le Blanc-Hardel, 1865, p. 115-301.

FAUROUX (Marie), éd., *Recueil des actes des ducs de Normandie (911-1066)*, Mémoires de la Société des antiquaires de Normandie, t. XXXVI, Caen, Caron, 1961.

FLODOARD, *Annales*, éd. Philippe LAUER, Paris, Picard, 1905.

Gallia Christiana, t. XI (province de Rouen).

GUILLAUME DE JUMIÈGES, *Gesta Normannorum Ducum*, éd. Jean MARX, Rouen/Paris, Lestringant/Picard, 1914 (texte de Guillaume de Jumièges, p. 1-144, *De obitu Willelmi*, p. 145-149, Interpolations d'Orderic Vital, p. 151-198, Interpolations de Robert de Torigni, p. 199-334) ; éd. Elisabeth VAN HOUTS, 2 volumes, Oxford, Clarendon Press, 1992-1995.

GUILLAUME DE POITIERS, *Gesta Guillelmi ducis Normannorum et regis Anglorum*, éd. Raymonde FOREVILLE (*Les Classiques de l'histoire de France au Moyen Age*, vol. 23), Paris, Les Belles Lettres, 1952 ; éd. R.C.H. DAVIS et M. CHIBNALL (Oxford Medieval Texts), Oxford, Oxford Clarendon Press, 1998.

ORDERIC VITAL, *Historia ecclesiastica*, éd. Marjorie CHIBNALL, 6 volumes (Oxford Medieval Texts), Oxford, Clarendon Press, 1969-1980.

RAOUL GLABER, *Histoires*, traduction Mathieu ARNOUX, Turnhout, Brepols, 1996.

Recueil des actes de Charles III le Simple, roi de France (893-923), éd. P. Lauer, 2 volumes, Paris, Académie des inscriptions et belles-lettres, 1940-1949.

Recueil des actes de Henri II, roi d'Angleterre et duc de Normandie, concernant les provinces françaises et les affaires de France, éd. L. Delisle et E. Berger, 4 volumes, Paris, Académie des inscriptions et belles-lettres, 1909-1924.

Richer, *Histoire de France (888-995)*, éd. Robert Latouche, 2 volumes, Paris, Les Belles Lettres, 1930-1937.

Robert de Torigni, *Chronique*, éd. Léopold Delisle, 2 volumes, Rouen, Le Brument, 1872-1874.

Saga de saint Olaf (La), traduction française de Régis Boyer, Paris, Payot, 2e édition, 1992.

Serlon, « Versus Serlonis de capta Baiocensium civitate », *Recueil des historiens des Gaules et de la France*, t. XIX, p. XCI *sq*.

Sturlusson (Snorri), *L'Histoire des rois de Norvège*, traduction François-Xavier Dillmann, Paris, Gallimard, 2000.

Suger, *Vita Ludovici Grossi Regis*, éd. H. Waquet, Paris, Les Belles Lettres, 1964.

Vita Lanfranci, *in* J.-P. Migne, *Patrologie latine*, t. CL, col. 29-58 ; éd. Margaret Gibson, in *Lanfranco di Pavia e l'Europa del secolo XI*, Atti del convegno internazionale dei studi, Pavie, 1989.

Wace, *Le Roman de Rou*, éd. A.J. Holden, Paris, Picard, 3 volumes, 1970-1973 ; traduction partielle de Jean Lepetit in *Art de Basse-Normandie*, n° 63, 1974 et n° 70, 1977 ; édition et traduction partielle de René Lepelley, *Guillaume le duc, Guillaume le roi*, Caen Presses universitaires de Caen, 1987.

Sources sur l'Angleterre anglo-saxonne et anglo-normande

Alfred the Great. Asser's Life of King Alfred *and other contemporary sources*, édition, traduction et commentaire Simon Keynes et Michael Lapidge, Londres, Penguin Books, 1983, rééd. 2004.

Ambroise, *L'Estoire de la guerre sainte*, éd. Gaston Paris, Paris, 1887.

BATES (David), éd., *Regesta Regum Anglo-Normannorum. The Acta of William I (1066-1087)*, Oxford, Clarendon Press, 1998.

BENOÎT DE PETERBOROUGH, *The Chronicle of the Reigns of Henry II and Richard I*, éd. William STUBBS (Rolls series), 2 volumes, Londres, 1867.

Carmen de Hastingae Proelio, éd. C. MORTON et H. MUNTZ (Oxford medieval Texts), Oxford, Clarendon Press, 1972.

Chronique anglo-saxonne : The Anglo-Saxon Chronicles, trad. angl. M. SWANTON, Londres, Phoenix Press, 1996, rééd. 2000.

Domesday Book, 4 volumes in-folio, éd. A. FARLEY, 1783 (t. I et II) et E. ELLIS, Londres, 1816 (t. III et IV). Le texte de cette ancienne édition a été réédité récemment en nombreux volumes, par comtés, avec une traduction anglaise.

GEOFFREY DE MONMOUTH, *Historia Regum Britanniae*, éd. Acton GRISCOM, Londres/New York, 1929.

GUILLAUME DE MALMESBURY, *Gesta regum Anglorum* (The History of the English Kings), 2 volumes, éd. et trad. angl. R.A.B. MINOR, R.M. THOMPSON et M. WINTERBOTTOM, Oxford, Clarendon Press, 1998-1999.

HENRI DE HUNTINGDON, *Historia Anglorum* (The History of the English People), éd. et trad. angl. Diana GREENWAY, Oxford, Clarendon Press, 1996.

ROGER DE HOVEDEN (HOWDEN), *Chronica*, éd. William STUBBS (Rolls series), 4 volumes, 1868-1871.

Sources sur l'Italie du Sud et la Sicile

AIMÉ DU MONT-CASSIN, *Historia Normannorum*, éd. V. DE BARTHOLOMAEIS, *Storia de Normanni di Amato di Montecassino, volgarizata in antico francese*, Rome, Tipografia del Senato, 1935.

ALEXANDRE DE TÉLÈSE, *Ystoria Rogerii regis Sicile, Calabrie atque Apulie*, éd. et trad. ital. L. DE NAVA et D. CLEMENTI, Rome, Istituto Storico Italiano, 1991.

ANNE COMNÈNE, *Alexiade*, éd. B. Leib, Paris, Les Belles Lettres, 1967.

FALCON DE BÉNÉVENT, Falcone di Benevento, Chronicon Beneventanum, éd. et trad. ital. Edoardo D'ANGELO, Florence, 1998.

GEOFFROY MALATERRA, *Historia sicula* ou *De rebus gestis Rogerii Calabriae et Siciliae comitis et Roberti Guiscardi ducis, fratris eius*, éd. E. PONTIERI, 2 volumes, Bologne, Nicola Zanichelli, 1927-1928.

GUILLAUME DE POUILLE, *Gesta Robert Wiscardi*, éd. et trad. Marguerite MATHIEU, *Guillaume de Pouille : la Geste de Robert Guiscard*, Palerme, Istituto Siciliano di Studi Bizantini et Neoellenici, 1961.

HUGUES FALCAND, *The History of the Tyrants of Sicily by Hugo Falcandus (1154-1169)*, éd. et trad. angl. G.A. LOUD et Th. WIEDEMAN, Manchester/New York, Manchester University Press, 1998.

IDRÎSÎ, *La Première Géographie de l'Occident*, traduction française du texte arabe par le chevalier JAUBERT (1836-1840), révision, présentation et notes d'Henri BRESC et Annliese NEF, Paris, Flammarion, 1999.

PIERRE D'EBOLI, *Petri Ansolini de Ebulo de rebus siculis Carmen*, éd. E. ROTA, Città di Castello, S. Lapi, 1904.

ROMUALD DE SALERNE, *Romualdi Salernitani chronicon*, éd. C.A. CARUFI, Città di Castello, S. Lapi, 1914.

Ouvrages généraux

BARTHÉLEMY (Dominique), *L'Ordre seigneurial, XIe-XIIe siècle*, Paris, Seuil, 1990 (*Nouvelle histoire de la France médiévale*, 3).

CHÉDEVILLE (André) et GUILLOTEL (Hubert), *La Bretagne des saints et des rois, V^e^-Xe siècle*, Rennes, Editions Ouest-France, 1984.

CHÉDEVILLE (André) et TONNERRE (Noël-Yves), *La Bretagne féodale, XIe-XIIIe siècle*, Rennes, Editions Ouest-France, 1987, 2e édition 1994.

FAVIER (Jean), *Charlemagne*, Paris, Fayard, 1999.

FOSSIER (Robert), *La Terre et les hommes en Picardie jusqu'à la fin du XIIIe siècle*, 2 volumes, Paris / Louvain, Nauwelaerts, 1968.

HALPHEN (Louis), *Charlemagne et l'Empire carolingien*, Paris, Albin Michel, 1947, rééd. 1968.

La Neustrie. Les pays au nord de la Loire de 650 à 850, Colloque historique international éd. Hartmut ATSMA (Beihefte der Francia, 16 / 1 et 2), Sigmaringen, J. Thorbecke, 1989.

La Neustrie. Les pays au nord de la Loire de Dagobert à Charles le Chauve (VIIe-IXe siècle), éd. Patrick PÉRIN et Laure-Charlotte FEFFER, Rouen, Musée des monuments départementaux de Seine-Maritime, 1985.

LE JAN (Régine), *Famille et pouvoir dans le monde franc (VIIe-Xe siècle). Essai d'anthropologie sociale*, Paris, Publications de la Sorbonne, 1995.

RICHARD (Jean), *Histoire des croisades*, Paris, Fayard, 1996.

RICHÉ (Pierre), *Les Carolingiens, une famille qui fit l'Europe*, Paris, Hachette, 1983.

SASSIER (Yves), *Hugues Capet*, Paris, Fayard, 1987.

Ouvrages sur les Scandinaves et le mouvement viking

ADIGARD DES GAUTRIES (Jean), *Les Noms de personnes scandinaves en Normandie de 911 à 1066*, Lund, C. Blome Boktryckeri, 1954.

BOYER (Régis), *Les Vikings*, Paris, Perrin, 1992, « Tempus », 2004.

CRUMLIN-PEDERSEN (Ole), *Ships and Boats of the North*, t. II, *Viking-Age Ships and Shipbuilding in Hedeby/Haithabu and Shleswig*, Schleswig-Roskilde, Vikingeskibshallen, 1997.

D'HAENENS (Albert), *Les Invasions normandes en Belgique au IXe siècle*, Louvain, Publications universitaires de Louvain, 1967.

D'HAENENS (Albert), *Les Invasions normandes : une catastrophe ?*, Paris, Flammarion, 1970.

GRAVIER (Maurice), *Les Scandinaves. Histoire des peuples scandinaves. Epanouissement de leurs civilisations, des origines à la Réforme*, Paris/Turnhout, Editions Lidis/Brepols, 1984.

L'Héritage maritime des Vikings en Europe de l'Ouest, Actes du colloque international de La Hague (1999), éd. Elisabeth RIDEL, Caen, Presses universitaires de Caen, 2002.

L'Or des Vikings, Catalogue de l'exposition du musée des Antiquités nationales de Suède, Bordeaux, Musée d'Aquitaine, 1969.

La Progression des Vikings, des raids à la colonisation, éd. Anne-Marie FLAMBARD HÉRICHER, *Cahiers du GRHIS*, n° 14, Rouen, Publications de l'université de Rouen, 2003.

LEBECQ (Stéphane), « Aux origines du phénomène viking. Quelques réflexions sur la part de responsabilité des Occidentaux (VIIIe-début IXe siècle) », in *La Progression des Vikings*..., p. 15-25.

LOT (Ferdinand), « La grande invasion normande de 856-862, *Bibliothèque de l'Ecole des chartes*, t. LXIX, 1908, p. 1-62.

LOT (Ferdinand), « La Loire, l'Aquitaine et la Seine, Robert le Fort », *Bibliothèque de l'Ecole des chartes*, t. LXXVI, 1915, p. 473-510.

MUSSET (Lucien), *Introduction à la runologie*, en partie d'après les notes de Fernand Mossé, Paris, Aubier-Montaigne, 1965, 2e édition, 1976.

MUSSET (Lucien), *Les Invasions. Le second assaut contre l'Europe chrétienne*, Paris, PUF, 1965, 3e édition, « Nouvelle Clio », n° 12 bis, 1984.

MUSSET (Lucien), *Les Peuples scandinaves au Moyen Age*, Paris, PUF, 1951.

MUSSET (Lucien), *Nordica et Normannica. Recueil d'études sur la Scandinavie ancienne et médiévale, les expéditions des Vikings et la fondation de la Normandie*, Paris, Société des études nordiques, 1997.

NISSEN-JAUBERT (Anne), « Archéologie expérimentale et histoire rurale », *Histoire et Sociétés rurales*, 2e année, n° 3, 1er semestre 1995, p. 162-168.

NISSEN-JAUBERT (Anne), « Habitats ruraux et communautés rurales », *Ruralia*, II, Spa, 1er-3 septembre 1997, *Památky Archeologické*, Supplementum 11, Prague, 1998, p. 213-225.

NISSEN-JAUBERT (Anne), « Les finages et leurs rendements : l'exemple danois », in *Le Village médiéval et son environnement. Etudes offertes en l'honneur de Jean-Marie Pesez*, éd. Laurent FELLER, Perrine MANE et François PIPONNIER, Paris, Publications de la Sorbonne, 1998, p. 551-570.

NISSEN-JAUBERT (Anne), « Systèmes agraires dans le sud de la Scandinavie entre 200 et 1200 », in *L'Homme et la nature au Moyen Age*, Actes du 5e congrès international d'archéologie médiévale publiés sous la direction de Michel COLARDELLE, Grenoble, 1993, Paris, Editions Errance, p. 76-86.

NISSEN-JAUBERT (Anne), « Peuplement et structures d'habitat en Danemark durant les IIIe-XIIe siècles dans leur contexte nord-ouest européen », thèse de l'EHESS (dactyl.), Paris, 1996.

Proxima Thulé, Revue d'études nordiques, volume I, 1994, volume II, 1996, volume III, 1998, volume IV, 2000, volume V, 2001.

RENAUD (Jean), *Les Dieux des Vikings*, Rennes, Editions Ouest-France, 1996.

RENAUD (Jean), *Les Vikings en France*, Rennes, Editions Ouest-France, 2000.

RENAUD (Jean), *Les Vikings et la Normandie*, Rennes, Editions Ouest-France, 1989.

RENAUD (Jean), *Les Vikings et les Celtes*, Rennes, Editions Ouest-France, 1992.

SCHNEIDER (Jens), « Les *Northmanni* en Francie occidentale au IXe siècle, le Chant de Louis », *Annales de Normandie*, 53e année, n° 4, septembre 2003, p. 291-315.

Ouvrages sur la Normandie et l'Angleterre anglo-normande

ALLEN BROWN (Reginald), « The battle of Hastings », *Anglo-Norman Studies*, III, 1980, Woodbridge, Boydell Press, 1981, p. 1-21 et 197-201.

ALLEN BROWN (Reginald), *The Norman and the Norman Conquest*, New York, 1969.

ALLEN BROWN (Reginald), *The Norman*, Woodbridge, Boydell Press, 1984, trad. fr. *Les Normands*, Paris, Editions Errance, 1986.

Anglo-Normand Studies (Proceedings of the Battle Conference), 27 volumes parus, I-XXVII, 1979-2005.

L'Architecture normande au Moyen Age, éd. Maylis BAYLÉ, 2 volumes, t. I, *Regards sur l'art de bâtir*, t. II, *Les étapes de la création* (notices), Caen/Condé-sur-Noireau, Presses universitaires de Caen/Editions Corlet, 1997.

ARNOUX (Mathieu), « Classe agricole, pouvoir seigneurial et autorité ducale. L'évolution de la Normandie féodale d'après le témoignage des chroniqueurs (Xe-XIIe siècle) », *Le Moyen Age*, t. XCVIII, n° 1, 1992, p. 35-60.

ARNOUX (Mathieu), « Disparition ou conservation des sources et abandon de l'acte écrit : quelques observations sur les actes de Jumièges », *Tabularia, Etudes*, n° 1, 2001, p. 1-10.

ARNOUX (Mathieu), « *Homines liberi et rustici*. Où sont passés les serfs normands ? », in *Les Formes de la servitude. Esclavage et servage de la fin de l'Antiquité au monde moderne* (Actes de la table ronde de Nanterre, 1997), éd. Henri BRESC, *Mélanges de l'Ecole française de Rome (Moyen Age)*, 112/2, 2000, p. 653-577.

ARNOUX (Mathieu), « Les paysans et le duc : autour de la révolte de 996 », in *La Normandie vers l'an mil*, p. 105-111.

ARNOUX (Mathieu), « Paysage avec cultures et animaux. Variations autour du thème des pratiques agraires », *Etudes rurales*, n° 145-146, janvier-décembre 1997, p. 133-145.

AUBÉ (Pierre), *Thomas Becket*, Paris, Fayard, 1988.

AURELL (Martin), *L'Empire des Plantagenêt*, Paris, Perrin, 2003, « Tempus », 2004.

BALDWIN (John), *Philippe Auguste*, Paris, Fayard, 1991.

BATES (David), « Notes sur l'aristocratie normande. I. – Hugues de Bayeux (1011-v. 1049). II. Herluin de Conteville et sa famille », *Annales de Normandie*, t. 23, n° 1, mars 1973, p. 7-38.

BATES (David), *Normandy before 1066*, Londres/New York, Longman, 1982.

BATES (David), *William the Conqueror*, Londres, G. Philip, 1989.

BAUDUIN (Pierre), « Chefs normands et élites franques, fin IXe-début Xe siècle », in *Les Fondations scandinaves en Occident...*, p. 181-194.

BAUDUIN (Pierre), « L'insertion des Normands dans le monde franc, fin IXe-Xe siècle : l'exemple des pratiques matrimoniales », in *La Progression des Vikings...*, p. 105-117.

BAUDUIN (Pierre), « Quelques observations sur la parenté spirituelle en Normandie (X^e^-XIIe siècle », in *Mélanges Pierre Bouet*, p. 81-91.

BAUDUIN (Pierre), *La Première Normandie (X^e^-XIe siècle). Sur les frontières de la haute Normandie : identité et construction d'une principauté*, Caen, Presses universitaires de Caen, 2004.

BAUDUIN (Pierre), *Les Vikings*, Paris, PUF, « Que sais-je ? », n° 1188, 2004.

BOÜARD (Michel de), dir., *Documents de l'histoire de la Normandie*, Toulouse, Privat, 1972.

BOÜARD (Michel de), dir., *Histoire de la Normandie*, Toulouse, Privat, 1970.

BOÜARD (Michel de), *Guillaume le Conquérant*, Paris, Fayard, 1984.

BOUET (Pierre) et NEVEUX, (François), « La bataille d'Hastings », in *Guillaume le Conquérant et son temps*, Catalogue d'exposition, *Art de Basse-Normandie*, n° 97, 1987-1988, p. 38-49

BOUET (Pierre) et NEVEUX, (François), « La conquête de l'Angleterre », in *Guillaume le Conquérant et son temps*, Catalogue d'exposition, *Art de Basse-Normandie*, n° 97, 1987-1988, p. 27-49.

BOUET (Pierre), « Dudon de Saint-Quentin et le martyre de Guillaume Longue Epée », in *Les Saints dans la Normandie médiévale*, p. 237-258.

BOUET (Pierre), « Dudon de Saint-Quentin et Virgile : l'*Enéide* au service de la cause normande », in *Recueil d'études en hommage à Lucien Musset*, p. 215-236.

BOUET (Pierre), « Dudon de Saint-Quentin. Construction de la nouvelle collégiale de Fécamp (990) », in *La Normandie vers l'an mil*, p. 123-129.

BOUET (Pierre), « Hastings, le triomphe de la ruse normande », in *L'Invasion de l'Angleterre. Guillaume le Conquérant*, p. 46-57.

BOUET (Pierre), « La *reuelatio* et les origines du culte à saint Michel sur le mont Tombe », in *Culte et pèlerinages à saint Michel en Occident. Les trois monts dédiés à l'archange*, p. 65-90.

BOUET (Pierre), « La Tapisserie de Bayeux, une œuvre pro-anglaise ? », in *La Tapisserie de Bayeux : l'art de broder l'histoire*, p. 197-215.

BOUET (Pierre), « Le premier millénaire », in *Le Mont-Saint-Michel. Histoire et imaginaire*, p. 21-26.

BOUET (Pierre), « Les Italiens en Normandie au XIe siècle », in *Les Italiens en Normandie*, p. 27-44.

BOUET (Pierre), « Les négociations du traité de Saint-Clair-sur-Epte selon Dudon de Saint-Quentin », in *La Progression des Vikings…*, p. 83-103.

BOUET (Pierre), *Guillaume le Conquérant et les Normands au XIe siècle*, CRDP de Basse-Normandie/Editions Corlet, 2003.

BOUSSARD (Jacques), *Le Gouvernement d'Henri II Plantagenêt*, Paris, Librairie d'Argences, 1956.

BRUNTERC'H (Jean-Pierre), « Le duché du Maine et la marche de Bretagne », in *La Neustrie. Les pays au nord de la Loire de 650 à 850*, Sigmaringen, J. Thorbecke, 1989, t. I, p. 29-127.

CAMPBELL (Miles W.), « Note sur les déplacements de Tostig Godwinson en 1966 », *Annales de Normandie*, t. 22, n° 1, mars 1972, p. 3-9.

CHAUOU (Amaury), *L'Idéologie Plantagenêt. Royauté arthurienne et monarchie politique dans l'espace plantagenêt (XIIe-XIIIe siècle)*, Rennes, Presses universitaires de Rennes, 2001.

CHIBNALL (Marjorie), « La carrière de Geoffroi de Montbray », in *Les Evêques normands du XIe siècle*, p. 179-193.

CHURCH (S.D.), dir., *King John. New interpretations*, Woodbridge, Boydell Press, 1999.

COLLET (Christophe), LEROUX (Pascal) et MARIN (Jean-Yves), *Caen, cité médiévale. Bilan d'archéologie et d'histoire*, Caen, Service départemental d'Archéologie du Calvados, 1996.

Cour Plantagenêt (La), Actes du colloque de Thouars (mai 1999), éd. Martin AURELL, Poitiers, université de Poitiers/CNRS/CESCM, 2000.

Culte et pèlerinages à saint Michel en Occident. Les trois monts dédiés à l'archange, Actes du colloque de Cerisy-la-Salle (2000), éd. Pierre BOUET, Giorgio OTRANTO et André VAUCHEZ, Rome, Ecole française de Rome, 2003 (Collection de l'Ecole française de Rome, 316).

DAVY (Gildvin), *Le Duc et la loi. Héritages, images et expressions du pouvoir normatif dans le duché de Normandie, des origines à la mort du Conquérant (fin du IXe siècle-1087)*, Paris, De Boccard, 2004.

DE VRIES (Kelly), *The Norwegian Invasion of England in 1066*, Woodbridge, Boydell Press, 1999.

DEARDEN (Brian), « Charles the Bald's Fortified Bridge at Pîtres (Seine) : Recent archaeological Investigations », *Anglo-Norman Studies*, XI, 1988, Woodbridge, 1989, p. 107-112.

DECAËNS (Joseph), « L'évêque Yves de Sées », in *Les Evêques normands du XIe siècle*, p. 117-137.

DENIAUX (Elizabeth), LORREN (Claude), BAUDUIN (Pierre), JARRY (Thomas), *La Normandie avant les Normands. De la conquête romaine à l'arrivée des Vikings*, Rennes, Editions Ouest-France, 2002.

DÉSERT (Gabriel), dir., *Histoire de Caen*, Toulouse, Privat, 1981.

ENGLISH (Barbara), « Le couronnement d'Harold dans la Tapisserie de Bayeux », in *La Tapisserie de Bayeux : l'art de broder l'histoire*, p. 347-381.

Evêques normands du XIe siècle (Les), Actes du colloque de Cerisy-la-Salle (1993), éd. Pierre BOUET et François NEVEUX, Caen, Presses universitaires de Caen, 1995.

FAVIER (Jean), *Les Plantagenêts. Origine et destin d'un empire, XIe-XIVe siècle*, Paris, Fayard, 2004.

FLAMBARD HÉRICHER (Anne-Marie), « Quelques réflexions sur le mode de construction des mottes en Normandie et sur ses marges », in *Mélanges Pierre Bouet*, p. 123-132.

FLORI (Jean), *Richard Cœur de Lion, le roi-chevalier*, Paris, Payot, 1999.

Fondations scandinaves en Occident et les débuts du duché de Normandie (Les), Actes du colloque de Cerisy-la-Salle (2002), éd. Pierre BAUDUIN, Caen, Publications du CRAHM, 2005.

FOREVILLE (Raymonde), *L'Eglise et la royauté en Angleterre sous Henri Plantagenêt (1154-1189)*, Paris, Bloud et Gay, 1943.

FRANCE (John), « L'apport de la Tapisserie de Bayeux à l'histoire de la guerre », in *La Tapisserie de Bayeux : l'art de broder l'histoire*, p. 289-300.

GAZEAU (Véronique), « Guillaume de Volpiano et le monachisme normand. Vie de saint Guillaume abbé de Dijon », in *La Normandie vers l'an mil*, p. 132-136.

GAZEAU (Véronique), « Le patrimoine d'Hugues de Bayeux (c. 1011-1049) », in *Les Evêques normands du XIe siècle*, p. 139-147.

GAZEAU (Véronique), « Notices biographiques des abbés de Saint-Etienne de Caen à l'époque ducale », in *Mélanges Pierre Bouet*, p. 93-105.

GAZEAU (Véronique), *Recherches sur l'histoire de la principauté normande (911-1204)*, 2 volumes (dactyl.) : t. I – *Les abbés bénédictins de la principauté normande*, t. II – *Proso-*

pographie des abbés bénédictins, dossier d'habilitation (dactyl.), Paris, université de Paris I-Panthéon-Sorbonne, 2002.

GILLINGHAM (John), *Richard Cœur de Lion, Kingship, Chivalry and War in the Twelfth Century*, Londres, 1994.

GILLINGHAM (John), *Richard the Lionheart*, Londres, 1978, 2e éd. 1989, trad. fr. *Richard Cœur de Lion*, Paris, 1996.

GILLINGHAM (John), *The Angevin Empire*, 2e édition, Londres, 2001.

GILLMOR (Caroll), « The Logistic of Fortified Bridge Building on the Seine under Charles the Bald », *Anglo-Norman Studies*, XI, 1988, Woodbridge, 1989, p. 87-106.

GREEN (Judith), *The Government of England under Henry I*, Cambridge, Cambridge University Press, 1989.

Guillaume le Conquérant et son temps, Catalogue d'exposition, *Art de Basse-Normandie*, n° 97, 1987-1988.

GUILLOT (Olivier), « La conversion des Normands à partir de 911 », in *Histoire religieuse de la Normandie*, éd. Nadine-Josette CHALINE, Chambray, CLD, 1981, p. 23-53.

GUILLOT (Olivier), « La conversion des Normands peu après 911. Des reflets contemporains à l'historiographie ultérieure », *Cahiers de civilisation médiévale*, t. XXIV, n° 2, avril-juin 1981, p. 101-116 ; n° 3, juillet-décembre 1981, p. 181-219.

GUILLOT (Olivier), « La libération de l'Eglise par le duc Guillaume avant la conquête », in *Histoire religieuse de la Normandie*, p. 71-85.

GUILLOTEL (Hubert), « Une autre marche de Neustrie », in *Onomastique et Parenté dans l'Occident médiéval*, éd. K. KEATS-ROHAN et C. SETTIPANI, Oxford, Occasional Publications of the Unit for Prosopographical Research, Linacre College, 2000, p. 7-13.

HELMERICHS (Robert), « *Princeps, Comes, Dux Normannorum* : Early Rollonid Designators and their Significance », *Haskins Society Journal*, t. IX, 1997, p. 57-77.

Histoire religieuse de la Normandie, éd. Nadine-Josette CHALINE, Chambray, CLD, 1981.

Invasion de l'Angleterre (L'), Guillaume le Conquérant, éd. François NEVEUX, *Historia spécial*, n° 59, mai-juin 1999.

Italiens en Normandie (Les). De l'étranger à l'immigré, Actes du colloque de Cerisy-la-Salle (1998), éd. Mariella COLIN et

François NEVEUX, Cahier des Annales de Normandie, n° 29, Caen, 2000.

JEAN-MARIE (Laurence), *Caen aux XIe et XIIe siècles. Espace urbain, pouvoirs et société*, Caen, Editions La Mandragore, 2000.

KEATS-ROHAN (Katharine), « L'histoire secrète d'un sanctuaire célèbre. La réforme du Mont-Saint-Michel d'après l'analyse de son cartulaire et de ses nécrologes », in *Culte et pèlerinages à saint Michel en Occident. Les trois monts dédiés à l'archange*, p. 139-159.

KEATS-ROHAN (Katharine), « Poppa de Bayeux et sa famille », in *Onomastique et Parenté dans l'Occident médiéval*, éd. K. KEATS-ROHAN et C. SETTIPANI, Occasional Publications of the Unit for Prosopographical Research, Oxford, Linacre College, 2000, p. 140-153.

KEATS-ROHAN (Katharine), « Poppa of Bayeux and her family », *The American Genealogist*, juillet-octobre 1997, p. 187-204.

KEATS-ROHAN (Katharine), *Domesday People. A prosopography of Persons Occurring in English Documents, 1066-1166*, 2 volumes, Woodbridge/Rochester (N.Y.), Boydell Press, 1999-2002.

LE MAHO (Jacques), « Châteaux d'époque franque en Normandie », *Archéologie médiévale*, t. X, 1980, p. 153-165.

LE MAHO (Jacques), « Les Normands de la Seine à la fin du IXe siècle », in *Fondations scandinaves en Occident (Les)*..., p. 161-179.

LE MAHO (Jacques), « Les premières installations normandes dans la basse vallée de la Seine (fin du IXe siècle) », in *La Progression des Vikings*..., p. 153-169.

LEMÉNOREL (Alain), dir., *Nouvelle histoire de la Normandie*, Toulouse, Privat, 2004, Contribution de F. NEVEUX, « De la province au duché : la Normandie au Moyen Age (Ve-XVe siècle), p. 67-135.

LEMMON (C.H.), *The Battle of Hastings*, St. Leonard-on-Sea, 1964.

LEMOINE-DESCOURTIEUX (Astrid), « La frontière normande de l'Avre de la fin du Xe siècle au début du XIIIe siècle : la défense et les structures de peuplement », thèse de doctorat sous la direction de F. NEVEUX (dactyl.), université de Caen, 2003.

LEPELLEY (René), *Dictionnaire étymologique des noms de communes de Normandie*, Caen/Condé-sur-Noireau, Presses universitaires de Caen/Corlet, 1993.

LIFSHITZ (Felice), « La Normandie carolingienne. Essai sur la continuité, avec utilisation de sources négligées », *Annales de Normandie*, t. 48, n° 5, décembre 1998, p. 505-524.

LOUISE (Gérard), *La Seigneurie de Bellême (X^{e}-XIIe siècle)*, 2 volumes, Flers, Le Pays Bas-Normand, n° 199-202, 1990-1991.

MANEUVRIER (Christophe), « Paysages et sociétés rurales au Moyen Age : le pays d'Auge jusqu'à la fin du XIIIe siècle », thèse de doctorat sous la direction d'André DEBORD puis de Claude LORREN, 3 volumes (dactyl.), 1999-2000.

MAURICE (Philippe), *Guillaume le Conquérant*, Paris, Flammarion, 2002.

Mélanges Pierre Bouet. Recueil d'études en hommage à Pierre Bouet, éd. Catherine BOUGY et François NEVEUX, *Cahier des Annales de Normandie*, n° 32, Caen, 2002.

MOLLAT (Michel), dir., *Histoire de Rouen*, Toulouse, Privat, 1979.

Mont-Saint-Michel (Le), Histoire et Imaginaire, Paris, Anthèse/Editions du Patrimoine, 1998.

Montivilliers. Histoire d'une ville et de son abbaye (950e anniversaire), Montivilliers, 1985.

MORILLO (S.), « Warfare under the Anglo-Norman Kings, 1066-1135 », *Anglo-Norman Studies*, XIV, 1993, Woodbridge, Boydell Press, 1994, p. 150-163.

MUSSET (Lucien), « Actes inédits du XIe siècle. III. Les plus anciennes chartes normandes de l'abbaye de Bourgueil », *Bulletin de la Société des antiquaires de Normandie*, t. LIV, 1957-1958, p. 15-54.

MUSSET (Lucien), « Ce qu'on peut savoir du traité de Saint-Clair-sur-Epte » (1981), réédité in *Nordica et Normannica*, p. 377-381.

MUSSET (Lucien), « Considérations sur la genèse et le tracé des frontières de la Normandie », (1989), réédité in *Nordica et Normannica*, p. 403-413.

MUSSET (Lucien), « L'origine de Rollon » (1981), réédité in *Nordica et Normannica*, p. 383-387.

MUSSET (Lucien), « La contribution de Fécamp à la reconquête monastique de la Basse-Normandie (990-1066) », in

L'Abbaye bénédictine de Fécamp, ouvrage scientifique du XIIIe centenaire, Fécamp, 1959-1960, t. I, p. 57-66 et 341-343.

MUSSET (Lucien), « Le satiriste Garnier de Rouen et son milieu (début du XIe siècle) », *Revue du Moyen Age latin*, t. X, 1954, p. 237-266.

MUSSET (Lucien), « Les problèmes de la colonisation normande sur l'estuaire de la Seine », *Annuaire des cinq départements de la Normandie*, t. CXXXVIII, 1980 (paru en 1981), p. 75-78.

MUSSET (Lucien), « Origine et nature du pouvoir ducal en Normandie jusqu'au milieu du XIe siècle » (1979), réédité in *Nordica et Normannica*, p. 263-277.

MUSSET (Lucien), « Pour l'étude comparative de deux fondations politiques des Vikings : le royaume d'York et le duché de Rouen » (1975), réédité in *Nordica et Normannica*, p. 157-172.

MUSSET (Lucien), *Angleterre romane*, 2 volumes, La Pierre-Qui-Vire, Zodiaque, 1983-1988.

MUSSET (Lucien), *Normandie romane*, 2 volumes, La Pierre-Qui-Vire, Zodiaque, 1967-1974, 3e éd. 1987.

MUSSET (Lucien), « Les premiers temps de l'abbaye de Montivilliers (VIIIe-XIIIe siècle) », in *Montivilliers. Histoire d'une ville et de son abbaye*, p. 8-12.

NEVEUX (François), « L'abbaye bénédictine à la période ducale (966-1024) », in *Le Mont-Saint-Michel. Histoire et Imaginaire*, p. 30-34.

NEVEUX (François), « L'héritage maritime des Vikings dans la Normandie ducale », in *L'Héritage maritime des Vikings en Europe de l'Ouest…*, 2002, p. 101-118.

NEVEUX (François), « La fondation de la Normandie et les Bretons (911-933) », in *Mondes de l'Ouest et villes du monde. Regard sur les sociétés médiévales. Mélanges en l'honneur d'André Chédeville*, Presses universitaires de Rennes, 1998, p. 297-309.

NEVEUX (François), « Le Mont à la fin du Moyen Age (1204-1500) », in *Le Mont-Saint-Michel. Histoire et Imaginaire*, p. 35-39.

NEVEUX (François), *La Normandie des ducs aux rois (X^e-XIIe siècle)*, Rennes, Editions Ouest-France, 1998.

NEVEUX (François), *La Normandie royale (XIIIe-XIVe siècle)*, Rennes, Editions Ouest-France, 2005.

Normandie vers l'an mil (La), éd. François DE BEAUREPAIRE et Jean-Pierre CHALINE, Rouen, Société de l'Histoire de Normandie, 2000.

PERNOUD (Régine), *Aliénor d'Aquitaine*, Paris, Albin Michel, 1965, rééd. Livre de Poche, 1983.

PERNOUD (Régine), *Richard Cœur de Lion*, Paris, Fayard, 1988.

POWICKE (Maurice), *The Loss of Normandy (1189-1204). Studies in the History of the Angevin Empire*, Manchester, Manchester University Press, 1913, rééd. 1961.

PRENTOUT (Henri), *Etude critique sur Dudon de Saint-Quentin et son histoire des premiers ducs de Normandie*, Paris, Picard, 1916.

Recueil d'études en hommage à Lucien Musset, Cahier des Annales de Normandie, n° 23, Caen, 1990.

RENOUX (Annie), *Fécamp : du palais ducal au palais de Dieu*, Paris, Editions du CNRS, 1991.

Richard Cœur de Lion, roi d'Angleterre, duc de Normandie (1157-1199), Actes du colloque de Caen (avril 1999), éd. Louis LE ROC'H MORGÈRE, Caen, Direction des Archives départementales du Calvados, 2004.

RIDEL (Elisabeth), « A-t-on vraiment parlé la "langue danoise" à Bayeux vers 940 ? Une relecture de Dudon de Saint-Quentin », in *Mélanges Pierre Bouet*, p. 135-143.

Saints dans la Normandie médiévale (Les), Actes du colloque de Cerisy-la-Salle (1996), éd. Pierre BOUET et François NEVEUX, Caen, Presses universitaires de Caen, 2000.

STRICKLAND (Mathew), « Military Technology and Conquest : the Anomaly of Anglo-Saxon England », *Anglo-Norman Studies*, XIX, 1996, Woodbridge, Boydell Press, 1997, p. 353-382.

Tapisserie de Bayeux : l'art de broder l'histoire (La), Actes du colloque de Cerisy-la-Salle (1999), éd. Pierre BOUET, Brian LEVY et François NEVEUX, Caen, Presses universitaires de Caen, 2004.

VAN HOUTS (Elisabeth), « L'écho de la conquête dans les sources latines : la duchesse Mathilde, ses filles et l'énigme de l'enfant doré », in *La Tapisserie de Bayeux : l'art de broder l'histoire*, p. 135-154.

VAN HOUTS (Elisabeth), « The Ship List of William the Conqueror », *Anglo-Norman Studies*, X, 1987, Woodbridge, Boydell Press, 1988, p. 159-183.

WERNER (Karl-Ferninand), « Quelques observations au sujet des débuts du “duché” de Normandie. Droit privé et institutions régionales », in *Etudes historiques offertes à Jean Yver*, Paris, PUF, 1976, p. 691-709.

Ouvrages sur l'Italie du Sud et la Sicile normandes

AUBÉ (Pierre), *Les Empires normands d'Orient*, Paris, 1re éd. Tallandier, 1983, 3e éd. Perrin, 1999.

AUBÉ (Pierre), *Roger II de Sicile. Un Normand en Méditerranée*, Paris, Payot, 2001.

BALARD (Michel) et DUCELLIER (Alain), *Le Partage du monde. Echanges et colonisation dans la Méditerranée médiévale*, Paris, Publications de la Sorbonne, 1998.

BOUET (Pierre) et NEVEUX (François), « Introduction. Les grandes étapes de l'établissement des Normands en Italie du Sud et en Sicile », in *Les Normands en Méditerranée*, colloque de Cerisy, p. 9-33.

BOUET (Pierre), « La conquête de l'Italie du Sud et de la Sicile vue par les chroniqueurs de Normandie des XIe et XIIe siècles », in *De la Normandie à la Sicile : réalités, représentations, mythes*, p. 33-48.

BOUET (Pierre), « Les étapes d'une longue et difficile conquête (1000-1130) », in *Les Normands en Méditerranée*, Dossiers d'archéologie, p. 16-20.

BOUET (Pierre), « Pour quelles raisons les Normands ont-ils émigré en Italie du Sud aux XIe et XIIe siècles ? », in *Les Normands en Méditerranée*, Dossiers d'archéologie, p. 6-10

BRESC (Henri) et BRESC-BAUTIER (Geneviève), dir., *Palerme, 1070-1492. Mosaïque de peuples, nation rebelle : la naissance violente de l'identité sicilienne*, Paris, Editions Autrement, Série Mémoires, n° 21, 1993.

BRESC (Henri), « Frédéric II et l'Islam », in *Frédéric II (1194-1250) et l'héritage normand de Sicile*, p. 79-92.

BRESC (Henri), « La chute des Hohenstaufen et l'installation de Charles Ier d'Anjou », in *Les Princes angevins du XIIIe au XVe siècle. Un destin européen*, éd. Noël-Yves TONNERRE et

Elisabeth VERRY, Rennes, Presses universitaires de Rennes, 2003, p. 61-83.

BRESC (Henri), « Les Normands, constructeurs de châteaux », in *Les Normands en Méditerranée*, colloque de Cerisy, p. 63-77.

BRESC (Henri), « Une culture solide, un Etat faible », in *Palerme, 1070-1492*, p. 34-39.

BRESC (Henri), *Politique et société en Sicile (XIIe-XVe siècle)*, Londres, Variorum reprints, 1990.

CAHEN (Claude), *La Syrie du Nord à l'époque des croisades et la principauté franque d'Antioche*, Paris, 1940.

CHALANDON (Ferdinand), *Histoire de la domination normande en Italie et en Sicile*, 2 volumes, Paris, Picard, 1907, rééd. New York, Burt Franklin, 1960.

COPPOLA (Giovanni), « Bohémond Ier, prince d'Antioche », in *Les Normands en Méditerranée*, Dossiers d'archéologie, p. 88-97.

COPPOLA (Giovanni), *L'architettura dell'Italia meridionale in Età normanna (secoli XI-XII)*, Naples, Artemisia Comunicazione, 2005.

De la Normandie à la Sicile : réalités, représentations, mythes, Actes du colloque de Saint-Lô (2002), éd. Mariella COLIN et Marie-Agnès LUCAS-AVENEL, Saint-Lô, Archives départementales de la Manche, 2004.

DÉCARREAUX (Jean), *Normands, papes et moines : cinquante ans de conquête et de politique religieuse en Italie méridionale et en Sicile (milieu du XIe siècle-début du XIIe siècle)*, Paris, Picard, 1974.

FLAMBARD HÉRICHER (Anne-Marie), « Du "gamin d'Apulie" à la "splendeur du monde", les grandes étapes du règne de Frédéric II », in *Frédéric II (1194-1250) et l'héritage normand de Sicile*, p. 15-28.

FLAMBARD HÉRICHER (Anne-Marie), « Le château de Scribla, une forteresse pour conquérir la Calabre », in *Les Normands en Méditerranée*, Dossiers d'archéologie, p. 38-43.

FLAMBARD HÉRICHER (Anne-Marie), « Un instrument de la conquête et du pouvoir : les châteaux normands de Calabre », in *Les Normands en Méditerranée*, colloque de Cerisy, p. 89-109.

FODALE (Salvatore), « Frédéric II, savant et empereur », in *Frédéric II (1194-1250) et l'héritage normand de Sicile*, p. 147-156.

FODALE (Salvatore), « L'alliance de Normands avec la papauté réformatrice », in *Les Normands en Méditerranée*, Dossiers d'archéologie, p. 98-105.

FODALE (Salvatore), « L'Eglise et les Normands en Italie du Sud et en Sicile », in *Les Normands en Méditerranée*, colloque de Cerisy, p. 171-178.

Frédéric II (1194-1250) et l'héritage normand de Sicile, Actes du colloque de Cerisy-la-Salle (1997), éd. Anne-Marie FLAMBARD HÉRICHER, Caen, Presses universitaires de Caen, 2000.

I Normanni, popolo d'Europa (1030-1200), catalogue de l'exposition de Rome, éd. Mario D'ONOFRIO, Venise, Marsilio, 1994, trad. fr. *Les Normands peuple d'Europe (1030-1200)*, éd. Jean-Yves MARIN, Paris, Flammarion, 1995.

KANTOROWICZ (Ernst), *Kaiser Friedrich der Zweite*, Stuttgart, 1927, trad. fr. *L'Empereur Frédéric II*, Paris, Gallimard, 1987, rééd. in KANTOROWICZ, *Œuvres*, Paris, Gallimard, « Quarto », 2000, p. 9-641.

L'Europe des Anjou. Aventure des princes angevins du XIIIe au XVe siècle, Catalogue de l'exposition de Fontevraud, Paris, Somogy, 2001.

LÉONARD (Emile G.), *Les Angevins de Naples*, Paris, Presses universitaires de France, 1959.

Les Normands en Méditerranée aux XIe et XIIe siècles, Dossiers d'archéologie, n° 299, éd. Pierre BOUET, décembre 2004-janvier 2005.

Les Normands en Méditerranée dans le sillage des Tancrède, Actes du colloque de Cerisy-la-Salle (1992), éd. Pierre BOUET et François NEVEUX, Caen, Presses universitaires de Caen, 1994, rééd. 2001.

Les Princes angevins du XIIIe au XVe siècle. Un destin européen, éd. Noël-Yves TONNERRE et Elisabeth VERRY, Rennes, Presses universitaires de Rennes, 2003.

LUCAS-AVENEL (Marie-Agnès), « Les mouvements militaires du comte Roger en Sicile de 1061 à 1072 », in *Les Normands en Méditerranée*, Dossiers d'archéologie, p. 44-49.

LUCAS-AVENEL (Marie-Agnès), « Les populations de Sicile et les conquérants normands vus par Geoffroi Malaterra », in

De la Normandie à la Sicile : réalités, représentations, mythes, p. 49-66.

MARTIN (Jean-Marie), *Italies normandes, XIe-XIIe siècle*, Paris, Hachette, « La vie quotidienne », 1994.

MARTIN (Jean-Marie), *La Pouille du VIe au XIIe siècle*, Rome, Ecole française de Rome, 1993 (Collection de l'Ecole française de Rome, 179).

MÉNAGER (Léon-Robert) « Inventaire des familles normandes et franques émigrées en Italie méridionale et en Sicile (XIe-XIIe siècle) », in *Roberto il Guiscardo e il suo tempo*, p. 259-390.

MÉNAGER (Léon-Robert), *Hommes et institutions de l'Italie normande*, Londres, Variorum reprint, 1981.

MUSSET (Lucien), « Les circonstances de la pénétration normande en Italie du Sud et dans le monde méditerranéen », in *Les Normands en Méditerranée*, colloque de Cerisy, p. 14-49.

NEVEUX (François), « Histoire du royaume de Sicile au XIIe siècle », in *Les Normands en Méditerranée*, Dossiers d'archéologie, p. 50-57.

NEVEUX (François), « Quelques aspects de l'impérialisme normand au XIe siècle en Italie et en Angleterre », in *Les Normands en Méditerranée*, colloque de Cerisy, p. 51-62.

OTRANTO (Giorgio), « Genesi, caratteri e diffusione del culto micaelico del Gargano », in *Culte et Pèlerinages à saint Michel en Occident...*, p. 43-64.

PALMIERI (Stefano), « De l'Anjou à la Sicile », in *L'Europe des Anjou. Aventure des princes angevins du XIIIe au XVe siècle*, Catalogue de l'exposition de Fontevraud, Paris, Somogy, 2001, p. 23-35.

Roberto il Guiscardo e il suo tempo. Relazioni e comunicazioni delle prime giornate normanno-sveve (Bari, 1973), Rome, Il Centro di Ricerca Editore, 1975.

TAVIANI-CAROZZI (Huguette), *La Principauté lombarde de Salerne. Pouvoir et société en Italie lombarde méridionale (VIIIe-XIe siècle)*, Rome, 1992 (Collection de l'Ecole française de Rome, 152).

TAVIANI-CAROZZI (Huguette), *La Terreur du monde. Robert Guiscard et la conquête normande en Italie*, Paris, Fayard, 1996.

TRAMONTANA (Salvatore), *Il regno di Sicilia, Uomo e natura dall'XI al XIII secolo*, Turin, Einaudi, 1999.

ZECCHINO (Ortensio), « Les assises de Roger II », in *Les Normands en Méditerranée*, colloque de Cerisy, p. 143-149.

ZECCHINO (Ortensio), « Les assises des rois normands de Sicile », in *Les Normands en Méditerranée*, Dossiers d'archéologie, p. 106-111.

Généalogies

DUCS DE NORMANDIE ET ROIS DE FRANCE
(Xᵉ-XIᵉ siècle)

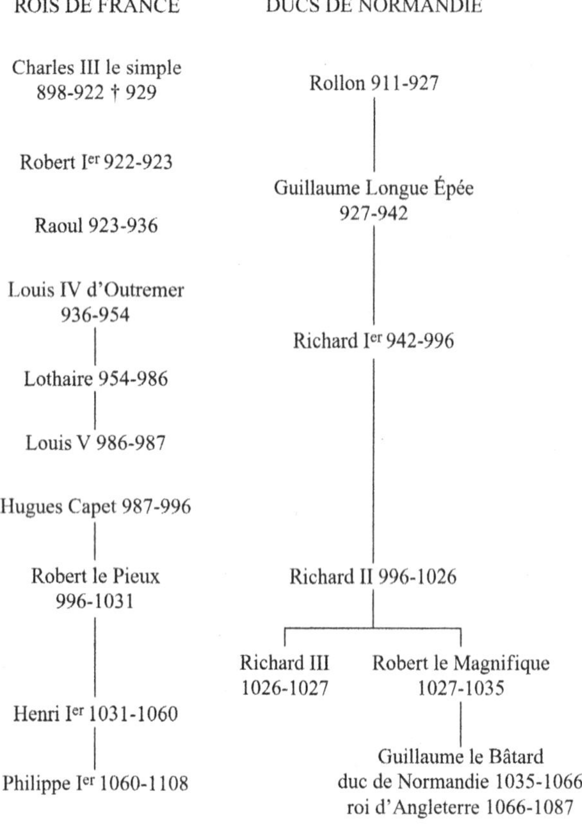

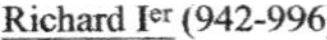

LES RICHARDIDES
(Descendance de Richard Ier)

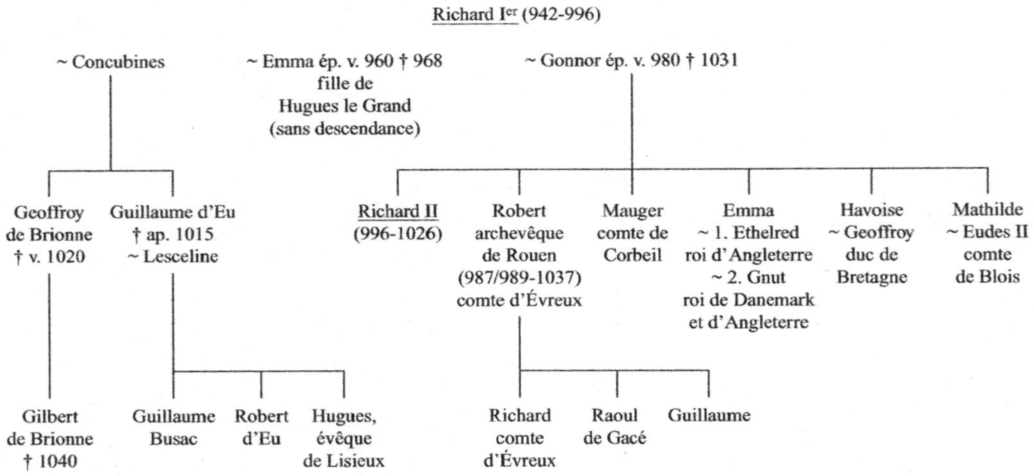

Richard Ier (942-996)

- ~ Concubines
  - Geoffroy de Brionne † v. 1020
    - Gilbert de Brionne † 1040
  - Guillaume d'Eu † ap. 1015 ~ Lesceline
    - Guillaume Busac
    - Robert d'Eu
    - Hugues, évêque de Lisieux
- ~ Emma ép. v. 960 † 968 fille de Hugues le Grand (sans descendance)
- ~ Gonnor ép. v. 980 † 1031
  - Richard II (996-1026)
  - Robert archevêque de Rouen (987/989-1037) comte d'Évreux
    - Richard comte d'Évreux
    - Raoul de Gacé
    - Guillaume
  - Mauger comte de Corbeil
  - Emma ~ 1. Ethelred roi d'Angleterre ~ 2. Gnut roi de Danemark et d'Angleterre
  - Havoise ~ Geoffroy duc de Bretagne
  - Mathilde ~ Eudes II comte de Blois

DUCS DE BRETAGNE ET DUCS DE NORMANDIE : LES ALLIANCES CROISÉES

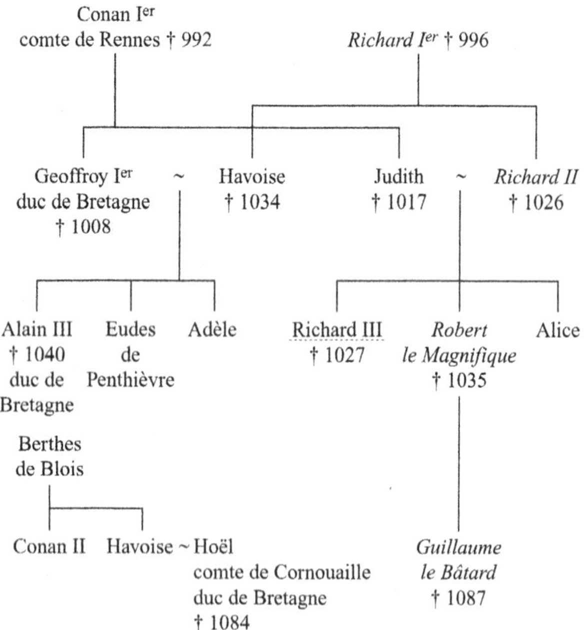

DESCENDANCE DE RICHARD II

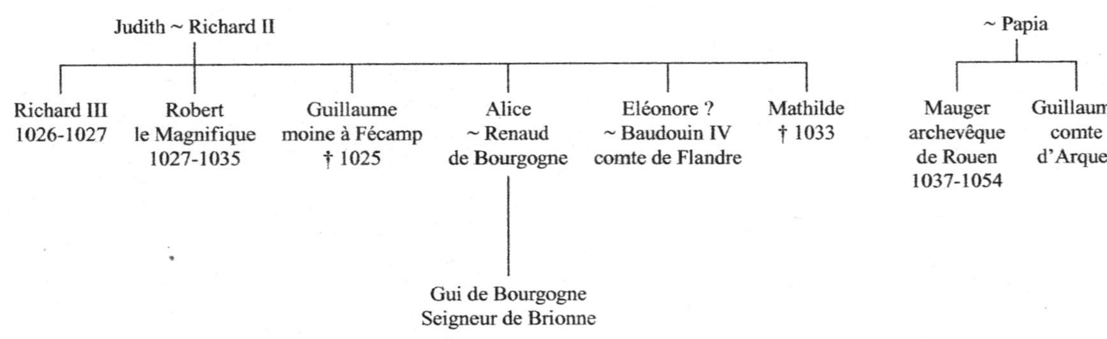

GÉNÉALOGIE DES SEPT PREMIERS DUCS DE NORMANDIE
montrant la parenté de Guillaume le Conquérant et de Mathilde

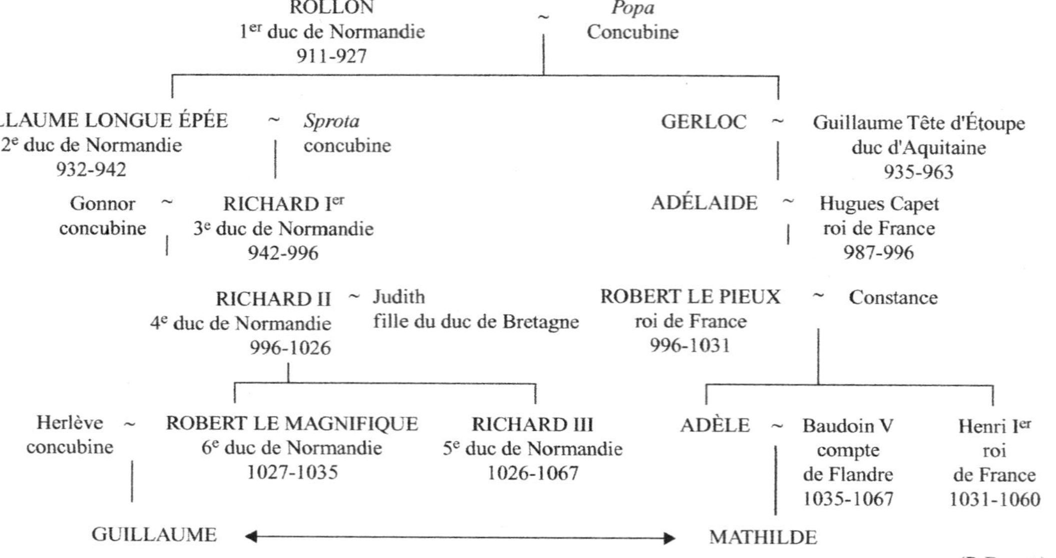

(P. Bouet.)

GÉNÉALOGIE SIMPLIFIÉE DES HAUTEVILLE

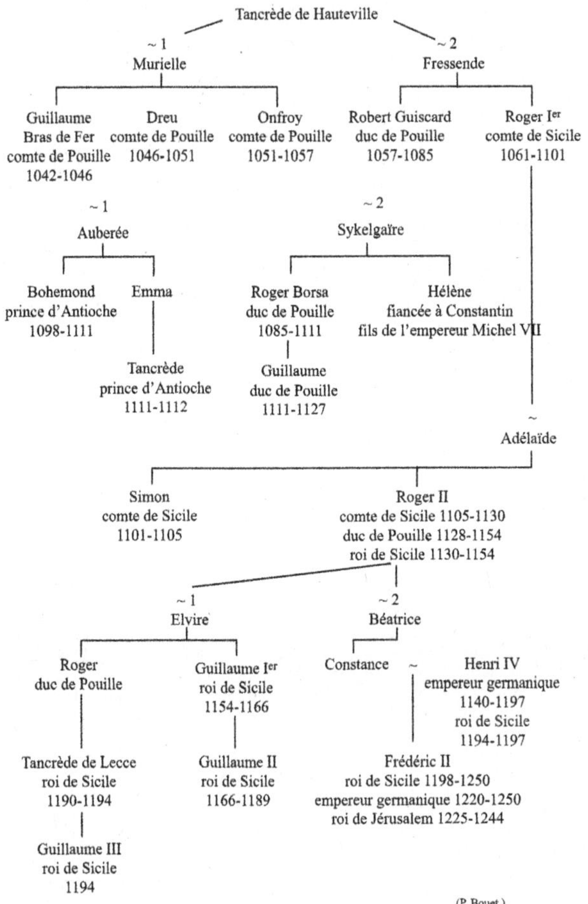

(P. Bouet.)

ROIS DE FRANCE ET ROIS D'ANGLETERRE, DUCS DE NORMANDIE (XIe-XIIe siècle)

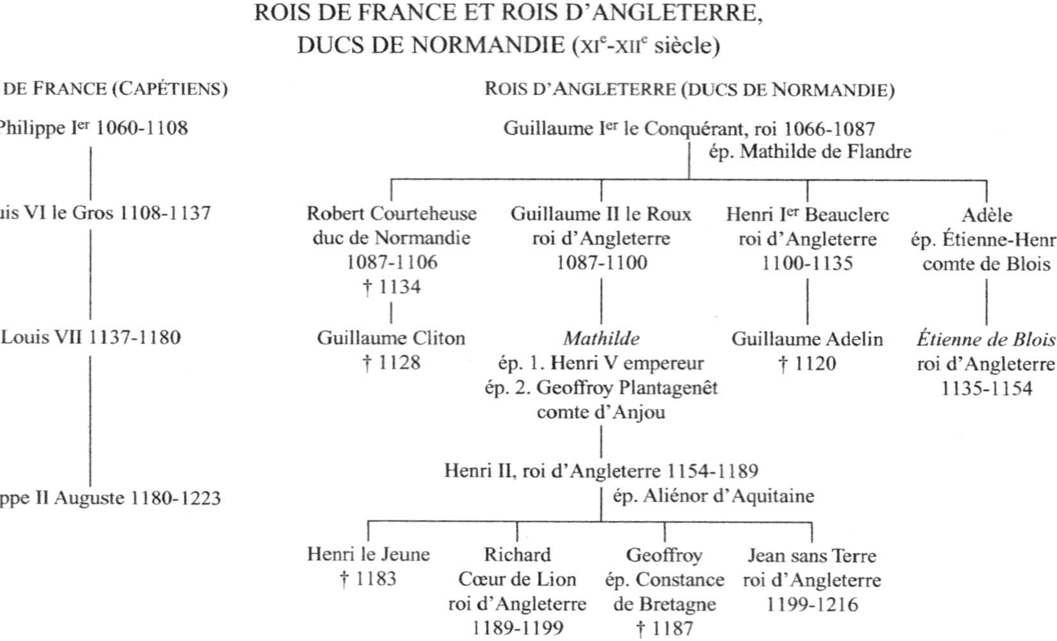

LA SUCCESSION DE GUILLAUME ET D'HENRI Ier

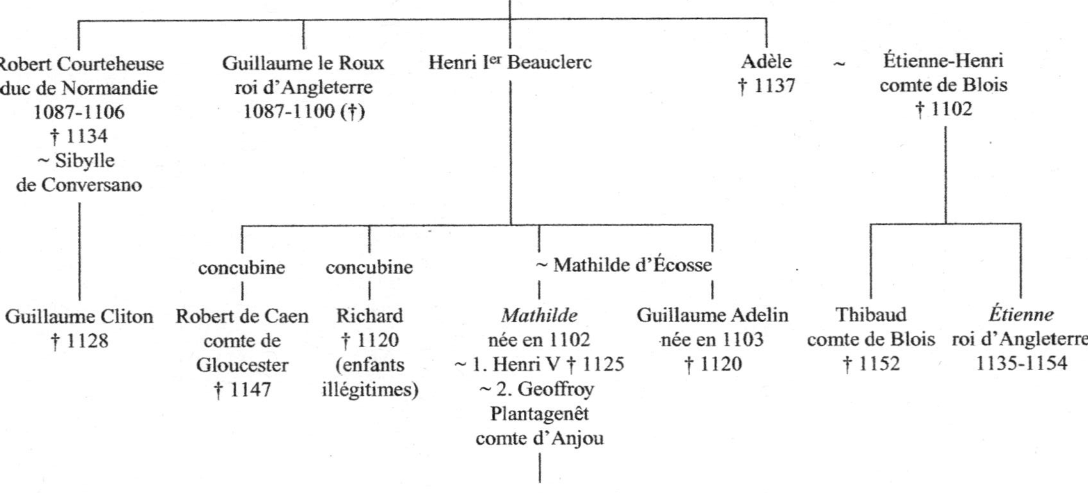

LA DESCENDANCE D'HENRI II

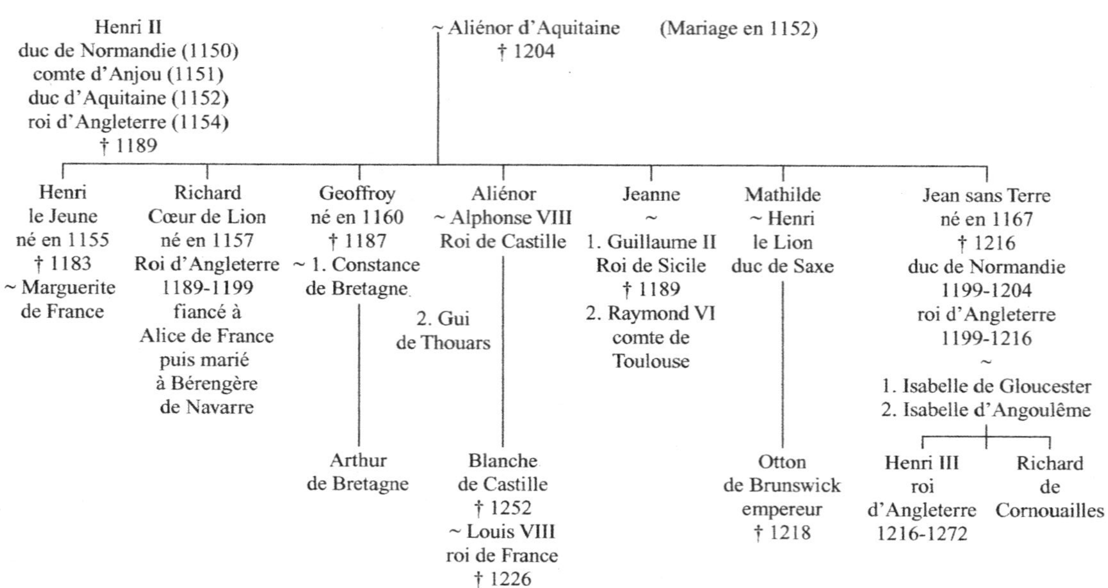

Cartes

La Normandie ducale aux XIe et XIIe siècles

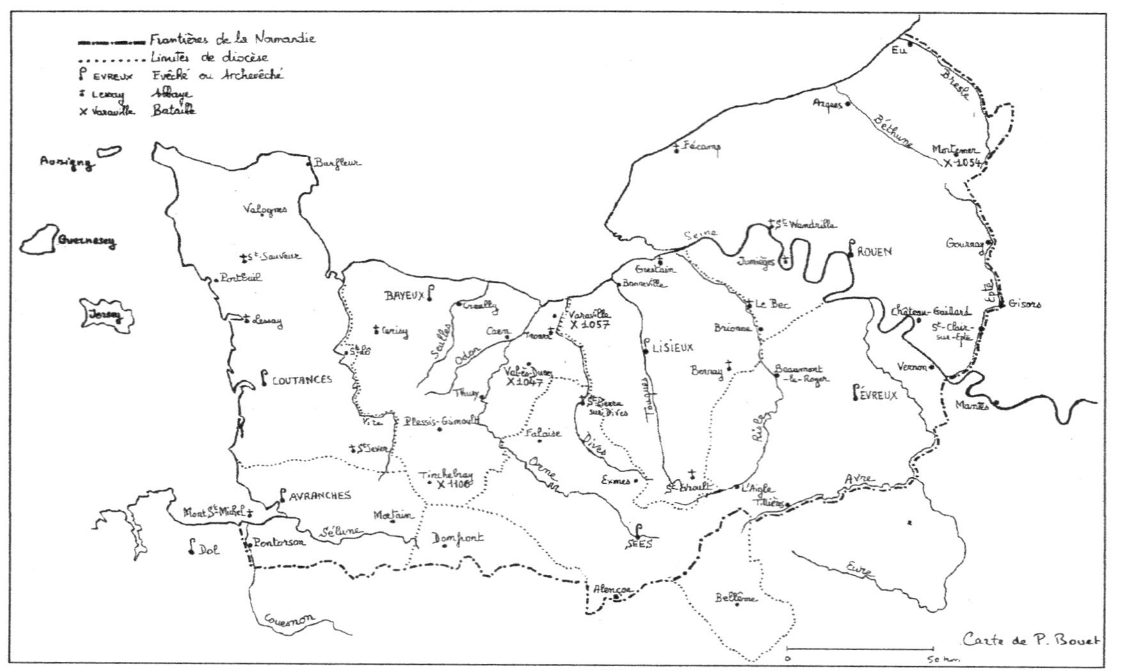

Les mouvements militaires en 1066

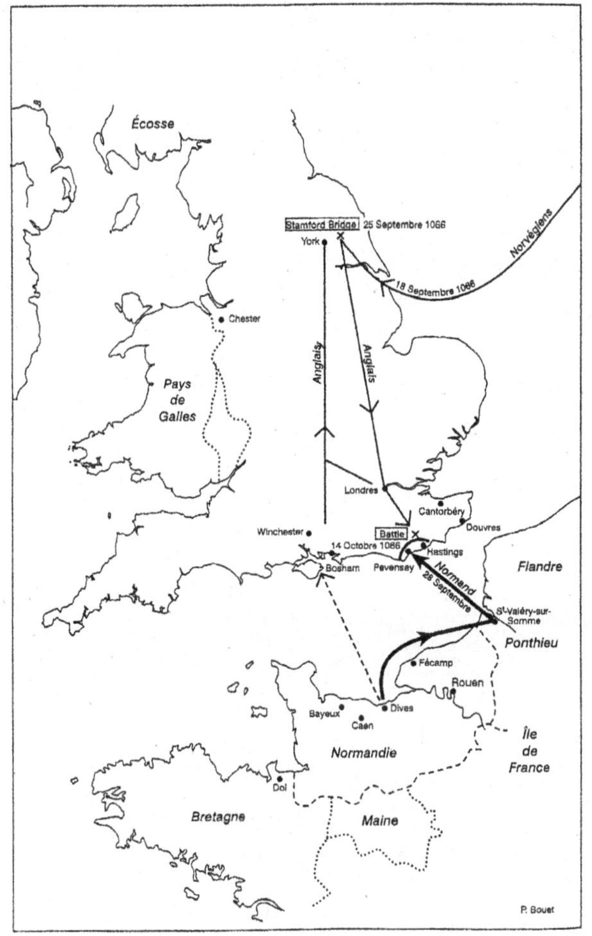

Bataille de Hastings

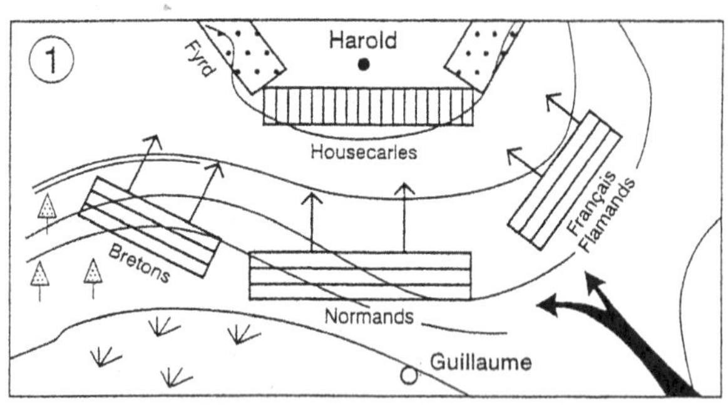

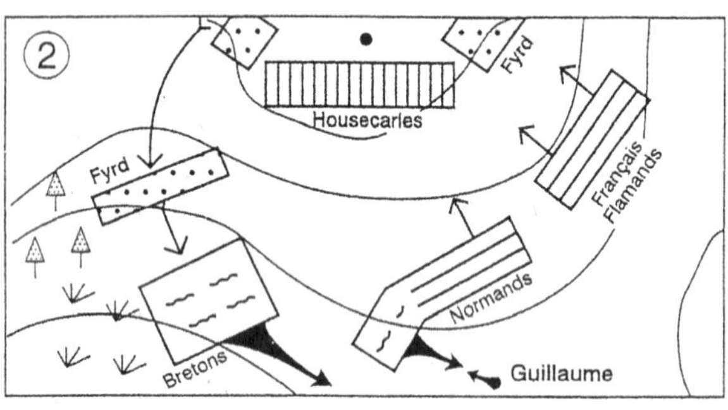

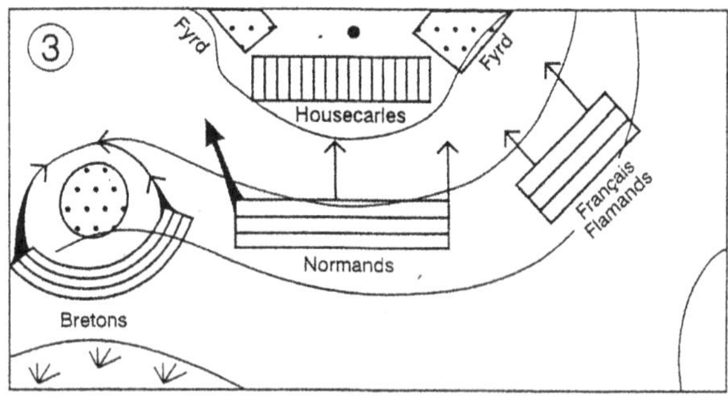

Les États Plantagenêts (1154-1204)

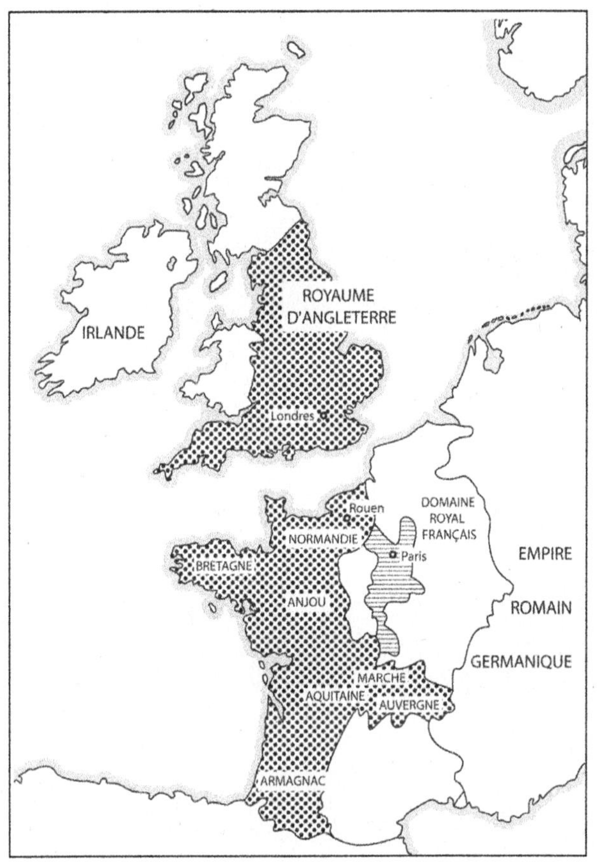

La conquête normande de l'Italie du Sud

La Sicile normande

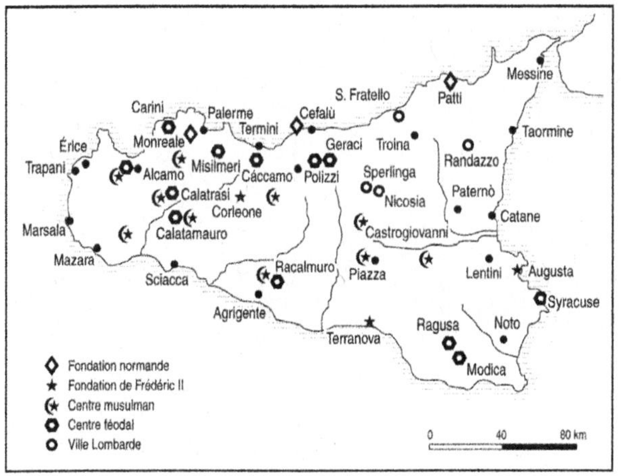

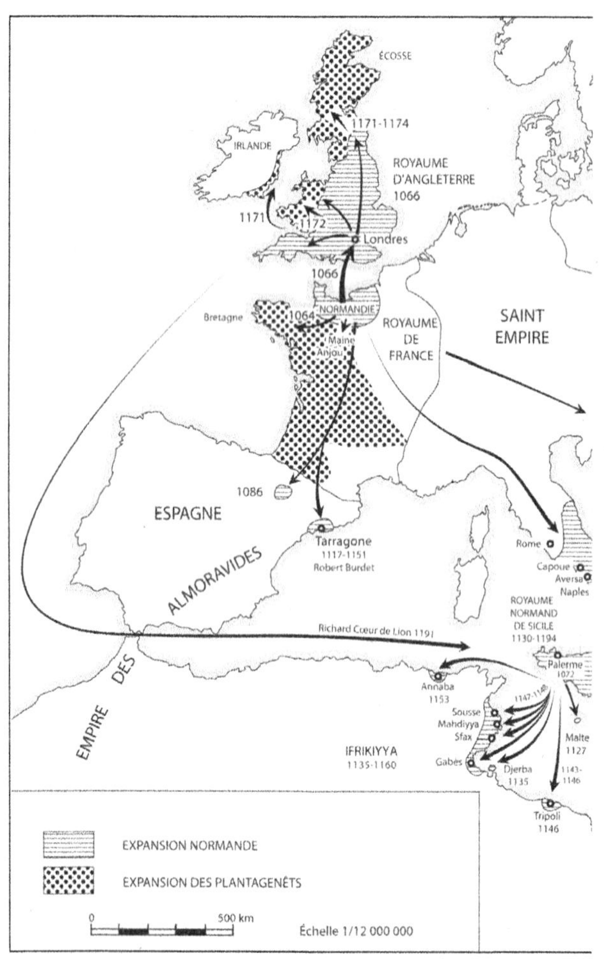
ÉCOSSE
IRLANDE
1171-1174
ROYAUME
D'ANGLETERRE
1066
1171
1172
Londres
1066
NORMANDIE
Bretagne
1064
Maine
Anjou
ROYAUME
DE
FRANCE
SAINT
EMPIRE
1086
ESPAGNE
Tarragone
1117-1151
Robert Burdet
ALMORAVIDES
Rome
Capoue
Aversa
Naples
ROYAUME
NORMAND
DE SICILE
1130-1194
Richard Cœur de Lion 1191
Palerme
1072
Annaba
1153
Sousse
Mahdiyya
Sfax
Gabès
Djerba
1135
Malte
1127
1143-
1146
Tripoli
1146
IFRIKIYYA
1135-1160
EMPIRE DES
EXPANSION NORMANDE
EXPANSION DES PLANTAGENÊTS
0
500 km
Échelle 1/12 000 000

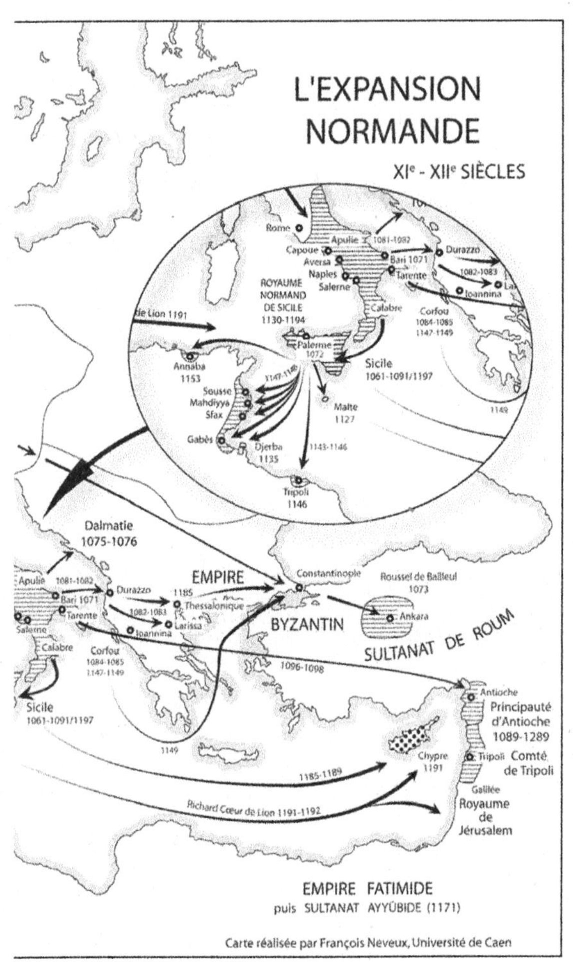

L'EXPANSION NORMANDE
XIe - XIIe SIÈCLES
Rome
Apulie
1081-1082
Capoue
Aversa
Bari 1071
Durazzo
Naples
Salerne
Tarente
1082-1083
Ioannina
ROYAUME NORMAND DE SICILE 1130-1194
Calabre
Corfou
1084-1085
1147-1149
Palerme 1072
Annaba 1153
Sicile
1061-1091/1197
Sousse
Mahdiyya
Sfax
Malte 1127
Gabès
Djerba 1135
1143-1146
Tripoli 1146
1149
Dalmatie
1075-1076
EMPIRE
BYZANTIN
Constantinople
Roussel de Bailleul
1073
Ankara
1185
Thessalonique
Larissa
SULTANAT DE ROUM
1096-1098
Antioche
Principauté d'Antioche
1089-1289
Chypre
1191
Tripoli
Comté de Tripoli
1185-1189
Richard Cœur de Lion 1191-1192
Galilée
Royaume de Jérusalem
EMPIRE FATIMIDE
puis SULTANAT AYYÛBIDE (1171)
Carte réalisée par François Neveux, Université de Caen

Index des noms de lieux et de personnes

Remerciements

Cet ouvrage est dédié à la mémoire du professeur Lucien Musset, qui fut mon maître pendant des années et qui a dirigé tous mes travaux, depuis ma maîtrise jusqu'à ma thèse d'Etat. Il a disparu en décembre 2004, alors que ce livre était en cours d'écriture. Ses domaines de recherches privilégiés étaient le monde viking et la Normandie à ses débuts. Il était quasiment le seul historien français spécialiste du monde scandinave. J'ai largement utilisé ses nombreux écrits sur la question et je me suis souvenu aussi de son enseignement comme des conversations que nous avons pu avoir sur le sujet. Ce livre lui doit beaucoup.

Je remercie aussi mes collègues de l'université de Caen, surtout ceux qui appartiennent à l'Office universitaire d'études normandes (OUEN). Depuis des années, nous avons une grande habitude du travail en commun et des échanges multiformes, qui sont très fructueux sur le plan scientifique. J'ai une pensée particulière pour Pierre Bouet, ancien directeur de l'OUEN et latiniste émérite, qui est le meilleur spécialiste des auteurs médiévaux ayant écrit sur la Normandie. Pierre est un ami sincère et fidèle, qui partage toujours sans compter ses connaissances : j'en ai beaucoup profité et je l'en remercie chaleureusement. Parmi mes « jeunes » collègues, je voudrais citer en premier lieu Pierre Bauduin, auteur d'une thèse remarquable, récemment publiée, qui a renouvelé les perspectives sur la question des origines de la Normandie. Il a aussi dirigé un colloque de Cerisy sur *Les Fondations scandinaves en Occident et les débuts de la Normandie.* D'autres travaux m'ont été aussi très utiles : ceux de Véronique Gazeau, sur les abbés bénédictins, de Laurence Jean-Marie, sur la ville de Caen, et de Christophe Maneuvrier, sur le pays d'Auge. Je tiens également à remercier Claude Lorren, directeur du Centre de recherches archéologiques et historiques médiévales (CRAHM), qui a codirigé avec Elizabeth Deniaux un ouvrage de synthèse concernant *La Normandie avant les Normands*. Je voudrais mentionner encore Anne-Marie Flambard Héricher, Anne Nissen-Jaubert, Mathieu Arnoux et Jacques Le Maho, pour leurs travaux archéologiques ou historiques. Je leur exprime ici ma gratitude.

Plusieurs historiens étrangers doivent également être cités : David Bates, Marjorie Chibnall, Giovanni Coppola, Edoardo d'Angelo, Judith Green, Giorgio Otranto, Daniel Power, Jens Schneider, David Spear, Kathleen Thompson, Elisabeth Van Houts et beaucoup d'autres. Qu'ils soient tous remerciés.

Je n'oublie pas mes collègues appartenant à d'autres disciplines, et d'abord les linguistes et dialectologues : Catherine Bougy, actuelle directrice de l'OUEN, René Lepelley, Stéphane Laîné et Elisabeth Ridel. Je pense également à ma dette envers les scandinavistes : les Parisiens Régis Boyer et François-Xavier Dillman, et aussi les Caennais Eric Eydoux et Jean Renaud.

Mary Leroy m'a proposé d'écrire ce livre pour les Editions Perrin. Elle m'a poussé à le terminer rapidement. Cela m'a valu un printemps et un été studieux, mais, l'ouvrage étant achevé, je ne peux que lui savoir gré de m'avoir choisi et de m'avoir ainsi aiguillonné.

Enfin, encore une fois, je n'aurais pas pu écrire cet ouvrage sans ma complice habituelle, Claire Ruelle. En dépit de nombreuses occupations dues à ses responsabilités municipales, celle-ci a consacré beaucoup de temps à lire et à relire ce livre. Le dialogue constant avec elle m'a permis de présenter ce travail de manière moins académique et plus accessible à un large public. Je tiens à l'associer de très près à ce travail, qui n'aurait pas pu être écrit sans sa collaboration. C'est d'abord grâce à elle, mais aussi à tous ceux que j'ai cités, qu'a pu naître cette *Aventure des Normands*.

Table

collection tempus
Perrin

DÉJÀ PARU

1. *Histoire des femmes en Occident* (dir. Michelle Perrot, Georges Duby), *L'Antiquité* (dir. Pauline Schmitt Pantel).
2. *Histoire des femmes en Occident* (dir. Michelle Perrot, Georges Duby), *Le Moyen Âge* (dir. Christiane Klapisch-Zuber).
3. *Histoire des femmes en Occident* (dir. Michelle Perrot, Georges Duby), *XVIe-XVIIIe siècle* (dir. Natalie Zemon Davis, Arlette Farge).
4. *Histoire des femmes en Occident* (dir. Michelle Perrot, Georges Duby), *Le XIXe siècle* (dir. Michelle Perrot, Geneviève Fraisse).
5. *Histoire des femmes en Occident* (dir. Michelle Perrot, Georges Duby), *Le XXe siècle* (dir. Françoise Thébaud).
6. *L'épopée des croisades* – René Grousset.
7. *La bataille d'Alger* – Pierre Pellissier.
8. *Louis XIV* – Jean-Christian Petitfils.
9. *Les soldats de la Grande Armée* – Jean-Claude Damamme.
10. *Histoire de la Milice* – Pierre Giolitto.
11. *La régression démocratique* – Alain-Gérard Slama.
12. *La première croisade* – Jacques Heers.
13. *Histoire de l'armée française* – Philippe Masson.
14. *Histoire de Byzance* – John Julius Norwich.
15. *Les Chevaliers teutoniques* – Henry Bogdan.
16. *Mémoires, Les champs de braises* – Hélie de Saint Marc.
17. *Histoire des cathares* – Michel Roquebert.
18. *Franco* – Bartolomé Bennassar.
19. *Trois tentations dans l'Église* – Alain Besançon.
20. *Le monde d'Homère* – Pierre Vidal-Naquet.
21. *La guerre à l'Est* – August von Kageneck.
22. *Histoire du gaullisme* – Serge Berstein.
23. *Les Cent-Jours* – Dominique de Villepin.
24. *Nouvelle histoire de la France*, tome I – Jacques Marseille.
25. *Nouvelle histoire de la France*, tome II – Jacques Marseille.
26. *Histoire de la Restauration* – Emmanuel de Waresquiel et Benoît Yvert.
27. *La Grande Guerre des Français* – Jean-Baptiste Duroselle.
28. *Histoire de l'Italie* – Catherine Brice.
29. *La civilisation de l'Europe à la Renaissance* – John Hale.
30. *Histoire du Consulat et de l'Empire* – Jacques-Olivier Boudon.
31. *Les Templiers* – Laurent Daillez.
32. *Madame de Pompadour* – Évelyne Lever.

33. *La guerre en Indochine* – Georges Fleury.
34. *De Gaulle et Churchill* – François Kersaudy.
35. *Le passé d'une discorde* – Michel Abitbol.
36. *Louis XV* – François Bluche.
37. *Histoire de Vichy* – Jean-Paul Cointet.
38. *La bataille de Waterloo* – Jean-Claude Damamme.
39. *Pour comprendre la guerre d'Algérie* – Jacques Duquesne.
40. *Louis XI* – Jacques Heers.
41. *La bête du Gévaudan* – Michel Louis.
42. *Histoire de Versailles* – Jean-François Solnon.
43. *Voyager au Moyen Âge* – Jean Verdon.
44. *La Belle Époque* – Michel Winock.
45. *Les manuscrits de la mer Morte* – Michael Wise, Martin Abegg Jr. & Edward Cook.
46. *Histoire de l'éducation,* tome I – Michel Rouche.
47. *Histoire de l'éducation,* tome II – François Lebrun, Marc Venard, Jean Quéniart.
48. *Les derniers jours de Hitler* – Joachim Fest.
49. *Zita impératrice courage* – Jean Sévillia.
50. *Histoire de l'Allemagne* – Henry Bogdan.
51. *Lieutenant de panzers* – August von Kageneck.
52. *Les hommes de Dien Bien Phu* – Roger Bruge.
53. *Histoire des Français venus d'ailleurs* – Vincent Viet.
54. *La France qui tombe* – Nicolas Baverez.
55. *Histoire du climat* – Pascal Acot.
56. *Charles Quint* – Philippe Erlanger.
57. *Le terrorisme intellectuel* – Jean Sévillia.
58. *La place des bonnes* – Anne Martin-Fugier.
59. *Les grands jours de l'Europe* – Jean-Michel Gaillard.
60. *Georges Pompidou* – Éric Roussel.
61. *Les États-Unis d'aujourd'hui* – André Kaspi.
62. *Le masque de fer* – Jean-Christian Petitfils.
63. *Le voyage d'Italie* – Dominique Fernandez.
64. *1789, l'année sans pareille* – Michel Winock.
65. *Les Français du Jour J* – Georges Fleury.
66. *Padre Pio* – Yves Chiron.
67. *Naissance et mort des Empires.*
68. *Vichy 1940-1944* – Jean-Pierre Azéma, Olivier Wieviorka.
69. *L'Arabie Saoudite en guerre* – Antoine Basbous.
70. *Histoire de l'éducation,* tome III – Françoise Mayeur.
71. *Histoire de l'éducation,* tome IV – Antoine Prost.
72. *La bataille de la Marne* – Pierre Miquel.
73. *Les intellectuels en France* – Pascal Ory, Jean-François Sirinelli.
74. *Dictionnaire des pharaons* – Pascal Vernus, Jean Yoyotte.

75. *La Révolution américaine* – Bernard Cottret.
76. *Voyage dans l'Égypte des Pharaons* – Christian Jacq.
77. *Histoire de la Grande-Bretagne* – Roland Marx, Philippe Chassaigne.
78. *Histoire de la Hongrie* – Miklós Molnar.
79. *Chateaubriand* – Ghislain de Diesbach.
80. *La Libération de la France* – André Kaspi.
81. *L'empire des Plantagenêt* – Martin Aurell.
82. *La Révolution française* – Jean-Paul Bertaud.
83. *Les Vikings* – Régis Boyer.
84. *Examen de conscience* – August von Kageneck.
85. *1905, la séparation des Églises et de l'État.*
86. *Les femmes cathares* – Anne Brenon.
87. *L'Espagne musulmane* – André Clot.
88. *Verdi et son temps* – Pierre Milza.
89. *Sartre* – Denis Bertholet.
90. *L'avorton de Dieu* – Alain Decaux.
91. *La guerre des deux France* – Jacques Marseille.
92. *Honoré d'Estienne d'Orves* – Étienne de Montety.
93. *Gilles de Rais* – Jacques Heers.
94. *Laurent le Magnifique* – Jack Lang.
95. *Histoire de Venise* – Alvise Zorzi.
96. *Le malheur du siècle* – Alain Besançon.
97. *Fouquet* – Jean-Christian Petitfils.
98. *Sissi, impératrice d'Autriche* – Jean des Cars.
99. *Histoire des Tchèques et des Slovaques* – Antoine Marès.
100. *Marie Curie* – Laurent Lemire.
101. *Histoire des Espagnols,* tome I – Bartolomé Bennassar.
102. *Pie XII et la Seconde Guerre mondiale* – Pierre Blet.
103. *Histoire de Rome,* tome I – Marcel Le Glay.
104. *Histoire de Rome,* tome II – Marcel Le Glay.
105. *L'État bourguignon 1363-1477* – Bertrand Schnerb.
106. *L'Impératrice Joséphine* – Françoise Wagener.
107. *Histoire des Habsbourg* – Henry Bogdan.
108. *La Première Guerre mondiale* – John Keegan.
109. *Marguerite de Valois* – Éliane Viennot.
110. *La Bible arrachée aux sables* – Werner Keller.
111. *Le grand gaspillage* – Jacques Marseille.
112. *« Si je reviens comme je l'espère » : lettres du front et de l'Arrière, 1914-1918* – Marthe, Joseph, Lucien et Marcel Papillon.
113. *Le communisme* – Marc Lazar.
114. *La guerre et le vin* – Donald et Petie Kladstrup.
115. *Les chrétiens d'Allah* – Lucile et Bartolomé Bennassar.
116. *L'Égypte de Bonaparte* – Jean-Joël Brégeon.
117. *Les empires nomades* – Gérard Chaliand.

118. *La guerre de Trente Ans* – Henry Bogdan.
119. *La bataille de la Somme* – Alain Denizot.
120. *L'Église des premiers siècles* – Maurice Vallery-Radot.
121. *L'épopée cathare*, tome I, *L'invasion* – Michel Roquebert.
122. *L'homme européen* – Jorge Semprún, Dominique de Villepin.
123. *Mozart* – Pierre-Petit.
124. *La guerre de Crimée* – Alain Gouttman.
125. *Jésus et Marie-Madeleine* – Roland Hureaux.
126. *L'épopée cathare*, tome II, *Muret ou la dépossession* – Michel Roquebert.
127. *De la guerre* – Carl von Clausewitz.
128. *La fabrique d'une nation* – Claude Nicolet.
129. *Quand les catholiques étaient hors la loi* – Jean Sévillia.
130. *Dans le bunker de Hitler* – Bernd Freytag von Loringhoven et François d'Alançon.
131. *Marthe Robin* – Jean-Jacques Antier.
132. *Les empires normands d'Orient* – Pierre Aubé.
133. *La guerre d'Espagne* – Bartolomé Bennassar.
134. *Richelieu* – Philippe Erlanger.
135. *Les Mérovingiennes* – Roger-Xavier Lantéri.
136. *De Gaulle et Roosevelt* – François Kersaudy.
137. *Historiquement correct* – Jean Sévillia.
138. *L'actualité expliquée par l'Histoire.*
139. *Tuez-les tous! La guerre de religion à travers l'histoire* – Élie Barnavi, Anthony Rowley.
140. *Jean Moulin* – Jean-Pierre Azéma.
141. *Nouveau monde, vieille France* – Nicolas Baverez.
142. *L'Islam et la Raison* – Malek Chebel.
143. *La gauche en France* – Michel Winock.
144. *Malraux* – Curtis Cate.
145. *Une vie pour les autres. L'aventure du père Ceyrac* – Jérôme Cordelier.
146. *Albert Speer* – Joachim Fest.
147. *Du bon usage de la guerre civile en France* – Jacques Marseille.
148. *Raymond Aron* – Nicolas Baverez.
149. *Joyeux Noël* – Christian Carion.
150. *Frères de tranchées* – Marc Ferro.
151. *Histoire des croisades et du royaume franc de Jérusalem*, tome I, *1095-1130, L'anarchie musulmane* – René Grousset.
152. *Histoire des croisades et du royaume franc de Jérusalem*, tome II, *1131-1187, L'équilibre* – René Grousset.
153. *Histoire des croisades et du royaume franc de Jérusalem*, tome III, *1188-1291, L'anarchie franque* – René Grousset.
154. *Napoléon* – Luigi Mascilli Migliorini.

155. *Versailles, le chantier de Louis XIV* – Frédéric Tiberghien.
156. *Le siècle de saint Bernard et Abélard* – Jacques Verger, Jean Jolivet.
157. *Juifs et Arabes au XXe siècle* – Michel Abitbol.
158. *Par le sang versé. La Légion étrangère en Indochine* – Paul Bonnecarrère.
159. *Napoléon III* – Pierre Milza.
160. *Staline et son système* – Nicolas Werth.
161. *Que faire?* – Nicolas Baverez.
162. *Stratégie* – B. H. Liddell Hart.
163. *Les populismes* (dir. Jean-Pierre Rioux).
164. *De Gaulle, 1890-1945,* tome I – Éric Roussel.
165. *De Gaulle, 1946-1970,* tome II – Éric Roussel.
166. *La Vendée et la Révolution* – Jean-Clément Martin.
167. *Aristocrates et grands bourgeois* – Éric Mension-Rigau.
168. *La campagne d'Italie* – Jean-Christophe Notin.
169. *Lawrence d'Arabie* – Jacques Benoist-Méchin.
170. *Les douze Césars* – Régis F. Martin.
171. *L'épopée cathare,* tome III, *Le lys et la croix* – Michel Roquebert.
172. *L'épopée cathare,* tome IV, *Mourir à Montségur* – Michel Roquebert.
173. *Henri III* – Jean-François Solnon.
174. *Histoires des Antilles françaises* – Paul Butel.
175. *Rodolphe et les secrets de Mayerling* – Jean des Cars.
176. *Oradour, 10 juin 1944* – Sarah Farmer.
177. *Volontaires français sous l'uniforme allemand* – Pierre Giolitto.
178. *Chute et mort de Constantinople* – Jacques Heers.
179. *Nouvelle histoire de l'Homme* – Pascal Picq.
180. *L'écriture. Des hiéroglyphes au numérique.*
181. *C'était Versailles* – Alain Decaux.
182. *De Raspoutine à Poutine* – Vladimir Fedorovski.
183. *Histoire de l'esclavage aux États-Unis* – Claude Fohlen.
184. *Ces papes qui ont fait l'histoire* – Henri Tincq.
185. *Classes laborieuses et classes dangereuses* – Louis Chevalier.
186. *Les enfants soldats* – Alain Louyot.
187. *Premiers ministres et présidents du Conseil* – Benoît Yvert.
188. *Le massacre de Katyn* – Victor Zaslavsky.
189. *Enquête sur les apparitions de la Vierge* – Yves Chiron.
190. *L'épopée cathare,* tome V, *La fin des Amis de Dieu* – Michel Roquebert.
191. *Histoire de la diplomatie française,* tome I.
192. *Histoire de la diplomatie française,* tome II.
193. *Histoire de l'émigration* – Ghislain de Diesbach.
194. *Le monde des Ramsès* – Claire Lalouette.
195. *Bernadette Soubirous* – Anne Bernet.

196. *Cosa Nostra. La mafia sicilienne de 1860 à nos jours* – John Dickie.
197. *Les mensonges de l'Histoire* – Pierre Miquel.
198. *Les négriers en terres d'islam* – Jacques Heers.
199. *Nelson Mandela* – Jack Lang.
200. *Un monde de ressources rares* – Le Cercle des économistes et Érik Orsenna.
201. *L'histoire de l'univers et le sens de la création* – Claude Tresmontant.
202. *Ils étaient sept hommes en guerre* – Marc Ferro.
203. *Précis de l'art de la guerre* – Antoine-Henri Jomini.
204. *Comprendre les États-unis d'aujourd'hui* – André Kaspi.
205. *Tsahal* – Pierre Razoux.
206. *Pop philosophie* – Mehdi Belahj Kacem, Philippe Nassif.
207. *Le roman de Vienne* – Jean des Cars.
208. *Hélie de Saint Marc* – Laurent Beccaria.
209. *La dénazification* (dir. Marie-Bénédicte Vincent).
210. *La vie mondaine sous le nazisme* – Fabrice d'Almeida.
211. *Comment naissent les révolutions.*
212. *Comprendre la Chine d'aujourd'hui* – Jean-Luc Domenach.
213. *Le second Empire* – Pierre Miquel.
214. *Les papes en Avignon* – Dominique Paladilhe.
215. *Jean Jaurès* – Jean-Pierre Rioux.
216. *La Rome des Flaviens* – Catherine Salles.
217. *6 juin 44* – Jean-Pierre Azéma, Philippe Burrin, Robert O. Paxton.
218. *Eugénie, la dernière impératrice* – Jean des Cars.
219. *L'homme Robespierre* – Max Gallo.
220. *Les Barbaresques* – Jacques Heers.
221. *L'élection présidentielle en France, 1958-2007* – Michel Winock.
222. *Histoire de la Légion étrangère* – Georges Blond.
223. *1 000 ans de jeux Olympiques* – Moses I. Finley, H. W. Pleket.
224. *Quand les Alliés bombardaient la France* – Eddy Florentin.
225. *La crise des années 30 est devant nous* – François Lenglet.
226. *Le royaume wisigoth d'Occitanie* – Joël Schmidt.
227. *L'épuration sauvage* – Philippe Bourdrel.
228. *La révolution de la Croix* – Alain Decaux.
229. *Frédéric de Hohenstaufen* – Jacques Benoist-Méchin.
230. *Savants sous l'Occupation* – Nicolas Chevassus-au-Louis.
231. *Moralement correct* – Jean Sévillia.
232. *Claude Lévi-Strauss, le passeur de sens* – Marcel Hénaff.
233. *Le voyage d'automne* – François Dufay.
234. *Erbo, pilote de chasse* – August von Kageneck.
235. *L'éducation des filles en France au XIXe siècle* – Françoise Mayeur.
236. *Histoire des pays de l'Est* – Henry Bogdan.
237. *Les Capétiens* – François Menant, Hervé Martin, Bernard Merdrignac, Monique Chauvin.

238. *Le roi, l'empereur et le tsar* – Catrine Clay.
239. *Neanderthal* – Marylène Patou-Mathis.
240. *Judas, de l'Évangile à l'Holocauste* – Pierre-Emmanuel Dauzat.
241. *Le roman vrai de la crise financière* – Olivier Pastré, Jean-Marc Sylvestre.
242. *Comment l'Algérie devint française* – Georges Fleury.
243. *Le Moyen Age, une imposture* – Jacques Heers.
244. *L'île aux cannibales* – Nicolas Werth.
245. *Policiers français sous l'Occupation* – Jean-Marc Berlière.
246. *Histoire secrète de l'Inquisition* – Peter Godman.
247. *La guerre des capitalismes aura lieu* – Le Cercle des économistes (dir. Jean-Hervé Lorenzi).
248. *Les guerres bâtardes* – Arnaud de La Grange, Jean-Marc Balencie.
249. *De la croix de fer à la potence* – August von Kageneck.
250. *Nous voulions tuer Hitler* – Philipp Freiherr von Boeselager.
251. *Le soleil noir de la puissance, 1796-1807* – Dominique de Villepin.
252. *L'aventure des Normands, VIIIe- XIIIe siècle* – François Neveux.

À PARAÎTRE

La spectaculaire histoire des rois des Belges – Patrick Roegiers.
L'islam expliqué par – Malek Chebel.
Pour en finir avec Dieu – Richard Dawkins.

Composition Nord Compo
Villeneuve-d'Ascq

Achevé d'imprimer en juin 2017
sur les presses de l'Imprimerie Maury S.A.S.
Z.I. des Ondes – 12100 Millau
pour le compte des Éditions Perrin
12, avenue d'Italie – 75013 Paris

K02981/07
N° d'impression : F17/56377L
Dépôt légal : février 2009

Imprimé en France